无锡蓝皮书
BLUE BOOK OF WUXI

无锡绿色低碳发展报告（2022）

A Report on Green and Low Carbon Development of Wuxi

无锡市新产业研究会

上海社会科学院出版社
SHANGHAI ACADEMY OF SOCIAL SCIENCES PRESS

实现碳达峰碳中和,是贯彻新发展理念、构建新发展格局、推动高质量发展的内在要求,是党中央统筹国内国际两个大局作出的重大战略决策。

实现"双碳"目标,不是别人让我们做,而是我们自己必须要做。我国已进入新发展阶段,推进"双碳"工作是破解资源环境约束突出问题、实现可持续发展的迫切需要,是顺应技术进步趋势、推动经济结构转型升级的迫切需要,是满足人民群众日益增长的优美生态环境需求、促进人与自然和谐共生的迫切需要,是主动担当大国责任、推动构建人类命运共同体的迫切需要。

——摘自习近平总书记在中共中央政治局第三十六次集体学习时的讲话

编 委 会

顾　　问：沈开艳　徐一平　蒋　敏　高亚光　张立军
　　　　　马　良　林国忠　蔡捷敏
策　　划：贡培兴　王中苏　张　健
主　　编：石定寰
执行主编：曹文彬　张　建
编　　委：（按姓氏笔画排序）
　　　　　马正红　计　军　尹南方　冯爱东　朱剑明
　　　　　任　飞　刘　骁　孙海东　杨二观　吴立刚
　　　　　吴红星　吴建元　吴国平　吴　燕　陈　东
　　　　　陈　红　陈雪峰　陈锡明　武　戈　周文栋
　　　　　赵建平　胡新兵　顾　伟　徐国伟　徐重远
　　　　　徐惠娟　黄　华　崔荣国　储红飙　彭红宇
编　　辑：门开阳　王学君　吴虹娟　陆晓波　何国清
　　　　　陆一诚　陆　军　周及真　桂　涛　王晓燕
　　　　　张彤玉　浦　巍　孙　彦

创造绿色低碳发展的美好未来
（代前言）

当今，气候变化危机对人类的影响之大前所未有，确立符合时代要求的生态文明发展观迫在眉睫。人类社会正在经历由工业文明向生态文明演变的重要转折关头，全球正迎来一场绿色低碳能源革命、技术革命和产业变革。确立"双碳"目标，走绿色低碳发展之路，建设零碳社会，护佑人类赖以栖息的自然家园，是世界面向未来的必然选择。

碳达峰碳中和是中国经济社会一场广泛而深刻的系统性变革，意味着一个以化石能源为主的发展时代结束，一个全新的绿色发展时代正加速到来。中国一直将应对气候变化作为实现可持续发展的内在要求。党的十八大以来，党中央贯彻新发展理念，坚定不移走生态优先、绿色低碳发展道路，着力推动经济社会发展全面绿色转型，取得了显著成效。习近平总书记强调，实现"双碳"目标，不是别人让我们做，而是我们自己必须要做。党的十八届五中全会提出了创新、协调、绿色、开放、共享五大发展理念，党中央、国务院下发了《关于完整准确全面贯彻新发展理念做好碳达峰碳中和工作的意见》，明确提出要深入贯彻习近平生态文明思想，立足新发展阶段，贯彻新发展理念，构建新发展格局，坚持系统观念，处理好发展和减排、整体和局部、短期和中长期的关系，把碳达峰碳中和纳入经济社会发展全局，以经济社会发展全面绿色转型为引领，以能源绿色低碳发展为关键，加快形成节约资源和保护环境的产业结构、生产方式、生活方式、空间格局，坚定不移走生态优先、绿色低碳的高质量发展道路，确保如期实现碳达峰碳中和。

无锡作为践行生态文明和高质量发展的先行者，始终坚持生态优先和绿色低碳发展,坚定不移探索环境保护和经济发展、人与自然和谐共生的发展新路径,勠力同心打造生态文明和高质量发展协同并进的新格局,形成了具有无锡鲜明特色和符合无锡实际的成功探索和生动实践。近年来,无锡贯彻新发展理念,大力实施产业强市和创新驱动战略,全力打造以智能化、绿色化、服务化、高端化为核心内涵的现代产业发展新高地,努力走在打造苏南自主创新示范区和实施长三角一体化国家战略的前列,走出了一条绿色低碳的可持续发展道路,交出了一份靓丽答卷。2021年,在"双碳"启动的元年,无锡按下了绿色低碳发展快进键,在无锡 GDP 增长 8.8%、总量达 14 003.24 亿元的同时,全年 $PM_{2.5}$ 年均浓度达 29 微克/立方米,空气质量优良天数比率达 82.2%,两项指标均为 2013 年以来最优水平。无锡 71 个国省考断面水质优 III 比例达 93%,太湖水质藻情创十年来最好水平,连续 14 年实现安全度夏。单位 GDP 能耗在苏南最低,无锡成为首批国家生态文明建设示范市。这些成绩体现了无锡贯彻习近平生态文明思想、落实新发展理念的坚强决心、战略定力和实践成效。

当前,绿色低碳已成为时代发展的主旋律,成为推动技术创新、制度创新、产业升级、能效提升,以及生产方式、生活方式变革的强大动能,也成为衡量一个城市发展质量、发展水平、发展内涵和绿色竞争力的重要标志。中共无锡第十四次党代会提出:"推进绿色低碳发展,编制实施无锡碳达峰碳中和实施意见和碳达峰总体方案,推进技术创新、制度创新,建设零碳技术产业园,争创碳达峰试点城市"。为助力无锡绿色低碳发展、如期实现"双碳"目标,无锡市新产业研究会策划组织编写了《无锡绿色低碳发展报告(2022)》。本书由国务院参事、中国可再生能源学会理事长、低碳经济学家石定寰担任主编,并在编撰的过程中,得到无锡市领导、各市(县)区政府和相关部门的大力支持。希望本书的出版,有助于进一步提高各级领导和无锡上下对加强生态文明建设、实现"双碳"目标、加快绿色低碳转型重要性和紧迫性的认识,在无锡率先实现现代化、建设"强富美高"的新征程中,以"双碳"为高质量发展加冕,创造绿色低碳发展的美好未来!

目 录

Ⅰ 总 报 告

B.1 无锡实施绿色低碳发展的时代背景和战略选择 …………… 3
  一、国外、国内绿色低碳发展动态及发展趋势 …………… 3
  二、国外、国内先进城市绿色低碳发展的主要做法和经验 …… 11
  三、中国绿色低碳发展的战略目标和总体要求 …………… 22
  四、无锡实施绿色低碳发展的历史必然与现实需要 ……… 25

B.2 无锡推进绿色低碳发展的探索与实践 …………………… 28
  一、坚持生态文明引领,推动经济高质量发展 …………… 28
  二、转变经济发展方式,推动产业绿色转型 ……………… 32
  三、调优调绿能源结构,率先发展绿能产业 ……………… 34
  四、开展试点示范建设,打造绿色低碳引领者 …………… 36
  五、依托数字技术赋能,推动全方位节能降耗 …………… 38
  六、构建绿色生态体系,打造美丽宜居环境 ……………… 39
  七、探索绿色金融创新,形成绿色发展的强支撑 ………… 42

B.3 无锡绿色低碳发展成效及现状评估 ……………………… 45
  一、集约集聚,经济含"绿"量持续提升 …………………… 45
  二、向绿向优,能源结构持续优化 ………………………… 47
  三、科技赋能,能源利用效率不断提升 …………………… 49

四、节约资源，循环经济发展模式逐步建立 …………………… 53
　　五、减排治污，生态环境明显优化 …………………………… 54
　　六、以人为本，城市"绿"度幸福指数和百姓获得感增强 ………… 56

B.4 无锡绿色低碳发展的目标定位、路径选择和对策建议 ………… 59
　　一、目标定位 ……………………………………………… 59
　　二、路径选择 ……………………………………………… 61
　　三、对策建议 ……………………………………………… 66

Ⅱ 专题篇

B.5 无锡科技引领绿色低碳发展的实践与探索 ………………… 83
　　一、科技推动绿色低碳发展实践 ……………………………… 83
　　二、科技支撑绿色低碳发展的思考 …………………………… 87
　　三、科技引领绿色低碳发展的对策建议 ……………………… 90

B.6 无锡制造业绿色低碳发展的实践与探索 …………………… 94
　　一、无锡制造业绿色低碳发展现状 …………………………… 94
　　二、无锡制造业绿色低碳发展路径选择及成效 ………………… 97
　　三、"十四五"时期无锡推进制造业绿色低碳转型的对策建议 …… 100

B.7 无锡新能源产业促进绿色低碳发展的实践与探索 ………… 105
　　一、无锡新能源产业发展现状及特点 ………………………… 105
　　二、无锡新能源产业促进绿色低碳发展成效 ………………… 110
　　三、无锡新能源产业促进绿色低碳发展的建议 ……………… 113

B.8 无锡推进智能电网建设提高能效的实践与探索 …………… 117
　　一、无锡智能电网建设的现状分析 …………………………… 117

  二、无锡智能电网建设的实践探索 …………………………… 120
  三、无锡智能电网建设的挑战及对策建议 …………………… 127

B.9 无锡建筑业绿色低碳发展的实践与探索 ……………………… 131
  一、无锡建筑业绿色低碳发展的现状分析 …………………… 131
  二、无锡建筑业绿色低碳发展的实践探索 …………………… 135
  三、无锡建筑业绿色低碳发展的对策建议 …………………… 141

B.10 无锡"零碳城市"交通运输发展的实践与探索 ………………… 145
  一、无锡"绿色低碳交通"发展现状及趋势 …………………… 145
  二、"零碳交通"支持无锡绿色低碳发展的实践和探索 ……… 148
  三、无锡"绿色低碳交通"发展的形势与路径分析 …………… 153

B.11 无锡生态农业绿色低碳发展的实践与探索 …………………… 159
  一、无锡生态农业领域绿色低碳发展现状 …………………… 159
  二、无锡生态农业领域推进绿色低碳发展工作成效 ………… 160
  三、无锡生态农业领域"十四五"及中长期助力实现碳达峰、碳中
    和的对策举措 ………………………………………………… 164

B.12 无锡金融业支持绿色低碳发展的实践与探索 ………………… 170
  一、绿色金融发展现状及趋势 ………………………………… 170
  二、无锡金融业支持绿色低碳发展的实践和探索 …………… 176
  三、主要问题及对策举措 ……………………………………… 179

B.13 无锡邮政快递业绿色低碳发展的实践与探索 ………………… 182
  一、邮政快递业绿色低碳发展的现状 ………………………… 182
  二、无锡邮政快递业绿色低碳发展的实践与探索 …………… 185
  三、无锡邮政快递业绿色低碳发展的对策建议 ……………… 191

B.14 无锡建设绿色低碳产业园区的实践与探索 …………… 193
　　一、无锡产业园区绿色低碳发展的现状 …………… 194
　　二、无锡产业园区绿色低碳建设的实践与探索 …………… 196
　　三、无锡产业园区绿色低碳发展的思考和建议 …………… 201

B.15 无锡提升生态环境质量的实践与探索 …………… 206
　　一、无锡生态绿色低碳发展现状及目前形势 …………… 206
　　二、无锡生态绿色低碳发展的工作成效 …………… 208
　　三、"十四五"及中长期无锡打造生态绿色低碳发展示范区的对策
　　　　建议 …………… 212

Ⅲ 案 例 篇

A.1 绿色低碳企业

B.16 用行动助力全球零碳技术转型
　　——远景科技集团 …………… 221
　　一、从可再生能源技术先锋到零碳技术前沿 …………… 221
　　二、实现自身运营与供应链碳中和 …………… 222
　　三、成为全球企业、政府和机构的"零碳技术伙伴" …………… 223

B.17 向"减碳"高地全速进发
　　——江阴兴澄特种钢铁有限公司 …………… 227
　　一、绿色生产 …………… 227
　　二、绿色研发 …………… 228
　　三、绿色人文 …………… 228
　　四、绿色未来 …………… 229

B.18 低碳旗帜下的绚丽转身
　　——红豆集团有限公司 …………… 232

一、率先行动，提前达标 …………………………………… 232

　　二、绿色低碳，必由之路 …………………………………… 233

　　三、绿色生态，"一带一路" ………………………………… 234

　　四、绿色发展，党建引领 …………………………………… 235

B.19 节能，他们追求极致

　　——双良集团有限公司 ………………………………………… 237

　　一、节能细分市场的深耕者 ………………………………… 237

　　二、投身绿色新兴产业 ……………………………………… 239

　　三、智能化驱动节能新发展 ………………………………… 240

B.20 小天鹅扬起绿色翅膀

　　——无锡小天鹅电器有限公司 ………………………………… 242

　　一、技术创新铸就绿色产品 ………………………………… 242

　　二、柔性智能制造升级绿色工厂 …………………………… 244

　　三、砥砺前行再创绿色辉煌 ………………………………… 246

B.21 超薄光伏玻璃绽放绿色光芒

　　——中建材（宜兴）新能源有限公司 ………………………… 249

　　一、突破：超薄光伏玻璃创造者 …………………………… 249

　　二、跨越：绿色工厂践行者 ………………………………… 250

　　三、逐梦：绿色发展领跑者 ………………………………… 252

B.22 为发动机赋予绿能

　　——中国一汽解放汽车有限公司 ……………………………… 254

　　一、核查碳排，锁定减排方向 ……………………………… 254

　　二、技术创新，减碳成效亮眼 ……………………………… 255

　　三、为发动机降碳开辟新路 ………………………………… 257

B.23 追寻制造业降碳新通道
　　——无锡威孚高科技集团股份有限公司 …………………… 260
　　一、致力生产绿色低碳产品 …………………………………… 260
　　二、建设绿色节能公司 ………………………………………… 262
　　三、规划迈入新能源产业 ……………………………………… 265

B.24 数字赋能"零碳"工厂
　　——施耐德电气无锡工厂 ……………………………………… 268
　　一、现场："灯塔工厂"彰显"智造"硬核实力 ……………… 268
　　二、揭秘：数字化减碳，锻造"灯塔工厂" ………………… 270
　　三、示范：以"灯塔工厂"溢出效应，扩大"绿色生态圈" … 271

B.25 智能增效　绿色发展
　　——费森尤斯卡比华瑞制药有限公司 ………………………… 273
　　一、绿色文化：节能掀起绿色革命 …………………………… 274
　　二、节能项目：为环保增效添彩 ……………………………… 274
　　三、科学规划：迈上"双碳"新征程 ………………………… 277

B.26 数字化奏响低碳新乐章
　　——朗新科技集团股份有限公司 ……………………………… 279
　　一、打通"双碳"实践最后一千米 …………………………… 280
　　二、数字化提高能源利用率 …………………………………… 281
　　三、城市"大脑"让绿色生活更美好 ………………………… 283

B.27 为内燃机低碳排放不懈努力
　　——凯龙高科技股份有限公司 ………………………………… 286
　　一、绿色低碳是企业基因 ……………………………………… 287
　　二、绿色设计与制造支撑竞争力 ……………………………… 287

三、产品实现绿色价值 ………………………………………… 289

B.28 绿能产业的硬核装备
——无锡奥特维科技股份有限公司 ……………………… 291
一、快马奔进低碳赛道 …………………………………… 291
二、抓商机国内外市场齐上 ……………………………… 292
三、科技创新支撑产品迭代升级 ………………………… 293
四、为"双碳"目标快马加鞭 …………………………… 294

B.29 城市矿山演绎资源传奇
——格林美(无锡)能源材料有限公司 ………………… 296
一、变废为宝,挖掘"城市矿山" ……………………… 296
二、布局"长三角",建世界一流低碳产业示范园 …… 297
三、担当使命,社会责任与经济效益相统一 …………… 299

B.30 从低碳设计到绿色之树
——信息产业电子第十一设计研究院科技工程股份有限公司
………………………………………………………… 302
一、践行绿色设计与标准 ………………………………… 302
二、进军绿色能源领域 …………………………………… 304
三、未来增强绿色新动能 ………………………………… 306

B.31 绿色治理的智能哨兵
——江苏蓝创智能科技股份有限公司 …………………… 308
一、抓机遇,监测领域开拓新天地 ……………………… 308
二、强基础,建立监测云服务 …………………………… 309
三、盯痛点,创建碳排放监测平台 ……………………… 310
四、保蓝天,城市空间更美好 …………………………… 311

五、高时效,移动微站显神力 ………………………………………… 312

A.2 绿色低碳园区

B.32 生态、生产、生活融合之城
　　——无锡经济开发区 ……………………………………………… 315
　　一、贡湖湾湿地:优美生态空间 …………………………………… 315
　　二、雪浪小镇:现代生产空间 ……………………………………… 317
　　三、江南古镇:烟火气生活空间 …………………………………… 319

B.33 科创引领一流低碳园
　　——无锡零碳科技产业园 ………………………………………… 321
　　一、绿色要素优化产业基因 ………………………………………… 321
　　二、零碳框架描摹绚丽图卷 ………………………………………… 322
　　三、技术发展要素聚集叠加 ………………………………………… 323
　　四、产业变革打造低碳社区 ………………………………………… 324
　　五、"五大工程"激活园区主动脉 ………………………………… 325

B.34 绿色产业路上的先行者
　　——宜兴环保科技工业园 ………………………………………… 327
　　一、升级环保产业,助璀璨明珠焕发新光芒 ……………………… 328
　　二、打造绿色示范园,去有迹可循的"诗和远方" ……………… 331

B.35 长江之畔绿浪涌
　　——江阴临港经济开发区 ………………………………………… 336
　　一、智慧港口优生态 ………………………………………………… 337
　　二、智慧能源树龙头 ………………………………………………… 338
　　三、治污降碳增绿色 ………………………………………………… 339
　　四、"零碳"园区展新图 …………………………………………… 339

B.36 低碳来自绿色基因
——无锡星洲工业园 ………………………………………… 342
一、产业高端,绿色集约,具备良好发展基础 ………………… 342
二、发挥优势,率先实践,建设绿色低碳园区 ………………… 344
三、规划引领,科技赋能,率先实现"双碳"目标 ……………… 345

B.37 低碳商务区的崛起
——无锡锡东新城商务区 …………………………………… 351
一、高起点规划低碳商务区 …………………………………… 351
二、前瞻性布局新产业 ………………………………………… 353
三、倾力建设生态人居 ………………………………………… 354

B.38 与绿水青山共舞
——宜兴阳羡生态旅游度假区 ……………………………… 356
一、修复生态兴产业 …………………………………………… 357
二、绿色龙头项目引领 ………………………………………… 358
三、美丽乡村宜居快乐 ………………………………………… 358
四、机制创新谋发展 …………………………………………… 360

B.39 运河两岸绿意浓
——无锡惠山高新技术开发区 ……………………………… 361
一、千年运河生生不息,低碳理念引领新发展 ……………… 361
二、运河明珠生态赋能,绿色转型开启新征程 ……………… 362
三、试点先行再创辉煌,"双碳"路上跑出新速度 …………… 363

B.40 现代都市绿色农业高地
——无锡锡山国家现代农业产业园 ………………………… 366
一、理念先行,绿色低碳转型初见成效 ……………………… 366

二、实践为基,绿色低碳水平显著提升 …………………… 367

三、科学规划,深耕绿色低碳发展道路 …………………… 371

B.41 踏上绿色循环车轮飞驰

——无锡惠山循环经济产业园 ……………………………… 373

一、循环经济产业园应运而生 ……………………………… 373

二、埋头耕耘再生资源利用加工 …………………………… 374

三、打造循环经济产业绿色园区 …………………………… 376

A.3 绿色低碳生活

B.42 拥抱未来海绵城

——无锡市梁溪区 …………………………………………… 379

一、"海绵"元素,让水城"吐纳自如" …………………… 379

二、水清涝消,"灰绿蓝"海绵效应初现 ………………… 380

三、增绿固碳,绘就城区新画卷 …………………………… 381

四、凝智聚力,共建共享生态红利 ………………………… 382

B.43 从"生态佳"迈向"生态+"

——无锡灵山文化旅游集团 ………………………………… 385

一、绿水青山成就金山银山 ………………………………… 385

二、"双碳"引领,铸就传世精品 ………………………… 387

三、双碳示范,打造产业高地 ……………………………… 389

B.44 科产城人谱写绿色曲

——无锡锡山区宛山湖生态科技城 ………………………… 392

一、回头看:十年城,水人文 ……………………………… 393

二、正当下:桥头堡,精彩跃 ……………………………… 394

三、向未来:山水间,科创廊 ……………………………… 395

B.45 在孩子心田播撒绿色种子

——江苏省无锡连元街小学 ·········· 397

一、创新学习方式，打造绿色项目 ·········· 397

二、注重习惯养成，涵育绿色行动 ·········· 399

三、强化仪式教育，厚植绿色情怀 ·········· 400

B.46 时尚低碳新市镇

——江阴市新桥镇 ·········· 403

一、绿色转型升级主导产业 ·········· 403

二、绿色能源支撑减碳 ·········· 405

三、修复生态全域推进 ·········· 405

四、坚持建设小镇生态升级版 ·········· 407

B.47 绿色成就美丽幸福村

——江阴市周庄镇山泉村 ·········· 408

一、绿色村庄科学规划先行 ·········· 409

二、产业升级换代促降碳 ·········· 410

三、乡村生活追求零碳化 ·········· 411

四、生态区助力碳中和 ·········· 412

五、拥抱双碳经济新未来 ·········· 413

B.48 蘸碧水书写新桃花源

——无锡市惠山区阳山镇桃源村 ·········· 414

一、理清思路，推动"两山"转化 ·········· 414

二、生态优先，绿色发展 ·········· 416

三、绿色振兴现代乡村 ·········· 417

B.49 引领高端潮流，担当低碳使命

——无锡恒隆广场 ·········· 419

一、建立绿色发展理念制度 ………………………………… 419

二、发展构建绿色建筑环境 ………………………………… 420

三、打造绿色智慧管理大脑 ………………………………… 422

四、营造绿色低碳好氛围 …………………………………… 424

后记 ……………………………………………………………… 427

Ⅰ

总 报 告

B.1 无锡实施绿色低碳发展的时代背景和战略选择

绿色低碳发展是指在生态环境容量和资源承载限制的条件下,通过先进理念和合理机制,形成经济社会进步与环境保护和谐统一的发展模式。当今绿色低碳发展已经成为世界发展潮流,坚持走绿色低碳发展之路,有序推进碳达峰、碳中和工作,如期实现碳达峰、碳中和的"双碳"目标,也日益成为世界上大多数国家的政治宣言和行动纲领。

这是一场在全球范围内的"减碳革命",也是实现可持续发展的必然要求。在这个发展背景下,无锡顺应时代潮流,按照国家总体部署和要求,积极借鉴国内外先进城市推进绿色低碳发展的成功经验和做法,走出一条符合无锡发展实际的绿色低碳之路,以天蓝、地绿、水清的生态文明来满足人民对美好生活的向往,将成为无锡未来实现可持续高质量发展的历史责任和必然选择。

一、国外、国内绿色低碳发展动态及发展趋势

(一)绿色低碳发展已经成为国际社会的共识

气候变化正深刻影响着人类生存和发展,是全人类面临的共同挑战。1990年,联合国政府间气候变化专门委员会(IPCC)发布了第一份气候变化评估报告。经过数百名顶尖科学家和专家的评议,该报告确定了气候变化会导致全球变暖的科学依据。1992年5月9日,联合国大会通过了《联合国气候变化框架公约》,国际社会开始普遍关注并积极应对气候变化。

2015年12月,《联合国气候变化框架公约》近200个缔约方在巴黎气候变化大会上达成《巴黎协定》,明确了全球共同追求的"硬指标"。该协定指

出,各方将加强对气候变化威胁的全球应对,把全球平均气温较工业化前水平升高幅度控制在2摄氏度之内,并为把升温控制在1.5摄氏度之内努力。只有全球尽快实现温室气体排放达到峰值(通常称为"碳达峰"),21世纪下半叶实现温室气体净零排放(通常称为"碳中和"),才能降低气候变化给地球带来的生态风险以及给人类带来的生存危机。

碳达峰是实现碳中和的基础和前提,标志着经济发展与碳排放实现脱钩。从当前各国经济发展情况来看,主流发达国家以服务业为主的中小经济体以及工业发展相对停滞的国家已基本实现了碳达峰。根据经济合作与发展组织(OECD)统计数据显示,1990年、2000年、2010年和2020年碳达峰国家的数量分别为18、31、50和54个。截至2020年,碳排放排名前十五位的国家中,美国、俄罗斯、日本、巴西、印度尼西亚、德国、加拿大、韩国、英国和法国已经实现碳达峰。

巴黎气候变化大会结束后,世界各地相继提出碳中和目标。根据英国能源与气候智库(Energy & Climate Intelligence Unit,ECIU)的净零排放跟踪表显示,目前已有超过140个国家和地区宣布、提议或讨论"碳中和"的气候目标。其中,大多数国家和地区预计到2050年实现碳中和,德国、瑞典、芬兰等少数国家预计在2035—2045年实现碳中和。

表1-1 部分国家或地区宣布碳中和的时间节点和承诺方式

时间节点	承诺方式	国家或地区名称
已实现	—	苏里南共和国、不丹
2035年	政策宣示	芬兰
2040年	政策宣示	奥地利、冰岛
2045年	法律规定	德国、瑞典
2050年	法律规定	欧盟、日本、英国、法国、加拿大、韩国、西班牙、丹麦、新西兰、匈牙利、卢森堡
	法律草案	智利、爱尔兰、斐济

续 表

时间节点	承诺方式	国家或地区名称
2050年	政策宣示	美国、南非、意大利、巴西、澳大利亚、瑞士、阿根廷、泰国、挪威、阿拉伯联合酋长国、以色列、马来西亚、哥伦比亚、越南、葡萄牙、斯洛伐克、多米尼加共和国、巴拿马、哥斯达黎加、乌拉圭、斯洛文尼亚、拉脱维亚、尼泊尔、老挝、牙买加、纳米比亚、毛里求斯、摩纳哥、马拉维、马尔代夫、巴巴多斯、安道尔、佛得角、塞舌尔、所罗门群岛、格林纳达、梵蒂冈城、马绍尔群岛、瑙鲁
2053年	政策宣示	土耳其
2060年	政策宣示	中国、俄罗斯、印度尼西亚、沙特阿拉伯、尼日利亚、哈萨克斯坦、乌克兰、斯里兰卡、巴林
2070年	政策宣示	印度

数据来源：英国能源与气候智库（Energy & Climate Intelligence Unit，ECIU）。

为了推进碳中和目标的实现，世界各国和经济体积极开展相关行动，从法律法规、战略规划/计划、资金预算等多方面给予相应的大力支持。

表1-2　部分国家或地区确立碳中和的立法、发布的战略规划/计划与资金支持

国家或地区	核心法案	战略规划/计划	部分资金预算
欧盟	2020年《欧洲气候法》	2019年《2050欧盟绿色新政》	明确每年新增2 600亿欧元绿色投资的资金保障机制
德国	2019年《联邦气候变化法》《气候保护方案2030》	2016年《气候行动计划2050》	2020年6月通过总额1 300亿欧元的经济刺激计划并将绿色复苏作为其重要内容
法国	2019年《能源与气候法》	2020年修订《国家低碳战略》	2020年法国推出1 000亿欧元经济振兴计划，其中300亿欧元用于发展更清洁的能源
英国	2019年修订《气候变化法》	2020年《绿色工业革命计划》	每年都有财政预算，2020—2021年财政预算： ● 4.03亿英镑的插电式汽车补助； ● 未来5年内提供5亿英镑支持电动汽车快速充电网络的建设； ● 提供3.04亿英镑帮助地方政府减少二氧化氮的排放

续　表

国家或地区	核心法案	战略规划/计划	部分资金预算
美国	—	2020年《零碳排放行动计划》	2021年通过1.2万亿美元基础设施建设法案。其中,730亿美元帮助电网输送可再生能源;470亿美元用于气候恢复;210亿美元用于环境项目;75亿美元用于电动汽车。拜登政府承诺10年内投资4 000亿美元用于清洁能源技术创新,加快清洁技术的应用
日本	2021年修订《全球变暖对策推进法》	2020年《绿色增长战略》	日本经济产业省将通过监管、补贴和税收优惠等激励措施,动员超过240万亿日元(约合2.33万亿美元)的私营领域绿色投资
韩国	2021年《碳中和与绿色增长框架法》	2020年《2050年国家碳中和计划》	2021年9月韩国产业通商资源部表示： ● 2022年将投入4 179亿韩元用于开发商用碳减排技术,至2030年,将投入67 000亿韩元(约合56.4亿美元); ● 通过产业银行5万亿韩元规模的KDB碳差价项目和产业通商资源部1 500亿韩元规模的碳中和转型融资项目; ● 加大对碳中和投资的金融政策支持

(二) 中国推进绿色低碳发展的相关行动

长期以来,中国高度重视气候变化问题,把积极应对气候变化作为国家经济社会发展的重大战略,把绿色低碳发展作为生态文明建设的重要内容,采取了一系列行动,为应对全球气候变化作出了重要贡献。自"十二五"开始,中国将单位国内生产总值(GDP)二氧化碳排放(碳排放强度)下降幅度作为约束性指标纳入国民经济和社会发展规划纲要,并明确应对气候变化的重点任务、重要领域和重大工程。在2015年巴黎气候峰会前夕,中国向《联合国气候变化框架公约》秘书处提交了《强化应对气候变化行动——中国国家自主贡献》文件。在该文件中确定了到2030年的自主行动目标,二氧化碳排放 2030 年左右达到峰值并争取尽早达峰。

2020 年 9 月 22 日,习近平主席在第七十五届联合国大会一般性辩论上庄严承诺:"中国将提高国家自主贡献力度,采取更加有力的政策和措施,二氧化碳排放力争于 2030 年前达到峰值,努力争取 2060 年前实现碳中和。"这是全球应对气候变化历程中的里程碑事件,这个具有雄心的目标体现了中国的责任与担当,对中国全面迈向绿色低碳发展具有重大意义。

"2030 年前碳达峰、2060 年前碳中和"的战略目标意味着中国作为世界上最大的发展中国家,将用更短的时间完成更高的减排降幅,时间紧任务重。虽然挑战艰巨,但实现碳达峰和碳中和是一场伟大的"绿色革命",对中国来说也是重大的战略机遇。为了推进碳达峰、碳中和目标的实现,中国从国家到地方各个层面都积极开展了一系列相关行动。

1. 国家层面:系统谋划,层层部署

自 2020 年 9 月宣布碳达峰、碳中和目标以来,习近平主席在国内外各种重要场合多次强调碳达峰、碳中和目标,并在相关会议上发表重要讲话,积极部署和推动碳达峰、碳中和的工作。

2021 年 3 月,十三届全国人大四次会议通过《中华人民共和国国民经济和社会发展第十四个五年规划和 2035 年远景目标纲要》,列入碳达峰、碳中和的目标,将"2025 年单位 GDP 二氧化碳排放较 2020 年降低 18%"作为约束性指标。

2021 年以来,中共中央和国务院印发各种指导意见、行动方案,对碳达峰、碳中和工作进行总体部署与实施指导。国家碳达峰碳中和工作领导小组积极推进碳达峰、碳中和相关工作。

表 1-3　　　　2021 年国家层面发布的与绿色低碳发展相关的文件

发布日期	文　件	摘　要
2021 年 2 月 22 日	《国务院关于加快建立健全绿色低碳循环发展经济体系的指导意见》	提出建立健全绿色低碳循环发展的经济体系,确保实现碳达峰、碳中和目标,推动我国绿色发展迈上新台阶

续 表

发布日期	文 件	摘 要
2021年4月26日	《关于建立健全生态产品价值实现机制的意见》	要求健全碳排放权交易机制,探索碳汇权益交易试点
2021年9月12日	《关于深化生态保护补偿制度改革的意见》	要求加快建设全国用能权、碳排放权交易市场。健全以国家温室气体自愿减排交易机制为基础的碳排放权抵消机制,将具有生态、社会等多种效益的林业、可再生能源、甲烷利用等领域温室气体自愿减排项目纳入全国碳排放权交易市场
2021年9月22日	《关于完整准确全面贯彻新发展理念做好碳达峰碳中和工作的意见》	到2060年,绿色低碳循环发展的经济体系和清洁低碳安全高效的能源体系全面建立,能源利用效率达到国际先进水平,非化石能源消费比重达到80%以上,碳中和目标顺利实现,生态文明建设取得丰硕成果,开创人与自然和谐共生新境界
2021年10月10日	《国家标准化发展纲要》	要求建立健全碳达峰、碳中和标准
2021年10月21日	《关于推动城乡建设绿色发展的意见》	提出坚持生态优先、节约优先、保护优先,坚持系统观念,统筹发展和安全,同步推进物质文明建设与生态文明建设,落实碳达峰、碳中和目标任务,推进城市更新行动、乡村建设行动,加快转变城乡建设方式,促进经济社会发展全面绿色转型,为全面建设社会主义现代化国家奠定坚实基础
2021年10月24日	《2030年前碳达峰行动方案》	确定碳达峰工作的总体要求和工作目标,进一步明确了碳达峰的重点任务,要求将碳达峰贯穿于经济社会发展全过程和各方面,提出了"碳达峰十大行动"

2. 部委层面:推进落实一揽子政策

生态环境部和国家发展改革委等部委印发各种指导意见、管理办法、行动方案、工作通知等对碳达峰、碳中和相关工作进行指导与规范。同时,积极推进"1+N"政策体系后续分项政策的制定。

表 1-4　　　　　国家相关部委层面落实双碳目标的一揽子政策

发布日期	文件	概要
2020年12月29日	《2019—2020年全国碳排放权交易配额总量设定与分配实施方案(发电行业)》《纳入2019—2020年全国碳排放权交易配额管理的重点排放单位名单》	加快推进全国碳排放权交易市场建设
2020年12月31日	《碳排放权交易管理办法(试行)》	在应对气候变化和促进绿色低碳发展中充分发挥市场机制作用,推动温室气体减排,规范碳排放权交易及相关活动
2021年3月26日	《企业温室气体排放报告核查指南(试行)》	规范全国碳排放权交易市场企业温室气体排放报告核查活动
2021年5月17日	《碳排放权登记管理规则(试行)》《碳排放权交易管理规则(试行)》《碳排放权结算管理规则(试行)》	规范全国碳排放权登记、交易、结算活动
2021年5月30日	《关于加强高耗能、高排放建设项目生态环境源头防控的指导意见》	坚决遏制高耗能、高排放项目盲目发展,推进"两高"行业减污降碳协同控制
2021年7月1日	《"十四五"循环经济发展规划》	推进循环经济发展,构建绿色低碳循环的经济体系,助力实现碳达峰、碳中和
2021年7月15日	《关于加快推动新型储能发展的指导意见》	以实现碳达峰碳中和为目标,推动新型储能快速发展
2021年7月27日	《关于开展重点行业建设项目碳排放环境影响评价试点的通知》	组织部分省份开展重点行业建设项目碳排放环境影响评价试点
2021年9月11日	《完善能源消费强度和总量双控制度方案》	完善能源消费强度和总量双控制度,助力实现碳达峰、碳中和目标
2021年10月18日	《关于严格能效约束推动重点领域节能降碳的若干意见》	推动重点工业领域节能降碳和绿色转型,坚决遏制全国"两高"项目盲目发展,确保如期实现碳达峰目标
2021年10月26日	《关于做好全国碳排放权交易市场数据质量监督管理相关工作的通知》	要求迅速开展企业碳排放数据质量自查工作,各地生态环境局对本行政区域内重点排放单位2019和2020年度的排放报告和核查报告组织进行全面自查

续　表

发布日期	文　件	概　要
2021年10月28日	《关于在产业园区规划环评中开展碳排放评价试点的通知》	充分发挥规划环评效能,选取具备条件的产业园区,在规划环评中开展碳排放评价试点工作

3. 地方层面：精准施策,推进落实

(1) 将应对气候变化纳入国民经济社会发展规划

各地在《国民经济和社会发展第十四个五年规划和二〇三五年远景目标纲要》中都确立碳达峰碳中和相关目标,明确了绿色低碳发展的重点任务,并且出台《"十四五"生态环境保护规划》。

(2) 以法治力量推进绿色低碳转型发展

具有立法权的省市陆续制定相关法律,以法治力量推进绿色低碳转型发展。2021年7月5日,深圳市人大常委会举行系列法规发布会,宣布被作为深圳生态环保领域"基本法"的《深圳经济特区生态环境保护条例》于9月1日实施。这是全国首个立法明确应对气候变化具体措施的法规。2021年9月27日,天津市出台《天津市碳达峰碳中和促进条例》,这是首部以促进实现碳达峰、碳中和目标为立法主旨的省级地方性法规。

(3) 制定具体实施规划、方案、措施与计划

各地积极制定各类与碳达峰、碳中和相关的规划、实施方案、具体措施和工作计划。如各省市陆续发布了《"十四五"生态环境保护规划》；河北省印发了《关于建立降碳产品价值实现机制的实施方案(试行)》；上海市印发了《上海加快打造国际绿色金融枢纽服务碳达峰碳中和目标的实施意见》《2021年节能减排和应对气候变化重点工作安排》；江苏省生态环境厅印发了《2021年推动碳达峰、碳中和工作计划》等。

(4) 通过"双碳"工作领导小组会议推进落实

各地通过召开碳达峰碳中和工作领导小组会议,积极部署和推进碳达峰、碳中和相关工作的开展。

二、国外、国内先进城市绿色低碳发展的主要做法和经验

根据中国碳排放的特点,国务院《2030年前碳达峰行动方案》确定了碳达峰的重点任务,主要体现在能源转型、节能降碳、工业领域、城乡建设、交通运输、循环经济、科技创新、碳汇能力、全民行动、合理规划等十个方面。

无锡产业结构相较于先进经济体产业结构而言工业倾向较强。2020年GDP总量排在无锡之前的14个城市(含无锡)中,无锡的第二产业比重高于除苏州外的其他城市,且比14个城市平均值高出13.86%。

根据无锡碳排放和经济结构的特点,结合国务院《2030年前碳达峰行动方案》的重点任务,一些国内外典型案例在政策规划、能源转型、产业转型、建筑、交通、循环经济等方面的主要经验和做法,对无锡市实施绿色低碳发展具有一定借鉴作用。参照落基山研究所(RMI)发布的《零碳城市手册》,并结合无锡的具体情况,笔者综合选择了六个主要城市以及若干个先进城市的经验做法进行总结。

(一)加强顶层设计,完善政策规划

波特兰是美国俄勒冈州最大的城市,连续多年被评为美国最宜居的城市之一。波特兰在绿色低碳发展方面有很多创新做法。

1. 主要做法

一是制定战略。波特兰是美国最早开始考虑应对气候变化的城市。早在1993年,波特兰市就制定了"波特兰市1993年二氧化碳减排战略"。

二是实施立法。波特兰很早就出台各类环境保护立法,涉及森林和农田保护、城市交通、城市再开发、可再生能源利用等领域。

三是制定规划。波特兰的"城市发展边界"规划原则是根据俄勒冈州法律制定的,给波特兰的城市发展带来了深刻影响。在这份规划理念下,波特兰还推出了绿色建筑政策、有轨电车20年规划、自行车25年规划等一系列以绿色低碳发展为导向的规划。

四是出台政策。波特兰通过税收优惠、政府资金奖励、优惠贷款、税收

增额融资等政策和机制来调动社会资本参与可持续发展项目。同时,鼓励公共交通和步行、提高绿色建筑比例、创新设计公园绿地等。

五是制定计划。2001年波特兰市与其下辖的马尔特诺马县联合提出了"全球变暖波特兰地区行动计划"。该计划罗列了150项短期和长期行动计划,目标是到2010年将全社会的碳排放在1990年的基础上降低10%。2009年波特兰市政府制定了《2009气候行动计划》,提出到2030年比1990年减排40%的中期目标,以及到2050年比1990年减排80%的总目标。每三年,波特兰市政委员会都会修订本计划中的行动项目,修订过程包括复审和分析实现2030年中期目标的机遇和挑战。《2015气候行动计划》包含了100多项详细的行动计划,包括提高建筑和车辆能效、鼓励风能、太阳能和生物柴油等绿色低碳能源的使用等。波特兰市以最大效率运营城市,计划到2030年碳排放量比2006年减少53%。

六是全民参与。波特兰的气候行动计划是全民合作的结果。《2009气候行动计划》的草案从2009年4月起,面向公众公开征求意见,并先后召开了8次市民大会,居民、企业和社区组织共同探讨该草案。

2. 行动效果

波特兰多次被评为"全美最宜居城市"。2013年,波特兰碳排放量较20世纪90年代水平下降了14%,而同期美国全国碳排放量则增加了6%。从1990年至2013年,波特兰人口增长了近31%,就业岗位也增加了20%。与2000年相比,2014年,波特兰单独驾驶出行的比例从64%降至58%;自行车出行比例从2%上升至7%;公共交通保持12%的比例;步行保持5%的比例;在家办公从4%升至8%。

3. 其他城市

国际上其他很多绿色低碳城市与波特兰有类似的做法。德国第二大城市汉堡确定了2050年碳中和目标,设定分阶段的城市减排目标,制定总体气候计划和分领域的能源转型计划,并且颁布相应法律政策保障计划的实施。2008年9月,芝加哥出台了绿色城市计划《芝加哥气候行动计划》,提出了一揽子行动目标,明确了减排重点,通过5项战略35种具体行动,计划将芝加哥彻底改造成一个绿色低碳城市。

4. 经验启示

政策法规是推动城市绿色转型的基础。如果要改变一座城市,首先应从政策法规开始。为了有效实施绿色低碳发展,需要把绿色低碳发展上升至城市发展的战略高度;制定城市绿色转型整体规划及配套的政策体系以及切实可行的行动计划,并发动全民参与行动计划的制定。无锡市第十四次党代会提出努力打造生态文明建设先行示范区的目标要求,由此,因地制宜,强化顶层设计,围绕协同推进降碳、减污、扩绿、增长、促进无锡城市全面绿色转型,制定既有先进性、战略性,又具针对性、实效性的一揽子规划、政策、法规,是城市向绿而变的导向引领和生态保障。

(二)聚焦低碳源头,实施能源转型

哥本哈根是发展绿色低碳经济的典范,已经实现能源转型。哥本哈根计划到2025年实现碳中和的区域供热,并通过可再生能源供应城市100%的电能消耗。哥本哈根进一步宣布到2025年将成为世界上第一个实现碳中和首都城市。

1. 主要做法

2012年,哥本哈根提出《哥本哈根2015气候计划》,该计划既整体又集合了四个领域的具体目标和倡议,包括能源消耗、能源生产、通勤以及市政倡议,以实现世界第一个碳中和城市的目标。具体措施包括:建立100台风力涡轮机;热消耗量和商业用电量均下降20%;骑车、步行或是乘坐公共交通工具的外出,占到出行总量的75%;全部有机废物实现生物质气化;架设6万平方米的太阳能电池板;取暖需求100%由可再生能源满足。

2. 行动效果

目前,在哥本哈根周边到处可以看到风力旋涡轮,公寓楼和别墅屋顶安装有太阳能面板,依靠风力、太阳能、地热能等发电。与此同时,哥本哈根人均有一辆自行车。哥本哈根将可再生能源产能比例从25年前的5%提高到现在的70%以上,已经实现了从"黑色能源"向"绿色能源"的转变。

3. 其他城市

英国的布里斯托由市政部门负责电力服务,从而实现积极的可再生能源目标,包括开展多个风力发电项目以及一个大规模"校园太阳能"计划,并计划提供区域供热;美国得克萨斯州休斯敦是美国最大的绿色能源市政买家;美国加州桑尼维尔的城市委员会全体投票通过"升级"到硅谷清洁能源管理局的"绿素(GreenPrime)采购",通过城市电力公司用电账单方式采购100%的可再生能源;日本东京通过跨区域政府合作将城市负荷中心(如东京)与可再生能源丰富地区相连接。

4. 经验启示

能源体系的绿色转型是全社会绿色转型的基石。在构建绿色能源体系的过程中,能源供应端的绿色转型又至关重要。绿色能源供应要因地制宜,在新能源丰富地区,要充分发挥地区优势,大力开展风能、太阳能等新能源发电,转变发电能源结构;在新能源匮乏地区,可以考虑从其他地区输入清洁电力。就无锡的现实情况而言,电力生产的碳排放及煤炭消耗占据了相当大的比重,迫切需要从生产端、消费端两端一起发力,着眼源头替代,加快能源革命,构建符合绿色发展需求的现代能源体系。同时,作为"制造大市",关注、研究、支撑能源转型可为"无锡制造"抢抓绿色风口、创造绿色财富,追求更优、更强带来诸多新机遇。

(三) 推进产业转型,增强发展"绿能"

匹兹堡在19世纪中期就是美国钢铁产业的中心。截至19世纪末,美国三分之二的钢铁都是由匹兹堡出产。20世纪90年代开始,匹兹堡开始了产业升级的实践。

1. 主要做法

(1) 政府精准扶持,促进产业转型

匹兹堡政府支持小规模、高科技的新型制造业发展,市政府下属的城市发展署向当地企业提供了一系列的低息贷款项目,对不同发展阶段、不同行业、不同需求的中小企业都提供全面充分的支持,还对发展遇阻的中小企业提供专业咨询的服务,不仅从资金层面,而且从技术层面和经营层面为当地企业提供服务。

(2) 高校研发与当地企业发展紧密结合

匹兹堡有两所世界知名的高等院校:匹兹堡大学与卡耐基梅隆大学。两所大学都在城市转型时发挥了"创新策源地"的作用。

卡耐基梅隆大学的计算机学科全球领先,利用这种优势,卡耐基梅隆大学、美国国防部与私人基金会共同创立了集中研究创新军工制造业与机器人产业的研究中心"MILL 19"。该研究中心的产业配置包括了研究端的机器原型机设计生产测试;也包括吸引私人公司进驻,将高端技术产业化;甚至还包括了高端制造业人才的培训。

由匹兹堡政府与匹兹堡大学共同设立的"邻里91(Neighborhood 91)"创新园区,近年来发展迅速,尤其在3D打印产业方面成果显著。该园区计划在未来几年内打通产业链条,成为美国乃至世界的3D打印产业创新高地。

(3) 培育产业集群,使之成为经济发展新动力

在当地多年的积累培育下,匹兹堡拥有了许多先进的产业集群,成为城市经济发展的重要驱动力。这些产业代表着关键的高生产价值,包括先进的商业服务业、卫生服务、制造业和技术产业,代表着匹兹堡经济发展的未来。典型公司有PNC、UPMC、谷歌、优步、美国铝业、拜耳、阿勒格尼技术、多邻国等。这些先进产业的高增长代表着城市未来发展的方向。

(4) 充分利用原有产业基础,走向产业高端

在产业转型过程中,匹兹堡保留了大量与钢铁业配套的企业与特种钢材生产企业,这些产业的就业份额为城市的转型过程兜底,并在产业转型完成后持续充实地区经济。今天,匹兹堡仍有大量的金属技术服务公司,为全美的钢铁生产厂商提供生产设备、工程服务咨询、零部件耗材等产品服务。

2. 行动效果

匹兹堡在先进制造业方面的努力成效显著。据统计,匹兹堡地区目前已有中小制造企业2 800家,每年创造146亿美元的GDP。近十年间,地区

中小企业数量增加约650家,新增制造业工作岗位5万多个。在匹兹堡,工程专业的大学毕业生深受当地企业青睐,每年毕业时常被"一抢而空",而高端制造业催生的高工资制造业岗位,也保证了不同教育水平的求职者在拥有舒适的工作环境的同时,得到较高的报酬。

3. 其他城市

德国鲁尔的产业转型也非常成功,对煤炭和钢铁行业实行了"关、并、转"等合理化改造,鼓励兴建新兴工业区和保险、旅游等第三产业部门,加强交通建设和人才培养;对严重的环境污染进行综合治理,一些老工业建筑物和工业废墟上的遗物,被改造成为别具一格的各种文化艺术景点和服务设施等。

在国内,杭州于2014年在全国率先提出实施信息经济智慧应用"一号工程",而后又制定《全面推进"三化融合"打造全国数字经济第一城行动计划(2018—2022年)》,进一步加快数字经济建设。2020年,杭州数字经济增加值占GDP比重从2014年的18.1%提高到了26.6%。

4. 经验启示

以绿色低碳为导向的产业转型,需要市场与政府同时发力。对制造业发达、工业倾向较强的无锡来说,在实现双碳目标的大背景下,进一步加速产业转型显得尤为迫切。在此过程中,加快构建绿色低碳产业体系、提高绿色低碳产业在经济总量中的比重、以最少资源环境代价实现最大效益产出是实现内涵式发展的时代强音。类似匹兹堡、鲁尔等这些城市在产业转型中的先行实践和成功模式值得无锡各方认真研究,积极汲取其中于己相合的先进做法和经验为我所用,加速无锡产业的华丽转身。

(四) 狠抓节能降耗,鼓励工业降碳

瑞典非常重视能源使用效率,是全球综合能效最高的国家。

1. 主要做法

早在20世纪70年代,瑞典就颁布了一系列强制性的有关能源合理化使用和节能的法律、法规,并随着技术的发展不断进行修订完善,以此来指导、规范企业的行为。瑞典还通过能源税收政策来促进能源利用效率的改善,同时,配合各种节能措施的实施给予税收减免。2005年,瑞典政府发起一项特别的计划,针对提升工业能源使用效率而设。在此计划下,共有180家能源密集公司团体参加,只要公司同意按步骤重新规划工厂内的用电和用热情形,进而达到节能目标,就可以获得减税的优惠。

2. 行动效果

该计划执行至今,包括工业生产用热的节约在内,每年节约用电超过14.5亿千瓦·时。

3. 其他国家、城市

电机驱动系统的耗电量占工业和服务业总耗电量的大约70%。瑞士联邦能源办公室资助的EASY项目是一个旨在鼓励瑞士工业部门节约用电的试点项目,主要关注于电机系统的审计和改造工作,该项目有望实现7 370万千瓦·时的节能。美国加利福尼亚州为许多非住宅风扇和水泵电机设置了高效和变速标准,纽约要求风扇电机变频驱动力必须大于10马力。

通过大力推进"减煤行动",湖北武汉规模以上工业煤炭消费从2015年2 173.53万吨下降到2020年1 870.70万吨,下降13.9%。污染物排放总量明显下降,空气质量显著改善。

4. 经验启示

工业节能降碳具有很大的发展空间,如降低工业用热负荷排放、用高效变速电机替代高能耗电机等,政府可以通过制定严格的工业标准,统一规划部署节能改造项目,并给予财政支持。无锡工业企业众多,工业领域的深度节能降耗潜力大、见效快,且能实现企业经济效益、社会责任、城市绿色发展的共赢。企业自觉、制度监管和财政支持的叠加效应,将成为工业节能降碳快速疾行的强大动能。

(五) 探索低碳建筑,助力城市更新

自2012年以来,上海市与世界银行及全球环境基金合作,以长宁区为核心,在超低能耗建筑、建筑能耗监测系统、既有建筑节能改造等领域,探索

开展绿色低碳城市项目建设。

1. 主要做法

（1）推进超低能耗建筑试点

超低能耗建筑是建筑未来发展趋势。长宁区在虹桥迎宾馆9号楼开展超低能耗建筑试点，通过集成全国领先的超低能耗建筑设计理念和技术，成功实现实际运行能耗近零目标。2019年3月，上海市住建委发布《上海市超低能耗建筑技术导则》，扩大超低能耗建筑试点范围。

（2）建筑能耗监测系统发挥引领作用

长宁区自2009年建成上海首个建筑能耗监测平台以来，在世行项目推动提升下，所完成的建筑能耗监测系统已覆盖全区90%以上大型公共建筑。目前，该平台包含政府管理、业主和物业应用、第三方应用、基础功能4大功能，拥有区域能耗分析、能耗对标及公示、能耗改造项目管理等9个模块、35项子功能，在功能创新性和数据准确性方面居上海前列。

（3）既有建筑节能改造实现规模化

既有建筑节能改造是绿色低碳城市项目建设核心组成部分。长宁区充分运用世行减排成本曲线工具，量化分析不同节能技术的实施成本、难度和节能量，明确既有建筑节能改造目标导向；相继出台有针对性的绿色低碳专项补贴激励和能效对标约束分类政策，设立专业管理机构统筹管理、协调推进；借力世行信贷支持，采用市场化运作机制，引入金融机构发放贷款进行投资并自主管控信贷风险。

2. 行动效果

截至2021年底，上海市绿色低碳城市项目累计投资3.69亿美元，节能8.37万吨标准煤，减少二氧化碳排放量20.23万吨。其中长宁区既有建筑规模化节能改造成效显著，累计完成改造楼宇45幢、建筑面积约287万平方米，节能量达31 233吨标准煤，为上海乃至全国建筑节能工作开展提供了良好示范和引导。

3. 其他城市

德国法兰克福市要求所有政府持有物业包括市政用房和公租房都必须

满足被动房标准(一套针对建筑能效的严格标准)。

美国加利福尼亚州,要求到 2025 年所有新建政府持有物业和主要翻新工程都达到净零能耗水平;美国加利福尼亚州圣塔莫妮卡市政府通过世界上第一部规定所有新建单个家庭住房都应达到净零能耗水平的法令,该法令自 2017 年开始执行。

日本东京在 2010 年全面实施了全球第一个针对城市办公建筑的碳排放限额与交易计划。目前,目标建筑的实际减排量已经达到了限额要求,同时大多数建筑并未依靠交易来满足规定。

4. 经验启示

目前,世界各国超低能耗建筑实践已迈出实质性步伐。一方面,政府通过出台有针对性的绿色低碳专项补贴激励和能效对标约束分类,设立专业管理机构统筹管理、协调推进,严格执行低能耗建筑标准等方式,从政策、监管等方面推动低碳建筑的发展。另一方面,加快推动建筑行业的数字化转型,利用信息化手段对建筑能耗进行监测,提高监管效率和效果。同时,充分发挥绿色金融的作用,倒逼建筑企业进行绿色低碳的转型。对于争创碳达峰试点城市的无锡来说,应从多个维度推进绿色低碳城市项目的建设和实施。

(六) 关注低碳交通,倡导绿色出行

谈到中国绿色低碳交通发展,深圳无疑是一个值得聚焦的城市,深圳在推动新能源汽车发展和使用方面走在世界前列。

1. 主要做法

一是制度创新,政策引导。早在 2009 年,深圳便开始大力推动新能源汽车产业的发展,以财政资金鼓励和支持新能源汽车在各个领域的应用。2015—2020 年,深圳每年都制定新能源汽车推广应用财政支持政策,以制度创新力推行业转型。深圳是全国首个出台新能源物流车运营补贴的城市。

二是加快新能源汽车在公共交通中的推广应用。把公交车电动化率 100% 写入深圳交通"十三五"规划中,并制定新能源汽车在公交车和出租车中应用计划。

三是促进清洁能源货运车辆使用。完善政策,激励营运黄标车淘汰。推广使用纯电动物流车,引导交通货运行业使用LNG清洁能源车辆,发展绿色运输。

四是推进新能源基础设施布局,提升新能源车辆充电保障能力。

2. 行动效果

深圳目前城市交通绿色出行分担率达到78%,实现公交纯电动化、网约车100%纯电动化,新能源物流车保有量达9.1万辆,纯电动泥头车保有量达4 200辆。2021年9月,世界银行向其189个成员国发布报告《公共交通电动化的深圳经验——深圳巴士集团的探索与实践》,推广纯电动车应用的"深圳经验"。

3. 其他城市

哥伦比亚波哥大"快速公交(TransMilenio)系统"的专用车道每天运送240万人次。加拿大温哥华通过开展"综合替代出行方案计划"发展步行、单车和公共交通等出行方式。新加坡对高峰期时段不驾驶私家车出行的市民提供财务补贴。西班牙马德里根据汽车的二氧化碳排放水平和发动机类型征收不同金额的停车费。美国纽约州纽约市在2016年将世界著名的纽约时报广场(占地约1万平方米)转变为了纯步行区域。

4. 经验启示

绿色低碳出行是一项系统工程。在绿色低碳交通发展方面,需要制定明确的目标和清晰的计划,建立专门协调机制,配套制定精准的扶持和限制政策,围绕发展现代快速公交系统,拓展公交场站及充电设施资源,创新新能源车辆推广模式,推动全社会形成绿色低碳出行的氛围。无锡是国家综合交通枢纽城市,也是全国首个国家级车联网先导区,发展绿色交通更有基础、更有条件,应主动作为、积极部署,政府、企业、市民合力而为,同频共振,绘就绿色低碳出行的"无锡风景"。

(七) 发展循环经济,强化资源利用

横滨是日本的生态示范城市之一,循环经济发展成果显著。

1. 主要做法

横滨于 2003 年开始 G30 行动计划，以 2001 财年作为基线，旨在到 2010 财年减少废弃物数量的 30%。该计划确定了所有利益相关者（家庭、企业、政府）的责任，通过基于污染者付费制度和生产者责任延伸原则的 3R 原则（减量化——Reducing、再利用——Reusing、再循环——Recycling），以减少浪费。

政府广为传播、推广该计划，提高公众意识。超过总人口 80% 的民众参加了相关活动。横滨市的 5 座焚化炉，在废弃物处理过程中产生的热量和蒸汽用于为相邻的公共设施提供动力，焚化炉中的涡轮机通过蒸汽产生电力。横滨还通过收集各类可回收物出售给私人公司做其他处理或再利用。

2. 行动效果

横滨 2005 财年就实现了废弃物减少 30% 的目标，比预期提前了 5 年。横滨 2001—2007 年减少的废弃物相当于减免了 840 000 吨的二氧化碳排放量，废弃物减量的经济效益至少有 12 亿美元。2008 年，横滨资源和废物回收局 4.8 亿美元的预算中，10% 来自销售可回收物（2 350 万美元）和焚烧发电（2 460 万美元）。

3. 其他城市

瑞典林雪平，只有 1% 的市政固体垃圾通过填埋处理，有机垃圾产生的沼气为交通部门提供了燃料；澳大利亚悉尼，2006 年到 2012 年间将填埋垃圾中有机垃圾的转化比例从 27% 提高到 66%；加拿大温哥华，禁止有机垃圾流入填埋场，并加收处理费。

循环经济的另一种方式是产业园区循环化，丹麦卡伦堡工业园区是世界上最为典型的代表。园区的电厂、炼油厂、制药厂和石膏板生产厂四个企业作为核心，通过贸易方式利用对方生产过程中产生的废弃物或副产品，作为自己生产中的原料，不仅减少了废物产生量和处理费用，还产生了很好的经济效益，使经济发展和环境保护处于良性循环之中。

4. 经验启示

发展循环经济可以产生良好的经济效益，需要从政策上确定所有利益相关者(家庭、企业、政府)的责任;需要广泛开展环境教育和宣传活动,提高公众意识。循环经济在无锡已有良好起步,废弃物循环处置、循环产业、循环产业园等都初露头角。以此开端为基础,无锡应充分借鉴国内外先进经验,积极开挖资源利用中的"富矿",抢跑国内循环经济新赛道,成为绿色发展、资源再利用的贡献者和获益者。

三、中国绿色低碳发展的战略目标和总体要求

为深入贯彻落实党中央、国务院关于碳达峰、碳中和的重大战略决策,扎实推进碳达峰行动,国务院于2021年10月24日印发《2030年前碳达峰行动方案》,方案中明确了碳达峰工作的总体要求和主要目标:

(一) 总体要求

1. 指导思想

以习近平新时代中国特色社会主义思想为指导,深入贯彻习近平生态文明思想,立足新发展阶段,完整、准确、全面贯彻新发展理念,构建新发展格局,坚持系统观念,处理好发展和减排、整体和局部、短期和中长期的关系,统筹稳增长和调结构,把碳达峰、碳中和纳入经济社会发展全局,坚持"全国统筹、节约优先、双轮驱动、内外畅通、防范风险"的总方针,有力有序有效做好碳达峰工作,明确各地区、各领域、各行业目标任务,加快实现生产生活方式绿色变革,推动经济社会发展建立在资源高效利用和绿色低碳发展的基础之上,确保如期实现2030年前碳达峰目标。

2. 工作原则

一是总体部署、分类施策。坚持全国一盘棋,强化顶层设计和各方统筹。各地区、各领域、各行业因地制宜、分类施策,明确既符合自身实际又满足总体要求的目标任务。

二是系统推进、重点突破。全面准确认识碳达峰行动对经济社会发展的深远影响,加强政策的系统性、协同性。抓住主要矛盾和矛盾的主要方面,推动重点领域、重点行业和有条件的地方率先达峰。

三是双轮驱动、两手发力。更好发挥政府作用,构建新型举国体制,充分发挥市场机制作用,大力推进绿色低碳科技创新,深化能源和相关领域改革,形成有效激励约束机制。

四是稳妥有序、安全降碳。立足中国富煤贫油少气的能源资源禀赋,坚持先立后破,稳住存量,拓展增量,以保障国家能源安全和经济发展为底线,争取时间实现新能源的逐渐替代,推动能源低碳转型平稳过渡,切实保障国家能源安全、产业链供应链安全、粮食安全和群众正常生产生活,着力化解各类风险隐患,防止过度反应,稳妥有序、循序渐进推进碳达峰行动,确保安全降碳。

(二)主要目标

"十四五"期间,产业结构和能源结构调整优化取得明显进展,重点行业能源利用效率大幅提升,煤炭消费增长得到严格控制,新型电力系统加快构建,绿色低碳技术研发和推广应用取得新进展,绿色生产生活方式得到普遍推行,有利于绿色低碳循环发展的政策体系进一步完善。到2025年,非化石能源消费比重达到20%左右,单位国内生产总值能源消耗比2020年下降13.5%,单位国内生产总值二氧化碳排放比2020年下降18%,为实现碳达峰奠定坚实基础。

"十五五"期间,产业结构调整取得重大进展,清洁低碳安全高效的能源体系初步建立,重点领域低碳发展模式基本形成,重点耗能行业能源利用效率达到国际先进水平,非化石能源消费比重进一步提高,煤炭消费逐步减少,绿色低碳技术取得关键突破,绿色生活方式成为公众自觉选择,绿色低碳循环发展政策体系基本健全。到2030年,非化石能源消费比重达到25%左右,单位国内生产总值二氧化碳排放比2005年下降65%以上,顺利实现2030年前碳达峰目标。

(三)重点任务

《2030年前碳达峰行动方案》还明确了碳达峰的重点任务,提出将碳达峰贯穿于经济社会发展全过程和各方面,重点实施能源绿色低碳转型行动、节能降碳增效行动、工业领域碳达峰行动、城乡建设碳达峰行动、交通运输绿色低碳行动、循环经济助力降碳行动、绿色低碳科技创新行动、碳汇能力巩固提升行动、绿色低碳全民行动、各地区梯次有序碳达峰行动等"碳达峰十大行动":

第一,能源绿色低碳转型行动,包括:推进煤炭消费替代和转型升级、大力发展新能源、因地制宜开发水电、积极安全有序发展核电、合理调控油气消费、加快建设新型电力系统。

第二,节能降碳增效行动,包括:全面提升节能管理能力、实施节能降碳重点工程、推进重点用能设备节能增效、加强新型基础设施节能降碳。

第三,工业领域碳达峰行动,包括:推动工业领域绿色低碳发展、推动钢铁行业碳达峰、推动有色金属行业碳达峰、推动建材行业碳达峰、推动石化化工行业碳达峰、坚决遏制"两高"项目盲目发展。

第四,城乡建设碳达峰行动,包括:推进城乡建设绿色低碳转型、加快提升建筑能效水平、加快优化建筑用能结构、推进农村建设和用能低碳转型。

第五,交通运输绿色低碳行动,包括:推动运输工具装备低碳转型、构建绿色高效交通运输体系、加快绿色交通基础设施建设。

第六,循环经济助力降碳行动,包括:推进产业园区循环化发展、加强大宗固废综合利用、健全资源循环利用体系、大力推进生活垃圾减量化资源化。

第七,绿色低碳科技创新行动,包括:完善创新体制机制、加强创新能力建设和人才培养、强化应用基础研究、加快先进适用技术研发和推广应用。

第八,碳汇能力巩固提升行动,包括:巩固生态系统固碳作用、提升生态系统碳汇能力、加强生态系统碳汇基础支撑、推进农业农村减排固碳。

第九,绿色低碳全民行动,包括:加强生态文明宣传教育、推广绿色低碳生活方式、引导企业履行社会责任、强化领导干部培训。

第十,各地区梯次有序碳达峰行动,包括:科学合理确定有序达峰目标、因地制宜推进绿色低碳发展、上下联动制定地方达峰方案、组织开展碳达峰试点建设。

四、无锡实施绿色低碳发展的历史必然与现实需要

(一) 国家双碳战略目标与无锡高质量发展相统一的必然选择

"双碳"战略是中国高质量发展的内在要求,大力推动"双碳"进程,加快中国以化石能源为主的能源结构转型,推动经济社会高质量发展,既是实现经济高质量发展的重要内容和关键支撑,也是积极承担全球责任、提高国民环境福祉的必然举措。无锡作为经济大市、用能大市,走绿色低碳高质量发展之路,是必然选择。2020年,无锡人均GDP居于全国大中城市首位,进入了全面高质量发展阶段。未来,无锡将把"双碳"目标作为推动高质量发展的内在要求纳入经济社会发展全局,以经济社会发展全面绿色转型为引领,以能源绿色低碳发展为关键,以改革创新为根本动力,深入推进美丽无锡建设,大力推动减污降碳协同增效,加快形成节约资源和保护环境的产业结构、生产方式、生活方式、空间格局,坚定不移走生态优先、绿色低碳的高质量发展道路,确保无锡如期实现碳达峰、碳中和。

进入"十四五"时期,站在"两个一百年"历史交汇的重要节点,江苏省第十四次党代会对无锡提出了加快打造现代化建设先行示范区的更高要求,为无锡高起点上实现更高质量发展指明了方向。无锡市第十四次党代会明确提出:要以全省高质量发展领跑者的姿态,对标世界现代化最高标准、最好水平,勇担"走在前列"光荣使命,争创碳达峰试点城市、打造生态文明建设先行示范区。碳达峰碳中和作为一场经济社会全方位的系统革命,将赋能无锡坚定走生态优先、绿色发展之路、实现更高质量发展。无论在发展理念上,还是内涵与目标指向上,双碳战略目标与无锡高质量发展都是相互关联、高度统一的。

(二) 经济总量继续保持快速增长与环境容量硬约束相统一的必然选择

人类经济和社会的发展不能超越资源和环境的承载能力,可持续发展

的核心是人类的经济和社会发展不能超越资源与环境的承载能力,做到当前利益与长远利益有机结合。"十三五"期间,无锡规模以上工业增加值增长34.38%,规模以上工业能源消费总量上升13.51%。无锡的碳排放总量和规模以上工业能源消费弹性系数略高于国内一些发达城市。无锡在"十四五"规划中提出经济总量继续保持快速增长的具体目标:地区生产总值年均增速在6%左右,人均地区生产总值超过3万美元,继续保持全国大中城市前列。无锡设定了"人均地区生产总值比2020年实现翻一番"的2035年远景目标。多年来,无锡经济保持快速发展,经济总量位居全国大中城市前列。然而,人均土地少、开发强度大,又地处太湖生态保护区,面向未来,既要做到保持经济持续高质量发展,又要不断提升资源利用效率保护好自然生态环境,就必须牢固树立生态优先的发展理念,坚定不移地走绿色低碳发展之路,全力发展绿色能源,打造绿色产业,用绿色GDP塑造城市全新竞争力。

(三) 率先实现现代化"走在前列"与追求"强富美高"美好生活相统一的必然选择

党的十九大报告提出,我们要建设的现代化是人与自然和谐共生的现代化,既要创造更多物质财富和精神财富以满足人民日益增长的美好生活需要,也要提供更多优质生态产品以满足人民日益增长的优美生态环境需要。必须坚持节约优先、保护优先、自然恢复为主的方针,形成节约资源和保护环境的空间格局、产业结构、生产方式、生活方式,还自然以宁静、和谐、美丽。无锡"十四五"规划中,把"强富美高"和"争当表率、争做示范、走在前列"作为总纲领、总命题、总要求。并在基本要求中提出:勇做全省"争当表率、争做示范、走在前列"排头兵;勇创全省"强富美高"建设示范区。"强富美高"将是无锡现代化的特质,率先实现现代化"走在前列"和"强富美高"的目标指向是一致的,所以无锡"十四五"规划中,把经济社会发展主要指标具体分解为"经济强、百姓富、环境美、社会文明程度高、安全保障"5个方面、32个指标。其中,"环境美"包含"单位地区生产总值能源消耗下降率、单位地区生产总值二氧化碳排放下降率、非化石能源占一次能源消费比重"等绿色低碳发展指标,充分体现了无锡在追求"强富美高"美好生活中对绿色低碳发展的重视。江苏提出在全国率先实现碳排放达峰,无锡要努力走在前列,充分体现了无锡坚持走绿色低碳发展之路的坚定决心。实施绿色低碳发展不仅是保护生态环境,应对气候变化的需要,也是经济可持续发展的需要,只有保持经济可持续发展,百姓才能共同富裕。只有坚持走绿色低碳发展道路,才能为无锡创造一个更优更美的家园。

执笔:陈荣灿　倪自宏

B.2 无锡推进绿色低碳发展的探索与实践

生态文明是新时代经济社会发展的新要求,是实现现代化的基本前提。无锡始终坚持以资源节约型、环境友好型"两型社会"建设为目标,坚定实施经济建设、政治建设、文化建设、社会建设和生态文明建设"五位一体"发展战略,牢固树立"创新、协调、绿色、开放、共享"五大发展理念和"绿水青山就是金山银山"的发展理念,大力推进经济社会的全面转型和高质量发展,在绿色低碳产业体系和能源体系构建、节能管理和循环经济发展、低碳发展试点示范、低碳社会建设等方面取得了较为显著的成效,形成了具有无锡特色的先行探索和生动实践。

一、坚持生态文明引领,推动经济高质量发展

生态文明是新时代经济社会发展的新要求,是实现现代化的基本前提。从"两型社会"综合配套改革到"强富美高"新无锡现代化建设,无锡认真贯彻中央和省委、省政府决策部署,扎实推进生态文明建设工程,切实加强生态环境保护工作,生态环境质量稳步改善,生态文明制度持续完善,人民群众对生态环境的满意度不断提高。

(一)率先确立生态文明统领经济社会发展的新理念

进入新时代,无锡始终把生态优先、绿色发展作为统筹经济社会发展的根本指导思想,引领经济社会加快向绿色低碳全面转型。

一是突出以生态文明统领经济社会发展。2007年的太湖水危机,成为

促使无锡生态文明观根本转变的历史转折。针对无锡资源环境承载能力的现状,立足于长远和可持续发展,无锡市委、市政府先后制定出台《关于深入推进"两型社会"建设率先建成国家生态文明建设示范市的意见》《无锡市低碳城市发展战略规划》等政策文件,把生态作为衡量转型发展的根本标志,把环境保护作为考核干部政绩的重要内容,强化环境保护责任制和行政责任追究制,建立起一整套用生态环保倒逼发展转型的责任机制。

二是推动建设生态文明从应急治理向长效管理转变。针对水环境治理的痛点和难点,无锡从提高环境标准入手,从源头上预防环境污染和生态破坏。无锡2008年率先出台《关于高起点规划高标准建设无锡太湖保护区的决定》和《无锡太期保护区建设(2008—2010年)行动纲要》,将无锡域划为一、二、三级保护区,按区域发展定位及资源环境承载能力和发展潜力,明确禁止开发、限制开发、重点开发和优化开发区域,优化市域功能布局。组建市"太湖办"和市环境监察局,成立江苏省首个环保法庭,在乡镇(街道)设立环保分局,在乡村设立环保办公室,形成"市、县、片、镇、村"五级环境执法网络。

三是建立倒逼机制加快经济社会转型发展。2008年出台《无锡市产业结构调整目录(试行)》,严格实施钢铁、石化等高耗能企业和项目准入。坚决淘汰、搬迁污染企业和项目,将分散的化工、电镀等企业集中开发区和工业园区(集中区),污染严重、治理无望的一律转产或关闭。2008—2012年,无锡累计淘汰水泥产能50万吨、印染2 000万米、皮革5万标张、化纤12.5万吨,关停"五小"和"三高两低"企业1 996家,整改企业788家,关停并转迁沿湖企业244家,超额完成国家及江苏省下达的淘汰落后产能任务。到"十二五"末,无锡累计投入治太资金593.3亿元(其中无锡地方投资515亿元,占87%),累计实施太湖治理重点工程4 295个,圆满完成国务院提出的"确保饮用水安全,确保不发生大面积湖泛"目标,创成首批全国生态文明建设示范市。

(二)实施以"四化"为导向的发展新路径

坚持生态保护与经济高质量发展双轮驱动、协同发展是无锡贯穿始终、坚定不移的方针，2015年，根据转型发展和创新发展的时代要求，无锡作出了实施产业强市战略的重大决策，全力打造以智能化、绿色化、服务化、高端化为核心内涵和鲜明标志的现代产业发展新高地。

一是抓牢实体经济"生命线"。先后制定实施《关于推进现代产业发展的政策意见》《关于深化现代产业发展政策的意见》，制定出台《关于降低实体经济企业成本促进经济平稳健康发展的实施意见》《关于进一步降低实体经济企业成本的意见》。"十三五"期间，无锡先进制造业发展势头良好，规模以上工业增加值超过3900亿元，产值超千亿元的制造业产业集群达到8个，中国企业500强、中国制造业企业500强入围企业数量均居江苏省第一。无锡作为推动实施"中国制造2025"、促进工业稳增长和转型升级成效明显的设区市，受到国务院督查激励表彰。

二是增强科技创新"驱动力"。坚持实施创新驱动核心战略，制定出台深入实施创新驱动发展战略建设苏南国家自主创新示范区三年行动计划、"太湖人才计划"及其升级版。加快发展雏鹰企业、瞪羚企业、准独角兽企业等三类创新型企业，培育出了长电科技、药明康德、远景能源等一批在业界处于全球领先水平的高成长性科技企业。建成了国家超级计算无锡中心、江苏省物联网产业技术创新中心等一批重大创新载体，"神威·太湖之光"实现全球超算四连冠。2020年无锡科技进步贡献率达到66%，保持全省领先。

三是增创产业发展"新优势"。坚持以发展具有比较优势的战略性新兴产业为优先选项，连续举办世界物联网博览会，鸿山、雪浪、慧海湾等三个物联网小镇成为物联网产业集聚地、创新策源地；集成电路材料生产、IC设计、晶圆制造、测试封装全产业链格局逐步成型。坚持以发展具有领先优势的智能制造为主攻方向，积极开展"中国制造2025"苏南城市群试点示范，处于全省和全国同类城市领先水平。坚持以发展具有特色优势的现代服务业为重要取向，制定实施《现代服务业提质增效三年行动计划》，建成省市两级现代服务业集聚区近40家，成为江苏省唯一的首批国家文化出口基地。

四是厚植绿色发展"新底色"。"十三五"期间，无锡加快构建科技含量高、资源消耗低、环境污染少的现代产业体系,大幅提高经济的绿色化程度,大幅降低发展的资源环境代价,太湖治理取得明显成效。深入推进污染防治攻坚战,累计关闭化工企业887家,关停取缔"散乱污"企业(作坊)12523家。水环境综合治理深入推进,建成区72条黑臭水体全面消除黑臭,地表水国省考断面水质优Ⅲ类比例提升到86.0%,太湖无锡水域水质整体好于全太湖,总体已恢复到1997年以前的水平。锡东垃圾焚烧发电厂原址复工投运,市区生活垃圾分类设施覆盖率达85%以上,成为首批国家生态文明建设示范市和全国首个建成生态城市群的地级市。

(三)形成以绿色低碳与高质量发展协同并进的新格局

党的十八大以来,无锡坚持以习近平新时代中国特色社会主义思想为指导,紧扣"强富美高"总目标和当好江苏省高质量发展领跑者的新定位,积极践行"绿水青山就是金山银山"理念,贯彻落实长江经济带、长三角区域一体化等国家重大战略,推动形成以绿色低碳与高质量发展协同并进的新格局。

一是积极争当高质量发展领跑者。实现高质量发展是开启全面建设社会主义现代化国家新征程、实现第二个百年奋斗目标的根本路径。近年来,无锡认真落实中央和省、市委部署要求,围绕当好全省高质量发展领跑者目标定位,扎实推进经济发展、改革开放、城乡建设、文化建设、生态环境、人民生活"六个高质量",大力实施创新驱动核心战略和产业强市主导战略等六大发展战略,经济总量规模与发展质量效益实现双提升,科技创新能力与市场主体活力实现双增强,城乡环境面貌与生态环境质量实现双改善,水环境和空气质量稳步改善,连续多年获评内地宜居城市第一名。

二是积极探索生态治理无锡经验。无锡率先探索实施排污权有偿使用和交易、环境资源污染区域补偿、环境污染责任保险、环境保护激励等制度,以市场机制推动发展转型,积极探索促进生态产品价值不断实现,强化生态环境修复,促进生态产品价值提升外溢。2017年出台《关于调整完善生态补偿政策的意见》,2018年无锡启动生态补偿的立法工作,截至2021年累计拨付生态补偿资金超过10亿元,覆盖补偿面积达41万亩。江阴实施滨江亲水工程,形成串联一体、层级有序的滨江公园体系,通过发展生态旅游等方式促进价值外溢,通过修复生态环境、配建公园促进拆迁地块土地价值提升。

三是着力提升经济发展"含绿量"。认真落实中央关于长江经济带发展的各项决策部署,坚持生态优先、绿色发展,共抓大保护、不搞大开发,加快构建科技含量高、资源消耗低、环境污染少的现代产业体系,大幅提高经济的绿色化程度,大幅降低发展的资源环境代价。无锡生态环境质量持续改善,太湖无锡水域连续十四年实现安全度夏,高质量完成长江流域退捕任务。2021年无锡43个国省考断面水质优Ⅲ比例升至86%,较2015年提高57.1个百分点,升幅全省最大;161条环境综合整治河道水质优Ⅲ比升至66.7%,建成区72条黑臭水体全面消除黑臭。$PM_{2.5}$平均浓度33微克/立方米,较2015年下降45.9%;25家燃煤电厂整合至20家,清洁能源发电全额并网消纳,单位GDP能耗水平苏南最低。

二、转变经济发展方式,推动产业绿色转型

无锡土地资源、能源资源、环境容量和劳动力成本等因素与经济社会发展矛盾日益突出。为化解硬约束、实现可持续发展,无锡加快转变经济发展方式,大力实施产业结构调整,推动产业绿色低碳转型升级,打造现代产业发展新高地。

(一)率先调整高能耗高污染产业

从2008年出台《无锡市产业结构调整目录(试行)》起,严格的钢铁、石化等高耗能企业和项目准入已经开始在无锡实行。一是坚决淘汰、搬迁污染企业和项目,将分散的化工、电镀等企业集中开发区和工业园区(集中区),污染严重、治理无望的一律转产或关闭。至2009年底,无锡共关停各类企业1 607家,其中化工生产企业1 301家,完成整改企业567家。"十二五"时期,无锡通过"腾笼换凤"调结构,在全省率先启动小化工、小钢铁、小

印染、小水泥、小电镀等"五小"企业关闭和"三高两低"企业整治,关停小热电、化工、印染、电镀、建筑陶瓷等高能耗企业。"十三五"期间,累计压减钢铁产能520万吨,水泥产能30万吨,关闭化工生产企业887家,关停取缔"散乱污"企业(作坊)12 523家,太湖一级区基本建成无化区。二是引导企业技改升级,淘汰高投入、高耗能、高污染产能,实现低投入、低消耗、少排放、高产出、高效益、能循环、可持续的集约型发展方式。无锡90%以上的规模以上工业企业实施了技术改造,涌现出以江阴兴澄特钢为代表的一批资源高效和循环利用示范引领企业。十多年来,无锡通过四个阶段"专项整治",不断加快提升资源能源综合利用效率和产出效益,持续注入绿色发展动能。

(二)推进传统产业转型升级

围绕产业强市主导战略,以"四化"引领为主线,无锡先后出台《关于以智能化绿色化服务化高端化为引领,全力打造无锡现代产业发展新高地的意见》《关于支持现代产业高质量发展的政策意见》等产业政策。一方面,针对无锡传统产业规模比较大、水平比较高的情况,融合运用先进适用技术和现代信息技术,加快传统产业技术升级、设备更新和绿色低碳改造。"十三五"期间,无锡90%以上规模以上工业企业实施了技术改造。"百年企业"无锡一棉加大智能化改造力度,万锭用工人数降至20人以下,为行业平均水平的1/4,产量可提升37%,生产效率可提升30%以上,不合格率可降低25%。双良集团从溴冷机制造公司转型为系统集成商、投资运营商、能源服务商,服务型业务占比已近2/5。2021年,无锡的特钢、高端纺织、汽车及零部件、高端装备产业集群的产值规模均超千亿元,纺织、机械、电子等传统优势产业焕发新机。另一方面,在加快传统产业转型升级同时,不断发展具有比较优势的战略性新兴产业。无锡物联网、新能源、IT产业等重点领域取得长足发展,集成电路、光伏太阳能、环保装备制造技术水平全国领先。2020年,无锡高新技术产业完成产值8 502.7亿元,占规模以上工业产值的比重达48.3%;战略性新兴产业完成规模以上工业产值6 140.5亿元,占规模以上工业总产值比重达34.9%,其中物联网、集成电路产业年均分别增长20%以上、15%以上。十年来,无锡先后被评为"促进工业稳增长和转型升级成效明显市""大力培育发展战略性新兴产业、产业特色优势明显、技术创新能力较强、产业基础雄厚的地方""促进制造业创新转型和高质量发展、先进制造业集群培育等工作成效明显的地方",受到国务院办公厅和江苏省政府办公厅通报激励。

(三)创建绿色工厂

无锡作为制造业大市,工业基础雄厚,物联网、集成电路、生物医药、新能源、环保装备等新兴产业的发展迅速,具备构建绿色制造体系的产业基础。近年来,无锡聚焦高耗能重点行业,构建绿色供应链体系,鼓励企业实行全生命周期绿色管理,出台《无锡市绿色工厂创建工作实施方案》,推动构建绿色制造体系,创建了一批绿色工厂,推动工业经济绿色转型升级。"十三五"期间,无锡已建成国家级绿色工厂18家,省级绿色工厂6家,2家企业中标工信部绿色制造供应商,涵盖钢铁、纺织、机械、电子、化工、汽车用发动机制造、电器、电线电缆等行业。无锡小天鹅电器有限公司利用科技创新绿色产品,打造了"节水、节电、低碳"节能品牌,运用数字化技术驱动绿色制造,推动柔性、绿色、智能制造工厂建设,2018年其绿色供应链系统构建项目成功入围工信部绿色制造示范项目。凯龙高科技股份有限公司,作为中国内燃机排放治理行业的龙头领军企业,其市场占有率达到40%以上,三大类166万套产品累计减排氮氧化物约785万吨、颗粒物约14万吨。

三、调优调绿能源结构,率先发展绿能产业

无锡坚持"政府引导、市场运作、社会参与"的原则,不断完善政府调控手段,改善能源结构,建设促进能源节约和高效使用的体制机制,形成有利于节约能源的市场环境和长效机制。无锡大力发展光伏、风能、储能、核电、新能源汽车等绿能产业,太阳能、风电产业的发展水平在国内领跑、世界居前,成为中国新能源发展的领军城市。

（一）强化工业节能降耗约束

"十二五"期间，无锡高度重视节能降耗工作，把节能减排作为绿色低碳发展的重要抓手。无锡制定出台《关于加强重点用能单位节能降耗工作的意见》，组织开展"万家企业节能低碳行动"，累计对220家企业进行工业能耗在线监测，对"双高"行业企业实施阶段性节能降耗调控措施，形成"节能降耗倒逼产业转型升级，产业转型又促进节能降耗"的互推互促，累计节能达到294.24万吨标准煤。"十三五"期间，无锡把节能优先放在战略突出位置，根据环境承载容量，确定能源荷载能力，保障合理用能，激励节约用能，淘汰落后用能，构建煤炭消费总量控制制度约束。无锡引导重点用能单位在企业内部健全节能管理机构，强化节能目标责任制，加大节能技术改造力度，推动重点用能单位不断提高能源利用效率，培育一批能效国际先进、国内领先的节能标杆企业。其中，威孚集团通过对照明系统节能改造、冷冻水系统节能改进和能源管理系统建设等，挖掘节能减排潜力。费森尤斯卡华瑞制药公司利用冷凝水回收减少蒸汽消耗，年节约蒸汽约6 800吨，减排二氧化碳约2 061吨。2020年，无锡能源消费总量达3 597万吨标准煤，"十三五"期间累计增加371万吨标准煤，年均增速2.2%，增速较"十二五"期间下降0.6个百分点，能源消费总量增速有所放缓。

（二）大力调整能源结构

"十二五"以来，无锡积极改善能源结构，严格控制煤炭消费，实施煤炭减量替代，淘汰燃煤落后产能，加快煤电升级改造，提高电力消费在终端能源中的比重，不断提高电气化程度，发展非化石能源和清洁能源，为推进能源结构调整和绿色产业发展提供了良好的制度支撑。"十三五"时期，无锡重点实施多项能源发展项目，无锡西区燃气热电、东亚电力（无锡）燃机发电、蓝天燃机热电、惠联（垃圾）热电、无锡协联热电等项目先后投产。截至2020年底，无锡电力装机煤电占比下降至55.4%，可再生能源发电装机占比上升至12.5%。煤炭消费占能源消费总量的47.6%，比2015年下降11.2个百分点；天然气消费量占能源消费总量的14.8%，比2015年上升4.3个百分点;非化石能源消费占能源消费总量的比重比2015年上升3.7个百分点。

(三)促进新能源产业集群化发展

作为中国新能源产业的发源地,无锡"十二五"时期提出以光伏、风电、生物质能、核电装备和新能源汽车等五大产业为重点,打造成为国际级的规模大、水平高、核心竞争能力强和配套齐全的新能源产业集聚区和新能源装备制造示范城市。随着产业发展情况的变化,无锡将光伏发电装备、风力发电装备、新能源机车及关键零部件三大领域作为"十三五"重点发展领域。同时,无锡依托新一轮配电网升级改造,持续推进输变电、配电、用电、调度自动化等设备研发制造,加快培育智能电网产业方面龙头企业;加快推进洁净燃烧系统、高危垃圾处理、节能锅炉等核心技术创新研发,逐步实现节能环保产业化发展。经过多年发展,无锡新能源产业已形成包括产品生产、检测认证、设计、工程、智能运维以及新能源汽车在内的完整产业链,集成了远景科技、先导智能、上能电气、尚德太阳能等一大批知名企业,在全国范围内具有明显优势地位。无锡拥有新能源产业骨干企业超过150家,新能源产业集群完成总产值过千亿元,为中国和世界减少碳排放作出积极贡献。

四、开展试点示范建设,打造绿色低碳引领者

聚焦循环经济、绿色低碳、生态文明发展,无锡积极开展试点示范建设,通过实施节能与循环经济项目、合同能源管理项目、绿色制造产业项目、社区低碳组织管理等,推动试点示范的园区、企业、街道、社区(村)建设,打造一批绿色低碳发展的先行者、示范者、引领者。

(一)推进循环经济示范试点建设

"十二五"以来,无锡聚焦建设资源节约型和环境友好型社会,不断提高资源综合利用率,大力推动绿色低碳循环发展。一是印发实施《无锡市"十三五"循环经济发展规划》《无锡市农作物秸秆综合利用规划(2016—2020

年)》,"一园一方案"编制循环化改造实施方案,推动无锡国家高新技术产业开发区等12家开发区(园区)开展园区循环化改造。二是开展各类循环经济示范试点和重点工程项目。新三洲产业园获批省级"城市矿产示范基地",光大环保(江阴)建成江苏省级循环经济教育示范基地,大豪动力稳步开展"以旧换再"试点,无锡锡东生活垃圾焚烧发电厂一期工程、无锡惠联餐厨废弃物处理工程等一批重点项目建成投运。三是扎实推进资源综合利用示范试点。江阴秦望山产业园和惠山资源循环利用基地成功获批成为国家资源循环利用基地。四是大力发展资源高效和循环利用示范引领企业。江阴兴澄特钢是首批10家"江苏省节能减排科技创新示范企业"之一。宜兴协联热电有限公司列入全国第二批循环经济试点单位。格林美(无锡)能源材料有限公司建成长三角最大的新能源材料制造与动力电池回收基地。

(二)推进绿色低碳园区建设

无锡高新区、江阴高新区成功创建国家级生态园区,惠山经济开发区、蠡园经济开发区、空港经济开发区成功创建省级生态园区。2021年,无锡高新区、惠山经开区跻身全国首批12个"绿色低碳示范园区"行列。其中,无锡高新区持续发力绿色低碳,能源消耗持续向"绿"而减,"十三五"期间,累计实施节能与循环经济项目102个,合同能源管理项目80个,单位GDP能耗下降18%,获批国家绿色工厂4家、国家绿色制造产业项目3个,拥有2家"灯塔工厂"——博世汽车无锡工厂、施耐德电气无锡工厂。2021年,无锡高新区挂牌成立了江苏省首个零碳科技产业园——无锡零碳科技产业园。

(三)率先探索低碳社区试点

2015年,无锡在全省率先开展了市级低碳社区试点工作,新吴区新安街道新安花苑第三社区等6家社区确定为低碳社区试点单位。各试点社区在创建期间,从组织开展社区碳排查、实施节能和废弃物资源化综合利用示范项目、多样化开展低碳宣传、利用外部资源合作推进低碳社区建设等方面,在低碳组织管理、低碳行为方式培养宣传活动、建筑低碳化节能改造、节水和资源综合利用、低碳技术应用、低碳管理创新等方面开展了大量有益实践。试点社区碳排放水平明显下降,起到了良好的示范与引领作用,有力推进了无锡社区绿色低碳发展。

五、依托数字技术赋能,推动全方位节能降耗

多年来,无锡聚焦智能电网、智慧能源、能源互联网、绿色交通等领域,应用物联网、工业互联网、区块链等数字技术,不断创新项目应用,推动生产生活全方位节能降耗。

(一)物联网赋能智能电网、智慧能源

无锡顺应智慧城市建设大潮,将物联网技术引入变电站,目前2 000多座变电站通过智能环境控制系统受益,比原来节电70%以上。无锡星洲工业园自建自营增量配电网,可接入分布式光伏、分布式天然气发电和储能电站。2017年,园区配置160兆瓦·时的储能电站,形成集"源-网-储-荷"于一体的智能配电网。2020年园区单位工业增加值能耗约为0.079吨标煤/万元,单位工业增加值碳排放约为0.439吨/万元,分别为无锡平均水平的26.3%、54.2%。在智慧能源方面,2011年以来,江阴双良集团开发出双良云+智慧能源管理平台,该平台把物联网产品与互联网通信、云计算技术结合,集远程监控、云端数据备份、大数据分析、专家系统功能、预测式服务、微信推送、远程诊断等功能于一体,为工业节能、建筑节能等提供智慧高效的能源管理路径。

(二)工业互联网赋能能源互联网

城市能源互联网是组成区域能源互联网的重要单元,是支撑城市发展的重要基础设施。2019年,无锡发布城市能源互联网建设行动白皮书,立足坚强智能电网和泛在电力物联网融合发展,以"三层协同、两网融合、中心集成"为建设重点,从8个维度、20个方面展开行动。在企业层面,作为全球领先的能源互联网技术服务提供商,远景能源依托智能控制技术、先进的通信和信息技术建设能源互联网,推动传统能源领域的智慧变革,已成为中国前三大风机供应商,尤其是在智能风机、动力电池与储能、智能物联网、智慧城市等业务方面,已成为政府和行业的"零碳技术伙伴"。此外,远景能源的格林威治™云平台、智慧风场 Wind OS™平台、阿波罗光伏云™平台管理着包括北美、欧洲、中国等在内的超过 2000 万千瓦的全球新能源资产,远景能源已成为全球最大的智慧能源资产管理服务公司。

(三) 智能技术赋能绿色交通

无锡应用智能技术,提升低碳交通管理水平。作为物联网之都,无锡充分发挥物联网技术的研发优势,积极推进物联网和信息化技术在交通领域的应用。2016 年,无锡建成全省首个"绿色交通城市",服务市民出行便捷化、交通智能化。通过项目示范,推动了无锡交通全行业的绿色化进程,绿色交通发展框架逐步完善、绿色交通网络体系基本成型、绿色交通出行方式初步确立、绿色交通创新能力明显增强,逐步形成了"感知客运"安全出行、智能驾培节能降耗、低碳公交惠民出行、绿色汽修放心消费、足不出户随手打车等绿色交通特色。无锡打造苏南运河感知航道、江阴绿色港口等标志性工程,在全省率先实现镇村公交 100% 全覆盖,实现了以轨道交通为骨干、地面公共交通为主体、出租汽车为补充城市客运体系。2019 年,无锡实现新能源公交车全覆盖,智能交通技术在节能降耗中发挥了积极的作用,提升了交通运输节能管理的效率。

六、构建绿色生态体系,打造美丽宜居环境

无锡始终高度重视生态文明建设工作,率先推动生态文明地方立法,出台生态损害赔偿制度等政策,探索环责险"无锡模式"2.0 版。率先实施"退渔还湖",建立"河长制",推动美丽乡村示范建设。

(一) 率先建立法规和制度保障体系

无锡在全省率先出台《无锡市实施〈江苏省大气污染污染防治条例〉办

法》《无锡市生态环境保护工作责任规定》,颁布实施《无锡市生态补偿条例》,修订完善《无锡市水环境保护条例》。无锡在全省率先建立生态环境损害赔偿基本管理"1+8"制度体系,出台《无锡市生态损害赔偿制度改革实施方案(试行)》,建立责任明确、机制畅通、技术规范、修复有效的具有无锡特色的生态环境损害赔偿制度。无锡在全国较早开展环境污染责任保险(环责险)试点,利用保险经济补偿和风险预防功能,逐步建立了政策引导、预防为主的运作机制,在制度创新、参保规模、推行力度等方面均走在全国前列,探索环责险"无锡模式"2.0版。无锡以环责险数据库为支撑,并依托互联网微信平台,开发建立"无锡环责险环境安全信息云平台",构建了政府部门、保险公司、投保企业三位一体的环境风险预警与防范系统,实现了多方共赢。

(二) 实施"退渔还湖"工程

无锡地处江南水乡,河网密布,多年来实施水产围堰养殖,加之地处城市腹地,长期受污染和富营养化之害,水质急剧恶化,严重制约了无锡经济和社会可持续发展。从 2004 年开始,无锡先后实施多轮"退渔还湖"工程,沿湖综合整治面积约 9 000 亩;其中,贡湖"退渔还湖"生态修复项目,涉及占地 2 370 亩,168 个鱼塘全部完成清淤,恢复培育太湖原生种源 50 多种,提高了湖区自净修复能力。2008 年 5 月,无锡市委、市政府出台《关于高起点规划高标准建设无锡太湖保护区的决定》,提出要建设环太湖生态湿地圈,先后完成贡湖水源地保护区生态林工程、环太湖生态景观林带建设工程、十八湾环太湖公路环境综合整治工程等一大批省、市级生态修复和湿地保护建设重点工程。其中,环太湖 24 千米湿地生态修复工程被国家林业局命名为"太湖治理湿地保护与恢复国家示范工程"。无锡先后建成蠡湖、梁鸿、长广溪等 3 个国家湿地公园,宜兴云湖等 6 个省级湿地公园和十八湾等 24 个湿地保护小区。2020 年底无锡自然湿地保护率达 62%,位居全省第二,较 2015 年底提升 18 个百分点。2020 年 10 月 1 日起,太湖十年禁捕令实施,初步形成了以湿地公园为主体、湿地保护小区和其他保护形式互为补充的湿地保护管理体系。

（三）率先建立健全河长制

太湖水危机事件后，无锡充分认识到，水质恶化导致的蓝藻暴发，问题表现在"水里"，根子是在岸上。解决这些问题，不仅要在水上下功夫，更要在岸上下功夫；不仅要本地区治污，更要统筹河流上下游、左右岸联防联治；不仅要靠水利、环保、城建等部门切实履行职责，更需要党政主导、部门联动、社会参与。2007年，无锡创新推出"河长制"，出台《关于全面建立河（湖、库、荡、氿）长制全面加强河（湖、库、荡、氿）综合治理和管理的决定》，从"九龙治水"各行其道转为由河长综合包干、全面治理。"十三五"期间，无锡先后出台《无锡市全面深化河长制实施方案》《关于深化无锡湖长制工作的实施方案》《无锡市河道治理实施细则》《无锡市新一轮河道环境综合整治水质达标攻坚行动的实施意见》等政策。2017年，无锡又率先在省内出台《生态环境保护工作责任规定（试行）》，推行市、区（县）、镇（街道）三级"点位长制"，"河（湖）长制""断面长制"实现全覆盖，构建了责任明确、协调有序、监管严格、保护有力的河湖管理保护机制，开展美丽河湖十大专项行动，全面打造美丽河湖"无锡样板"，展现"无锡形象"。目前，无锡的5 635条河道、35个湖泊、19个水库实现河（湖）长覆盖，共落实河（湖）长3 131名。作为无锡治理太湖的创新举措，"河长制"已由太湖走向全国。

（四）率先推动美丽乡村示范建设

2017年无锡启动创建美丽乡村示范村，坚持高标准谋划、高质量建设、高效率推进，在全省率先开展农村人居环境整治提升"一推三治五化"专项行动，精心描绘美丽无锡的"乡村版图"。从2019年起，无锡启动实施农村人居环境整治提升三年行动计划，出台农房建设管理、农村"厕所革命"等近30件专项文件，组织实施生活污水治理、垃圾分类、农村厕所等6大类项目，总投入超过100亿元。无锡攻坚突破农村住房建设，在苏南地区率先重启停滞12年的农房建设改造工作，首批107个村级试点、7 979户农房建设任务全面完成。无锡在全省率先出台农村人居环境整治长效管护实施意见，建立有制度、有标准、有队伍、有经费、有农民主体作用发挥、有督查评价的"六有"长效管护机制。无锡农村地区生活垃圾集中收运处理率达100%，畜禽粪污综合利用率达97%，农村生活污水治理覆盖率达65%，农村河塘清淤673.5万立方米，三年多累计建成省级特色田园乡村27个、市级美丽乡村示范村110个，展现江南人家、吴韵水乡风貌。锡山区获评全国村庄清洁行动先进县，宜兴市入选全国美丽乡村重点县建设试点，惠山区、锡山区、江阴市先后获评江苏省农村人居环境整治工作激励县。

七、探索绿色金融创新，形成绿色发展的强支撑

近年来，无锡率先开展绿色金融改革创新，在科技赋能、市场建设、基金设立、碳金融、碳大脑等方面先行先试，营造支撑绿色低碳发展的金融环境。

(一) 探索"物联科技"绿色普惠支持机制

作为物联网之都，无锡积极引导金融机构突出金融科技赋能，拓展大数据、云计算、人工智能、物联网在绿色普惠金融服务中的发展应用，全面支撑绿色普惠金融业务数字化转型，促进金融机构提升风险管理能力，构建全流程的环境与社会风险管理机制，激发绿色普惠发展的内生动力。"物联科技"解决了以往动产融资中动产易转移、重复担保等监管难题，也有助于银行利用企业生产要素流转轨迹进行建模分析，提升风控实效，帮助中小微企业最大限度获得融资。截至2021年底，无锡辖内10家银行累计发放"物联科技"模式下的融资金额253.64亿元，服务企业403家，为绿色中小微企业提供了更好的融资支持。无锡在全省率先探索开展"碳普惠制"试点建设。2020年7月，全国首个碳普惠公益平台"碳时尚"App上线，引导市民共同参与碳中和实践。该App获评江苏省2020年度"十佳环境保护改革创新案例"。城市服务超级App——灵锡App通过"低碳行为——碳积分"核算体系奖励绿色行为，已成为无锡市民享受碳普惠生活的桥梁。截至2021年12月底，其"碳积分"平台注册用户数超过5万。

（二）聚力打造长三角"碳金融"高地

随着全国碳交易市场的开市,碳资产的金融属性逐渐被激活。2021年,宜兴市与上海能源交易所签订合作协议,在宜兴环科园建立碳管理体系(宜兴)服务中心,并就"建设碳数据体系,开展企业碳排放和产品全生命周期碳排放的核查,建立碳排放数据库"等方面开展合作。该中心将集合碳交易、碳计量、碳金融、碳资产管理中心,依托国内顶级院士专家团队、国内外研究机构等,争取长三角碳交易中心宜兴分中心、江苏省生态产品交易中心在宜兴试点,为各地提供基于减污降碳的区域发展规划以及碳计量、碳交易、碳金融方面的服务。

（三）构建绿色金融市场体系

近年来,无锡加快绿色金融发展创新步伐,已经形成了以绿色贷款、绿色债券先发引领,绿色保险、绿色基金等项目共同推动的绿色金融产品和服务创新格局。截至2021年底,无锡共有9家金融机构设立"环保贷",5家银行设立"光伏贷",余额分别为13.29亿元和0.89亿元,为企业发放环保贷项目40个、授信金额8亿元,撬动环保项目总投资42亿元。无锡试点推出碳金融产品,绿色金融债、绿色企业债发行规模25.38亿元,非金融企业的绿色债券市场发行主体地位较为明显,发行规模21.53亿元。无锡环境责任险在保企业达2371家,同比增加近50%,累计参保企业超过1.24万家次,参保数全省第一,累计承担责任风险113.4亿元、累计保费收入1.76亿元,均为全国地级市第一。

（四）推动绿色基金快速发展

2019年,江苏省首只绿色股权投资基金——江苏疌泉绿色产业股权投资基金落户宜兴,募集规模为20亿元,投资期4年,投资方向为节能环保、新能源、新材料领域。宜兴市政府与银行、企业、专业投资机构等合作设立各类绿色金融投资基金6支,总规模超过300亿元。2021年,无锡成立绿色产业引导基金和绿色金融风险补偿基金,通过政策性基金引导更多的社会资金流入绿色发展领域。远景科技集团携手创投机构红杉资本发起和落地百亿规模碳中和专项基金——远景红杉碳中和基金。该基金是全国首支零碳投资基金,首期募集50亿元,将投资全球碳中和领先科技企业,打造碳中和技术创新生态,加速聚集低碳技术和创新,构建零碳产业体系。

执笔:曹建标　李仲贵　方彬彬　晏　清　王雨锡　周天捷　杨丽玲

B.3 无锡绿色低碳发展成效及现状评估

无锡坚定实施创新驱动核心战略、产业强市主导战略,以绿色低碳发展理念为引领,深入推进供给侧结构性改革,不断巩固拓展污染防治攻坚战成果,经济社会发展绿色低碳转型成效明显。2021年无锡经济总量位居全国前列,人均 GDP 列全国大中城市第一,单位 GDP 能耗苏南最低,环境质量取得新突破,百姓满意度、获得感不断增强。

一、集约集聚,经济含"绿"量持续提升

无锡通过加快构建科技含量高、资源消耗低、环境污染少的生态经济体系,经济发展提质增效,产业结构逐步优化,经济增长的"含绿量"、"含金量"、"含新量"不断提升。

(一) 经济总量攀上新台阶,转型升级步伐加快

无锡正处于经济转型关键阶段,产业强市之路越走越好,经济发展质量稳步提升,经济增长方式由"投资驱动"向"技术驱动"、"创新驱动"转变,产业核心竞争力不断增强。

一是经济总量稳步提升。2021 年,无锡实现地区生产总值 14 003.24 亿元,是 2015 年的 1.6 倍;规模以上工业总产值突破 2 万亿元,达到 21 376 亿元,是 2015 年的 1.5 倍;规模以上工业增加值达 4 926.42 亿元,是 2015 年的 1.7 倍;一般公共预算收入达 1 200.50 亿元,是 2015 年的 1.4 倍;进出口总值达 1 057.01 亿美元,是 2015 年的 1.5 倍。

二是产业结构换挡升级。2021年,无锡三次产业结构比重由2015年的1.6∶49.3∶49.1升级为0.9∶47.9∶51.2,呈现二产比重基本稳定、三产比重明显上升演进趋势;无锡战略性新兴产业产值占规模工业总产值的比重达到39.9%,比2015年提高16.3个百分点;高新技术产业产值占规模以上工业总产值比重达到49.2%,比2015年提高6.9个百分点;现代服务业占服务业增加值比重达到54.8%,同比提升0.2个百分点。无锡产业结构进一步优化,产业强市步伐更加坚实。

三是科技创新动力增强。2021年,无锡拥有高新技术企业4 608家,比2015年增加3 213家;无锡科技进步贡献率达67%,连续9年位居江苏省第一,比2015年提高4.8个百分点;无锡共有国家级工程技术研究中心6家、省级以上重点实验室8家、省级以上企业重点实验室9家,国家级国际合作基地6家;发明专利授权量达到5 764件,比上年增长32.1%。

四是民生福祉明显改善。2021年,无锡城镇、农村常住居民人均可支配收入分别达到70 483元、39 623元,分别增长8.9%、10.8%,高于无锡GDP平均增速;企业职工基本养老保险人数达到236.27万人,扩面6.53万人;参加城镇职工基本医疗保险人数达到307.53万人,扩面7.66万人;参加失业保险职工人数为200.37万人,扩面4.27万人;年末在领失业保险金人数为4.28万人;企业离退休人员养老金社会化发放率达100%。无锡人民群众生活富足,社会保障水平不断提高。

(二) 资源利用集约化,节约型社会加快构建

节约资源是保护生态环境的根本之策,推进资源利用方式向集约高效转变,既是生态文明建设的内在要求,也是转变经济发展方式的重要途径。无锡以能源消费总量和强度"双控"为抓手,通过实施最严水资源管理,深化节约用地战略布局,能源资源、水资源消费强度明显降低,资源节约集约利用更加高效。

单位GDP能耗指标用于衡量能源消费水平和节能降耗状况的主要指标,反映经济结构和能源利用效率的变化。2021年无锡市单位GDP能耗

约0.28吨标煤/万元,指标值持续保持苏南最低水平。从降低率看:"十二五"期间无锡单位GDP能耗累计下降26.6%,"十三五"期间累计下降18.7%。

单位GDP水耗指标用于衡量一个地区经济活动中对水资源的利用程度,反映经济结构和水资源利用效率的变化。2021年无锡用水总量为26.19亿立方米,比上年增长0.4%,单位GDP水耗为19.51立方米/万元;万元工业增加值用水量为22.96立方米/万元,较2020年下降6.3%;工业企业用水重复利用率保持80%以上。

单位GDP二氧化碳排放指标用于衡量地区经济发展与碳排放量之间的关系。如果一个地区在经济增长的同时,每单位国民生产总值所带来的二氧化碳排放量在下降,那么该地区已经开启了低碳发展模式。从"十二五"开始,无锡单位GDP二氧化碳排放下降率均顺利完成江苏省下达目标。为进一步降低二氧化碳排放,无锡光伏发电规模不断扩大。2021年,无锡累计分布式光伏并网6 365户,并网容量151万千瓦;集中式光伏并网4个,容量17.7万千瓦;分散式风电并网8个,容量12.21万千瓦,较2015年均有明显提升。

单位GDP建设用地指标是指一定时期内,每生产万元国内生产总值(GDP)所占用的建设用地面积,反映了用地开发利用的效率。无锡自然资源节约集约利用综合评价在江苏省保持多年领先,三次获评江苏省国土资源节约集约模范市,下辖具备资格的市(县)、区均获评江苏省节地模范。

二、向绿向优,能源结构持续优化

优化能源结构就是要减少对化石能源资源的需求与消费,降低煤电的比重,大力发展新能源和可再生能源,提高非化石能源占比。无锡大力推进"煤改气""煤改电"项目,煤炭消费量明显减少,以天然气为主的清洁能源比重不断提升,能源结构逐步优化。

(一)清洁能源占比逐年提升

无锡规模以上工业企业能源消费品种中,煤炭、电力、天然气和热力是主要能源消费品种。"十二五"期间无锡关停了大量的化工企业,"十三五"

期间开展了以减煤为主要内容的"263"专项行动,以煤炭为主的化石能源占比逐年下降。无锡2021年规模以上工业企业的煤炭消费比2010年下降14.1%,规模以上工业企业煤炭消费占能源消费合计(未扣除加工转换)的比重从2010年的61.3%下降到2021年的43.3%。与此同时,无锡以天然气为代表的清洁能源品种增多,增长势头强劲,天然气从2010年的6.16亿立方米增长到2021年的40.4亿立方米,占能源消费合计(未扣除加工转换)的比重从2010年的2%提高到2021年的11.9%;电力消费占比从2010年的13.6%提高到2021年的14.8%。"十三五"期间,蓝天、协联、西区等天然气发电厂的陆续投产,天然气消费猛涨,电力、热力消费量随着经济发展稳步提升,无锡能源消费品种结构较"十一五"和"十二五"时期明显改善。

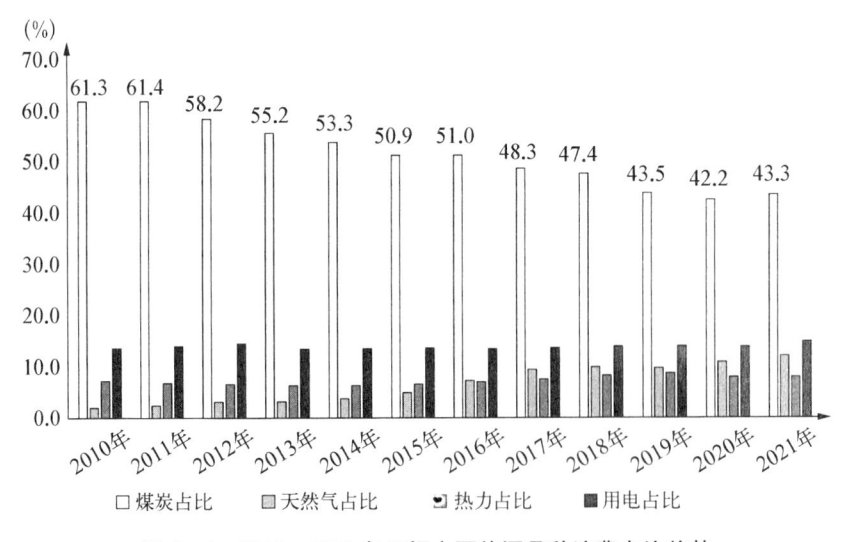

图3-1 2010—2021年无锡主要能源品种消费占比趋势

(二)高耗能行业能耗占比震荡回落

高耗能行业是能源消费多,环境污染重,但产出相对较少的行业,高耗能行业能耗占比的高低反映能源结构的优劣。就国家划分的六大高耗能行业而言,2010—2021年,无锡六大高耗能行业能耗占比呈现"震荡回落"趋势。从2010年的74.2%下降到2021年的73.8%。在高耗能行业中,无锡的化学原料和化学制品制造业、黑色金属冶炼压延加工业以及电力热力生产供应这三个行业能源消费量较大,2021年占比分别达到12.0%、26.4%和29.5%。"十二五"以来,无锡高耗能行业能耗整体呈现下降态势,但由于高耗能行业受宏观政策影响较大,也呈现出一定的波动性变化。

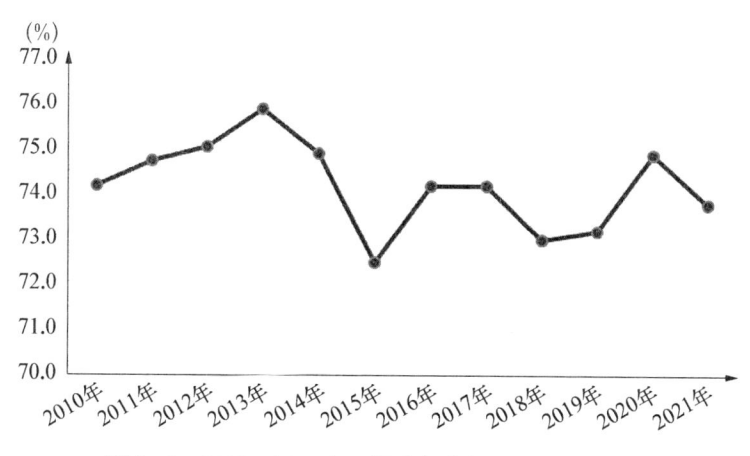

图3-2 2010—2021年无锡高耗能行业能耗占比趋势

三、科技赋能,能源利用效率不断提升

能源利用效率是每消耗一单位的能源所生产的经济总量。无锡作为传统的工业城市,工业企业数量众多,通过科技创新,不断改进生产技术和工艺流程,以低速平稳的能源消费增速支撑了较高的工业增长,实现了工业效能的跃升。

(一)能源利用效率明显提升

若将规模以上工业企业总产值作为经济产出指标,规模以上工业企业综合能耗和电力消费作为投入指标,就可计算单位综合能耗产值产出或单位电力产值产出。一个地区的单位能耗(电力)产值越高,表明该地区能源利用的效率越高。

从2010—2021年无锡的单位能耗产值和单位电力产值可以看出,无锡用能效率呈现持续上升态势。无锡单位能耗产值由2010年的5.43万元/

吨标煤提升到2021年的8.06万元/吨标煤,能耗产出效率提升48.4%;单位电力产值由2010年的34.11元/千瓦·时提升到2021年的43.37元/千瓦·时,电力产出效率提升27.1%。"十二五"期间无锡关停搬迁了大量化工企业,后期又压减钢铁行业产能,无锡的能耗结构逐步优化;进入"十三五"时期,无锡在产业强市的引领下,大力发展新一代信息技术,工业结构进一步优化,工业企业的能耗利用效率明显提升。

表3-1　　　　　　　2010—2021年无锡单位能耗和单位电力产值

指标	2010年	2013年	2015年	2016年	2017年	2018年	2019年	2020年	2021年
单位能耗产值(万元/吨标煤)	5.43	5.80	6.33	6.10	6.38	6.59	6.85	6.90	8.06
单位电力产值(元/千瓦·时)	34.11	36.67	37.63	36.85	37.35	38.53	38.60	39.18	43.37

资料来源:无锡市统计年鉴。

(二)重点行业能源利用效率稳中有升

无锡能源消费行业集中度较高,2021年能耗和电力比较集中的十大行业,其能耗占规模以上工业综合能耗的比重达到90.8%,用电占比达到79.1%,产值占比达到67.7%。不同行业的自身属性不同,能源利用差异较大,以钢铁、发电为主的传统基础产业,单位能耗产值较低,以电子行业为主的新兴产业单位能耗产值较高。将传统基础产业和新兴产业进行分组分析,能更好反映无锡行业能效利用变化情况。

表3-2　　　　　　2021年无锡重点行业单位能耗和电力产值产出

行业	综合能耗占比(%)	用电占比(%)	产值占比(%)	单位能耗产值(万元/吨标煤)	单位电力产值(元/千瓦·时)
规模以上工业合计	100.0	100.0	100.0	8.1	43.4
十大行业合计	90.8	79.1	67.7	6.0	37.1

续 表

行 业	综合能耗占比(%)	用电占比(%)	产值占比(%)	单位能耗产值(万元/吨标煤)	单位电力产值(元/千瓦·时)
黑色金属冶炼和压延加工业	26.4	16.0	8.7	2.7	23.6
电力、热力生产和供应业	29.5	6.7	1.3	0.4	8.3
化学原料和化学制品制造业	12.0	5.4	5.8	3.9	47.1
纺织业	4.5	6.0	3.5	6.3	25.5
化学纤维制造业	3.0	4.3	1.7	4.6	17.1
非金属矿物制品业	4.1	3.9	2.5	5.0	28.1
计算机通信和其他电子设备制造业	5.4	19.4	14.9	22.0	33.3
金属制品业	2.8	6.7	7.4	21.6	48.2
电气机械和器材制造业	1.8	6.3	14.6	64.4	100.2
通用设备制造业	1.3	4.4	7.2	44.2	70.7

资料来源：无锡市统计年鉴。

1. 传统产业能效水平整体较为平稳

钢铁、发电、化工、水泥和纺织行业作为传统基础产业，对无锡工业经济的平稳健康发展奠定了坚实基础。"十三五"以来，无锡传统行业年均能耗增速为1.3%，低于规模以上工业平均增速0.2个百分点，单位能耗产值产出呈现稳中有升的趋势。2020年受疫情影响，企业开工不足但基本能耗不减，出现单位能耗产出下降。2021年重回上升趋势。传统行业作为耗能大户，其能耗的平稳发展保证了无锡节能目标的顺利完成。无锡传统行业能耗水平提升主要得益于节能技术改造和用能合同管理。水泥企业通过加大余热余压的回收利用减少能源消费；钢铁企业通过改善工艺流程减少能耗；发电企业不断提升机组效能，通过提高能源加工转换效率实现节能。

2. 新兴产业能源利用水平显著提升

新兴产业分类没有统一划分，按照国家高技术企业划分标准，将相关产业作为无锡的新兴产业类别。"十三五"以来，无锡新兴产业以年均7.3%的能耗增速支撑了11.5%的产值增速。2021年无锡新兴产业产值达到4 410.30

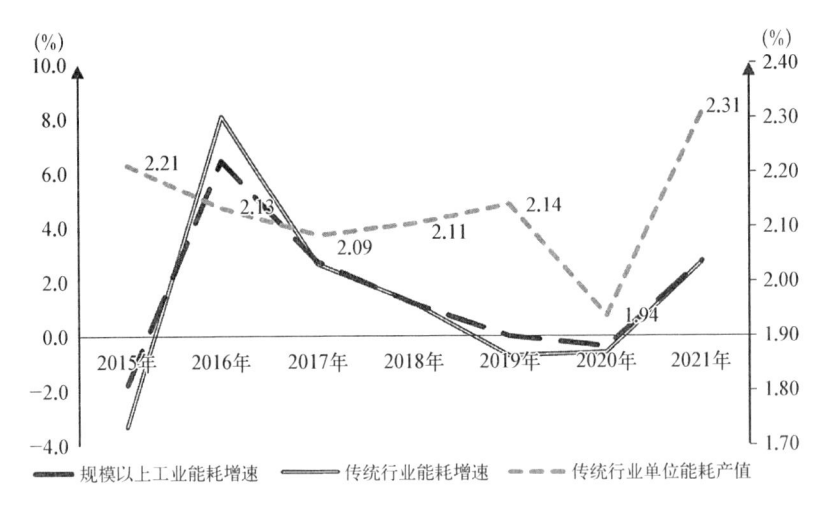

图 3-3 无锡传统行业能耗增速及单位能耗产出趋势

亿元,是 2015 年的 1.8 倍,产值占比达到 20.6%,比 2015 年提升 4.2 个百分点;2021 年无锡新兴产业能耗为 162.59 万吨标煤,占综合能耗比重为 6.1%,比 2015 年提升 1.7 个百分点;单位能耗产值产出为 27.1 万元/吨标煤,比 2015 年提高 15.8%。新兴产业能效的提升,得益于无锡近年来新兴产业的产业链不断向上游延伸,一大批创新型企业的涌现和崛起。从产业的头部企业看,阿斯利康制药、先导智能、长电科技每消费一吨标准煤,实现的产值超过 400 万元,成为行业节能减排标杆。

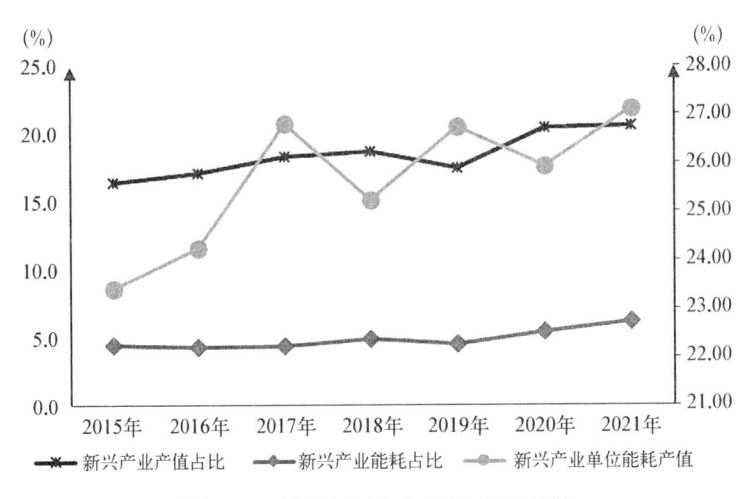

图 3-4 无锡新兴产业产值、能耗趋势

四、节约资源,循环经济发展模式逐步建立

发展循环经济,是实现经济发展方式转变、增强企业竞争力的重要举措,也是实现走新型工业化道路、有效缓解资源瓶颈制约的内在要求,更是减少污染、改善环境、促进经济高质量发展的必然选择。无锡建立了涵盖企业、区域和产业链多方位的循环经济体系,实现了"经济效益"和"环境效益"双提升。

(一)回收利用能源稳步增长

热电联产、钢铁、化工类企业在生产过程中会产生大量的煤气、余热余压等可以回收利用的能源,加大余气余热的回收与利用,是减少能源加工转换损失、降低能源消耗初始投入的有效途径。无锡规模以上工业企业回收利用的煤气、余热余压等能源品种从2010年的96万吨标煤增加到2021年的228万吨标煤,增长137%,规模以上工业企业回收利用能源占规模以上工业企业综合能耗的比重达到8.6%,比2010年提升4.5个百分点。

(二)垃圾发电量快速增长

垃圾焚烧发电的低碳效果在于对生活垃圾的资源化利用和无害化处理。垃圾焚烧产生的余热实现发电和供暖,不仅是废物的循环再利用,同时还能节省土地和空间,垃圾焚烧后固体重量容积将大大减少。2021年无锡有垃圾发电的规模以上工业企业5家,共发电64亿度,是2015年的4倍,相当于无锡居民用电的75%。

(三)重复用水量逐年提升

重复用水量是指企业内部对生产和生活排放的废水经过处理后回收再利用的水量。2021年,无锡规模以上工业重复用水25.20亿立方米,同比增长12.2%;重复用水率为85.6%,比2015年提升1.2个百分点;33个工业大

类中,30个行业有重复用水,行业覆盖面达90.9%。

五、减排治污,生态环境明显优化

在践行习近平生态文明思想中,无锡以建设美丽无锡为目标统揽,以深入推进新一轮太湖治理为突出重点,有力统筹污染治理、环境保护、生态建设,协同推进降碳、减污、扩绿、增长,生态环境质量持续好转。2021年,无锡空气质量优良天数首次突破300天大关;$PM_{2.5}$平均浓度为29微克/立方米,首次降到30微克/立方米以下,实现"八连降";无锡8个板块$PM_{2.5}$首次均达国家空气质量二级标准。

(一) 空气质量持续改善

一是空气质量优良天数逐年上升。通过实施清洁空气行动计划,蓝天保卫战计划,无锡空气质量明显改善。2021年,无锡环境空气质量达标优良天数比率为82.2%,比2020年提高0.8个百分点,比2015年提高18.1个百分点,呈现逐年提升的良好态势;无锡降尘平均值为3.3吨/平方千米,与2020年相比下降10.8%;无锡酸雨频率为12.7%,与2020年相比下降6.7个百分点;无锡生态环境状况指数68.7,比2020年提升4个百分点,保持良好等级。

二是主要污染物排放逐年下降。通过深入治理工业污染,扎实推进燃煤机组超低排放改造,无锡主要污染物均浓度均呈现逐年降低的趋势。无锡2021年$PM_{2.5}$年均浓度为29微克/立方米,比2020年下降12.1%;PM_{10}年均浓度为54微克/立方米,比2020年下降3.6%;二氧化硫年均浓度为7微克/立方米,与2020年持平;二氧化氮年均浓度34微克/立方米,与2020年持平;一氧化碳年均浓度1.1微克/立方米,与2020年持平。无锡大气环境治理虽取得了显著成效,但部分指标还存在差距,例如二氧化氮、臭氧浓度还高于江苏省平均水平。

(二) 水环境质量总体平稳向好

无锡上下以持续改善提升水环境质量为目标,统筹水资源、水生态、水环境治理与保护。无锡水环境质量在巩固中提升,太湖连续十四年高质量实现安全度夏和"两个确保"。

一是水环境质量明显改善。为缓解水资源供需矛盾,无锡全面实施最严格水资源管理制度,加强水源涵养保护。2021年无锡国省考断面水质优Ⅲ比例达93%,市区黑臭水体整治消黑率达100%,26条主要入湖河道水质优Ⅲ比例达100%,9条入江河道水质全部达到Ⅲ类标准以上,新一轮552条环境综合整治河道水质优Ⅲ比例达76.3%。完成5大类1600个水污染治理重点工程项目,建成80条市级美丽示范河湖;太湖无锡水域水质达到Ⅳ类标准,为2007年以来最好水平。

二是水资源利用逐渐提升。通过最严格水资源管理,无锡水资源的集约节约利用程度更高,用水结构不断优化。"十三五"期间,无锡用水总量逐年下降,无锡单位GDP水耗累计下降24.2%,万元工业增加值用水量累计下降25.6%,综合耗水率累计下降0.6个百分点,人均综合生活用水量下降18.7升/人·天,无锡农田灌溉水有效利用系数逐年提升。无锡水资源环境虽明显改善,但水资源承载压力依然较大,随着经济的发展和人口的增加,对水资源的需求不断增加。

(三)生活环境更加低碳宜居

生态、生产和生活是一个相互联系的有机整体,要实现绿色低碳,除了低碳生产外,绿色低碳生活必不可少。

一是城市底色更加亮眼。通过加强生态公园和生态绿道建设,开展拆迁腾退土地"留白增绿",无锡城市宜居水平不断提高,人民群众的绿色生态福祉增强。2021年,无锡市区新增绿地面积350公顷,人均公园绿地面积达到15.02平方米,比2020年提高0.09平方米;建成区绿化覆盖率达到43.5%,比2020年提高0.3个百分点。2020年无锡林木覆盖率27.8%,比2019年提升0.1个百分点,从全省第六进位至全省第四;城镇绿色建筑占新建建筑比重达到100%。

二是生活出行更加低碳。无锡公共机构能源消费持续走低,2020年无锡公共机构人均能耗为 142 千克标准煤/人,比 2019 年下降 14.3%;新能源汽车保有量持续增长,2020 年达到 1.74 万辆,比 2019 年增加近 1 万辆;高效节能产品市场份额持续扩大,市场占有率达到 78.1%,比 2019 年提高 0.3 个百分点;镇村公交交通开通率达到 100%,行政村客运班线通达率达到 100%。低碳、高效、绿色、便捷的生活出行方式正在无锡逐步形成。

六、以人为本,城市"绿"度幸福指数和百姓获得感增强

良好的生态环境是最普惠的民生福祉。生态环境好不好,关键是看百姓对蓝天白云、绿水青山的满意度和获得感。江苏省统计局社情民意调查中心已经连续几年对江苏省及各设区市开展了公众生态环境满意度调查。从调查结果看,无锡公众对生态文明建设力度与机制的认可率在全省位居前列,对市政卫生和环境治理的满意率全面提升,对自然环境质量水平的评价整体向好。

(一)生态环境总体满意率持续提升

从纵向看,近年无锡百姓对生态文明建设满意度呈现明显上升趋势,2020 年 94.0% 的受访者对生态环境满意,比 2019 年提升 3.2 个百分点,比 2015 年提升 5.8 个百分点。

表 3-3　　　　2015—2020 年无锡百姓对生态文明建设满意度情况

年　份	2015 年	2016 年	2017 年	2018 年	2019 年	2020 年
满意度	88.2	92.2	85.6	86.6	90.8	94.0

资料来源:历年《江苏公众生态环境满意度调查报告》。

横向看,2020 年公众对政府重视生态文明建设的认可率高于全省 1.9 个百分点,位列全省第 1;对政府推进环境信息公开、公众参与监督领域工作的满意率高于全省 1.4 个百分点,为全省第 3、苏南第 2;对生态环境的满意率高于全省 0.7 个百分点,居全省第 6、苏南第 2。

表3-4　　　　　　　公众对生态文明建设总体满意率横向对比情况

项　目	满意率(%)		我市排名	
	无锡	江苏省	江苏省范围内	苏南范围内
认为政府重视生态文明建设	98.8	96.9	1	1
认可政府推进环境信息公开、公众参与监督	96.8	95.4	3	2
对所在地区生态环境满意程度	94.0	93.3	6	2

资料来源:《2020年江苏公众生态环境满意度调查报告》。

(二)"碧水"指标满意度较高,"净土"指标有待提升

随着污染防治攻坚战不断向更深处推进,无锡的蓝天常在、大气治理得到群众认可,饮用水水源地治理成效得到巩固,但土壤修复整治水平、农村环境治理满意率与群众期望仍存差距。

公布的四大类14项公众满意度指标中,无锡有6项满意率达90%,8项满意率在80%—90%之间;8项满意率达全省平均水平,6项满意率低于全省平均。无锡污水垃圾处理满意度达到83.8%,位列全江苏省第一;对农村家用厕所建设和改造情况的满意率达到94.1%,高于全省7.9个百分点,位列江苏省第一。无锡生活垃圾集中处理情况的满意率高于全省2.1个百分点,为江苏省第4、苏南第2;对饮用水质量的满意率高于全省1.9个百分点,为江苏省第6、苏南第3;环境绿化情况满意率高于全省0.1个百分点,为江苏省第7、苏南第3;土壤质量、公共厕所卫生条件、秸秆焚烧治理情况等方面的满意度低于江苏省平均水平。

表3-5　　　　　　　公众对自然环境满意率横向对比情况

项　目	满意率(%)		排　名	
	无锡	江苏省	江苏省范围	苏南范围
空气质量	86.0	88.8	10	3
饮用水质量	89.4	87.5	6	3

续　表

项　目	满意率(%) 无锡	满意率(%) 江苏省	排　名 江苏省范围	排　名 苏南范围
土壤质量	82.8	85.6	12	5
环境绿化情况	91.0	90.9	7	3
污水集中处理情况	83.8	77.6	1	1
生活垃圾集中处理情况	87.6	85.5	4	2
公共厕所卫生条件	83.4	83.9	10	4
本地农村村庄环境整治工作	81.7	83.9	8	4
所在地秸秆焚烧得到治理	93.9	96.4	12	4
畜禽养殖粪便无害化处理	80.9	83.9	10	5
农村家用厕所建设和改造情况	94.1	86.2	1	1

资料来源:《2020年江苏公众生态环境满意度调查报告》。

"努力建设人与自然和谐共生的现代化"是习近平总书记在江苏考察时留下的殷殷寄语。党的十八大以来,无锡生态文明建设成绩斐然,老百姓的获得感不断增强,但百姓满意度调查也反映了无锡生态环境仍面临不少难题,环境治理任重道远。"十四五"期间,无锡还需巩固和扩大污染防治攻坚战成效,突出重点、补短板、强弱项,加大老百姓对生态文明建设的知晓率和参与率,使生态文明建设得到百姓认可、经得起历史检验。

执笔:杨林香　王言川　任彩云

B.4 无锡绿色低碳发展的目标定位、路径选择和对策建议

明确绿色低碳发展的目标定位和实现路径,实现碳达峰碳中和目标,既是推进疫后经济绿色复苏、形成绿色经济新动能的客观需要,也是缓解资源环境约束、建设生态文明和美丽无锡的重要路径,更是助力发展方式深刻变革,促进能源结构、产业结构、经济结构转型升级的战略选择。

为贯彻落实国家《2030年前碳达峰行动方案》,把碳达峰碳中和目标落到实处,无锡实现碳达峰碳中和长期深度脱碳转型的路径实证研究,从经济发展水平、产业结构、能源消费等方面对无锡经济社会发展现状进行分析,运用IPCC计算法对无锡能源消费进行弹性计算和无锡碳排放总量测算得出,第一产业的经济增长与碳排放没有明显的关系,第二产业与第三产业中经济增长与碳排放有明显的正相关关系,无锡碳排放主要来源于第二产业。无锡碳排放结构表现为"二三一"型,其主要来源是第二产业及高能耗行业。基于中国2030年实现碳达峰、2060年实现碳中和的总体目标和要求,无锡应提前布局无锡碳达峰碳中和,量化无锡碳排放量的达峰目标,率先步入绿色低碳可持续发展的轨道。

一、目标定位

(一)打造绿色低碳标杆城市

确保2029年、力争2028年无锡提前实现碳达峰。到2025年,绿色低碳循环发展的经济体系基本形成,重点行业能源利用效率大幅提升。煤炭(不含调入焦炭)占能源消费比重下降到40%以下,非化石能源消费比重完

成省下达的目标任务,无锡光伏发电装机力争达到 253 万千瓦以上,无锡风电装机达到 14 万千瓦,无锡生物质发电装机达到 34 万千瓦,50％以上省级开发区(园区)实现碳达峰,建成 2—3 家全国知名的零碳技术示范区。

到 2029 年,经济社会发展绿色低碳转型发生根本性改变,低碳技术创新和低碳产业发展取得长足进展,重点耗能行业能源利用效率达到国际先进水平。在保证经济社会稳定发展的前提下,于 2029 年实现碳排放总量达峰,二氧化碳人均碳排放为 16.60 吨,单位 GDP 二氧化碳排放为 0.543 吨/万元,单位 GDP 能源消耗为 0.272 吨标煤/万元,非化石能源消费水平继续提升,为 2060 年前实现碳中和奠定坚实基础。

(二) 打造生态文明建设示范城市

到 2025 年实现环境质量明显改善,优良天数比例达到 82.0％,$PM_{2.5}$ 浓度达到 30 微克/立方米,水质优Ⅲ类比例达到 90％以上,主要入湖河流、入江支流优Ⅲ类比例保持 100％,自然村农村生活污水治理率达到 95％。自然湿地保护率达到 62％,森林覆盖率不低于陆域面积的 21.3％,林草覆盖率达到 21.39％以上,生物多样性调查覆盖率达到 100％,人均公园绿地面积达到 15 平方米,公园绿地服务半径覆盖率达到 95％。政府绿色采购比例达到 98％,建成省级以上生态工业园区 10 家以上,太湖湾科创带率先实现碳达峰。

到 2029 年,生态环境实现根本性好转,打造生态环境质量最优、产业经济绿色化水平最高、污染排放总量最低的生态环境标杆区、长三角生态优先绿色发展的示范区、全国绿色碳中和先行带、"金融＋产业＋科技＋绿色"融合发展的典范城市,建成更高水平的美丽中国样板城市。

到 2060 年,率先实现人与自然和谐共生的现代化,全面建成现代化经济体系,创新能力达到创新型国家和地区前列水平,绿色生产生活方式普遍形成。

(三) 打造资源集约利用样板城市

到 2025 年,国土空间开发保护格局得到优化,建设用地总规模和城乡建设用地总规模符合江苏省下达任务,用地节约集约水平保持江苏省第一、全国前列,工业用地亩均税收提高15%,单位建设用地地均GDP产出提升22%以上,新增工业用地亩均投资500万元以上,新增工业用地亩均税收达到30万元以上,永久基本农田保护面积和耕地保有量不低于规划目标值,高标准农田面积占耕地比重保持90%以上。完成300万平方米的既有建筑绿色节能改造,建设40万平方米超低能耗、近零能耗建筑,品质优良、性能突出、特色鲜明的高品质绿色建筑项目总面积达到200万平方米。实现公共机构能源和水资源消费总量与强度双控目标,无锡公共机构年能源消费总量控制在16万吨标准煤以内,用水总量控制在3 840万立方米以内。到2029年,资源能源集约安全利用处于国内先进水平。到2060年,资源能源集约安全利用处于国际先进水平。

二、路径选择

绿色低碳发展本质上是新一轮科技革命和产业变革,需加强产业绿色低碳竞争力的战略谋划,首要任务在于从源头上推动能源结构、经济结构、产业结构、生产生活方式的根本转型,精准选择切合无锡实际的低碳绿色发展路径,坚定实施"五大战略",在高质量发展的新征程中重塑城市绿色核心竞争力。

(一)能源变革战略

从能源变革的大视野来看,新一轮能源变革方兴未艾,而现代化产业体系是构筑在现代化能源体系之上的。无锡应积极顺应世界能源战略变革的大势,坚定推进能源绿色化,打造绿色现代化产业体系。

第一,强化能源变革的规划引领。将能源结构调整和绿色能源发展目标融入无锡经济社会发展中长期规划,突出产业用能绿色化,逐步减少化石能源的使用比例,大力推广新能源的普及,不断提升光伏、风电、氢能等非化石能源的利用,探索加大绿氢、绿电使用比例。积极稳妥落实碳达峰碳中和要求。坚持先立后破、通盘谋划,强化降碳、减污、扩绿、增长协同推进,统筹衔接能耗强度和碳排放强度降低标准,制定碳达峰行动方案,探索推进碳排放权交易,平稳有序落实"双碳"目标,切实提高发展"含绿量""含金量"。

第二,完善能源基础设施建设。提高新型能源基础设施的有效供给,加快推动5G网络部署,促进光纤宽带网络的优化升级,稳步推进现有电网设施的"数字+""智能+"升级,实现新型能源大规模开发、大范围配置和高效率利用,为城市能源网络赋能。

第三,主动对标国际绿色低碳经贸规则。实施绿色用能、低碳认证推广行动。加强重点行业重点产品碳排放数据采集,分行业分批次构建无锡重点产品碳足迹数据库,引导重点外贸行业、能源密集行业对产品碳足迹进行认证。实施低碳标准能力提升行动。引导企业对标国际先进,研发国内国际领先的绿色生产技术。实施绿色供应链示范行动,建立新型绿色壁垒风险预警机制。

第四,构建双碳数智治理体系。打造数据多源、纵横贯通、高效协同、治理闭环的双碳数智平台。通过对区域内政府、园区和企业的碳数据、碳指标及能耗数据指标实施统一管理,实现能耗及碳排放足迹的可跟踪、可分析、可视化,以及区域内能耗碳耗全流程实时统计、精准跟踪和及时预警,构建起企业、园区、政府"三位一体"的数字化碳管理体系。

第五,建立健全适应能源变革的投融资机制。强化新能源产业的投融资机制建设,完善金融服务,扩大银行业对新能源产业的信贷支持,鼓励金融创新,推进与新能源相关的金融产品开发,加快设立新能源产业投资基金,大力发展风险投资和创业投资,拓宽资金来源渠道,促进新能源投资主体多元化。

(二)效能提升战略

效能提升战略是满足现代化能源增长需求的重要保障,是实现建设美丽无锡和应对气候变化目标的重要前提,也是壮大绿色发展新动能的重要源泉。

第一,大力推进重点领域效能提升。把控制煤炭消费、实现持续削减作为调整能源结构的"重中之重"。开展能效创新专项行动,持续深化工业、建筑、交通、公共机构、商贸流通、农业农村等重点领域节能,提升数据中心、第五代移动通信网络等新型基础设施效能水平。实施重大平台区域能评升级版,全面实行"区域能评＋产业效能技术标准"准入机制。组织开展节能诊断服务,推进工业节能降碳技术改造,打造效能领跑者。

第二,健全资源循环利用体系。构建一批工业、农业、服务业领域循环经济典型产业链,推进大宗固体废物综合利用,建设绿色低碳园区。完善再生资源回收利用网络,推广资源循环利用城市(基地)建设模式。深入推进循环经济,同时考虑以集群化方式强化不同产业之间的协同衔接,降低产业全生命周期碳排放。

第三,围绕能效提升,促进产学研协同创新。聚焦绿色低碳领域的优势产业和新兴产业,形成关键核心技术攻坚体制,搭建科技创新平台。推动科研院所围绕新能源、绿色新材料进行学科优化和业务提升。着力突破"卡脖子"技术瓶颈,打牢核心零部件及元器件、关键基础软件、关键材料、先进工艺的基础。分行业做好产业链供应链战略设计和精准施策。

(三) 产业升级战略

积极推动产业绿色低碳发展对实现碳达峰碳中和目标意义重大。无锡要确保2028年提前实现碳达峰,必须调整好三个层面的现代化产业体系结构:在产业结构层面,调整降低高耗能产业比重,提升新兴产业比重,严格执行能源"双控"政策,降低整体碳排放强度;在项目结构层面,坚决限制"两高"项目,淘汰落后产能;在产品结构层面,提升产品整体价值层次,强化质量、功能、品牌提升,降低价值链低端产品比重。

第一,改造提升传统制造业。实施传统制造业改造提升计划,建设国家传统制造业改造升级示范区。推动产业链较长、民生影响较大的制造业低碳化转型升级,对中小微企业实施竞争力提升工程。鼓励企业兼并重组,以市场化手段推进落后产能退出。全面推行清洁生产,将低碳理念融入工业园区、产业基地、小微企业园等平台建设。

第二，大力发展低碳高效行业。全力打造以智能化、绿色化、服务化、高端化为核心内涵和鲜明标志的现代产业发展新高地，加快推进生物医药、集成电路、新材料、高端装备等战略性新兴产业发展。推动数字技术在制造业研发、设计、制造、管理等环节的深度应用。充分发挥无锡物联网产业优势，打造世界一流"智能物联网城市大脑"，把无锡建设成为"强富美高的智慧城市样板"，成为世界领先的智慧城市标杆。

第三，谋划精准布局产业链。碳达峰碳中和标志着全球产业链的再调整和新一轮布局。加快制造业服务化进程，推动绿色新兴制造业与高端服务业联动发展和向价值链高端提升是未来趋势。无锡应通过品牌提升来争取打造更多行业龙头，实现由低附加值的加工生产向研发设计和自主品牌等高附加值环节转变。巩固提升在绿色低碳产业链中的关键零部件、核心元器件、重要中间产品、工业软件系统在全球产业链中的地位，培养更多单项冠军。

（四）科技创新战略

当前，世界能源科技革命正在孕育，新一轮能源产业变革蓄势待发。无锡应强化能源技术创新的投入与突破，重点开展科技赋能，提升产业技术装备和管理水平，大力推动重大节能技术研发投入，组织资源进行关键技术攻关，提升专业技术装备水平。

第一，加快关键核心技术攻关。制定碳达峰碳中和技术路线图。围绕零碳电力、零碳流程重塑、零碳系统耦合、碳捕集利用与封存和生态碳汇等方向，创新科研攻关机制，采用揭榜挂帅等方式，实施关键核心技术创新工程，推进低碳技术集成与优化。

第二，强化高能级创新平台建设。加强能源清洁利用、含氟温室气体替代及控制处理等重点实验室建设，谋划建设能源领域重点实验室，积极建设国家科技创新基地，鼓励龙头企业牵头建设国家级和省级技术创新中心，组建创新联合体，加快建设碳中和技术高端创新平台体系。打造零碳技术开发的智能化计碳平台，促使企业逐步掌握自身的碳排放测算方法。

第三,强化技术产业协同发展。实施国家绿色技术创新"十百千"行动,推进低碳先进技术成果转化、创新创业主体培育和可持续发展引领三大工程。大力培育绿色低碳技术创新型企业,持续推进可持续发展创新示范区建设。积极融入长三角区域创新合作,搭建国际科技合作载体,构建协同发展生态圈。

(五)环境保护战略

无锡拥有山清水秀的自然风光和独特的资源禀赋,实施环境保护战略是绿色低碳发展中重要一环,无锡应坚定贯彻"绿水青山就是金山银山"的理念,把保护生态环境、不断提升城市绿色生态竞争力放在首位,为城市的永续发展创造最美最优的生态环境。

第一,高标准引领高质量生态环境保护。聚力打好污染防治攻坚战,持续擦亮生态宜居底色。牢牢守住环境质量只能更好、不能变坏的底线,加快美丽无锡建设步伐,蹄疾步稳推动经济社会发展全面绿色转型。在融入绿色低碳发展中向更高水平"美丽无锡"转型,拿出咬定青山、守望青山、不负青山的劲头,更高标准打好蓝天、碧水、净土保卫战,更大力度实施新一轮太湖治理、长江大保护、"两河"整治提升"一号工程",更加协同促进降碳、减污、扩绿、增长,加快构建产业、能源、治理、政策、生活等五大绿色发展体系,因地制宜发展循环经济,以高水平的环境保护促进高质量发展,在践行习近平生态文明思想上当标杆、做示范。

第二,创新生态环保制度设计和监管控制。完善生态文明统筹协调机制,建立健全严格的生态监督体系和生态考核体系,推动体制机制创新,促进生态资源优势转化为经济发展优势,为生态文明建设提供有力的制度保障。健全生态环境治理监管体系。健全领导干部任期生态文明建设责任体系,实行党政领导干部生态环境损害责任终身追究制,强化领导干部自然资源资产离任审计,对污染防治攻坚不力地方严格惩戒,落实最严格生态环境损害赔偿制度。加强企业环境治理责任制建设,严格执行重点排污企业环境信息强制公开制度,构建以排污许可制为核心的固定污染源监管制度体系。完善生态环境领域地方性法律法规体系,加强环保公安联动执法,健全生态环境行政执法和刑事司法衔接机制。开展生态环境损害赔偿制度改革试点,探索建立生态环境损害赔偿责任风险基金,深化实施环境污染责任保险制度。加强突出环境问题整改,压紧压实生态环境保护责任,强化源头治理,健全长效监管机制,切实改善区域生态环境质量。

第三,强化生态环境保护的政策激励。综合运用法律、经济以及必要的政策手段,充分运用正向政策与法律激励等政策工具,激发市场主体创造活力,构建无锡生态环境高质量发展的激励与约束机制。增强财政投入的政策引导性,综合运用价格、财税、金融等经济手段,加大对生态文明建设科技研发、推广运用的公共财政投入。保证用于资源节约和环境保护的公共财政投入占GDP的比重不断增加,增长比例高于同期财政收入增长。用有关生态权证交易许可的政策措施,激励企业保护环境,节约生态资源。

三、对策建议

绿色是高质量发展的底色。无锡市第十四次党代会报告指出,要自觉践行"两山"理念,坚定不移走生态优先、绿色发展之路,努力打造生态文明建设先行示范区。要坚持系统思维,统筹处理好发展和减排、整体和局部、短期和中长期、政府和市场的关系,结合无锡实际,围绕产业、能源、治理、政策、生活等"五大体系",紧盯能源、工业、建筑、交通、社会"五大领域",聚焦零碳技术、低碳企业、近零碳园区"三大重点",强化降碳、减污、扩绿、增长协同推进,在保持经济较快发展的情况下实现能源变革和低碳转型,形成节约资源和保护环境的产业结构、生产方式、生活方式、空间格局,确保如期实现碳达峰碳中和,加快建设"美丽无锡",在践行习近平生态文明思想上当标杆、做示范。

(一)抓住高标准生态治理的根基

新时代需要贯彻新发展理念、构建新发展格局、推动高质量发展。对无锡来讲,打好"双碳"工作主动仗,既是破解生态问题、实现可持续发展的迫切需要,更是胸怀"国之大者"、标刻城市在全国如期实现"30·60"目标的"显示度"、体现"无锡担当贡献"的应有之义。碧水、蓝天、净土是实现绿色低碳发展、永享美好生活的根基,保持定力持续加大更高标准治水、治气、治土力度,仍然是无锡未来较长一段时期建设"美丽无锡"的首要任务。

在更高标准治水方面,清醒认识太湖湖体水质根本好转的"拐点"尚未到来,加快推进新一轮太湖治理,进一步提升蓝藻处理能力,大力推进生态清淤和入湖河流整治,致力建设世界级生态湖区。全力推进长江大保护,落实《长江岸线保护和开发利用总体规划》,全面开展入江排口及主要入江支流整治,持续深化水污染治理。围绕"推窗见绿""开门亲水""移步进园"目标,严格推进实施京杭大运河无锡段、梁溪河整治提升工程"美丽河湖"行动"一号工程",打造美丽河湖"无锡样板"。

在更高标准治气方面,严格落实《无锡市大气环境质量限期达标规划(2018—2025年)》,制定大气污染防治年度计划。持续推进污染源治理,深度治理固定源,攻坚治理VOCs(挥发性有机物),强化车船油路港联合防控,持续推进落实建筑工地严格管理举措。强化重污染天气管控,修订完善重污染天气应急预案,实现"分级预警,及时响应"。综合运用排放源清单、污染源在线监测、用电量及工况监控、卫星遥感等大数据,实现环境质量与污染源的关联分析,推动溯源追踪与成因研判,形成快速应对指挥能力。

在更高标准治土方面,加强源头系统防控,持续开展土壤和地下水状况调查与评估,防范新增土壤污染,管控地下水环境风险。在国家重点行业企业用地调查基础上,深入开展土壤污染状况调查和风险评估,强化成果应用。推动各地建立有效的建设用地再开发利用联动监管机制;有序推进土壤污染治理修复,以重点地区危险化学品生产企业搬迁改造、长江经济带化工污染整治等专项行动遗留地块为重点,加强腾退土地污染风险管控和治理修复,大力推进"无废城市"和国家土壤污染防治先行区建设。

(二) 抓住能源变革的关键

实现碳达峰碳中和,切实保障发展安全,战略重心在能源。要立足中国能源资源禀赋,坚持先立后破、通盘谋划,传统能源逐步退出必须建立在新能源安全可靠的替代基础上。无锡要如期实现碳达峰,必须做好"减碳、用碳、替碳、埋碳"文章,通过大力压减煤炭消费、合理发展天然气、加大非化石能源装机占比和区外来电中非化石能源占比,对能源结构进一步进行优化。

一是持续削减煤炭消费总量。从严落实《无锡市削减煤炭消费总量专项行动工作方案》,坚决执行火电、钢铁、水泥、石化等重点行业企业"一厂一策"应急减排举措,切实把控制煤炭消费、实现持续削减作为控制能源消费、调整能源结构的"重中之重"。严格控制新建燃煤发电项目,对所有行业各类新建、改建、扩建、技术改造耗煤项目,一律实施煤炭减量替代或等量替代,对钢铁、水泥行业耗煤项目实行煤炭消费量减量替代。要引导广大制造型企业积极建设国家级"绿色工厂",在延续产品全生命周期智能制造、清洁生产、绿色发展的基础上,主动加入碳中和认证,以更好适应"双碳"要求,更好竞逐国际市场。

二是加快发展新能源。发挥先发优势,继续做大做强光伏、风电、氢能等新能源产业。光伏方面,大力推进江阴和锡山整县光伏试点,务实推进"区域策划+厂区光伏+增量配网+储能电站"建设,积极发展分布式新能源系统,充分发挥各开发区、企业、机关、商业、学校、医院以及铁路、公路沿线和农村、水面等方面的潜力,建设各种类型的"光伏+应用"系统和产业园区"源-网-储-荷"一体化系统。重点推动宜兴国电投杨巷80兆瓦渔光互补光伏发电项目、宜兴国电投杨巷二期50兆瓦光伏项目、宜兴大唐杨巷80兆瓦光伏发电项目、宜兴华能新建镇100兆瓦渔光互补发电项目建设。大力发展光伏产业,是典型的"小能源"换"大能源",能够发挥乘数效应,可以生产更多清洁能源,显著提升减排降碳能力。

风电方面,建设重心由北(江阴)向西(宜兴)推移,推动国家电投宜兴杨巷42.9兆瓦分散式风电、华润新能源(宜兴)徐舍42.9兆瓦分散式风电、宜兴欧特新能源杨巷10兆瓦分散式风电项目建设。

氢能方面,探索氢能产业发展,推动绿氢在钢铁、石化、水泥和发电等行业的应用,丰富氢能应用场景。围绕电堆、燃料电池动力系统,发展氢燃料电池动力系统产业链、整车集成与控制产业链,开拓核心技术,提升区域竞争力。储能方面,强化储能技术对可再生能源发电、智能电网和多能互补分布式能源系统、电动汽车的关键支撑作用。能源互联网方面,强化多种能源融合的集成组合、融合匹配、智慧运维、供需双向互动、多网互动等系统技术的突破,推动能源系统大数据采集、挖掘和利用技术研究,力争在能源互联网管理技术上有较大进步。

三是实施精准高效节能。强化重点用能企业管理,落实节能管理措施。实施能效"领跑"行动,开展能效对标达标行动。组织开展节能诊断,挖掘节能潜力。大力推广合同能源管理机制,加快推广节能技术和高效用能设备。全面推进节能技术改造,组织实施余热利用、电机系统节能、能量梯级利用、能源智慧化管控等节能改造工程。加强节能监察,严格执行单位产品能耗限额准入标准和用能产品能效准入标准,加快淘汰落后用能设备。同时,积极推动能源数字化和智能化发展,加快提升清洁能源产业链智能化水平,努力依靠现代信息技术提升节能综合效益。

四是创新能源利用方式。加强与碳汇资源和化石能源充沛的西部地区合作,引导高耗能企业通过碳汇交易市场,积极购买碳排放指标,积极争取重大项目列入国家和江苏省能耗单列,以一种全新的能源利用方式推动地区率先实现碳达峰碳中和。引导广大企业积极参与绿色电力交易,购买由风力发电、光伏发电和生物质发电机组等生产的新能源电量,将绿色电力的环境价值精准传导至新能源企业,引导其加大投入及提升技术水平,助推风电、光伏新能源代替煤炭火力发电成为新型电力系统的主体电源。

五是推动碳排放总量和强度"双控"。创造条件尽早实现能耗"双控"向碳排放总量和强度"双控"转变,加快形成减污降碳的激励约束机制,对碳排放强度下降目标形势严峻地区,坚决实行项目缓批限批。坚决遏制"两高"项目盲目发展,对已投产和待投产的"两高"项目进行全面梳理,对未批先建、手续不全的项目,依法依规实施停产整改。严格实施钢铁、水泥、平板玻璃等新建、扩建项目产能等量或减量置换政策。

(三) 抓住产业结构降碳调绿的核心

2020年,无锡能源消费碳排放总量约占江苏省14%,排放总量大,传统化石能源比例较高。其中,工业领域碳排放中钢铁、化工、电子信息、纺织、石化、水泥建材等六大行业占整个工业领域碳排放总量约80%,占无锡排放总量约61%。这样的产业碳排放结构,决定了无锡必须走产业调轻调绿的低排放、高效能的高质量发展之路,着力推动重点行业、重点区域、重点园区、重点企业"智能化改造、数字化转型、绿色化提升",系统推进工业向产业结构高端化、能源消费低碳化、资源利用循环化、生产过程清洁化方向转型,培育一批绿色工厂、绿色供应链、绿色产业集群。

一要全力提升传统工业减碳技术。加大传统工业节能降碳技术研究,积极推广应用绿色工艺和低碳产品,持续推动降碳技术改造,努力降低传统工业碳排放强度和碳排放量,有效推动电力、钢铁、水泥等高耗能行业在"十四五"期间率先碳达峰。其中,在钢铁行业,推动绿色低碳炼铁技术发展,降低能耗和二氧化碳排放,加强固碳能力。在纺织行业,积极支持开展优化升级试点,推动纺织工业技术数字化升级与结构调整,全面推动废气热能回收利用,全面提升废旧纺织品再生利用水平,减少原生资源消耗。在印染行业,以江阴市和宜兴市为重点,通过设立印染集聚区、兼并重组、股份合作等方式进行资源整合。在石化化工行业,解决现有产品工艺能耗高、效率低、污水难处理问题,突破可再生能源技术在石化化工领域应用的成本瓶颈,实现行业固碳降碳。在建材行业,减少水泥熟料生产线煤炭消费量,推广生物质燃料、生活垃圾等低成本规模化预处理技术,提升节能减碳效果。

二要保持定力持续推进发展战略性新兴产业。2021年无锡规模以上战略性新兴产业(制造业)工业总产值达8 529.18亿元,同比增长26.5%,特别是新一代信息技术产业规模以上工业总产值达2 552.73亿元,同比增长22.5%,继续走在江苏省、全国前列。新材料、新能源、节能环保产业工业总产值分别为1 822.49亿元、1 407.29亿元、1 363.69亿元,均超过千亿元规模,同比分别增长28.4%、33.0%、34.0%,持续稳定成为城市支柱产业。在推进绿色低碳发展的进程中,无锡要继续聚焦科技创新,加快战略性新兴产业发展步伐，尤其要加大力度发展高端设计、绿色制造、能耗低、产出高、效益优、带动力强的新兴产业和未来产业集群，不断推进产业链由耗能高的低端制造环节向附加值高、耗能低的环节攀升。同时，要大力推进智能制造、绿色制造，优化生产流程和供应链管理，打造更多的绿色车间、率工厂、灯塔工厂，为无锡制造业的能源变革提供坚实支撑。

三要大力发展数字经济和总部经济。重点强化数字技术对传统制造业的赋值、赋能、赋智功能，推动互联网、大数据、人工智能、5G等新兴技术与绿色低碳产业深度融合，提高数字技术对产业绿色低碳发展的渗透性和覆盖性。积极构建无锡清洁能源工业互联网平台体系，发挥数字化系统对能源供需端的支撑作用，提升电网智能化管理水平，增强消纳清洁能源和安全运行能力。推进国产工业软件普及应用，支持传统产业智能化改造，建设一批智慧电站、智慧园区、智慧工厂。围绕绿色低碳优势产业建设一批数字化转型促进中心，争取国家数字化绿色化协同转型发展综合试点城市。

加大政策支持和激励引导力度，依托现有产业基础，聚焦10条优势特色产业链（集群），支持现有企业剥离转移能耗大的非核心环节，鼓励大规模制造企业向总部化转型；推动生物医药、物联网、集成电路、新材料、新能源、新能源汽车、高端装备、节能环保、数字创意等战略性新兴产业和金融服务、物流服务、信息服务等现代服务业的总部企业跨界融合，加快培育一批提供全方位、一站式系统解决方案的总部企业，进一步擦亮无锡国家服务型制造示范城市名片。

四要深入拓展低碳技术应用。加快推进充电桩、换电站、加氢站等新型基础设施建设。加强新一代技术研发、支持新一代碳捕集、利用和封存（CCUS）技术研发示范，将其纳入战略性新兴产业发展规划，推动关键技术突破与示范的顺利开展。推广二氧化碳循环利用机制，探索设立二氧化碳利用领域专项扶持资金可行性，强化产业化应用效果。与发达国家和先进地区开展低碳技术与项目合作，加强技术研发和技术转移，推动CCUS国际领先技术在无锡落地发展。

(四) 抓住开发区绿色低碳发展的重点

无锡 14 个省级以上开发区以不到无锡 1/5 的土地面积,创造了无锡 50% 以上的经济总量,集聚了超过无锡 60% 的战略性新兴产业。可以说,开发区的绿色低碳发展情况决定着无锡能否顺利实现碳达峰碳中和目标。要大力争创省级以上碳达峰碳中和试点园区,打造生态文明建设先行示范区。

一要坚持低碳园区示范引领。发挥无锡(国家)工业设计园作为国内首家以工业设计为主题的高新技术专业化园区的先发优势,强化绿色工业设计理念,健全绿色工业设计体系,打造绿色工业设计强市,引领全国工业绿色转型发展。引导无锡重点开发区加强竞合互鉴,深入践行绿色发展理念,高标准开展绿色发展规划,高效率推动产业绿色发展,高水平搭建绿色技术创新生态,高要求落实绿色低碳发展,高层次引领中外绿色合作,进一步加强绿色技术供给、构建绿色产业体系、健全绿色发展机制,开展绿色产业补链强链行动,走科技创新引领绿色崛起的高质量发展路径,努力打造长三角乃至全国知名的零碳产业要素集聚地、行业应用示范地、国际交流首选地和零碳人才汇集地、绿色技术策源地,积极争创区域"绿色科创引领区、绿色产业示范区、绿色合作枢纽带",建成绿色、低碳、智慧的国际化近零碳示范园区、零碳科技产业园和零碳商务区,让全社会共享绿色低碳发展的新成果。

二要提升园区产业集群和资源循环利用水平。发挥开发区产业集聚、资源统筹、平台共享的优势,大力发展循环经济,不断优化产业链和生产组织模式,建立企业间、产业间相互衔接、相互耦合、相互共生的低碳产业链,促进资源集约利用、产品再造利用、废物交换利用、废水循环利用、能量梯级利用,争创国家级循环化改造示范试点园区。要加强规划引领,加快推进开发区迭代更新,把低碳发展的理念和方法贯彻于园区空间布局、产业规划和基础设施建设各方面,加强产业链招商,形成产业上下游资源、能源互补衔接,不断强链、补链、延链,进一步提高园区能源、资源利用效率,降低单位工业增加值碳排放。以开发区低碳技术研发、孵化和推广应用的综合服务平台建设为抓手,推动企业战略性低碳核心技术的研发、储备,形成具有自主知识产权的低碳技术创新研发体系和推广应用与产业化发展体系,提升园区产业竞争力。加大涉VOCs排放工业园区综合整治力度,完善园区统一的LDAR(泄漏检测与修复)管理系统,完成市(县)区级及以下产业园区(集中区)排查整治。根据园区产业结构特征建设集中喷涂中心、活性炭集中处理中心、溶剂回收中心等大气"绿岛"项目,实现"集约建设,共享治污",降低企业治理成本。

三要创新园区低碳管理。引导开发区积极引入碳中和企业、节能降耗服务商,探索园区整体碳中和综合解决方案。加强开发区低碳基础设施建设,优化交通物流系统,对园区水、电、气等基础设施建设或改造实行低碳化、智能化。制定和实施低碳厂房标准,加强新建厂房低碳规划设计,加强对既有厂房的节能改造,提高厂房运行过程的能源利用效率,降低厂房生命周期碳排放。建立健全开发区碳管理制度,编制碳排放清单,建设园区碳排放信息管理平台,强化从生产源头、生产过程到最终产品的全生命周期碳排放管理。加强园区企业碳排放的统计、监测、报告和核查体系建设,建立完善企业碳排放数据管理和分析系统,挖掘碳减排潜力。加强园区企业碳管理能力建设,探索建立低碳产品认证制度,增强企业低碳生产意识,提高碳管理水平。鼓励开发区设立碳中和技术基金,支持园区企业参加碳排放交易试点,建立碳排放总量控制和排放权有偿获取与交易的市场机制。

(五)抓住城乡建设绿色发展的载体

城乡建设是推动绿色发展、建设美丽无锡的重要载体。无锡要在城乡建设、城市更新中注重绿色设计,着力增强城市自然肌理、系统生长功能,聚力建设绿色城乡新家园,致力成为美丽中国、美丽江苏的样板城市。

一要着力打造太湖湾科创带的绿色样板。把低碳、生态、绿色理念贯穿太湖湾科创带建设全过程。在太湖湾科创带深入推进低碳城市、低碳城(镇)、低碳园区、低碳社区建设,在市域内推广复制典型经验和模式;积极创建国家低碳城市试点、国家气候适应型城市建设试点、碳达峰先行区、零碳城市、国家低碳工业园区试点和国家低碳示范社区试点。高标准加快推进新吴区零碳科技产业园、宜兴市零碳创新中心建设,支持无锡经开区建设全域"双碳"示范区;广泛开展低碳商业、低碳旅游、低碳企业和碳普惠试点,加快形成符合无锡自身特点的"零碳"发展模式;率先推动城镇污水处理厂准Ⅲ类提标全覆盖,推进"污水零直排区"建设试点和中水回用工程建设,基本实现VOCs治理从末端治理向源头替代转变。提高太湖湾科创带内的生态系统碳汇增量,结合国家生态园林城市创建工作,发挥森林、农田、湿地的重要作用,增强温室气体吸收能力。

二要深入推进绿色交通和绿色建筑。积极发展低碳运输,推行"绿色车轮"计划,推进货物运输结构调整,推进"公转铁""公转水",加快构建绿色出行体系,加强轨道网、公交网、慢行交通网"三网融合",鼓励公众选择公共交通、自行车和步行等出行方式。提高运输装备准入标准,推广燃料电池汽车、混合动力汽车等新能源汽车应用,淘汰老旧车辆,提高运输装备能源使用效率。强化节能降碳技术应用,鼓励新能源运输装备和设施设备、氢燃料动力车辆及船舶等应用研究。建设零碳交通示范区,开展零碳港口、零碳物流园区、零碳客运枢纽、零碳服务区等试点创建工作,逐步在有条件的地区推广零碳交通。加强非道路移动机械污染防治,推动扩大禁止高排放非道路移动机械使用区域的范围,推进机场、港口、码头和货场非道路移动机械零排放或近零排放示范。开展车船油品联合管控,进一步规范成品油市场,推进油品清洁化,推进重点加油站、储油库油气回收在线监控建设。

提升绿色建筑品质,大力发展超低能耗、近零能耗、零能耗建筑,新建建筑全面按照超低能耗标准设计建造。深化可再生能源建筑应用,推动太阳能光热、光电、浅层地热能、空气能、生物质能等新能源利用,提高建筑电气化应用水平。加快绿色施工技术全面应用,推进绿色建材产品认证和采信应用,稳步发展装配式建筑,推广装配化装修。

三要大力倡导绿色低碳生活。积极推进节约型机关、绿色家庭、绿色学校、绿色社区、绿色商场等创建活动,广泛宣传推广简约适度、绿色低碳、文明健康的生活理念和生活方式,建立完善绿色生活的相关政策和管理制度。鼓励开设绿色批发市场、绿色商场、节能节水超市等,完善销售网络,畅通绿色产品流通渠道。完善政府绿色采购制度,对获得节能产品、环境标志认证证书的产品予以优先采购。国有企业率先执行企业绿色采购指南,鼓励其他企业自主开展绿色采购。积极发挥绿色消费引领作用,大力推广节能环保低碳产品。推动快递行业绿色包装,推广使用绿色包装材料、循环中转袋,在快递营业网点设置专门的快递包装回收区。鼓励使用环保再生产品和绿色设计产品,严格限制一次性用品的生产、销售和使用,推广可降解塑料袋或重复利用的布袋或纸袋。制定出台无锡市生态文明公约,深入开展反过度包装、反粮食浪费、反过度消费行动,倡导简约适度、绿色低碳的生活方式和消费方式。加大垃圾分类推进力度,推动党政机关、企事业单位率先实现生活垃圾强制分类全覆盖;推广"定时定点"投放模式,逐步提高居民小区垃圾分类覆盖面,鼓励运用"红黑榜""时尚户""示范户"等机制,将居民垃圾分类意识转化为自觉行动。

(六)抓住绿色金融发展的血脉

未来40年,中国绿色投资总需求约为140万亿元,绿色金融迎来发展"风口"。要以推动经济绿色低碳发展和创新转型升级为导向,加快提升绿色金融发展质量,努力构建具有无锡特色的绿色金融政策体系、组织体系、产品体系和风控体系。

一要聚焦绿色金融重点支持领域。围绕促进产业、科技、金融良性循环,引导金融机构加强对无锡10条地标性产业链的金融支持,鼓励金融机构向电力、钢铁、石化、化工、纺织等传统高碳工业企业的节能减排、减碳改造项目以及高耗水企业节水减排项目提供金融支持。按照"有保有压、分类管理"原则,逐步抑制高耗能、高污染行业的投融资活动。引导金融机构继续加大对乡村振兴和美丽宜居乡村建设的支持力度,重点支持生态种植、生态养殖、水产健康养殖、高标准农田建设、农业节水、农村水系整治、农业废弃物资源化利用等领域。引导金融机构加大对风电、光伏发电、水能、氢能和生物质能等清洁能源的金融支持。鼓励金融机构创新服务方式,为大容量储能技术研发推广提供金融支持。用好碳减排支持工具,引导金融机构大力支持碳减排和煤炭清洁高效利用重大项目建设。引导金融机构积极支持节能环保、清洁生产、清洁能源等领域的科技攻关项目和科技成果转化应用。指导金融机构为绿色建筑、绿色交通领域技术进步提供金融支持。

二要突出发展绿色金融重点产品与服务。重点打造"尚贤湖基金PARK"示范性综合性股权投资集聚区，发挥资本作为生产要素的积极作用，引导开展绿色投资业务，不断提升"绿色创投无锡"品牌影响力。积极支持设立政府引导型碳达峰碳中和基金，着重发挥好落户无锡高新区的总规模达100亿元人民币、国内首支绿色科技企业携手创投机构成立的"远景红杉碳中和基金"的龙头引领作用和产业虹吸效应，加强与政府、企业的合作，打造碳中和技术创新生态，持续推动碳中和创新技术在新能源、数字经济、智慧交通等领域的价值重构，共同探索更常态化、系统化的低碳创新应用方案，赋能无锡加快形成碳中和技术和低碳产业链聚集，率先在全国构建零碳新工业体系。

积极支持银行业金融机构大力加强绿色金融产品和服务模式创新，设立绿色金融事业部、绿色分（支）行等绿色金融特色机构。鼓励大型银行在无锡分支机构和主要法人银行机构建立专业化绿色金融工作机制。引导全国性金融机构在无锡设立区域性绿色金融业务中心。支持信用评级、第三方认证、环境风险评估等专业机构落户无锡，为绿色金融提供中介服务。支持金融机构发行绿色金融债券，支持符合条件的企业发行绿色企业债、公司债、债务融资工具、资产支持证券等，探索运用信用风险缓释凭证和担保增信等方式降低绿色债券发行成本。支持符合条件的绿色企业在主板、创业板、科创板、新三板等多层次资本市场上市或挂牌。支持优势绿色龙头企业利用资本市场融资，开展并购重组。发挥好江南大学国家安全与绿色发展研究院首创的中国上市公司绿色发展"绿度"评价体系作用，在无锡率先开展上市公司"绿度"评价，引导上市公司更加自觉践行绿色发展理念，引导资本市场更好助力绿色低碳发展。

积极支持宜兴建设国家绿色金融改革创新试验区，积极挖掘高质量的绿色低碳项目，争取申报国家气候投融资项目库。探索在太湖湾科创带率先以绿色金融和相关经济指标为基础,编制绿色金融发展指数,全面客观评估区域绿色金融发展质量与水平。依托开发区、创业孵化中心等平台,积极开展"绿色＋创新""绿色＋高端制造"等绿色金融创新试点,探索绿色金融助推金融供给侧改革、绿色低碳发展、产业结构转型升级和碳达峰碳中和的新路径、新模式。

三要创建绿色金融激励约束机制。引导银行业金融机构制定专门的绿色信贷管理办法,建立绿色企业评价体系,创新方式对绿色金融予以奖励。积极对接人民银行碳减排支持工具,支持银行业金融机构加大对绿色低碳发展领域的信贷支持。通过再贷款、再贴现等结构性货币政策工具,引导地方法人金融机构投放绿色信贷,提升货币政策在支持绿色低碳发展方面的正向激励作用和定向调控功能。制定银行业金融机构绿色金融评价方案实施细则,对无锡银行业金融机构绿色金融开展情况进行评价,支持绿色金融业务成效较好的银行业金融机构多渠道补充资本金,缓解绿色信贷供给约束。

(七)抓住支撑绿色低碳发展的制度保障

实现碳达峰碳中和不可能毕其功于一役,坚决防止目标简单层层分解、政策上下一刀切。无锡要以"争第一"的雄心、"创唯一"的胆略,积极组织开展相关工作,打好制度建设的基础,以成体系的制度保障支撑"双碳"工作统筹推进、有序发展、行稳致远,始终走在前列。

一是加强组织领导。把"双碳"工作作为未来一段时期的重点任务,加强对相关工作的重大战略、方针和政策的统筹决策,加快出台无锡碳达峰碳中和实施意见、碳达峰行动方案,编制出台能源、工业、建筑、交通等重点领域专项实施方案,全方位全过程推行绿色规划、绿色设计、绿色投资、绿色建设、绿色生产、绿色流通、绿色生活、绿色消费。优化相关领导小组构成,强化组织、指导、协调、监督、检查和考核工作。无锡各地区要将碳达峰摆在更加突出的位置,将低碳发展相关指标进一步压实、统筹分解落实到基层,形成市、市(县)区分级管理、部门互相配合、上下良性互动的推进机制。要加强各级领导干部的专业化能力建设,不断学习绿色低碳相关知识,培养解决"双碳"问题的能力。强化全民"绿色低碳"教育,鼓励高校、社会机构等面向各类群体建立绿色低碳工作和生活的终身学习平台及培训体系。

二是强化低碳约束。根据国家和江苏省的相关规定,坚持先立后破、通盘谋划,统筹衔接能耗强度和碳排放强度降低标准,结合无锡实际,制定更为科学可行、各行业各部门需要共同遵守的地方低碳强制性标准,并出台相应的实施方案或细则,明确碳排放总量控制时间表和路线图,确定分阶段、分领域的碳排放总量和削减量,既坚决遏制"两高"项目盲目发展,又坚决防止"碳冲锋"和"运动式"减碳。发挥无锡市人大常委会立法权的作用,积极进行低碳及相关领域的立法研究,适时修订权限内涉及能源、环保、资源等方面的法律法规,增加绿色低碳的内容。同时,在制订经济社会发展各项政策时,都要嵌入低碳发展要求,提出明确任务和具体目标。

三是发挥财政效用。支持依法合规开展节能降碳方面的政府和社会资本合作(PPP)项目建设。鼓励开展合同环境服务,推广环境污染第三方治理。积极利用现有资金渠道,对改善空气质量与节能降碳等做法给予正向激励,调动各方面工作积极性。健全环保信用评价制度,强化"守信激励、失信惩戒"的联动机制。全面清理取消对高耗能行业的优待类电价以及其他各种不合理价格优惠政策。加大对钢铁等行业超低排放改造支持力度。研究制定"散乱污"企业综合治理激励政策。

四是健全合作机制。深化环太湖城市合作,在太湖保护、"双碳"技术研发、绿色低碳交通等方面形成更紧密的工作联合体、利益共同体。加强长三角区域城市的合作,主动承接上海龙头的绿色低碳新技术应用的辐射,积极复制长三角生态绿色一体化发展示范区的经验和做法,推动绿色经济、高品质生活、可持续发展有机统一,助力探索长三角区域生态文明与经济社会发展相得益彰的新路径。推进与涉能重点央企、民企、外资企业和科研院所的合作,着力破解无锡能源结构矛盾、能源技术难题、能源效率瓶颈。积极参与"一带一路"建设,引导相关企业大胆走出国门,利用好各方优势,前瞻性在沿线国家转移产能、布局新产能,推动无锡降低能耗、增加效益,推动沿线国家加快发展,助力构建人类命运共同体。

五是优化监测考核。减碳不是减生产力,要落实"新增可再生能源和原料用能不纳入能源消费总量控制"的要求,进一步完善节能减排降碳的统计、监测与核查体系,不断加大碳排放在高质量考核中的指标权重。加强二氧化碳排放基础统计,逐步建立健全涵盖能源活动、工业生产过程、农业、土地利用变化、废弃物处理等领域与温室气体清单编制相匹配的基础统计体系。建立市、市(县)区、企业三级温室气体排放核算常态机制,定期编制市级温室气体排放清单,适时开展市(县)区级温室气体清单编制,督促重点行业企业开展温室气体排放核算与报告。加强运行监测,加快推进重点用能单位能耗在线监测系统建设,提高企业自行监测结果公布率。抓住江苏开展部省共建生态环境治理体系和治理能力现代化试点省的契机,积极对上争取,探索温室气体排放与污染防治监管体系的有效衔接路径。积极推动排放单位监管、排污许可制度、减排措施融合,推进碳排放报告、监测、核查制度与排污许可制度融合,将碳排放重点企业纳入污染源日常监管。

执笔:周及真　胡新兵

Ⅱ
专题篇

B.5 无锡科技引领绿色低碳发展的实践与探索

实现"双碳"目标,科技创新是关键。无锡从实际出发,明确科技"双碳"工作的清晰"施工图",积极探索科技引领"双碳"目标实现的途径。

一、科技推动绿色低碳发展实践

(一)系统制定"双碳"科技计划

无锡首先充分认识科技创新是应对控制碳排放与气候变化的重要手段,关键技术的研发和创新是有效减缓或适应气候变化的重要途径,站在市域层面统筹科技支撑产业与减排、整体与局部、短期与长期的关系,以科技创新推动形成绿色低碳的产业结构、生产方式、生活方式、生态布局。无锡科技部门上承国家、部、省专项计划与项目方案,下接区级、产业园区到企业,横向联合长三角城市联盟,接轨区域生态发展规划,依据国家"双碳"目标及要求,调研经济社会发展领域降碳、减碳情况,尤其是把产业列为重点。无锡是现代制造业高地,工业领域的降碳是重中之重,在科研计划项目的战略部署中明确高端制造业、能源、建筑、交通、生态、环境等几大重点领域,旨在确保无锡能提前实现碳达峰,在长三角经济中心城市中保持领先地位。无锡学习国内外先进城市经验,携手相关研科院所,推出市级"碳中和关键技术研究与示范"工作方案。

(二)布局市级"双碳"技术系列

近年来无锡围绕"双碳"领域,深入调研摸底,面向全市征集低碳零碳负碳领域关键技术需求项目，2021年共征集到36个项目。同时，以全市产业为重点，采取攻关技术项目"揭榜挂帅"形式，激发社会各界参与项目科研热情与积极性，精心推出"双碳"科研项目分类指南，引导研发方向。

一是关键前沿技术：① 碳排放检测与降碳测试仪器设备关键核心技术；② 空气直接碳捕集关键技术；③ 人工光合作用关键技术；④ 可再生合成燃料关键技术。

二是CCUS技术（碳捕获、利用与封存技术）：① 二氧化碳高效捕集-利用一体化技术；② 燃煤电厂二氧化碳捕集利用新技术研究与示范。

三是新型能源技术：① 光伏电站智能化关键技术；② 新型光伏建筑幕墙关键技术；③ 零碳制氢关键技术；④ 规模化低成本氢储运关键技术与装备研发；⑤ 高功率、长寿命、低成本锂电池关键材料技术研究。

四是产业降碳、零碳、负碳技术：高耗能行业零碳、低碳流程再造工艺技术研究与示范。

五是环保与资源循环利用技术：① 生活垃圾智能高效化焚烧发电关键技术；② 城市污水处理温室气体减排耦合碳资源高值回收技术；③ 污水处理过程降碳关键技术；④ 太湖蓝藻无害化处理关键技术。

六是农用产品减碳零碳技术：① 有机农药、化肥产品技术与示范；② 土壤改良生物技术；③ 秸秆无害化处理技术与示范。

（三）"揭榜挂帅"落实"双碳"项目

无锡根据江苏省经济社会绿色低碳转型发展的科技创新需求，紧扣江苏省超前部署碳中和基础研究，着力突破重点行业领域碳达峰关键技术，加快科技成果转移转化，开展重大技术应用推广与集成示范要求，积极组织申报国家部、省"碳达峰碳中和科技创新专项"推出的"揭榜挂帅"项目，鼓励项目承担单位跨地区整合资源，组建创新联合体进行申报。2021年无锡"双碳"领域国家、省、市级项目共立项38个。其中，市级项目有29个，安排资金1000多万元；省级有7个，获得省级研发资金3350万元；国家级有2个，项目涉及新能源、降碳材料、环保生态等领域。其中，烯晶碳能电子科技无锡有限公司申报的"低成本混合型超级电容器关键材料与技术及兆瓦级系统示范"项目在全国激烈角逐中,成功胜出,得到国家重大专项的立项,获得国家3 000万元资助。该项目由烯晶碳能科技公司牵头,联合东南大学、国网上海能源互联网研究院、西安交通大学等十家单位共同承担。项目组依托2个国家重点实验室、1个国家级研究中心及其他14个省部级平台开展相关研究工作,针对负荷跟踪、系统调频、无功支持及机械能回收、新能源场站转动惯量等分钟级功率补充等应用需求,研究开发兼具高能量、高功率和长寿命的低成本储能器件,并在兆瓦级别进行示范应用。该项目重要意义在于保证高比例可再生能源发电格局下电力供应的安全可靠性,以内在硬技术实现能源供应的绿色化,提升其经济性和可持续发展能力,推动中国能源结构转型,为"双碳"提供坚实技术支撑。

(四) 加大投入助力攻关

"十三五"期间,无锡针对低碳绿色领域,共设立130多个项目,市级共资助3 590万元。其中,无锡威孚高科技集团股份有限公司氢燃料电池核心部件膜电极关键技术研发获450万元支持,撬动企业投入1.46亿元。据估算,在该领域国家与市、区级财政投入的研发经费撬动社会与企业投入研发的资金在3.5亿元左右。科技攻关项目突出体现在绿色科技惠民工程。近年来,无锡把推进生态环境保护、循环经济发展摆在实施创新驱动发展战略的突出位置,在科技计划体系中设置专项,每年均将"新能源与节能环保""固体废弃物处置与资源化利用""城市垃圾分类回收与循环利用""构建海绵城市信息技术""太湖水综合治理与利用技术"等内容列入科技项目申报指南,每年经费有所增加。

(五) 技术创新与示范并举

无锡绿色科技惠民工程鼓励产业界与高校院所合作开展技术创新与成果转化及示范工程。

一是鼓励开展新能源与节能环保研发与示范。以市科技型中小企业创新基金、产业前瞻与关键技术研发等科技计划项目为抓手,设立"新能源与节能环保"专项,对新能源汽车核心部件及系统、新一代动力电池、燃料电池,太阳能、风能、氢能、核能、生物质能等新型能源高效利用、智能电网、新型高效工业节能、废气、大气净化等研发项目和"大气污染物来源解析、监测、预警防治科技示范""大气复合污染(灰霾)立体监测技术示范应用"等科技示范工程项目予以支持。

二是加强固体废弃物处置和资源化利用关键技术攻关。围绕固体废弃物处置和资源化利用关键环节,无锡重点支持"工业废渣改性太湖疏浚淤泥作路基材料机理及力学特性研究""无锡市桃花山垃圾填埋场固体废弃物处理及资源化利用关键技术研究与开发""废旧动力锂离子电池资源化回收与利用关键技术应用研究"等一批技术研发和示范应用项目,形成相关专利成果5件,先后建成3个示范工程点,有效提高了固废物高效处置和资源化利用水平,获得显著降碳效果。

三是积极推进生态循环农业关键技术创新。围绕农业废弃物资源化高附加值利用、生物能源产业化制备和农作物秸秆无害化处理与资源化综合利用等方向,组织实施"农村废弃稻麦秸秆采用等离子体技术制备可降解农膜""餐厨垃圾资源化利用关键技术及示范工程""生活垃圾填埋过程关键菌剂应用技术研究及产业化"等科技示范工程项目。其中,江南大学"易滋生病菌的湿垃圾高浓度废水污染物减量化资源化研究及示范应用"获2020年江苏省重点研发计划立项支持,对厌氧膜技术、半短程硝化-厌氧氨氧化工艺及高温好氧菌堆肥技术进行集成耦合,实现湿垃圾废水的减量化无害化排放、沼气能源化及沼渣堆肥资源化利用的全过程处理。

(六)科技治水闯难关

研究表明,一个地区或城市发挥自然保护和生态系统净固碳能力,同时采取对退化生态系统的修复、保育措施,可有效降低碳排放。太湖流域涉及两省一市,是一个大生态系统,国家为之专门建立了联合治理机构与机制。2017年国家针对太湖实施了"水体污染控制与治理科技重大专项"(简称

"水专项")。这是十六个国家科技重大专项之一,由科技部、环保部、住建部联合组织。"十三五"期间,水专项重点聚焦太湖流域开展技术攻关和应用示范,研发一批污染治理、生态修复关键核心技术,为环境污染防治及生态文明建设提供科技支撑。其中,在无锡共实施两个项目,一个是"梅梁湾滨湖城市水体水环境深度改善和生态功能提升技术与工程示范",该项目实施期限为2017年1月到2020年6月。项目总经费3.16亿元,其中,中央经费1.06亿元,地方配套经费2.1亿元。项目分科技目标和治理目标。中国科学院南京地理湖泊研究所、无锡市蓝藻治理办公室、无锡德林海环保科技有限公司、中国船舶重工集团第七○二所、中国环境科学研究院、中国科学院水生生物所等19家单位参与研究。另一个项目是"望虞河清水廊道构建与生态保障技术与工程示范",项目围绕望虞河西岸开展陆源污染物削减和河道水体污染治理,进行水体生态恢复。实施期限为2017年1月到2020年6月。项目总经费3.08亿元,其中,中央经费0.98亿元,地方配套经费2.1亿元。南京大学、中国科学院南京地理与湖泊研究所、河海大学、无锡市太湖湖泊治理有限责任公司、中国环境科学研究院、环境保护部南京环境科学研究所等20家单位参与研究。无锡紧紧抓住太湖水治理,"十三五"期间更加突出以科技支撑,开展太湖生态修复工程,攻克治水技术难点,顺利完成太湖水治理的国家科技专项。

二、科技支撑绿色低碳发展的思考

无锡以科技引领推动无锡环境治理,减少温室气体排放,已实施的100多个项目紧扣绿色低碳转型发展的科技创新需求,加快低碳零碳负碳重大关键技术突破,在低碳零碳负碳基础研究、技术攻关、成果转化、示范应用等方面充分体现了科技支撑的重要力量。

(一)"双碳"科技引领新发展

无锡政府高度重视科技创新对实现"双碳"目标的关键支撑作用。一方面重点在电气、太阳能、风能、氢能、生物能源以及碳捕获、利用和储存(CCUS)等技术领域有清晰的认识与部署,强调不仅要突破开发这些技术,更要推动技术转化,实施示范工程,并实现产业化,确保在能源系统弹性和安全性的同时实现碳中和。另一方面,实践证明,"双碳"目标中修复生态环境的关键技术研发和创新是有效减碳、降碳的重要途径。政府营造良好政策环境,打造科技惠民工程,持续不断加大科技在该领域投入,鼓励以企业为主体,社会各界共同投资参与研发与新品开发,撬动各界资金投入保护生态事业。

(二)"双碳"技术促进产业结构升级

若要实现"双碳"目标,以制造业为优势产业的无锡,减碳、降碳的重头在工业。无锡积极践行绿色制造理念,坚持优化产业结构、突出重点领域,助力打造绿色制造示范体系,以"产业前瞻与关键技术攻关"项目推进传统制造业升级换代。2021年6月,无锡实施《无锡市绿色工厂创建工作实施方案》,当年建成15家国际级绿色工厂,主要涵盖钢铁、纺织、化工、汽车等行业。同时,加快数字化转型,发展战略性新兴产业,新能源、环保、生物医药大健康、新一代信息技术等产业比重不断上升。2020年,无锡科技进步贡献率达到66.7%,列江苏省第一,高新技术产业产值占规模以上工业产值的比重达到48.3%,以新兴产业为主导的创新型经济在全国领先。"双碳"目标加速技术生态化创新发展,对一个城市的科技创新体系而言,是重大机遇,也是挑战,它是新产业发展和技术进步良性互动的过程,无锡正迎头赶上。

(三)"双碳"科技推动高质量发展

无锡以"双碳"目标为导向,适应产业结构、能源结构、技术变革、生态环境等多方面需求,既抓制造业技术升级,也开展生态环境太湖水治理颠覆性技术攻关。如以无锡德林海生物科技公司为代表的蓝藻治理科技产品与运行系统,不仅推动太湖蓝藻治理取得重大突破,其技术与项目也应用到云南滇池及国内其他湖泊的治理中,形成生态减碳新产业,企业也成长为专精特新的上市公司。无锡"十四五"科技规划,围绕碳达峰碳中和目标和能源安全、结构优化、节能减排绿色城市目标的实现,展示了光伏、风电等新能源领域优势与绿色城市发展结合,明确了低碳零碳负碳技术内容的表述与研发计划和具体实施方案,体现了前瞻性与对技术目标实现周期的把控。

(四)"双碳"科技为百姓谋福祉

生态城市及绿色科技项目始终在无锡占有一定地位,无锡每年均实施"科技惠民工程"。江南水乡小河小浜多,在城乡接合部一些水域治理出现反复,不仅排放温室气体也影响百姓生活。对此,无锡在近几年连续推出城市河道清淤与增氧生物技术科研项目,组织企业联合申报国家级河道新技术示范项目,并在无锡推广,使得无锡内河道水质大有提升。无锡设立湿地、土壤修复技术攻关项目,为太湖新城尚贤河湿地建设发挥了重要作用,为无锡百姓营造了一方降碳增氧的休闲乐土。在科技治理大气雾霾方面,无锡同样超前布局,率先引导项目。2021年无锡全年空气优良天数首次超过300天。

(五)"双碳"项目推动科技管理创新

无锡在常规年度科研项目指南发布、项目评审、汇总立项的程序基础上,进行大胆尝试。2021年"无锡市双碳关键技术需求项目"推出"任务定榜、挂帅揭榜""前沿引榜、团队揭榜""企业出榜、全球揭榜"的新机制,完善定向择优(委托),突破原有科技项目申报的条条框框,鼓励产学研各界组成创新联盟,勇于针对未来需求,主动开展有较高风险的科技探索。同时,无锡根据国家科技项目管理体制改革要求,优化科技创新政策法规体系,建立地方性法规和落实政策协调推进的良性机制,在全国地市级城市中率先出台《科技创新促进条例》,开展以破除体制机制障碍为主攻方向的全面创新改革试验,紧密结合无锡实际推出对科研项目、科研经费简化全程管理的举措。

(六)"双碳"科技创新任重道远

碳达峰、碳中和具有自身规律,与城市的经济发展水平、产业发展阶段等息息相关,无锡也面临一些问题与矛盾,主要是:① 新能源技术利用效率与推广应用率不高。无锡太阳能光伏、风能产业在全国领先,但自身制造业中运用新能源及相关技术的比例较低,除了主观原因,发电侧新能源储能技术欠缺,火电机组低负荷运行技术支撑不力,电网侧高效平稳并网接入技术也待加强。② 缺乏工业降碳的技术体系。首先,缺乏对温室气体排放检测、计量和二氧化碳吸附量核算的机构单位,也没有新能源与石化能源融合技术的服务机构与企业,降碳基础薄弱;其次,在降碳、减碳路径中科技供给能力不足,"0到1"的原始创新能力弱。③ 无锡在"双碳"基础技术和基础工艺技术能力上也有差距,单纯依靠某个企业或科研机构,很难在短时间内破解困境。

三、科技引领绿色低碳发展的对策建议

一是践行"双碳"科技创新价值观。无锡要充分看到科技创新及科技驱动是"双碳"的客观需要,要把发展低碳经济和构建低碳社会作为长远的发展目标。用科技创新推动无锡把资源消耗限制在资源再生的阈值之内,把对环境的损害限制在环境自净能力的阈值之内,在科研资金扶持上给予应有倾斜,不断加大投入。应从科技自立自强的战略高度勇担使命,更加自觉主动、更高水平地参与国家"双碳"重大科技专项,努力成为该领域科技创新竞合的新标杆。

二是制订"双碳"科技体系实施方案。无锡要按照"降碳—零碳—负碳"技术分类、"能源生产端—能源消费端—固碳端""碳检测评估—碳中和标准—碳数字化"的序列组织方式,在城市层面,从目前的能源结构、发展阶段、技术水平等现实条件出发,加快构建具有无锡个性特色的碳达峰碳中和科技创新体系。同时,与国家科技系统的重大专项、"双碳"规划、方案对接,与国际标准连接,明确碳达峰碳中和科技的未来主攻方向。以企业为主体,构建产、学、研、用相结合的技术开发创新系统,以及以此为形式的"双碳"技术战略联盟。出台《无锡科技支撑碳达峰碳中和行动方案》,从产业降碳、社会生活减碳、生态固碳,从新能源开发、储能、输送、终端应用等维度出发,分

阶段制定近期、中期、远期科技创新支撑方案。把绿色低碳技术研发列入"十四五"科技项目重点,部署循环经济技术、全新零碳技术、先进负碳技术的研究计划项目与实施举措。重点着力解决无锡工业绿色低碳技术,破除产业升级换代的卡脖子问题。围绕可再生能源、碳中和共性支撑技术、工业体系零碳低碳流程再造、碳中和前沿和颠覆性技术制订创新计划,打开"双碳"技术产学研深度融合、基础设施和服务体系完备、资源配置高效、成果转化顺畅的通道。

三是建立"双碳"技术支撑架构。首先,构建多层次实验室体系。积极对上争取国家、江苏省"双碳"专题实验室以及高水平科学与工程研究类科技创新基地项目落户无锡。汇聚各方科技资源,建设无锡自身"双碳"实验室,力争使之成为具有国家水平、体现无锡担当、展现无锡实力的"双碳"科技实验室。同时,鼓励产学研用各界发挥自身领域优势,建立各种形式的专题技术实验室。其次,打造长三角"双碳"技术研发区域中心。大力发挥区位和工业制造业科技存量等综合优势,抢占"双碳"技术制高点,聚焦太阳能、风能、生物等产业特色领域,做强无锡双碳技术研发中心品牌。再次,建设"双碳"科技创新公共技术服务平台。支持建设各级"双碳"工程技术研究中心,扶持"双碳"技术新型研发机构、开放式软硬件第三方服务机构项目,开展"双碳"共性关键技术和工程化技术研究,推动应用示范、成果转化及产业化。

四是设立年度"双碳"科技专项。在无锡科技年度计划中设立"碳达峰碳中和关键技术研究与示范"重点专项,财政给予一定力度的资金保障。大力支持CCUS技术,促进二氧化碳资源化利用;围绕支撑清洁低碳安全高效能源,聚焦燃料电池、新能源汽车、多元化储能、智能电网、"光储直柔"配电系统等关键技术组织攻关;针对水污染防治、大气污染防治、土壤污染防治及修复、固体废物治理与资源化、绿色节能等领域设立系列项目,扶持开发减污降碳协同增效及零碳工业流程再造、碳捕获储存等技术。设立传统制造业"降碳"技术攻关项目,从无锡现有产业实际出发,摸清产业碳排放量家底,利用大数据、人工智能等新技术对固定源碳排放进行监测和有效治理,重点开发碳量检测、分析、计算技术,形成第三方检测分析技术力量,对现有钢铁、煤炭、石化、纺织、金属等行业在严格控制增量,淘汰技术落后产能基础上,加强技术改造与升级。支持在原料脱碳、工艺技术清洁改造、CCUS加装、全流程节能等环节的科技创新。推动高碳产业生产流程零碳再造,努力以技术率先突破带动产业升级领先发展。细分行业,排出对应降碳技术项目计划,制定目标,汇聚各方技术力量完成任务。

五是以示范区引领"双碳"技术产业化。以市场应用为导向,培育具有无锡特色"双碳"新产业。依托无锡太湖湾科创带建设,发挥其区域内科研院所高校资源集聚、高新技术企业云集的优势,以无锡零碳科技产业园、宜兴环保科技产业园为两大基地,支持一批具有先进性、引领性、典型性的绿色低碳技术规模化和工业化示范工程,为树立无锡绿色低碳科技创新品牌提供有力支撑。按照"点—线—面"模式,在行业关键、共性技术及低碳技术标准制定上突破,通过低碳技术集成,开展技术推动和完善推广,通过可复制的模式探索,发挥其先进性、示范性、典型性作用,加快构筑"企业-产业-园区"联动的"双碳"产业创新格局。围绕"双碳"技术产业化,每年重点支持一批"双碳"技术成果转化项目,聚焦碳检测分析装备技术产业,新能源、新材料产业、节能减排环保产业、生物技术产业、降碳服务业等。推进"双碳"新产业集群建设,完善"双碳"产业全链条体系;构建"雏鹰企业—瞪羚企业—准独角兽企业"培育机制,打造一批掌握核心技术、引领行业发展、综合竞争力强的"双碳硬核科技"企业。

六是建立"双碳"科技创新开放型体系。首先,融入长三角科技创新共同体。与龙头城市上海对接,与兄弟城市合作共享,弥补自身高校院所资源不足。其次,深度融入全球"双碳"创新体系。更广视野谋划和推动"双碳"领域自主创新,与发达国家、先进地区深化碳减排技术转移和交流,引进、消化、吸收国际先进低碳零碳负碳技术,突破科技壁垒,汇聚推动无锡实现碳中和碳达峰的强大合力。再次,面向国内外"双碳"领域科研院所以创新灵活方式招引专业人才。突出"高精尖缺"引才导向,设立"太湖人才双碳专业计划",加快集聚一批碳中和领域科技创新创业领军人才以及急需紧缺的相关高层次人才,提升人才服务标准层次。加快推进市、区两级人才一站式服务中心建设运营,提供人性化强、便捷性好的创新创业专业服务。加强与相关高校合作,实施产学挂钩,定向培养"双碳"专业各个层级的人才,超前储备该领域的人才资源。

执笔:徐重远　叶利群

B.6 无锡制造业绿色低碳发展的实践与探索

制造业是实体经济的主体,是城市能级和核心竞争力的重要支撑。"十四五"时期是无锡勇做江苏省"争当表率、争做示范、走在前列"排头兵、勇创江苏省"强富美高"建设示范区、勇当江苏省高质量发展领跑者的关键发展期,无锡制造业发展面临新阶段、新使命、新要求,必须坚定不移实施创新驱动核心战略和产业强市主导战略,打好产业基础高级化、产业链现代化攻坚战,加快建设自主可控的现代产业体系,打造产业发展高地。

一、无锡制造业绿色低碳发展现状

一是工业增速高位运行,能耗强度稳步下降。"十三五"以来,无锡规模以上工业增加值年均增速为7.6%,高于GDP增速1.1个百分点;到2020年末,无锡工业增加值达5 126.2亿元,占GDP比重为41.4%,制造业在无锡经济社会发展中的引领和支撑作用不断增强。在保持制造业快速增长的同时,无锡狠抓节能降耗工作。"十三五"期间,无锡单位GDP能耗值一直苏南最低,单位GDP能耗累计下降18%以上。无锡组织实施重点节能与循环经济项目560项,74家重点用能单位完成节能诊断,139家企业完成能源审计,对无锡用能企业实施节能监察1 358家(次),查处淘汰落后用能设备707台(套),鼓励督促企业更新低效用能设备2 305台(套)。"十三五"期间,无锡规模以上工业企业以年均2.7%的能耗总量增幅支撑了年均7.6%的规模工业增加值增速,规模以上工业能源消费强度逐年下降。

图6-1 "十三五"期间无锡规模以上企业能源消费总量及增长率

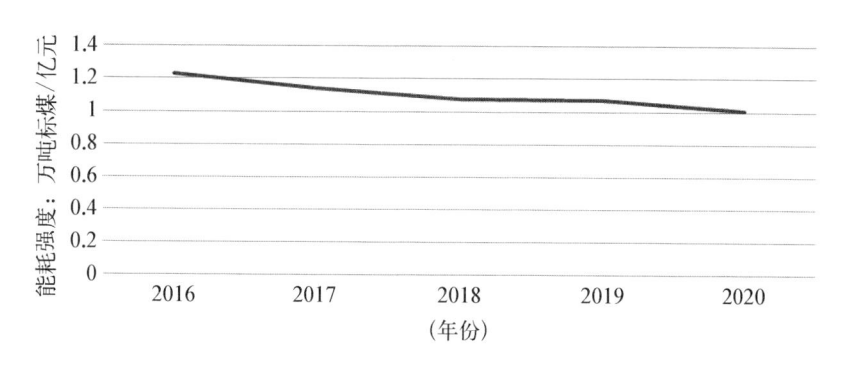

图6-2 "十三五"期间无锡规模以上企业能源消费强度

二是转型升级成效明显,能源结构持续优化。无锡聚焦智能化、绿色化、服务化、高端化发展方向,制造业新产业新业态新模式发展取得显著成效。2020年,无锡高新技术产业产值占规模以上工业产值的比重达48.3%,比2015年提高6个百分点。"十三五"以来,无锡战略性新兴产业连续五年保持快速增长态势,2020年战略性新兴产业完成规模以上工业产值6140.5亿元,占规模以上工业总产值比重达34.9%,较2015年提高11.5个百分点。其中,物联网、集成电路产业年均分别增长20%、15%以上;电子、机械行业占比分别由12.8%、38.0%上升到15.2%、41.9%。无锡相继被评为"促进工业稳增长和转型升级成效明显市""促进制造业创新转型和高质量发展、先进制造业集群培育等工作成效明显的地方",受到国务院办公厅和江苏省政府办公厅通报激励。随着产业转型升级的推进,无锡能源结构变化明显。"十三五"期间,无锡规模以上企业原油消费量占比从13.3%降至2020年的6.67%;原煤消费量占比从48.1%降至2020年的41.02%;电力消费量占比从6%增加至13.81%;热力消费量占比在"十三五"期间略微上升,稳定在8%左右。无锡原油、原煤消费占比降幅较大,电力消费增长迅速,能源结构持续优化。

三是高端产业集群加快形成,低碳产业实力领先。无锡实施"强链补链延链"工程,大力推进先进制造业集群建设,加速构建具有国际竞争力的产业生态圈。2020年,无锡重点产业集群实现主营业务收入1.5万亿元,比2019年增长11.0%;物联网、集成电路、生物医药等9个集群规模超千亿元。无锡以物联网为龙头的新一代信息技术产业、机械等产业能耗和碳排放强度低,增长态势良好。2020年,无锡物联网产业营业收入达3135.9亿元,位居江苏省第一、国内领先,物联网集群高分通过国家首批先进制造业产业集群竞赛决赛,创成国家级江苏(无锡)车联网先导区,物联网产业成为无锡产业发展新标志;集成电路产业规模达1421.5亿元,占江苏省五成,居全国第二。

四是绿色发展持续深化,骨干企业支撑有力。无锡深入推进供给侧结构性改革,"十三五"期间压减钢铁产能520万吨、水泥产能30万吨,关闭化工生产企业887家,太湖一级区基本建成无化区。大力发展绿色制造,建成国家级绿色工厂18家、省级绿色工厂6家,绿色设计示范企业1家,7家企业16类产品入围绿色产品,2家企业中标工信部绿色制造供应商,686家企业通过自愿性清洁生产审核验收。持续完善企业培育体制机制,形成一支龙头牵引强、产业特色显、梯次结构优的企业队伍。2020年,无锡14家企业入围中国企业500强,26家企业入围中国制造业企业500强,均位居江苏省首位。"十三五"期间,无锡入选全国质量标杆示范企业10家,数量位居全国前列;入选国家制造业单项冠军企业(产品)8家,获评国家"专精特新"小巨人企业10家。至2020年底,无锡境内外上市企业总数达162家,位居全国地级市前列。

二、无锡制造业绿色低碳发展路径选择及成效

一是以低碳化为基石，强化节能降耗刚性约束。无锡节能工作紧紧围绕践行绿色发展理念，坚持优化产业结构、明确重点工作、突出重点领域、创新工作机制、强化依法监督，节能降耗工作取得明显成效。2021年，无锡289家重点用能单位实现年度节能量28万吨标煤，组织实施重点节能与循环经济项目68项，45家企业完成节能诊断工作，实施节能监察406家（次），限期整改企业100余家次，淘汰落后用能设备456台套。无锡坚决遏制"两高"技改项目盲目发展，在全面梳理排查基础上建立"两高"项目管理清单，并对清单项目进行逐一核查和分类处置。无锡6家电机获得高效电机推广中央补贴资金4 033万元，补贴企业数量和获得资金额度均居江苏省第一。松下能源（无锡）有限公司采用屋顶铺设面积2.2万平方米的太阳能光伏板方式使用绿色能源，并采取生产自动化、节能改造、购买绿色电力证书签署化石燃料来源二氧化碳排放抵消配额协议等措施，2020年4.4万吨左右的二氧化碳排放实质变为了零，成为松下在华首家"零碳工厂"。

二是以绿色化为导向，推进绿色制造体系建设。无锡加大绿色制造扶持力度，绿色制造体系建设及碳中和项目纳入现代产业高质量发展扶持奖励范畴，大力发挥财政资金引导作用。无锡创新开展市级绿色工厂创建工作，全面推动国家级和省级绿色制造试点示范创建工作。2021年，无锡绿色制造成绩斐然，新增63家市级以上绿色制造示范单位。6家企业入围环保装备制造行业规范条件企业名单，2家企业入围工信部绿色设计示范企业名单，入围数量均位居江苏省第一。无锡高新区入围国家级绿色园区，1家企业入围国家级绿色工厂，2家企业入选国家级绿色供应链，7家企业的8类产品被评为绿色产品；28家企业被评为省、市级绿色工厂。国家级绿色园区、绿色供应链实现零的突破。无锡组织和指导相关企业开展清洁生产审核，106家企业实施自愿性清洁生产审核。小天鹅洗衣机入选工信部能效之星产品，灵谷化工集团公司入围工信部重点行业能效领跑者企业，毅合

捷公司通过工信部组织的机电产品再制造试点单位验收。阳光集团全力打造绿色供应链,从绿色供应商管理、绿色生产管理、绿色回收体系、搭建绿色信息收集监测披露平台等关键环节有效地提高资源能源利用率,真正实现节能降耗、减污增效,成功入选工信部"绿色供应链管理企业"。

　　三是以集群化为重点,推动重点产业链强链补链延链。无锡深化落实重点产业链(集群)挂钩制,出台集群促进机构培育发展的实施意见,制定重点产业集群产业链图谱及招商指导目录汇编。无锡深入实施"百企引航""千企升级"行动,2021年新增国家级专精特新"小巨人"企业22家,284个项目入选江苏省技术创新导向计划目录、1 008个项目入选无锡市技术创新导向计划,36个新技术新产品入围江苏省新技术新产品推广应用目录。无锡节能环保产业奋楫攀高,鹏鹞环保、凌志环保等一批企业构筑起"智慧监测＋智慧检测＋智能制造＋智慧交易＋智慧服务"的"五位一体"智能环保新生态,国合环境高端装备制造基地孵化20多家企业,申请超100项发明专利、实用新型专利。无锡拥有全国环保领域首个国家技术标准创新基地、1家院士工作站、25家省级工程技术研究中心、6家省级企业技术中心、3家省级新型研发机构等各类平台,聚焦产学研合作与技术转化齐发力,成为国内环保领域创新资源最密集的地区。尚德太阳能的高效光伏电池整线智能工厂、环晟新能源的太阳能电池组件项目、环晟光伏的高效电池片项目、帝科股份的正面银浆扩能和半导体用电子材料研发生产项目,为无锡新能源产业高地建设注入了强大动力。

　　四是以融合化为核心,推动制造业数字化绿色化协同发展。无锡推动互联网、大数据、人工智能、第五代移动通信(5G)等新兴技术与绿色低碳产业深度融合。无锡实施企业数字化转型"十百千万"工程,2021年创建各类智能标杆超700个。中国智能制造系统解决方案供应商联盟江苏分盟在锡成立,国家数字化设计与制造创新中心江苏中心、江苏省数字化设计与制造创新中心在华中科技大学无锡研究院揭牌。无锡成功入选国家服务型制造示范城市,天奇股份和华进半导体分别获评国家服务型制造示范企业和示范平台。"以数字化引领绿色化,以绿色化带动数字化"模式在无锡初具雏形。海澜智云工业互联网平台现有工业企业用户6 000多家,实现客户能源数据、设备数据、工艺生产数据、安全环保数据等的实时在线检测和智能分析,以数据模型为基础,以人工智能分析为手段,提供定制化"系统节能"方案,实现企业降本降耗。

五是以高质量为目标,深化供给侧结构性改革。无锡大力推进敏感区域化工企业关停,2021年新增关停化工企业60余家,超额完成省目标,太湖一级区基本建成"无化区"。无锡利用综合标准依法依规推动落后产能退出,组织开展全市重点行业落后生产工艺装备排查,共排查钢铁企业5家、印染企业(含印染工序)282家、电镀企业(含电镀工序)97家,针对存在落后生产工艺装备企业,督促各地按确定淘汰拆除时限加快推进。无锡全面启动"盘活低效工业用地,提高资源集约利用水平"攻坚行动。2020年、2021年腾退盘活低效工业用地1.1万余亩和2.6万余亩,全面落实城镇土地使用税优惠政策、水电气价格差别化政策。

六是以前瞻性为引领,谋划布局绿色低碳未来产业。无锡以前瞻布局、超前部署为重点,实施未来产业孵化与加速计划,抢位布局人工智能、量子科技、化合物半导体、氢能和储能、深海装备等新兴前沿领域,抢占未来发展制高点。2020年,无锡人工智能核心产业产值超过150亿元,相关配套和应用企业达4 000余家;第三代半导体产业规模达150亿元,初步建立了从衬底、外延、晶圆代工、封装测试、专用装备到激光器、电力电子、微波射频器件的全产业链条。无锡氢能和储能产业快速发展,氢能及燃料电池汽车产业重点企业有20余家,初步覆盖了制氢和加氢、燃料电池关键零部件研发和制造、燃料电池系统及整车生产、燃料电池生产装备制造等产业链各环节。无锡可再生能源制氢迈开关键步伐,隆基制氢装备项目于2021年6月落地无锡高新区。无锡氢能应用加快落地,首条氢燃料电池汽车示范线路于2019年7月正式启动,上汽大通无锡基地生产的FCV80氢燃料电池客车上路运营。无锡储能电站初具规模,已建有一批储能电站产品。其中,无锡星洲工业园智能配网储能电站总功率为20兆瓦,总容量为160兆瓦·时,总面积12 800平方米,是全球最大的商用储能电站。

三、"十四五"时期无锡推进制造业绿色低碳转型的对策建议

无锡是制造业大市、强市。制造业作为无锡经济社会发展的支柱,既是"用能大户",也是"碳排放大户",其低碳转型影响着城市"碳达峰、碳中和"工作全局。当前,无锡制造业正从高速发展模式转向高质量发展模式,绿色化、低碳化成为制造业转型发展的"主旋律"。

(一)强化碳达峰碳中和的顶层设计,建立制造业绿色低碳转型的政策体系

高标准编制《无锡市"十四五"应对气候变化规划》和《无锡市二氧化碳达峰行动方案》,构建无锡双碳目标实施方案及保障措施政策的"1+6+9+3"政策体系,即研究起草《关于深入开展无锡碳达峰碳中和工作的实施意见》,编制碳达峰能源、重点工业行业、交通物流、建筑、农村、新型基础设施6个重点领域实施方案,制定碳达峰碳中和重大关键技术攻关及成果转化、能源保障供应和应急、生态系统碳汇提升、对外贸易应对提升落实、专项督查、绿色低碳社会行动创建示范、投资基金设立、教育体系建设、培训等9个专项保障方案,完善碳达峰投资与重大项目建设、对外贸易与碳关税、碳定价及碳排放权交易等市场化机制3个支持政策体系。加快"十四五"重点行业低碳转型路径研究,鼓励低碳经济提速发展。

"十四五"时期是无锡实现碳达峰的关键期和加速期,制造业在无锡国民经济和社会发展中的支柱地位持续巩固,制造业资源要素利用更加集约高效,绿色制造将得到全面推广,战略性新兴产业产值年均增长将达到10%左右。到2025年,无锡战略性新兴产业产值占全部规模以上工业总产值比重将超过44%;无锡单位工业增加值能耗将下降17%以上,单位工业增加值二氧化碳排放量显著下降。各板块要结合自身产业结构实际,以"一地一策"模式开展工业低碳转型规划或方案路径编制,研究确定各自实现工业绿色低碳循环发展的战略重点和实施路径,实现差别化和包容式低碳转型。

（二）大力调整能源结构，构建"源-网-荷-储"协调发展的新型电力系统

一是加快调整能源结构，推进电力热力领域低碳发展。大力削减煤炭消费总量，贯彻落实《无锡市削减煤炭消费总量专项行动工作方案》，严格控制新建燃煤发电项目，除公用燃煤背压机组外不再新建燃煤发电、燃煤锅炉项目，对所有行业各类新建、改建、扩建、技术改造耗煤项目，一律实施煤炭减量替代或等量替代。深化燃煤电厂节能减排升级改造，深挖存量机组能效提升空间，进一步降低供电标准煤耗。鼓励地方和企业创新供热模式，通过大型燃煤机组改造供热或新建天然气热电联产项目，推动其供热半径15千米范围内的燃煤锅炉和落后煤电机组关停整合，降低电力行业整体能耗水平。

二是推进能源体系清洁低碳发展。提高天然气在一次能源中的占比，发展调峰燃机，在合理范围内加快光伏和风电发展。制定实施氢能和储能产业发展规划，聚焦氢能、储能产业技术，加快构建适应高比例可再生能源发展的新型电力系统，完善清洁能源消纳长效机制。同时，要加速推动太阳能、风能、氢能等清洁能源替代进程，并注重清洁能源发电、并网及储能技术的研发和推广应用，提高能源系统动态调节能力。加快能源互联网建设，强化能源生产、传输、消费各环节协同联动，多措并举构建以新能源为主体、"源-网-荷-储"协调发展的新型低碳化能源体系。

（三）持续深化供给侧结构性改革，抢占全球绿色产业发展制高点

一是着力降低传统产业碳排放。加快淘汰煤炭、化工、石化、钢铁、有色、建材等高碳行业落后产能和过剩产能，积极推进"两高"企业节能减排和绿色转型发展。重点推进"六大高耗能行业"绿色化改造。钢铁行业积极应用非高炉熔融炼铁工艺，加强氢冶炼技术研究，深挖富余焦炉、高炉、转炉煤气产品联合利用和产品开发；石化化工行业积极发展精馏系统综合提效降碳技术，实施可再生能源制氢与二氧化碳合成烯烃、芳烃、可降解塑料等高值化学品；造纸行业推广制浆造纸过程水分质回用和蒸汽梯级利用等节能

节水降耗清洁生产技术;建筑材料行业要加快煤改气步伐、提高生物质和替代燃料比例,推行建筑材料行业低碳化和碳捕集封存和利用(CCUS)技术。

二是利用好"氢"还原剂。未来氢能够在推动工业领域生产过程深度减排中扮演重要角色。要尽快从当前具有成本优势的"灰氢"(采用化石能源制氢)转到"绿氢"或"蓝氢"(采用无碳或碳中性技术电解水制氢),推动全产业链的减排。

三是抢占全球绿色产业发展制高点。随着中国"30·60"目标的设定,一些新兴产业必将快速崛起。比如,光伏和风电产业链、节能技术与设备、储能行业、新能源汽车产业链等将迎来发展的春天,并催生新的经济增长点。因此,要加快新一代信息技术、节能环保、新能源产业、电力装备、生物医药、电子及信息产业等先进制造业发展,培育能耗和碳排放强度低、质量效益好的新增长点。同时,增加清洁能源和绿色发展相关新技术的研发投资,积极抢占新一轮技术革命的先机。

(四) 充分发挥市场机制作用,推进工业经济绿色转型发展

一是鼓励多元绿色金融服务机构发展。大力推进绿色贷款、绿色基金、绿色证券等绿色金融发展,引导金融机构完善差异化融资支持政策,完善市场化的绿色投资激励约束机制,助力推进工业经济体系绿色转型发展;同时,积极进行金融创新,创造新型碳金融产品,在碳交易项目实施中试行碳信用、碳风险管理等金融服务。

二是推进能源管理市场化机制建设。完善合同能源管理推广机制,充分利用市场化、社会化、专业化机构推进节能减排,培育用能权交易市场,开展节能量交易。

三是加强碳排放权交易市场建设。通过试点突破、逐步推开的方式尽快把碳市场覆盖范围扩大到钢铁、水泥、炼铝、石化化工、有色、航空等高耗能行业。

四是建立完善生态价值市场化实现机制。调动更多的社会资本加入植树造林和森林碳汇建设,并使社会投资者的生态投入能够获得相应的市场回报。

（五）加速推进深度脱碳技术研发和产业化，推动关键核心技术实现重大突破

一是推进新能源技术发展。光伏方面，深入研究更高效率、更低成本的新型组件产业化关键技术，开发关键配套材料；加强对建筑-光伏一体化组件等特殊用途组件的研发，实现关键原材料国产化。风电方面，开展大型高空风电机组和低风速机组关键技术研究，实现200米以上高空风力发电的推广应用。储能方面，强化储能技术对可再生能源发电、智能电网和分布式多能互补系统、电动汽车等行业的关键支撑作用。能源互联网方面，强化多种能源融合的集成组合、融合匹配、智慧运维、供需双向互动、多网互动等系统技术的突破。

二是推动降碳技术发展与交流合作。针对规模化储能、氢能炼钢、燃料电池、二氧化碳捕获与封存、二氧化碳化工等深度减碳基础理论和关键技术，组织重大专项攻关，打好产业和能源领域关键核心技术攻坚战。加快推广近零能耗建筑、电动汽车、热泵供暖、工业余热供暖等节能低碳新技术，推行可再生能源建筑一体化、共享交通、产城融合等节能低碳新模式，推动视频会议、远程医疗、网络教育等线上经济新业态加快发展，加快用好新技术、新模式、新业态推动节能减碳。探索大数据、云计算、区块链等信息技术在碳排放源锁定、碳排放数据分析、碳排放监管、碳排放预测预警等场景应用，提高数字化减碳能力。与发达国家和先进地区开展低碳技术与项目合作，加强技术研发和技术转移，推动CCUS国际领先技术在无锡落地发展。

（六）切实加强全社会对制造业低碳转型的协同推进，引导工业园区绿色转型

对政府而言，一是要在全社会广泛开展节能低碳宣传教育，引导全社会树立节电、节水、节油、节气的低碳理念，推广绿色低碳的生产生活方式，继续建立健全如"垃圾分类""限塑令"等与低碳生活相关的法律法规体系，使低碳生活消费向法制化、标准化转变。二是要积极推广低碳政府、低碳家

庭、低碳学校、低碳社区和低碳出行、低碳商场、低碳建筑等示范工程建设，将低碳转型的理念落到实处。

对企业而言，一是积极推动企业数字化，带动生产运营模式向高端化升级，使企业在未来市场中的竞争力得到提升。二是注重价值认知和思维方式升级，通过低碳转型发挥自身在承担社会责任、引导社会消费升级方面的重要作用。三是开展绿色工厂创建。摸清碳排放家底，制定企业碳达峰碳中和计划，明确重大减排节点，从生产链全周期分解减排要求，推动碳减排落实。有条件的厂区建设分布式光伏电站、智能微电网，适时采用风能、生物质能和地源热泵等，提高生产过程中可再生能源使用比例。

对公众而言，应积极响应国家倡导的低碳生活方式，注重培养自身绿色低碳生活意识和消费理念，如：优先选择公共交通出行、减少塑料制品使用，以及加强废旧物品循环利用等，真正做到"低碳转型，从我做起"。

对工业园区而言，实现"碳达峰、碳中和"目标，既要在碳排放端"节流"，也要在碳消纳端"开源"。工业园区作为无锡工业领域产业、企业的最主要载体，未来提升自身碳消纳能力将是重点任务之一。在绿色园区建设过程中，同步探索开发生态工程碳汇项目，一方面提升工业园区自身碳消纳能力，加快低碳转型进程；另一方面推动环境资源向资产转变，实现园区整体价值的进一步提升，推动园区由功能单一的工业载体加快向宜居宜业宜游的产城融合发展模式转变。

实现碳达峰、碳中和，是一场广泛而深刻的经济社会变革。未来无锡制造业绿色低碳转型，要以强化顶层设计为引领，逐步建立健全碳排放相关政策标准体系，以能源和绿色化改造为重要抓手，在碳排放重点领域取得低碳转型的重大突破，同时加大新技术创新、研究和应用，以全社会协同为实施路径，着力构建"自上而下、由点及面"的全领域低碳转型格局，向实现真正的低碳新工业体系不断迈进。

执笔：肖俊英　孙　瑛

B.7 无锡新能源产业促进绿色低碳发展的实践与探索

能源是经济社会发展的重要物质基础,化石能源是碳排放的主要来源,这决定了能源领域是实现碳达峰碳中和的主战场,而新能源是实现绿色低碳发展的主力军。为此,国家明确把加快构建清洁低碳安全高效的能源体系作为实现碳达峰碳中和的关键,把实施能源绿色低碳转型行动作为"碳达峰十大行动"之首,并制定大力发展新能源的明确目标:到 2025 年、2030 年、2060 年,非化石能源消费比重分别达到 20%、25%、80%。无锡新能源产业起步早、规模大、产业链条完整、配套齐全、人才众多,基础雄厚,优势明显,一直是无锡的重点支柱产业。无锡作为经济大市、用能大市,要率先实现碳达峰碳中和,恰可充分利用自身新能源产业优势促进绿色低碳发展,一手继续做大做强新能源产业,一手积极大力推广新能源应用。

一、无锡新能源产业发展现状及特点

(一)无锡新能源产业发展现状

1. 光伏产业基础雄厚

以 2001 年无锡尚德太阳能电力有限公司成立为标志,20 多年来,经历发展起伏,无锡光伏产业从无到有,从有到优,从优到强。作为国内光伏产业的发源地和集聚地,早在 2007 年无锡就被商务部和科技部认定为"国家新能源科技兴贸创新基地"。无锡不仅在光伏产业规模上全国领先,更重要的是形成了国内独有的光伏产业集聚效应,产业链完整、产业配套齐全、行业人才众多。得天独厚的发展优势,让无锡光伏产业孕育了先导智能、上机数控、奥特维、太极实业(十一科技)、上能电气、双良节能、帝科股份、振江股份等一大批龙头企业。仅2020年,无锡就有上能电气、奥特维、帝科股份三家分布在不同产业链环节的光伏企业成功登陆A股上市。优越的产业发展环境,同样吸引了中环、隆基、中建材等龙头企业在无锡投资兴业。"世界光伏看中国,中国光伏看江苏,江苏光伏看无锡"早已成为行业共识。

2020年,无锡光伏企业销售总额约为340亿元,出口总额约为14亿美元,进口额约为3100万美元。无锡光伏太阳能产品的出口约占江苏省的23%和全国的10%,规模总量继续保持全国前列。无锡光伏太阳能产品主要出口市场为欧盟、印度、越南、日本、韩国、美国等。

2. 风电产业优势明显

在风电产业,无锡既有远景能源这样的龙头企业,又有较为完善的风电产业链,研发和生产的风电设备零部件种类齐全。2020年,无锡风电企业较上年度增长较快,实现产值约300亿元。

在无锡风电企业中,远景能源已居于中国风电整机制造商第二位,并取代西门子跻身全球第四位。受益于国内风电新增吊装容量大幅增长,振江新能源2020年实现销售收入20亿元,出口1.6亿美元,并凭借"风力发电机关键部件",被评定为"2020年度江苏省专精特新小巨人企业",成为示范引领工业经济高质量发展的新生力军。吉鑫科技2020年销售收入同比有大幅度增长,增量约为5.5亿元,增幅约为37%。

3. 新能源汽车产业集群发展

2020年,无锡新能源汽车产业实现规模以上工业总产值44.76亿元,同比增长19.8%。无锡新能源汽车产业形成了包含整车制造、核心零部件、充换电装备制造、充换电基础设施建设与运营等环节的较为完整的产业集群。

目前,无锡拥有新能源汽车产业链企业100余家,其中规模以上企业53家,如上汽大通无锡分公司、无锡中车新能源、江苏常隆客车、华晨新日新能源汽车有限公司等整车生产企业,远景AESC、联动天翼、远东电池、晶石能源、格林美、东恒、恩捷等动力电池及正负极材料企业,博耳电力、恒泰易通、无锡聚能为龙头的多家充换电装备制造企业,还有以市政公用新能源、国网无锡电动汽车服务有限公司等为龙头的一批充换电基础设施建设与运营企业。无锡还在电动汽车整车控制技术、电机驱动和电池管理技术、动力型锰酸铁锂材料技术、燃料电池及氢源技术、磁悬浮径向直流电机技术、汽车充电数据支持平台技术等方面均达到了国内领先水平。在动力电池方面,2021年远景动力在中国的首个动力电池制造基地——江阴电池制造基地正式投产,即已获得雷诺、尼桑、吉利衡远、解放、陕汽等国内外十余家客户订单。此外,远东电池是国内三元18650型(特斯拉使用型号)锂电池的龙头企业,已有三元18650型锂电池产能超3吉瓦·时,动力电池生产规模达年产10万组,其安全性、一致性和寿命等关键技术指标达到国际先进水平。

4. 氢能产业潜力巨大

氢能及氢燃料电池汽车是近年来新能源行业热点,受到国家格外重视,当前处于产业发展初期,未来发展潜力巨大。氢燃料电池系统与内燃机系统,技术相通、体系相近、应用相同,无锡雄厚的内燃机产业为氢燃料电池产业提供了良好的发展基础。

目前,无锡拥有氢能及燃料电池汽车链相关企业16家,初步覆盖制氢和加氢、燃料电池关键零部件研发和制造、燃料电池系统及整车生产、燃料电池制造装备等关键环节,产业链条基本完整、发展基础较为优越。上汽大通无锡分公司生产的氢燃料电池汽车FCV80是中国首款商业化运营燃料电池宽体轻客,其最高续航里程可达500千米,目前FCV80投入运营规模已达400辆以上。此外,无锡还有氢燃料电池系统企业江苏新源动力、一汽解放发动机事业部和博世无锡,氢燃料电池核心零部件企业威孚高科、毅合捷、蠡湖增压、贝斯特、隆盛科技、江苏天鸟,氢气制备企业灵谷化工,加氢站运营企业华润无锡,氢燃料电池产线设备一体化供应商先导智能等知名企业。

(二)无锡新能源产业发展特点

1. 起步较早,形成较为完整的产业链

以2001年尚德太阳能电力公司成立为标志,无锡就开始大力发展光伏产业。目前已形成以江阴、惠山、宜兴、新吴四个重点地区为代表的光伏集聚区，产业集聚效应明显，具有硅材料、电池及组件、光伏设备制造、零部件配套、光伏电站、专业检测和服务、展会平台等完整的产业链，这在国内众多新能源产业发达城市中是非常突出的。风电方面，无锡风电企业研发和生产的风电设备零部件种类齐全，已基本形成风电成套机组、风电特钢、轮毂、塔座、主轴、塔筒、法兰、齿轴、轴承座、变桨轴承、机舱罩、特种涂料等关键零部件相互配套发展的风电装备产业格局，风电零部件配套本地配套率超过50%，形成了较为完善的风电产业链。

2. 产业规模大、领军龙头企业众多

近年来，虽个别龙头企业出现破产重整等情况，但整体上还是维持了一批龙头企业引领发展的局面，先导智能、远景科技、尚德太阳能、上机数控、上能电气、奥特维等企业均表现不俗。2020年，无锡新能源实现产值近千亿元，其中光伏约为400亿元，风电约为300亿元。2020年，远景能源位列中国风电整机制造商第二位，是中国风电整机商新增吊装增量最多的企业；尚德太阳能作为无锡光伏龙头企业之一，出货量3.7吉瓦，位列全国前十。尚德太阳能通过集团垂直一体化的协同优势，分别在无锡、常州、印尼实现产能扩张，目前已在全球布局10吉瓦＋高效组件产能。上能电气作为全国逆变器龙头企业之一，随着上市成功，2020年产能达到10吉瓦，出货量8吉瓦，销售额突破10亿元。

表7-1　　　　　　　　　2020年无锡新能源龙头企业一览

序号	企业名称	2020年营收（亿元）	总市值（亿元）	主营业务
1	先导智能	58.58	1 204.3	光伏、锂电、氢能智能装备
2	远景能源	231.85	—	风电设备、动力电池等
3	尚德太阳能	75.69	—	光伏组件
4	上机数控	30.11	654.0	硅锭/硅棒、硅片加工设备
5	上能电气	10.04	229.7	光伏逆变器
6	奥特维	11.44	178.2	组件生产设备

续　表

序号	企业名称	2020年营收（亿元）	总市值（亿元）	主营业务
7	双良节能	20.72	134.7	硅料生产设备、硅片
8	爱康科技	30.16	97.7	组件边框、支架、组件等
9	帝科股份	15.82	68.9	光伏导电银浆材料

3. 聚焦产业链高端环节，新能源智能装备厂商聚集

无锡工业基础雄厚，加上新能源龙头企业带动，涌现出一大批新能源智能装备企业。在光伏串焊机领域，集聚了先导智能、奥特维等优质企业，占据全球近80%的市场份额。在数控金刚线切片机领域，上机数控赢得协鑫、阿特斯、晶科等龙头企业肯定。在自动化产线整体解决方案方面，嘉友联表现不俗；此外，江苏微导为单、多晶高效太阳能电池技术提供高性能ALD钝化和RIE制绒生产解决方案，市场占有率高。大连连城数控、武汉帝尔激光等光伏设备厂商也相继在无锡投资设厂。

4. 行业平台资源丰富，有利于汇聚整合资源

目前，无锡拥有国家新能源科技兴贸创新基地、中国（无锡）国际新能源大会暨展览会（CREC）、国家太阳能光伏质量监督检验中心、无锡新能源商会、无锡市能源产业协会等众多行业平台资源。这些平台资源既有政府层面的，也有行业协会层面的，对于人才、技术、信息、资金的汇聚能起到积极的促进作用，是无锡新能源产业发展的一大优势。CREC创办于2009年，已经连续成功举办十三届，对无锡招商引资、产业发展、应用推广等都起到积极促进作用；无锡新能源商会成立于2015年，目前拥有会员企业近300家，涵盖光伏、风电、新能源汽车、氢能等领域，是全国少有具有知名度和影响力的地方行业协会；无锡市检验检测认证研究院建有国家太阳能光伏产品质量检验检测中心（CPVT）、国家高端储能产品质量监督检验中心（CEST）、国家轻型电动车及电池质量监督检验中心（CEVT）等多个国家级新能源行业检测中心，服务企业众多、行业资源丰富。

二、无锡新能源产业促进绿色低碳发展成效

无锡新能源产业基础雄厚,享誉全球,产品远销海内外,为国内外绿色低碳发展都作出了积极贡献。

(一)光伏装机规模江苏省内领先,前景广阔

近年来,无锡光伏发电呈现快速增长态势,为经济发展注入绿色动能。截至 2020 年底,无锡有光伏并网项目 5 962 个,累计并网 1 498.7 兆瓦,其中集中式为 247.7 兆瓦,分布式为 1 251 兆瓦,光伏装机规模位居江苏省第一。无锡分布式光伏主要以屋顶光伏为主,其中企业光伏屋顶用户为 1 280 户,装机容量为 1 216 兆瓦;居民屋顶光伏用户为 4 656 户,装机容量为 35 兆瓦。无锡分布式光伏年发电量约为 10.7 亿千瓦·时,消纳率达 100%。据测算,每年可减少二氧化碳排放量 106.9 万吨。

表 7-2　　　　江苏省分布式光伏并网情况(截至 2020 年 12 月)

地区	并网户数(户) 总个数	并网户数(户) 居民项目个数	并网容量(千瓦) 总容量	并网容量(千瓦) 居民项目容量
合计	152 347	137 745	8 339 152.7	1 264 255.8
南京	9 012	8 574	481 392.7	65 938.6
无锡	5 969	4 664	1 425 028.8	35 475.9
徐州	12 904	12 610	398 707.3	138 101.5
常州	5 332	4 507	776 388.8	34 093.5
苏州	5 703	4 113	1 343 668.9	31 181.1
南通	21 710	20 177	931 959.7	198 038.3
连云港	15 525	14 884	268 815.2	174 260.8
淮安	9 598	9 279	226 841.8	70 704.6
盐城	22 061	16 971	636 453.2	203 542.1
扬州	15 923	14 963	530 129.5	106 867.8
镇江	15 009	14 212	580 522.9	97 009.3
泰州	4 701	4 262	337 913.9	33 573.4
宿迁	8 900	8 529	401 330.3	75 468.9

数据来源:国家电网江苏省电力公司。

2013年,国家能源局下发《关于开展分布式光伏发电应用示范区建设的通知》,无锡高新区作为第一批18个分布式光伏发电示范区之一,开始了50兆瓦的分布式光伏电站投资建设。2021年9月,国家能源局下发《关于公布整县(市、区)屋顶分布式光伏开发试点名单的通知》,公布31个省份的676个县(市、区)被列为整县(市、区)屋顶分布式光伏开发试点。2023年底前,试点县(市、区)实现党政机关建筑屋顶总面积光伏可安装比例不低于50％,学校、医院等不低于40％,工商业分布式不低于30％,农村居民屋顶不低于20％,将被列为整县(市、区)屋顶分布式光伏开发示范县。其中,无锡市的锡山区、江阴市、宜兴市、惠山区在开发试点之列,预计2022—2023年,无锡这四区市将大幅提高分布式光伏安装比例,也将带动其他各区市加快分布式光伏电站安装。

(二)创新探索分布式风电,初具规模

人口稠密,土地稀缺,风电资源有限,对安全和环境要求很高,决定了大中城市并不适合规模化发展风电。然而,在严谨分析、科学规划、依法依规的基础上,无锡在创新中积极探索推进,在全国率先实现了分布式风电规模化发展。截至2021年底,无锡共有风电项目6个,其中集中式1个,容量为6.6兆瓦;分布式5个,容量为29.7兆瓦,项目主要在江阴临港。未来,无锡风电应用也将主要集中在风电资源相对丰富的沿江区域。

大力发展分散式风电,就近开发,就近利用风能资源,不仅能够提高能源利用效率,加速摆脱化石能源依赖,还可以实现"电从身边来",提高能源自给程度,有效保障能源供应安全。江阴分布式风电项目为分散式风电在中东南部人口稠密区和电力负荷中心的发展探索了经验,对于中国分布式风电的发展具有重要的参考和借鉴价值。

(三)新能源汽车推广应用,提速发展

2015年5月,无锡就已全面启动新能源汽车推广应用工作。初期,新能源汽车推广应用主要集中于公共领域,以公交为主;随着新能源汽车逐渐被市民接受,成本下降,技术进步以及补贴延期等多重利好,"十三五"期末无锡新能源汽车产业呈现加速发展态势,新能源汽车尤其是新能源乘用车上牌数量大幅提升。截至2021年12月底,无锡市已有新能源汽车60 376辆。仅在2021年,就推广应用新能源汽车33 705辆,推广应用新能源汽车数量超过以往年份累积总和。在新能源汽车不断快步驶入寻常百姓家的同时,无锡仍在不断推动公共用车电动化。根据江苏省"绿色车轮计划",2021年无锡推动督促市区公交公司年度新增车辆全部购买新能源汽车,无锡公交(含锡惠公交)合计购买318辆新能源公交车,新吴公交购买26辆新能源公交车,均已全部交付。

在新能源汽车充换电设施中,除个人安装的自用充电桩外,公共及专用充换电设施由各家运营商建设维护。至2020年底,无锡共建成私人自用充电桩5 837个,其中市区3 546个。无锡市区建成公交专用充电站11座,充电桩302个;建成高速公路服务区充电站6座,充电桩24个;建成公共充电站369座,充电桩4 200个;建成蔚来乘用车换电站3座。无锡公共充电桩车桩比达到4.6∶1,逐步形成覆盖市区的充电网络,基本满足新能源车主的充电需求,有效缓解"里程焦虑"。

(四) 氢能示范应用,多点开花

为推动氢能及燃料电池产业发展,无锡依托与上汽集团的战略合作,由无锡市工业和信息化局牵头,市交通运输局、市交通产业集团、惠山经济开发区与上汽大通共同参与推进氢燃料电池汽车示范运营。2019年7月,正式开通了无锡市首条氢燃料电池汽车示范运营线路。该示范线路为硕放机场往返江阴客运站定制班线,由4辆上汽大通无锡公司生产的FCV80氢燃料电池车组成,由无锡交通产业集团下属江苏长运定制客运服务无锡有限公司具体负责日常运营。该线路的示范运营为无锡氢能及燃料电池汽车产业的发展营造了良好的氛围,也促进了上汽大通无锡公司FCV80氢燃料电池客车在全国其他地区的落地推广。

2021年4月,无锡新区公交公司首批5辆氢能燃料电池公交车在新吴区 760 线路投入运用,这是无锡市首条使用的氢能公交线路。与此同时,无锡新区公交公司与无锡华润燃气有限公司以现金出资方式组建无锡润新氢能源公司,在新区公交公司场站建设无锡首个加氢站项目——无锡新吴区硕放加氢站项目。加氢站采用站外供氢方式,一期日供氢设计能力为每天 500 千克,可满足 20 到 30 辆氢燃料电池公交车加注需求,二期预留压缩机一台,储氢瓶组 1 组,供氢规模为每天 1 000 千克。2021 年 5 月,作为江苏首座加气加氢合建站,总投资 3 500 万元的华润燃气惠山区加气加氢合建站投运。该站坐落于惠山大道堰裕路交叉口东北侧,项目占地 3 924 平方米,建筑面积 761 平方米,加氢规模为 550 千克/天。此站投运为惠山区包括上汽大通在内的氢燃料电池汽车整车生产及示范推广提供保障,推动无锡氢燃料电池汽车领域加速发展,助力城市环境的绿色发展,为无锡市率先达成"碳达峰、碳中和"目标贡献力量。自此,无锡形成了新吴区和惠山区"一南一北"两座加氢站对称互补的布局,为氢燃料电池汽车整车生产及示范推广提供了保障,对于无锡探索加氢站商业化应用、推动氢能产业快速发展具有重要意义。

三、无锡新能源产业促进绿色低碳发展的建议

(一) 抢抓"双碳"机遇,推动无锡新能源产业走在前列

中国"双碳"目标提出后,新能源引发全社会关注,新能源装机不断提升,新能源企业纷纷扩产,新能源公司市值不断攀升,各地新能源招商引资力度不断加大。无锡新能源产业经过二十多年的积累,雄厚的产业基础难能可贵。在当前"双碳"目标背景下,无锡应高度重视,抢抓机遇,乘势而上,进一步做大做强无锡新能源产业。一方面扩延新能源内涵,同时发展风、光、储、氢等多种新能源产业;另一方面不断扩大产业规模,利用产业集群优势加强招商引资,同时,注重本地企业扩大再投资,重点支持先导智能、远景科技、环晟光伏、尚德太阳能、上机数控等行业领军企业,把新能源产业打造为无锡战略性优势支柱产业,力争走在世界前列。

（二）勇攀科技高峰，鼓励企业加大科技创新力度

技术创新在能源革命中起决定性作用，居于能源发展全局的核心位置。再振无锡新能源产业雄风，不仅要产业规模领先，更要科技领先。建议重点关注光伏、氢能与燃料电池、能源互联网等国家鼓励的技术创新方向，积极打造国家级实验室、院士工作站，通过强化政策激励、评价倒逼等措施，鼓励企业加大研发投入，开展核心技术攻关行动，提升自主创新能力。不断鼓励新能源企业加大科技创新力度，建立健全企业主导的能源技术创新机制。激发企业创新内生动力，培育一批具有国际竞争力的能源技术创新领军企业，推动企业成为能源技术与能源产业紧密结合的重要创新平台。促进无锡新能源产业与物联网产业强强联合、融合发展，积极促进智慧电网、智慧能源、监控运维等能源数字化、智慧化技术进步，助力国家打造以新能源电力为主的新型电力系统。

（三）加强政策引导，大力推广新能源应用

相比于北京、上海、南京、苏州等地，作为新能源产业基地的无锡，一直未出台新能源应用扶持政策。建议加快出台无锡分布式光伏电站、氢能车辆应用等扶持政策，给予新能源应用补贴，调动全社会资源积极推广新能源应用，鼓励采用无锡本地化产品，规范市场，加快建立无锡新能源应用白名单制度，让无锡雄厚的新能源产业基础更好服务无锡绿色低碳发展。

建议注重新能源应用场景化、多能互补和"源-网-荷-储"建设。积极推进光伏建筑一体化建设，积极探索建筑领域的分布式光伏应用；面向终端用户电、热、冷、气等多种用能需求，因地制宜、统筹开发，通过天然气热电冷三联供、分布式可再生能源和能源智能微网等方式，实现多能协同供应和能源综合梯级利用；在电源、电网、负荷和储能之间通过源源互补、源网协调、网荷互动、网储互动等多种交互形式实现能源利用的安全、经济、高效。

(四) 汇聚行业资源,积极发挥平台作用

中国(无锡)国际新能源大会暨展览会(CREC)自2009年创办以来,累计举办高峰论坛场104场,特邀演讲嘉宾1319人次,累计展览面积超过17万平方米,来自50余个国家和地区的2000余家企业和机构代表、20万人次参与,100余场配套活动同期举行,在国内外新能源展会中拥有较高的知名度和影响力。鉴于"双碳"目标下新能源的发展新机遇,建议加大对展会投入,发挥展会在吸引项目、资本、技术、人才等方面的平台功能和宣传作用,推进无锡新能源产业和无锡新能源应用的进一步发展。

切实发挥无锡贸促会(CREC组委会)、无锡市能源产业协会、无锡新能源商会等行业协会在政府、企业、市场中的桥梁纽带作用,做好企业服务,建立专家人才库,开展产学研对接、银企对接,充分利用行业商协会在产业链上下游、行业内外的资源,积极发挥无锡产业链齐全优势,进一步整合资源,形成合力,助力产业发展和应用推广。充分利用无锡市检验检测认证研究院旗下的国家太阳能光伏产品质量检验检测中心(CPVT)、国家高端储能产品质量监督检验中心(CEST)等行业资源优势,加强与海外检测认证机构合作,吸引更多龙头企业联合打造检测实验室,打造国际新能源检测认证小镇。

(五) 服务全球,进一步推动无锡新能源产业国际化

国内光伏企业,以海外出口起家,海外市场熟悉,渠道资源丰富,在全球致力于推动绿色低碳的大背景下,无锡应充分利用产业链完整配套齐全优势,引导无锡新能源企业抱团出海,不断扩大出口。建议充分利用柬埔寨红豆西哈努克港等海外基地,积极投身"一带一路"沿线国家及RCEP合作国家新能源项目建设,积极助力当地绿色低碳发展;远景科技充分利用自身在智能风电、智慧储能、智能物联网领域的创新技术和最佳时间,为东盟成员国提供系统性零碳转型解决方案,同时助力东盟成员国加快数字化电力基础设施建设,实现国家间能源互联互通和跨境多边电力交易,让可再生能源丰富的区域为电力资源匮乏的区域提供持续、稳定、清

洁的电力。同时，不断助力无锡新能源企业本身100％使用绿色电力，努力实现出口产品全生命周期温室气体零排放，提前布局规避海外绿色贸易壁垒，不断扩大海外市场，让无锡新能源产业更好服务全球绿色低碳发展。

执笔：李玉峰

B.8 无锡推进智能电网建设提高能效的实践与探索

电网连接着能源生产和消费,智能电网建设在能源清洁低碳转型中发挥着引领作用。实现"双碳"目标,关键在于推动能源清洁低碳安全高效利用,在能源供给侧构建多元化清洁能源供应体系,在能源消费侧全面推进电气化和节能提效。无锡坚持系统思维,统筹发展与安全、速度与质量、成本与效益,充分发挥龙头企业引领作用,带动产业链、供应链上下游,共同推动能源电力从高碳向低碳、从以化石能源为主向以清洁能源为主转变,积极服务实现"碳达峰、碳中和"目标,努力当好能源电力行业以较低峰值达峰的"引领者"、全行业绿色低碳生产生活方式的"推动者"和发输变配用各环节率先达峰的"先行者"。

一、无锡智能电网建设的现状分析

(一)用能分析

目前,无锡规模以上工业企业能源消费以煤、石油、天然气、热力和电力为主,绝大部分用于燃煤发电、化工、钢铁、非金属制造等高耗能行业,消费集中度高、刚性强、节能空间窄。

根据相关数据测算,至 2020 年底,无锡电力装机煤电占比下降至 55.4%,可再生能源发电装机占比上升至 12.5%。2020 年,无锡煤炭消费总量为 2 397 万吨,占能源消费总量的 47.6%,比 2015 年下降 11.2 个百分点;天然气消费量占能源消费总量的 14.8%,比 2015 年上升 4.3 个百分点;非化石能源消费占能源消费总量 8.5%,比 2015 年上升 3.7 个百分点,电能占终端能源比例为 23%。

(万吨标煤)

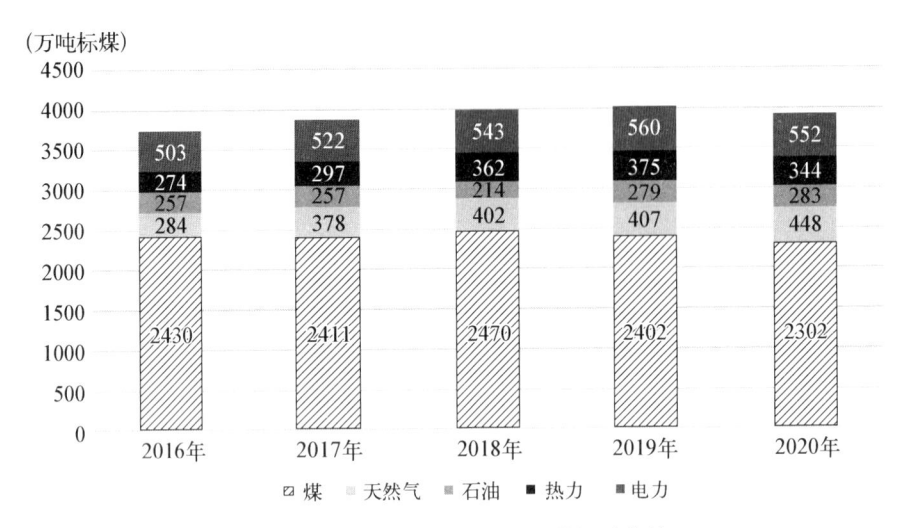

年份	煤	天然气	石油	热力	电力
2016年	2430	284	257	274	503
2017年	2411	378	257	297	522
2018年	2470	402	214	362	543
2019年	2402	407	279	375	560
2020年	2302	448	283	344	552

图 8-1 无锡规模以上工业企业能源消费情况

"十三五"期间，无锡持续开展电能替代工作，出台了燃煤工业窑炉整治三年行动计划、餐饮电气化实施方案等支持性政策，实现替代电量 87.54 亿千瓦·时。大力推广综合能源业务，建成红豆工业园多能互补、无锡市民中心能源托管等多项国内、省内领先的示范工程。不断完善充电服务网络，实现高速服务区全覆盖，年充电量达到 2 100 万千瓦·时。开展需求响应能力建设，形成 50 万千瓦的需求响应能力。根据相关数据测算，2020 年，无锡终端电能消费占比达 23%，单位 GDP 能耗相较于 2015 年累计下降 18.7%，达 0.29 吨标煤/万元（当年价）。

表 8-1　　　　　"十三五"期间无锡全社会最大负荷　　　　单位：万千瓦

2016 年	2017 年	2018 年	2019 年	2020 年	年均增长率
1 126	1 229	1 231	1 287	1 390	5.54%

表 8-2　　　　　"十三五"期间无锡全社会用电量　　　　单位：亿千瓦·时

2016 年	2017 年	2018 年	2019 年	2020 年	年均增长率
639	687	733	751	760	6.58%

2020年，无锡用电客户达384.67万户，最大负荷达1390万千瓦，全社会用电量达760亿千瓦·时。其中，工业用电量为569.39亿千瓦·时，居民生活用电为76.83亿千瓦·时。至2020年，无锡建设运营充电站286座、充电桩2233台，无锡推广岸电设施，建成岸电系统116套，实现了港口岸电江河湖海全覆盖，每年可减少二氧化碳排放4.1万吨。无锡高效推进自备电厂关停及转公用工作，华西热电成为江苏省首家转公用的自备电厂，率先实现升辉热能、康源印染等计划外自备电厂关停，年增供电量达3.4亿千瓦·时。

（二）电源结构分析

"十三五"期间，无锡电源装机（不含接入500千伏电网）容量由2015年的915.14万千瓦增加至2020年的1254万千瓦，累计增长37.02%。截至2021年底，无锡电源装机容量达1298.16万千瓦，以火电装机为主。其中，煤电装机占比为50.06%，发电量占比为73.21%，清洁能源装机占比为49.94%，发电量占比为26.79%。其中，天然气发电装机占比为26.45%，发电量占比为19.16%。风电和光伏发电等新能源发电装机占比为13.57%，发电量占比为5.57%。2021年，无锡地区外来电占比为39.93%，受资源条件制约，无锡形成了长期依赖本地火电与区外来电的能源供应格局。

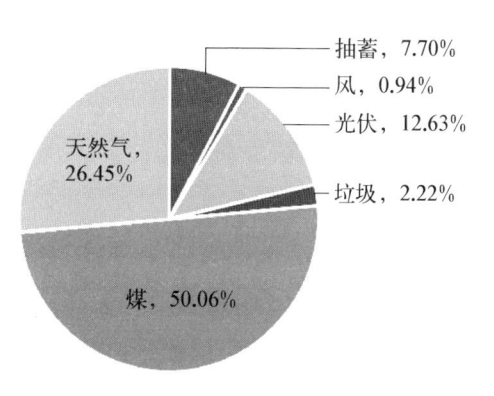

图8-2 2021年无锡电源装机结构示意

（三）电网现状分析

无锡电网位于苏南电网中部，是苏南电网北电南送、西电东送的汇聚处，也是重要负荷中心之一。至"十三五"末期，无锡电网形成以主力电厂和500千伏变电站为电源，220千伏输电网和变电站为骨干，110千伏及以下配电网为支撑的网架结构，为无锡地方经济社会健康和可持续发展提供了有力保障。无锡电网经过长期的发展,逐步实现"大网"向"坚强智能电网"的转变。

至 2020 年底,无锡拥有公用 500 千伏变电站 6 座,变电容量 15 276 兆伏安,线路长度 852 千米;220 千伏变电站 66 座,变电容量 23 520 兆伏安,线路长度 2 174 千米;110 千伏变电站 228 座,变电容量 23 855.5 兆伏安,线路长度 3 155 千米;35 千伏变电站 41 座,变电容量 1 454 兆伏安,线路长度 1 594 千米。

目前国家电网通过自主创新,攻克了智能电网、特高压输电、清洁能源等领域的关键技术,初步建立了能源供应、配置、消费、服务的技术体系,为无锡智能电网建设奠定了坚实基础。如:坚强受端电网构建,攻克了特高压交直流输电、柔性交直流输电、大电网控制与仿真等关键技术;源-网-荷互动运行控制,掌握了智能电网调度控制、大规模可中断负荷精准灵活控制等技术,无锡地区已具备百万千瓦毫秒级可中断负荷紧急控制能力;低碳绿色用能,掌握了船舶岸电、电动汽车规模化充换电、混合多能优化运行技术,探索了电锅炉集中采暖等技术,电能占终端能源消费比例得到提升;灵活互动配用电,掌握了配电自动化、交直流混合配网、主动配电网、电力需求响应技术,用户智能用电体验得到提升。

二、无锡智能电网建设的实践探索

(一)推动新能源跨越式发展,促进能源供应清洁化

2020 年,无锡非化石能源发电总量达到 105 亿千瓦·时,等效减少江苏省内煤炭消耗约 587.3 万吨,减少二氧化碳排放约 1 046.15 万吨,对于调整能源结构、改善大气质量、推动绿色发展发挥了重要作用。

1. 加快地区外清洁电输送通道工程开发建设

2021 年白鹤滩水电入苏工程启动建设。该工程建成投运后,江苏省将引入 800 万千瓦省外清洁水电。2021 年,500 千伏凤城—梅里东二通道主塔建成,该工程的建成将有效提高江苏输电网东西纵向过江断面潮流输送能力,保障苏北风电在苏南电网的消纳和电网安全稳定运行。这两项工程

的建设将进一步提升无锡外来电占比,弥补火电发展受限下的供电空缺,大力引入西南水电、苏北风光等区外新能源,保障能源电力的安全清洁。500千伏映月变配套220千伏送出,220千伏扬名—红旗、东亭—胶山等重要输电通道工程的建设将有效提高无锡电网220千伏网架输电能力,保障地区外绿电高效引入负荷中心。

2. 推进各类新能源发展建设

目前,正在开发建设的宜兴杨巷80兆瓦渔光互补光伏发电项目220千伏送出工程、宜兴杨巷42.9兆瓦分散式风电项目110千伏送出工程、华润徐舍42.9兆瓦分散式风电项目110千伏等集中式光伏并网配套工程,将大幅提升无锡本地电源结构中光伏和风电的装机比例。根据"十四五"能源规划,至2025年,无锡电网将满足新增分布式光伏装机1330兆瓦、新增风电装机241.05兆瓦、新增生物质120兆瓦的接入需求,实现新能源装机倍增并全额消纳。

3. 优化新能源并网服务模式

完善并应用新能源云网,优化业务流程、精简服务环节、推行标准化作业等工作,满足批量报装要求,持续提升并网服务水平。出台分布式光伏并网管理规定,发布分布式光伏项目规划建设及运营管理规范,提供分布式电源并网一站式全流程免费服务,支撑分布式电源即插即用。

(二) 优化电网资源配置能力,推动能源配置智慧化

"十三五"期间,无锡全面融入大电网发展格局,推进白鹤滩水电入苏工程建设,无锡电网正式迈入特高压时代。新增220千伏公用变电站9座、110千伏公用变电站16座,新增35千伏及以上输电线路1351.3千米、变电容量986万千伏安,线路长度和变电容量分别增长17.7%和18.1%。积极应用"大云物移智链"等数字化技术,推进各级电网协调发展,提升海量电网资源运维能力,推动物联感知技术在能源智慧配置中的深化应用。

1. 优化配电网结构满足新能源的消纳能力

科学编制地区分布式新能源规划,评估配电网对分布式电源的承载能

力,引导分布式电源有序接入,研究应用新型电力系统多场景全要素的电力电量平衡技术与配电网仿真技术。加强配电网网架标准化建设和升级改造,结合光储协同配置技术、交直流互联技术、微电网技术等,提升配电网互济互联水平,高效接纳大规模分布式电源与多元化负荷,保障配电网与分布式电源协同发展。梳理各典型场景和电网结构形态下新能源接入规范、网架配置模式、储能配置原则、灵活资源配置要求、配电自动化及保护配置原则。形成源-网-荷-储互动运行的标准体系,满足新型电力系统互动的要求,推动有源配电网科学有序建设。

2. 全面升级电网设备智慧化运维能力

在变电站所采用"机器人+视频"联合方式,将人工智能、图像识别、定位导航等技术应用于变电站设备设施巡检,实现自主导航、自动记录、智能识别、远程遥控等功能,全面覆盖户内外设备,提升巡检效率、降低巡检成本。

3. 提升源-网-荷-储全息感知能力

以"发输变配用"全域全息感知为目标,因地制宜、按需开展物联感知终端建设和电力网络传输能力提升建设。电力物联感知终端以一体规划、分步实施、差异化规划为原则,形成存量与增量电网设备资产数字化配置方案,同时向低压配电网延伸,应用台区智能融合终端技术,实现对配变、光伏和充电桩的监测,为新能源接入电网后"可观可测、群调群控"提供信息感知基础。

4. 提升电力通信网络的传输与防护能力

构建"有线+无线、骨干+接入、地面+卫星"的一体化电力通信模式,采用 Wi-Fi、低功耗蓝牙、NB-IoT、HPLC 等技术提高本地通信感知能力,采用光纤、5G 公网、中压载波通信、北斗卫星通信技术提高终端远程接入能力。构建柔性网络安全防护体系,按照差异化制定终端接入和应用部署方式,灵活适应海量新能源设备的安全可靠接入需求。

5. 提升电网互动能力和源-网-荷-储协调控制能力

聚合海量分布式储能资源,打造动态虚拟电厂,重点挖掘工业生产、商业楼宇、居民生活、电动汽车等领域的需求侧响应资源,探索挖掘数据中心、5G基站、充电桩、新型储能等新兴行业的负荷响应资源,试点综合能源服务商、小微园区等多种负荷聚合模式,持续扩容可中断、可调节负荷资源库,实现分区分层、分时分类精准调用。

融合智慧感知技术与能源调控技术,广泛接入电网、电源、多元负荷、储能等运行信息,深化应用源-网-荷-储协同调控技术,充分发挥全网智慧调控手段,增强源-网-荷-储互动能力,实现能源配置最优。面向低压分布式光伏,建立"群控群调"分布式能源调控大数据平台,解决分布式新能源资源优化接入、群控、群调的问题,在省内率先实现低压400伏分布式光伏可观、可测、可控。

拓展全行业实时响应典型示范,推动各类负荷集成商构建稳定可靠的实时需求响应资源池,实现响应类型和时间尺度全覆盖,进一步增强新型电力系统调节能力,显著提升大规模新能源接入背景下的电网调峰、调频性能,助力实现新能源全额消纳。

6. 建设安全高效、智慧互动的有源配电网示范区

开展配电网安全高效承载示范应用,实现中低压配电网与分布式电源、用户侧微电网、综合能源站、充电设施融合发展。开展低压台区柔性互联示范应用,以柔性互联提升低压系统可靠性,以设备互济共担实现设备经济运行。开展有源配电网智慧互动示范,综合应用物联网技术、边缘计算机 AI 技术、先进传感技术,实现台区内的全感知、可视化管理,实现区域内跨台区的能源精益化高效化调度。

7. 提高配电网供电可靠性

全面升级电网调度自动化系统,加强配电自动化有效覆盖率,提升电网在极端天气引发故障等情况下的电网自愈及恢复能力。结合有源配电网规划建设,根据局部电网负荷曲线优化分布式电源接入方案,深化应用不停电作业技术手段,提升无锡配电网供电可靠性水平。

8. 培育数字应用生态

利用信息化技术,绘制"电网一张图",建立图数一体的设备台账,智能

诊断电网薄弱环节,直观掌握可视业扩需求,精准把握电网发展方向,推动电网数字化、智能化转型升级。拓展政企合作创新服务能力,推进电力数据辅助太湖蓝藻治理、危化企业挖掘、"能源双控"电力数据分析等数据产品落地,持续挖掘以电力为核心的能源大数据潜在价值,助力城市能源数字经济发展。

(三) 拓展电能替代广度和深度,推动能源消费电气化

根据测算,电能占终端能源消费比重每提高1个百分点,单位GDP能耗可下降4%左右。无锡出台燃煤工业窑炉整治三年行动计划、餐饮电气化实施方案等支持性政策,实现替代电量87.54亿千瓦·时。

1. 推动乡村电气化项目

以新时代乡村农业及乡村特色产业电气化改造为主,大力推广电农具和电气化大棚改造,建设农场智慧感知网络,实现农场末端多智能设备的协同感知和联合控制,打造绿色低碳和谐共生的现代农场,以青禾农场智慧用能为示范推广,形成一批农村绿色低碳用能示范项目。

2. 促进交通全电气化、全清洁化

结合电动汽车充电设施建设需求和智慧道路的建设规划,探索充电设施无障碍接入、电网设施高效利用的协同规划模式,基于光储充、有序充电等技术,实现充电负荷协同有序配置,促进能源就地平衡与削峰填谷。以东亭充电站为示范,创新探索星级充电站建设运营,拓展电动汽车高效充电示范。

3. 探索新兴行业低碳消费

研究5G基站、数据中心、氢电利用等新兴用户、新型业态的高效用能模式,深化应用光储柔直、氢电耦合、智慧互动等先进技术,保障城市新型基础设施电力可靠供应,满足城市新基建设施的灵活有序接入。

4. 打造供电+能效服务体系

建设江苏省首个工业企业能源管理云平台,接入规模以上企业6000余户,实现企业能效可测、可比、可控,推动无锡产业升级,助力降低单位GDP

能耗水平。开展"供电+能效服务"业务试点工作,构筑网格化服务"活前台"、能效服务"强中台"、专业化管理决策"精后台"的服务体系,发布《全面开展能效服务业务实施方案》《"碳"索锦囊"能"有妙计 节碳降耗服务指南》,推动全民参与绿色共建。

5. 探索综合能源商业运营模式

开展能源托管、能效提升商业运营模式,为客户提供能效诊断、节能改造、运维维护等服务,提升客户侧用能设备运维管理水平,弥补用户侧用能管理粗放的短板,提升用户能源综合利用效率。积极服务重点企业,强化能源技术创新应用,打造红豆工业园多能互补项目,实现客户内部能源系统数字化感知和智能管理,促进内部多种能源协同互补,年降低企业用能成本300万元,减少碳排放1万余吨。

(四)加快电网向能源互联网升级,促进能源利用高效化

积极应用"大云物移智链"等数字化技术,为城市能源网络赋能,在唤醒沉睡资源、满足多元主体灵活接入、释放能源网络潜力的同时,提高能源资源综合利用效率。

1. 探索实践低碳公共建筑能源托管

聚焦政府办公场所、学校、大型商场、医院、地铁站等公共场所,重点针对空调机组、照明设备供水系统进行节能改造,结合光伏、充电桩、储能、用户物联感知等智慧低碳用电技术,构建公共建筑能源管理系统,实现多种能源智能监控。以市民中心智慧用能工程为示范推广,推动行政办公用能主体开展高效利用示范升级改造,打造一系列低碳大楼、绿色校园、零碳建筑等示范,全面推进公共建筑能效提升。实施市民中心能源托管项目,通过空调系统改造、光伏车棚建设、数字化能源管理系统、机器人运维巡视实现市民中心用能管理质量提升、能效提升、安全提升,实现整体节能率14.4%,年节约标煤400余吨。

2. 探索实践低碳景区建设

打造全电景区,改善景区用能生态,对景区内餐饮、交通等领域全面进行清洁能源替代和智能控制改造,打造全电厨房、推动景区电动汽车、船舶岸电的发展,通过实施电能替代,提高景区电气化水平。以灵山胜境能效提升为示范,推广建设绿色环保型全电景区。

3. 园区高效用能与低碳排放实践

面向工业园区、科技园区开展以多能互补为主的综合能源服务,应用经济合理、安全高效的多能互补技术,实现园区用户冷、热、电、气协同利用。差异化开展园区多能互补应用示范,以南国红豆、星洲工业园、马山综合能源站建设为示范推广,形成一系列多能互补低碳园区,实现用户用能成本下降与碳排放降低的双赢。

4. 建设城市智慧能源服务平台

通过大数据技术,实现电、水、气、热、煤等多种能源数据汇聚和共享交换,实现电网公司、政府、能源客户全时空链接,进一步发挥电力系统在能源汇聚、转换、消纳过程中的枢纽作用。依托数据中台,面向政府提供能源消费结构、行业指数分析等服务辅助政府规划决策,面向高能耗工业企业、大型商业建筑、居民社区等用能对象,打造一系列定制化大数据分析服务,提供用户综合能效诊断、用能行为分析等定制化能源服务数据产品。

5. 探索实践"零碳"数字设施建设

加强变电站、配电网站房等电网设备在规划设计、建设运行、运维检修各环节绿色低碳技术研发和应用。在公用变电站内探索用电智慧管理,实现全过程节能、节水、节材、节地、环境保护和降低损耗。加强变电站建设、运行全生命周期过程中的碳排放检测、管理和替代。在国内首个示范建设110千伏高巷"零碳"变电站,采用天然脂变压器,并将碳排放的监测、管理和替代在变电站建设全过程中体现。在新吴区新安佳苑小区一期配电房建设集风、光、储、充换电、气象预测、周边照明等功能于一体的零碳能源共享E站,实现配电站房的"零碳+便民"多功能融合站实践。

6. 探索实践多站融合的基础设施建设

以变电站屋顶光伏、储能、充换电站融入变电站为核心,开展变电站"一站多能"实践探索,目前已在220千伏红旗变电站、110千伏祝塘变电站、110千伏春雷变电站、220千伏扬名变电站新建和改造中按照多站融合模式开展实践。

变电站＋储能模式能够实现传统变电站单一变电功能向电力传输、存储、后备及紧急支撑功能的转变。在交通条件良好的充换电热点区域,进一步配套建设充换电站,可探索利用储能设备直流供电优势,减少交直流转换环节,提高电站整体运行效率。

变电站＋储能/充换电站＋数据中心站/5G基站/北斗,改变(优化)柴油机配置和储油时间、优化减少UPS配置容量,降低数据中心、5G基站、北斗基站占地及建设运维成本。

变电站＋储能/充换电站＋能源站,实现分布式能源的即插即用功能,发挥变电站在能源汇集、传输和转换利用中的枢纽作用。

三、无锡智能电网建设的挑战及对策建议

(一) 当前挑战

一是能源生产存储方面。随着城市用能需求的持续增长,无锡全社会用电量逐年创新高。无锡一次能源资源贫乏,用能严重依赖化石能源。在电能生产方面,目前主要依靠区外来电、本地主力电厂(传统火电厂和燃气电厂)、分布式能源为区域提供能源保障。在电能存储方面,目前主要为少量用户侧储能,在技术水平和政策支持上均处在起步阶段。

二是能源输配网络方面。2021年1月7日,在极寒天气和经济反弹的双重影响下,无锡首次出现了冬季高峰负荷超过夏季高峰负荷的情况。由于不同能源主体之间缺乏统筹协调,短时高峰时期,城市闲置能源资源无法得到高效调动和配置。苏南地区空间资源紧张,各类线路通道矛盾突出,能源输配网络的集约利用效率有待提升,保障城市整体用能的统筹协调能力也亟待进一步提高。

三是能源消费利用方面。2019年,无锡单位国土面积耗煤量是全省平均水平的1.09倍,人均碳排放量高于全省平均水平近八成,需要建立更为高效和清洁的能源利用方式,提升清洁能源消费和电能消费占比,减少或替代化石能源消费,实现可持续发展。

(二) 对策建议

结合无锡能源和产业发展需求及优劣势,聚焦数字技术与能源技术的深度融合,加快推动建设以"数字能源高智享"为特征的城市能源互联网,构建以新能源为主体的新型电力系统,以"能源高效利用、能源智慧配置、能源价值共赢共享"为发展目标,全面支撑能源电力清洁低碳转型、能源综合利用效率优化、多元主体灵活便捷接入、能源业务链智慧化配置、能源数字价值共享共赢,推动无锡率先实现碳达峰碳中和。

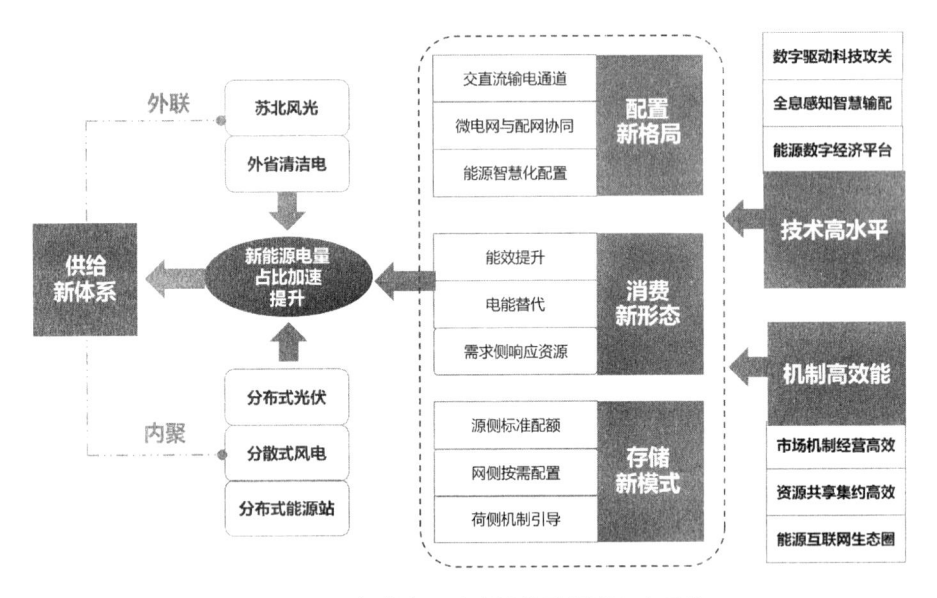

图 8-3 无锡数字驱动内聚外联新型电力系统

数字驱动是指通过数字化手段与技术,赋能供给侧互动、协同、聚合、高效等特征属性,满足新型电力系统的转型要求。

内聚是指聚合区域内用户侧、分布式、微电网、储能、数据中心等新型用户、各类能源资源,破解新能源发展空间资源和能源禀赋不足的问题。

外联是指省内新能源(苏北风光、沿海核电)受入通道建设、省外清洁能源输入通道落地。

在具体实践和落地实施过程中,以新技术装备的实践应用,管理模式上的创新创效,政策推动上的互惠共赢为手段,聚焦"四个聚力",高质量完成以新能源为主体的新型电力系统建设实践：聚力服务供给体系结构优化，实现新能源装机和发电量占比提升；聚力提升电网配置能力，提高电网安全可靠供电的能力；聚力推动能源消费端能效提升，拓展数字化能效服务对象和深度；聚力源-网-荷-储高效互动，深入开展区域级源-网-荷-储协同应用，引导分布式能源资源与储能规划建设适度匹配。

1. 坚持共赢共享，以互惠共赢推动政策突破

无锡在智能电网建设发展理念上，应以清洁低碳、安全可控、灵活高效、智能友好、开发互动为特征，以互惠共赢推动政策突破，鼓励和推动工业园区、公共设施、公共建筑物、居民住宅等应用分布式光伏发电、储能等多种能源综合开发利用的技术研发和应用。发挥电网企业在电网技术研究、理念创新、具体实践方面的优势，支撑各类先进技术的试点示范落地；发挥政府部门在市场机制建立过程中的主导作用，以电力市场改革为契机，以电力市场和碳市场建立完善为手段，引导智能配电网关键技术、分布式能源关键技术、信息技术、储能技术的广泛应用和迭代更新，推动新能源、储能、多元化用能配套机制和政策的突破。

结合政府、光伏服务商、电网企业、项目业主等多元主体需求，重点研发具备光伏投资建设服务、光伏运维运营服务、重要用能用户能效服务的服务平台，支撑光伏开发辅助决策和用能监管，服务用户便捷高效用能，推动能源行业转型升级。

2. 坚持新发展理念，以融合发展破解资源不足难题

无锡在空间资源有限的条件下，应加强和推动综合管廊的商业运营模式，推动变、配电站房在新建和改造过程中的功能集约复用的优化设计和建设，并逐步由传统的变电站向综合能源站过渡，使智能电网的各个节点兼具发电、储能功能，促进和推动电网的结构形态、规划设计、调度管理、运行控制方式向适应新能源广泛接入的新型电力系统转变。逐步拓展智慧能源网络的范围和功能，推动智能电网与其他基础设施的同步规划设计，实现多网融合互动。

积极推动出台储能配建政策，形成新能源用户的合理补贴机制。研究

光伏、储能建设运营机制,制定储能合理配置方案及储能优化运行典型方案,提升电源用户就地消纳能力及综合能效水平。创新多元化商业模式,鼓励社会资本参与储能开发,形成共建共享发展模式。在整县分布式光伏试点地区,选取典型用户,开展"光伏＋储能"的示范项目建设,形成可落地、可推广、高水平、高效益的建设运营模式。

3. 坚持数字化转型,加快构建互联网＋智慧能源系统

"十四五"时期,无锡电网升级需要进一步依托数字化技术,提高能源资源配置的智慧化程度,全面推动以物联网为龙头的高端技术装备发展和信息产业升级,全力打造无锡现代能源产业发展新高地。加快设备管理数字化转型,提升电网全息感知能力和灵活控制能力;建立分布式清洁能源调控大数据平台,试点实施"群控群调",实现对低压400伏分布式光伏的可观、可测、可控。推动和支持区域内综合能源微电网、用户侧储能、数据中心用户、充电设施等各类新型用户与智能电网之间以数据驱动为手段的互动试点项目建设。

4. 坚持培育新业态动能,以绿色高效深化用能服务

"十四五"期间,无锡消费侧发展应聚焦交通运输、工业和农业生产、文旅景区、居民生活等领域的电能替代,加强工业企业的能效监测、分析与研判,推动工业企业节能降碳;推动城市数字化能效服务建设,增强需求侧响应能力,实现各类用能资源在用户端的高效配置、综合利用及可调可控。积极开展绿色电力市场化交易试点。建立绿电服务体系,理清绿电主要需求主体、交易流程、交易方式,组建绿电交易服务团队,制定绿电交易的服务内容以及服务流程。积极开展绿电交易试点,率先开展分布式光伏余电上网电量与有绿电需求的企业直接交易服务。

执笔:汤　铮

B.9 无锡建筑业绿色低碳发展的实践与探索

一、无锡建筑业绿色低碳发展的现状分析

（一）规模分析

"十三五"期间，无锡累计新增节能建筑7 151万平方米（其中，公共建筑1 727.93万平方米、居住建筑5 423.07万平方米），新增可再生能源建筑应用面积4 171.61万平方米，新增光电建筑装机容量约1 417.99千瓦，对601.74万平方米（公共建筑328.47万平方米、居住建筑273.27万平方米）既有建筑进行了节能改造。绿色建筑评价标识项目760个，总建筑面积6 610.47万平方米，其中二星级及以上绿色建筑面积4 829.75万平方米，占比73.06%；运行标识建筑面积248.41万平方米，占比3.76%，城镇绿色建筑占新建建筑比例、高星级绿色建筑比例逐年提升。

表9-1　　　　"十三五"期间无锡绿色建筑标识情况　　　　单位：万平方米

区域范围	2016年 二星级以上标识	2016年 运行标识	2017年 二星级以上标识	2017年 运行标识	2018年 二星级以上标识	2018年 运行标识	2019年 二星级以上标识	2019年 运行标识	2020年 二星级以上标识	2020年 运行标识
无锡	227.2	0	570.3	35.22	1 171.56	78.36	1 675.69	31.88	1 185.00	102.95
江阴市	40.2	0	51.9	0	192.52	0	264.31	14.78	230.18	0
宜兴市	37.8	0	68.3	18.14	92.56	0	173.75	1.59	130.74	5.18
锡山区	0	0	45.7	0	215.69	0	170.91	0	157.79	14.86
惠山区	21.3	0	36.6	0	153.14	0	345.49	5.62	104.80	0
滨湖区	20	0	278.6	17.08	248.28	78.36	255.51	9.89	140.78	29.18

续 表

区域范围	2016年 二星级以上标识	2016年 运行标识	2017年 二星级以上标识	2017年 运行标识	2018年 二星级以上标识	2018年 运行标识	2019年 二星级以上标识	2019年 运行标识	2020年 二星级以上标识	2020年 运行标识
新吴区	46	0	63.3	0	75.43	0	200.93	0	178.53	27.14
梁溪区	61.9	0	25.9	0	193.94	0	138.20	0	161.37	6.99
经开区	—	0	—	0	—	0	126.59	0	80.81	18.37

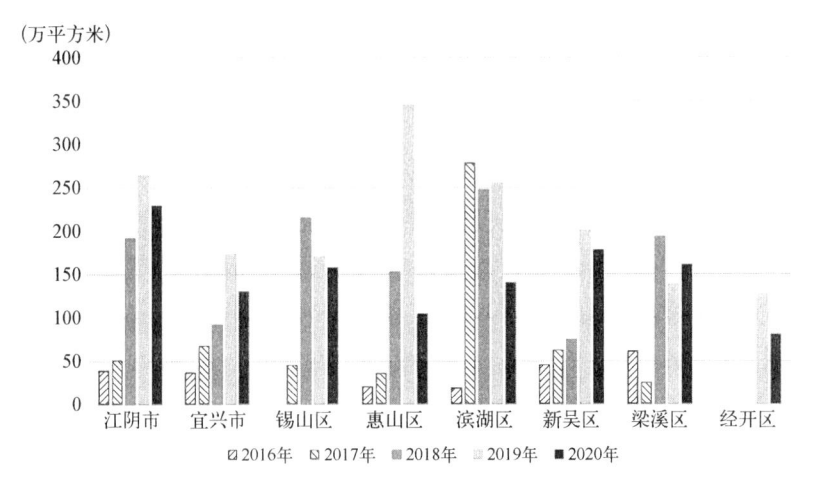

图9-1 "十三五"期间无锡各区域二星级以上标识

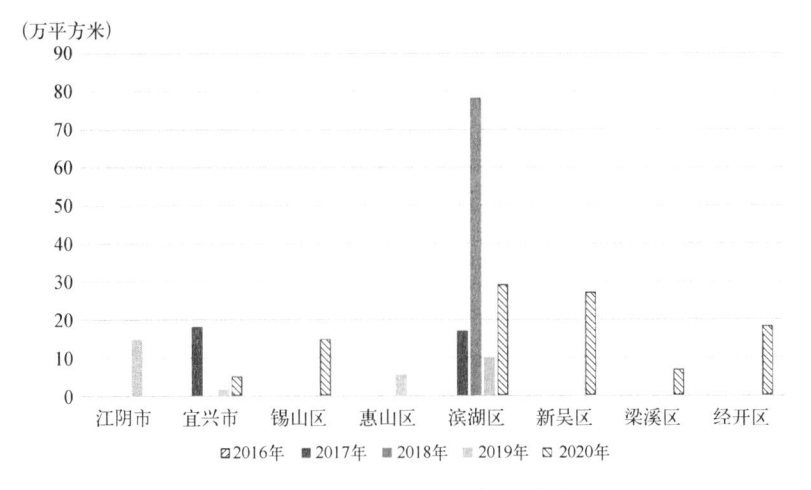

图9-2 "十三五"期间无锡各区域运行标识项目面积

注：2019年起，新增经开区行政区划，数据单列统计。

(二) 自然资源类别分析

1. 太阳能资源

无锡的气候特点是四季分明，气候温和，雨水充沛，无霜期长。太阳能年辐射总量为 4 190—5 016 兆焦/平方米，年日照时数为 1 500—2 500，日辐射量为 3.2—3.8 千瓦·时/平方米，无锡市太阳能资源等级属于一般。

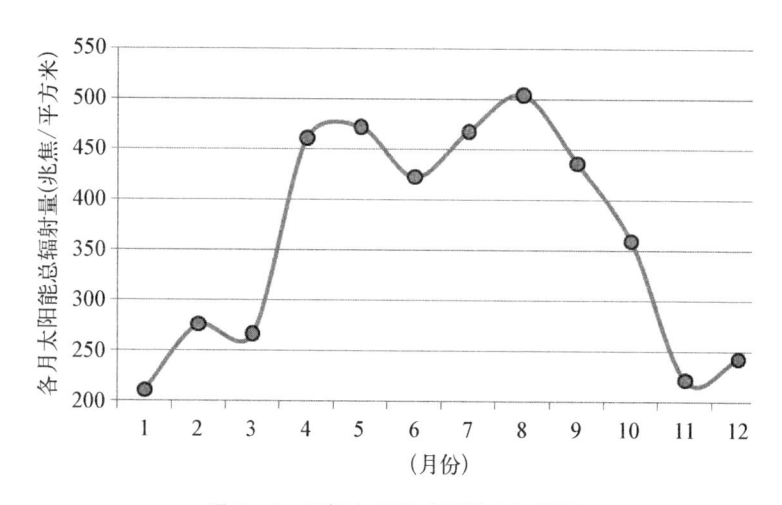

图 9-3　无锡各月份太阳能总辐射量

2. 土壤浅层地能资源

无锡市地层温度较高，土壤导热系数良好，岩土热物性适宜采用土壤源热泵技术，尤其是热泵系统冬季取热。除高层居住建筑外，公共建筑和居住建筑冷热负荷需求均存在差异，采用土壤源热泵技术时应依据建筑物全年动态负荷分布情况做针对性方案设计。

3. 污水处理资源

无锡市污水处理全国领先，污水处理厂建设规模、污水处理能力、污水处理率等各项指标均居江苏省乃至全国前列。如太湖新城污水厂日平均处理污水量为 12.00 万立方米，一级排放水水质达到一级 A 排放标准，可作为污水源热泵的理想水源，在周边公建集中区域和研发载体集中区域建设污水源热泵区域能源站系统较为适宜。

4. 风力资源

无锡市区内年平均风速为 2.7 米/秒，有效风功率密度为 287.4 瓦/平方米。根据中国风功率密度等级划分表判断，虽然有效风能密度较高，但年平均风速较低，不具备大规模开发风能资源的潜力。

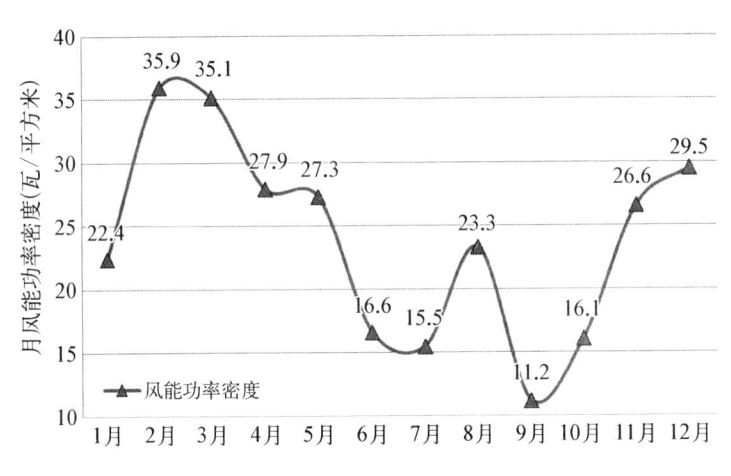

图 9-4　无锡各月风能功率密度

(三) 条件分析

1. 绿色建筑是高质量发展的要求

"绿色发展"是中国坚持的长期发展理念。《国务院关于加快建立健全绿色低碳循环发展经济体系的指导意见》提出，推进绿色发展，使发展建立在高效利用资源、严格保护生态环境、有效控制温室气体排放的基础上，统筹推进高质量发展和高水平保护，建立健全绿色低碳循环发展的经济体系，确保实现碳达峰碳中和目标，推动中国绿色发展迈上新台阶。可以充分预见，"十四五"期间，将是绿色建筑高质量发展的时期，绿色建筑实践将更加广泛，绿色建筑发展效益将更加明显，公众及社会对绿色建筑的理念、认识和需求将进一步提高。

2. 绿色建筑是实现"双碳"目标的需求

2020 年 12 月 12 日，国家主席习近平在气候雄心峰会上宣布中国"力争 2030 年前二氧化碳排放达到峰值，努力争取 2060 年前实现碳中和"。《中共中央关于制定国民经济和社会发展第十四个五年规划和二〇三五年远景目标的建议》提出，到2035年，广泛形成绿色生产生活方式，碳排放达峰后稳中有降，生态环境根本好转，美丽中国建设目标基本实现。

2021年4月15日，江苏省住房和城乡建设厅发布了《江苏省住房城乡建设厅关于推进碳达峰目标下绿色城乡建设的指导意见》，主动对标碳达峰碳中和目标要求，将绿色发展理念融入住房城乡建设领域的各项重点工作，与贯彻落实新时期建设方针相结合，与推动绿色建筑和建筑产业现代化相结合，与推进美丽宜居城市建设和美丽田园乡村建设相结合，着力构建全省住房城乡建设领域新发展格局。

在碳达峰碳中和的大背景下，无锡将重点结合辖区内各板块禀赋条件，率先探索，集中发力，重点打好零碳科技产业园、零碳基金、碳中和示范区、零碳谷"四张牌"，加快打造碳达峰"无锡样板"。着手研究制定二氧化碳排放达峰行动方案，力争较全国和全省提前1—2年实现碳达峰目标。

这一系列文件及战略部署促进无锡在下一阶段快步实现建筑行业碳达峰与碳中和，坚持以绿色建筑为抓手，实现建筑领域新一轮节能增效，助力早日实现"双碳"目标。

3. 科技创新是绿色建筑快速发展的支撑

近年来，人工智能、物联网、大数据、云计算等信息技术飞速发展，推动建筑行业全产业链升级，改变建筑建造方式、工程组织管理模式、项目运行维护体系。新型建筑材料、可再生能源技术突飞猛进，将进一步提升建筑性能水平，促进资源节约与环境友好。相关科学技术的快速进步，将推动绿色建筑全周期全方位的创新发展。

二、无锡建筑业绿色低碳发展的实践探索

（一）系统推进，全面健全政策法规体系

2013年，无锡市政府办出台《关于全面推进无锡市绿色建筑发展的实施意见》（锡政办发〔2013〕281号），系统推进绿色建筑发展的工作正式拉开了序幕。随着各项绿色建筑引导、鼓励政策法规陆续出台，绿色建筑从安全耐久、健康舒适、生活便利、资源节约、环境宜居等多维度提升建筑性能，不

断增强人民群众的安全感、获得感、幸福感，为无锡绿色建筑与建筑产业现代化高效发展提供有力保障。

表9-2　　　　　　　　无锡绿色建筑相关政策法规

序号	政策法规名称	出处/文号
1	关于全面推进无锡市绿色建筑发展的实施意见	锡政办发〔2013〕281号
2	加强绿色建筑管理的实施意见	锡建规发〔2016〕2号
3	无锡市"十三五"节约能源规划	锡经信节能〔2016〕34号
4	无锡市绿色建筑与既有建筑节能改造示范项目和专项资金管理办法	锡建科〔2016〕39号
5	市住建局市财政局无锡市创建省绿色建筑示范城市与既有建筑节能改造示范城市实施方案	锡政办发〔2016〕89号
6	关于成立无锡市建筑产业现代化推进工作领导小组的通知	锡政办发〔2016〕90号
7	关于加快推进建筑产业现代化促进建筑产业转型升级的实施意见	锡政发〔2016〕212号
8	无锡市推进装配式建筑发展实施细则	锡建建管〔2017〕2号
9	关于开展无锡市装配式建筑项目设计阶段技术论证工作的通知	锡建建管〔2017〕3号
10	关于成立无锡市建筑产业现代化专家组的通知	锡建建管〔2017〕4号
11	无锡市建筑节能专项引导资金管理办法	锡建科〔2017〕28号
12	关于在无锡市新建建筑中应用预制内外墙板预制楼梯板预制楼板的通知	锡建建管〔2018〕2号
13	无锡市绿色建筑与既有建筑节能改造城市示范项目验收评估办法	锡建科〔2018〕46号
14	无锡市建筑产业现代化示范项目验收评估办法	锡建建管〔2019〕3号
15	无锡市预制拼装桥墩施工质量验收标准(试行)	锡建城〔2019〕4号
16	无锡市公共建筑合理用能指南	锡建科〔2019〕10号
17	无锡市装配叠合整体式地下车站施工质量验收标准(试行)	锡建质安〔2021〕12号
18	装配叠合整体式地下车站施工图审查要点(试行)	锡建设〔2021〕12号

(二)因地制宜,完善绿色建筑长效监管机制

无锡深入贯彻落实《江苏省绿色建筑发展条例》《江苏省绿色建筑行动

实施方案》,严格执行《关于进一步加强城市规划建设管理工作的实施意见》(锡委发〔2017〕49号)、《关于建立健全主体功能区建设推进机制的意见》(锡政办发〔2017〕149号)和《关于印发〈加强绿色建筑管理的实施意见〉的通知》(锡建规发〔2016〕2号)要求,从2017年开始,无锡新建民用建筑全部执行二星级及以上绿色建筑标准。在地块出让(划拨)、项目审批、方案设计、规划许可、建筑设计、建筑施工、工程监理、质量监督、房屋销售、竣工验收等十大环节落实绿色建筑相关要求,形成了绿色建筑全过程闭合监管的长效监管机制。

(三) 稳步实施,成功创建两个省级示范城市

"十三五"期间,无锡相继被列入省级绿色建筑示范城市、省级既有建筑节能改造示范城市。

无锡在绿色建筑示范城市创建工作中,共编制相关规划26项,完成研究课题8项,形成了完善的工作机制与绿色建筑

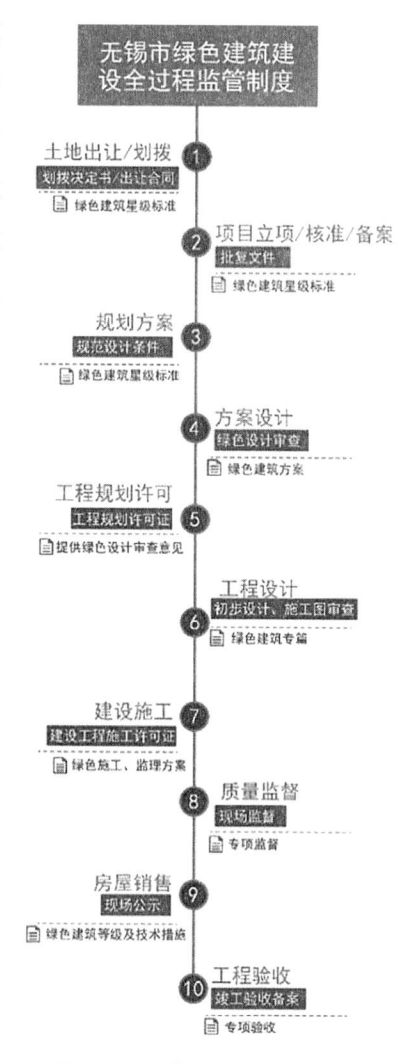

图9-5 无锡绿色建筑建设全过程监管制度

全过程监管体系,开展了城市空间复合利用、可再生能源一体化应用、住宅全装修、综合管廊建设、既有建筑节能改造等工作,全面完成了节约型城乡建设目标任务。

无锡在既有建筑节能改造示范城市创建工作中,编制了相关规划2项,完成了研究课题7项,实施了38个既有建筑节能改造示范项目,合

计节能改造面积达188.6万平方米,节能量达14 891吨标准煤,综合节能率达22.91%,全面完成各项目标任务。改造规模大、类型多,探索了节能改造和运营管理融合的机制,推动了既有建筑节能改造的可持续发展。

(四) 多措并举,大力推进省级绿色示范项目

"十三五"期间,无锡共有16个项目获得省级节能减排(建筑节能)专项引导资金,资金总额达2 035.7万元,项目涵盖合同能源管理、科技支撑、超低能耗被动式建筑、高品质建筑等。从2010年起,无锡设立建筑节能专项引导资金,每年安排约1 000万元资金专项用于扶持绿色建筑、既有建筑节能改造、建筑产业现代化、超低能耗(被动式)节能建筑等项目。"十三五"期间,累计奖补项目60余个,奖补资金3 800余万元。

在绿色建筑创新奖评审中,江南大学数媒经管大楼获得2018年江苏省绿色建筑创新项目二等奖,新吴区新瑞医院获得2019年江苏省绿色建筑创新项目表扬奖,江南大学食品科学中心获得2020年江苏省绿色建筑创新项目三等奖,绿色建筑发展质量进一步提升。

在建筑产业现代化示范创建工作方面,无锡共创建各级各类示范76个,其中国家级装配式建筑产业基地2个,省级各类建筑产业现代化示范基地、项目28个,省级示范名录42个,市级示范项目4个,通过示范引领,为推进建筑产业现代化发展提供有力支撑。

(五) 创新驱动,探究技术支撑形成技术保障

"十三五"期间,无锡出台相关政策,积极开展科研攻关与产学研合作,组织各方力量研究相关技术,共确定了56个技术支撑项目,涉及无锡绿色建筑适宜技术研究、低影响开发应用研究、运维策略研究、成本效益与经济效率研究,既有建筑节能改造技术与评价、节能量审核办法、装配式相关技术标准研究和BIM技术应用研究等内容。无锡有效鼓励了各相关单位科技攻关关键应用技术、完善技术支撑体系、完善建设技术标准规范体系,促

进无锡绿色低碳建筑科技水平和科学决策水平显著提升。

表9-3 "十三五"期间无锡部分技术支撑课题情况

序号	项目名称	承担单位
1	无锡市绿色建筑水资源利用规划	江苏省绿色建筑工程技术研究中心
2	无锡市绿色建筑专项规划	深圳市建筑科学研究院股份有限公司
3	无锡市民用建筑绿色建筑设计审查指南	深圳市建筑科学研究院股份有限公司
4	无锡市绿色建筑成本效益与经济效率研究	深圳市建筑科学研究院股份有限公司
5	无锡市绿色建筑适用技术研究	无锡市建筑工程质量检测中心
6	无锡地区绿色建筑设计中低影响开发应用研究	无锡建筑设计研究院有限公司
7	无锡市既有建筑节能改造能效测评导则	无锡市建筑工程质量检测中心
8	无锡市绿色建筑运维策略研究	南京工业大学
9	无锡市既有建筑节能改造专项规划	江苏省住房和城乡建设厅科技发展中心
10	无锡市既有建筑节能改造技术与评价指南	东南大学
11	建筑节能改造与设备管理运营管理融合的策略研究	深圳市建筑科学研究院股份有限公司
12	基于云平台数据的既有建筑节能改造工程后评估研究	南京工业大学
13	装配式建筑推进机制及经济性影响分析研究	江南大学
14	BIM技术在建设工程工业化中的应用研究	无锡市工业设备安装有限公司 江苏中设集团股份有限公司
15	基于BIM技术的既有建筑节能改造后的运维管理与能效提升研究	江苏润龙合同能源管理有限公司
16	装配式结构工程检测技术分析和研究	无锡市建筑工程质量检测中心
17	无锡市建筑产业现代化发展路径探索	江苏合筑建筑设计股份有限公司
18	基于BIM模型的智能制造研究	无锡市工业设备安装有限公司
19	无锡市装配式建筑各阶段设计文件及图纸标准编制	江苏博森建筑设计有限公司

续 表

序号	项目名称	承担单位
20	装配式预制模块化应用研究	无锡市工业设备安装有限公司
21	装配式支撑及出入口成套技术研究与工程应用	无锡地铁集团有限公司
22	"数字轨道"BIM建设管理平台	无锡地铁集团有限公司

（六）有序推进，建筑产业现代化稳步发展

2016年，无锡成立无锡市建筑产业现代化推进工作领导小组，由市政府分管领导担任组长，15个有关部门为成员单位，建立产业推进工作联席制度。2017年，江阴市、宜兴市同步成立领导小组，共同推进产业发展。政策引导方面，无锡全面贯彻落实不计容面积奖励、招投标奖励等省级奖励政策，并在此基础上增加提前预售、开发企业信用考核加分等地方奖励政策，奖励力度在全省领先，极大激发了建设单位采用装配式建造技术的积极性。

在提高建设规模的同时，无锡积极申报国家、省和市各级示范项目、基地和名录，通过76个示范主体的引领带动，在无锡形成共同学习、研究、观摩氛围，引领效应逐步显现。

在市政基础设施方面，无锡根据实际建设情况，在城市高架和地铁项目中积极进行装配式建造技术应用研究和推广。省内首个全长10.3千米的装配式高架桥梁工程——凤翔北路快速化改造工程项目已正式通车。省内首个软土富水地区、基坑多道支撑条件下建造的预制装配整体式地下车站——无锡地铁S1号线南门站已正式开工，经专家评审该项目装配式技术设计达到国际先进水平。为确保市政项目顺利实施，同步配套出台《无锡市预制拼装桥墩施工质量验收标准（试行）》《装配叠合整体式地下车站施工图审查要点》和《无锡市装配叠合整体式地下车站施工质量验收标准》。

三、无锡建筑业绿色低碳发展的对策建议

(一) 发展目标

一是建筑品质更高。无锡城镇新建建筑执行绿色建筑标准比例继续保持100%，在此基础上，力争到2025年，建设一批品质优良、性能突出、特色鲜明的高品质绿色建筑项目，总面积达到200万平方米，巩固绿色建筑示范城市创建成果，持续建设绿色建筑示范区，预期开展1个省级绿色城市/城区试点。

二是百姓体验更佳。建筑健康舒适水平普遍提升，服务更便利快捷、运营更智慧高效，探索健康建筑建设应用。到2025年末，建设10万平方米健康建筑。

三是能耗总量更低。到2025年末，建设40万平方米超低能耗、近零能耗建筑，可再生能源替代建筑常规能源比例不低于8%，完成300万平方米的既有建筑绿色节能改造。

四是产业转型更优。绿色建筑关键技术和产品推广不断加强，新建建筑绿色建材应用比例不断提升；稳步推动装配式建筑发展。到2025年末，装配式建筑占同期新开工建筑面积比例达到50%，装配化装修建筑占同期新开工成品住房面积比例达到30%。

表9-4 无锡"十四五"绿色建筑高质量发展主要指标

指标内容	指标要求	性质
城镇新建建筑执行绿色建筑标准比例	100%	约束性
开展省级绿色城市/城区试点	1个	预期性
新建高品质绿色建筑总面积	200万平方米	预期性
城镇新建建筑能效水平提升	30%	预期性
既有建筑绿色节能改造面积	300万平方米	约束性
新建超低能耗建筑面积	40万平方米	预期性
可再生能源替代建筑常规能源比例	8%	预期性
装配式建筑占同期新开工建筑面积比例	50%	约束性
装配化装修建筑占同期新开工成品住房面积比例	30%	预期性
健康建筑	10万平方米	约束性

（二）对策建议

一是完善绿色建筑管理体系。在上一阶段的发展基础上，推动绿色建筑继续向高质量方向发展，进一步完善绿色建筑管理体系。围绕高质量发展要求，完善绿色建筑推进政策，充分利用市场平台，调动绿色建筑参建各方主体的积极性。发挥市建筑节能领导小组的作用，统筹发改、自然资源规划、城管、生态环境、财政等部分力量，加强部门间的沟通、配合与协调，形成管理合力，提升管理水平。

二是推动绿色建筑品质提升。新建民用建筑项目按照现行《江苏省绿色建筑设计标准》和《绿色建筑评价标准》二星级及以上绿色建筑标准设计建造，同时建设一批超低能耗建筑示范工程，形成未来高性能民用建筑的示范推广效应。政府投资项目应率先试行高水平节能标准。加快节能服务体系建设，促进各类节能技术服务机构的创新模式和领域拓宽，增强服务能力，提高服务水平。

三是加大可再生能源应用。因地制宜推进可再生能源的深度及复合应用，探索符合无锡资源利用条件优势的可再生能源建筑应用技术措施，调研可再生能源的实用性，研究测评计量的科学性与准确性。同时科学引导新建建筑合理使用可再生能源，支持用能效果检测评估制度化、标准化，利用专项引导资金，增加可再生能源使用推广的"推动力"，从而进一步增加可再生能源代替常规能源的使用比例，进一步优化太阳能光伏与光热，浅层地热能应用，调研探索中深层地热资源应用，拓展可再生能源应用的范围。

四是深入推进绿色施工发展。运用大数据、人工智能等技术，加快施工建造智慧型升级，推广智慧型工地，利用在线视频监测、远程监控、云端数据采集等手段加强施工现场扬尘、噪声管控。逐步确立完善水电施工能耗、建材节约使用计量制度。重点开展通用建筑材料、"四节一环保"等方面材料和产品的绿色评价工作。

五是加快推动既有建筑绿色化改造。结合行政约束与市场引导"双驱动"，加强公共建筑能效管理，尤其是聚焦医院、宾馆、商场以及交通场站等类别中的高能耗建筑，稳步推动绿色节能改造。改善老旧住宅环境品质，注入智慧化管理技术。

六是注重建筑绿色运营管理。优化和完善物业管理体系标准，鼓励物业企业开展绿色物业管理，建立绿色建筑专项运行管理制度，做好绿色建筑相关设备设施日常管理和维护，提升绿色建筑运营管理水平，为城市科学和精细化管理提供数据基础。

七是不断促进绿色低碳技术革新。通过技术改革、创新驱动，为绿色建筑高品质发展提供有力支撑。联合院校及科研单位，设立专项引导资金，孵化一系列绿色建筑适用措施。

（三）保障措施

一是加强组织协调。发挥无锡市建筑节能领导小组的作用，各地区及各级住房城乡建设、自然资源规划、发改、机关事务管理、商务、卫健、教育、体育、文旅等主管部门应积极主动作为，在现有绿色建筑管理结构的基础上进一步加强协调性，统筹各部门力量推动无锡绿色建筑发展，将政府引导、市场导向、社会意识凝成一股合力。

二是完善政策法规。健全绿色建筑政策法规体系，优化政策环境，激发市场活力，进一步为绿色建筑发展提供法律保障。同时，进一步加大执法力度，确保绿色建筑法律法规落到实处。修订市级绿色建筑发展专项引导资金管理办法，强化专项资金引导作用，加大财政投入，扩大资金支持辐射面，增加科技项目投入，培育科技成果。对各级政府加强绿色建筑知识宣传教育工作的责任进行强化，激发市场开发和购买绿色建筑产品的积极性。支持绿色金融发展，拓展绿色建筑项目融资渠道和方式。

三是创新监管模式。结合落实国家"放管服"改革要求，充分推动市场化、信息化的管理模式创新，进一步完善优化针对规划、设计、施工、验收、交付、运维等各个环节的闭合监管措施，同时，试点建筑统一身份代码管理机制，努力实现高质量绿色建筑全寿命可追溯机制。结合"智慧住建"平台，采用"互联网＋监管"手段，利用互联网、大数据等手段，摸排调研非节能建筑运行状况及能耗数据，分析具体情况，设立鼓励、监管、服务等管理制度，提高监管效能,多方位推动既有建筑能效提升。

　　四是强化技术支撑。围绕绿色建筑高质量发展要求,针对建筑性能与环境品质提升需求和绿色建筑发展存在的不平衡问题,构建市场导向的绿色建筑技术创新体系,加强外墙、屋面保温体系,提高外门窗保温性、气密性,可再生能源与建筑一体化技术,智能化运维技术,装配化装修技术等绿色建筑高品质关键技术研究。促进各类高校、研究机构、企事业单位的合作研发和技术攻关,推动资源整合,鼓励搭建产学研用深度融合的科创平台。

　　五是加大宣传力度。注重行业平台建设,搭建绿色建筑学术研讨、宣传教育等载体平台,积极促进行业交流,充分利用互联网优势,积极开展模式创新。积极展开社会宣传教育,利用多种形式、多种媒介的宣传活动,提高公众对绿色建筑的认知水平和认可程度,加深民众实际体验,提升其对绿色建筑认识,倡导绿色低碳的生活方式,坚实牢固绿色建筑高质量发展的群众基础。

　　执笔:陈素碧

B.10 无锡"零碳城市"交通运输发展的实践与探索

一、无锡"绿色低碳交通"发展现状及趋势

"十二五"初期,无锡着手开展低碳绿色交通运输发展谋划研究,在"十三五"期间,"绿色"已成为无锡交通运输发展的核心要素,推进力度持续加大。2016年,无锡被评为全国绿色交通城市(全国唯一地级市),相继编制出台《无锡市低碳交通运输体系建设战略规划》《无锡市低碳交通运输体系建设试点实施方案》《无锡市建设绿色低碳交通城市区域性项目实施方案(2013—2020)》等规划方案,累计组织实施完成节能减排项目50个,按行业相关标准测算,可替代燃料量约7.1万吨标准油,节能量约1.3万吨,二氧化碳减排量约10.8万吨,带动社会投资约37.4亿元。

(一)新能源与清洁能源车船装备更新迈出新步伐

一是新能源与清洁能源车辆及配套设施更新提速。截至2020年底,无锡拥有新能源及清洁能源公交车辆3785辆,新能源及清洁能源公交车辆占比达80.8%,新增和更新车辆中新能源和清洁能源车辆比例为100%;2015—2020年累计更新纯电动出租车辆111辆,新能源及清洁能源出租车辆占比达88%;2015—2020年累计新增新能源及清洁能源营运客运车辆518辆,新能源及清洁能源营运客运车辆占比达14.3%;累计新增更新新能源货运车辆127辆,新能源及清洁能源营运客运车辆占比为1.6%;拥有城市新能源公共交通充电桩807套,车桩比约为3.9;注销道路运输证、退出道路运输市场的国三及以下排放标准营运中重型柴油货车4560辆,超额完成省定目标任务。

二是节能环保船舶及配套设施更新加快。"十三五"期间,无锡新建LNG动力船舶2艘,更新改造5艘,数量占全省的八分之一;基本建成具备加注作业能力的长江LNG加注站2个,新增沿江及干线航道水上服务区岸电设施27处,覆盖率达到100%,内河港口码头岸电覆盖率显著提升。无锡高度重视并持续推进船型标准化工作,依法强制报废超过年限的老旧船舶,累计拆解改造769艘环保不达标的老旧运输船舶。

(二)交通运输结构调整取得新成效

一是积极促进"公转铁""公转水"。2020年无锡铁路、水路承担的大宗货物运输量显著增加,其中铁路货物发送量从2017年的99.44万吨增长至2020年的139.17万吨,增长40%;港口货物吞吐量达到3.58亿吨,比2015年的1.85亿吨增长193%;水路货运周转量占比达到61%,居江苏省前列,京杭大运河无锡段和锡澄运河承载内河航运量全国领先,达到3.5亿吨,"水运大市"地位得到有效凸显;钢铁、电解铝、电力、焦化等重点企业铁路运输和水路运输比例达到78.61%,超额完成省级目标任务。

二是大力推动多式联运发展。无锡入选国家物流枢纽建设名单,建成高新物流、众盟物流、西站物流等3个多式联运省级示范工程,2020年12月、2021年9月分别开通无锡南—上海洋山港、无锡西—上海洋山港的海铁联运班列,每周常态化运行12个班次,成为全省唯一双线双站运行海铁联运的城市。无锡(江阴)港大力发展江海河联运,集装箱运量从2015年的47.5万标箱增长到2021年的60.5万标箱,同比增长27%。无锡内河集装箱运输从2017年的3.1万标箱增长至2020年的6.51万标箱,增长110%。

三是不断完善城乡物流服务体系。无锡被列为全国绿色货运配送示范工程创建城市,积极推动城市配送成本、车辆单位周转量能耗持续下降,据初步测算,已实现城市配送车辆利用效率提高20%,共同配送和夜间配送等高效配送模式占比达到85%。率先在全省建成了县、乡、村三级农村物流网络,在全国率先实现"乡乡有网点、村村通快递",积极引导宜兴市创建成为全国城乡交通运输一体化试点县、农村物流示范县,推动交邮融合发展,积极开展镇村公交代运邮件、快件业务。

(三) 交通绿色出行形成新格局

一是绿色出行行动广泛深入开展。无锡日均城市公共交通年客运量达到100万人次,2020年底公交分担率达到30.1%,市区公共交通机动化出行比例达到65%。无锡成功入选江苏省第二批公交优先示范城市,"十三五"期间累计新辟公交线路18条,优化调整133条次。至2020年,拥有市区公交线路295条、线路长度5 822千米。"十三五"期间,建成地铁3号线、1号线南延段,2021年建成地铁4号线。目前无锡轨道交通运营线路共有4条,分别为地铁1号线、2号线、3号线和4号线,线网运营里程111.12千米,初步形成轨道交通网络化运行骨架网,联通老城区与惠山新城、锡东新城、高新片区、太湖新城及锡西新城,日均客流量达到45万人次。

二是客运服务品质不断提升。"十三五"期间,无锡巡游出租车行业抓住互联网新技术发展契机,不断寻求转型发展,通过新技术拓展服务功能,提升运输效率,增强发展动力。截至2021年底,市区共有巡游出租车企业21家,网约车平台约29个,巡游出租车与网约车逐步融合发展,单车里程利用率约为56%。"十三五"期间,市区布设公共自行车站点416个,投运车辆10 100辆。共有3家共享单车企业,运营总规模约9万辆。无锡打造了"轨道+公交+慢行"的出行链条。

三是联程联运发展大力推动。推出并持续深化运行空巴联运、机场接驳等多种联程联运服务,开展定制空地联运,启用兴化、惠山等城市候机楼以最小的成本为旅客提供"无缝隙对接"的优质航空服务,新增昆山、靖江、兴化、常州机场专线,提高机场辐射能力和服务范围。苏南硕放机场致力于绿色机场发展,建成绿色节能中心,推广自助值机,在候机楼内新增3台自助值机设备,机场候机楼自助值机设备总数增至24台。

(四) 绿色基础设施建设得到新加强

一是持续加大绿色基础设施建设。依托绿色交通城市建设,建成苏锡常南部高速公路绿色高速公路1条,340省道绿色国省干线公路1条,正在开展锡太高速公路和341省道宜马快速通道等绿色公路创建;开展了京杭运河现代绿色航运示范区建设,无锡沿江港口100%实现了绿色港口三星级达标,江阴港口集团2021年获得"亚太绿色港口"奖,无锡475个内河码头均100%实现了绿色内河港口达标。

二是持续加强绿色廊道建设。"交通环境治理五项行动"圆满完成任务,累计完成绿色廊道建设121.82千米,绿色廊道总里程达618千米。新建码头粉尘综合防治率达100%,完成181家港口企业粉尘在线监测系统建设。无锡拥有原油、成品油泊位36个,其中总装船泊位5个,已全部完成油气回收设施建设。共建成1 196个固定式船舶水污染物接收设施和1辆(艘)移动式船舶水污染物接收设施,实现船舶垃圾、生活污水、含油污水接收设施的港口码头全覆盖。

三是积极探索节能循环利用。公路建设、养护工程中产生的沥青、水泥等路面旧材料循环利用(含就地利用和回收再利用)率达到95%左右,厂拌热再生、温拌等再生技术在大中修工程中的应用率达到45%以上。

二、"零碳交通"支持无锡绿色低碳发展的实践和探索

近年来,无锡以构建绿色低碳交通运输体系为导向,深入调结构、转方式、重创新、强治理,零碳交通"无锡模式"日渐成型,有力地推动了基础设施绿色生态、运输装备节能低碳、运输组织集约高效、低碳技术广泛应用、低碳治理科学现代,为交通运输系统率先实现"双碳"战略目标奠定了坚实基础。

(一)设立联席会议,完善低碳交通发展机制

无锡形成了"政府主导、行业指导、企业主体、社会参与"的工作机制,设立了市推进绿色循环低碳交通运输城市建设工作联席会议,由市政府分管领导任召集人,市发改委、交通运输局等23个部门负责人为联席会议成员,形成共同推进绿色循环低碳交通的良好工作局面。成立了市绿色循环低碳交通研究中心,强化技术支撑,承担低碳交通与节能减排技术咨询服务工

作,协助制定和落实相关低碳交通与节能减排政策。建立了综合协调机制,统筹项目实施单位、技术服务单位、行业主管部门的工作协调,签订了目标责任书。

(二) 强化顶层设计,明确低碳交通发展思路

无锡出台了《无锡市政府关于加快绿色循环低碳交通运输发展的实施意见》《无锡市绿色循环低碳交通区域性项目考核验收管理细则》《绿色循环低碳交通城市区域性项目和资金管理暂行办法》,进一步明确了工作重点、保障措施及项目管理,为建设绿色循环低碳交通运输体系提供了有力保障。

(三) 建设综合交通,夯实低碳交通发展基础

通过努力,无锡现代综合运输体系基本构建完成,支撑国家战略实施、服务城市能级提升的交通基础线网格局基本成型,全国性综合交通枢纽建设初见成效。"轨道上的无锡"越拉越长。干线铁路里程达到296千米,密度为全省第三,南沿江铁路加快建设,盐泰锡常宜城际铁路前期工作加快推进。市域市郊铁路实质性启动,锡澄轨道交通S1线加快建设,锡宜轨道交通S2线提上重要日程,苏锡常都市快线S5线加快前期工作。城市地铁稳步推进,3号线、4号线一期建成通车,线网运营里程达111.12千米。高快一体衔接公路路网越织越密。"四横三纵"高速公路网建成,总里程达304千米,密度达到世界发达国家水平。常宜一期工程、宜长高速公路建成通车,苏锡常南部高速公路、江阴第二过江通道等在建,锡宜改扩建、锡太高速新建等前期工作取得突破进展。无锡公路总里程超过8000千米,国省干线公路网约达677千米,干线公路对乡镇节点覆盖率达100%,基本实现乡镇5分钟能上干线公路、15分钟能上高速公路。无锡行政村双车道四级公路覆盖率达到100%,"四好农村路"创建实现市域全覆盖。通江达海水上高速通道越拓越宽。无锡水运资源丰富,京杭运河、锡澄运河、锡溧漕河等一批主干航道加快完成三级航道整治,可通行千吨级货船,水上集装箱高速通道全面畅通。无锡内河航道约有204条,通航里程约为1578千米(不含长江干流),其中等级航道为 481 千米,占市域航道比重为 30.5%。江海联运港口效应越放越大。无锡(江阴)港具备一类口岸、综合保税区等优越的对外开放条件,建成千吨级以上泊位 107 个、万吨级以上泊位 48 个、十万吨级以上泊位 5 个,最大停靠能力达到 15 万吨。无锡港口货物吞吐量达到 3.16 亿吨、集装箱吞吐量近 60 万标箱,比 2015 年增长 55%、25%。客货运枢纽高地地位越来越凸显。无锡共形成"3 主(硕放机场、无锡站、无锡东站)+3 次(宜兴站、惠山站、新区站)"综合客运枢纽,铁路日均开行班列近 350 对,高速铁路旅客运量约占无锡旅客出行总量的 50%左右。区域物流枢纽地位加速提升,货运枢纽发展呈现出多元化、规模化、专业化特点,建成西站物流、众盟物流等一批综合货运枢纽集群,探索发展了"挂车池""卡车航班""网络型甩挂"等新模式。建成了中国邮政速递物流无锡长三角邮件集散中心,日均处理能力达到 145 万件/天。无锡快速业务量达 7.58 亿件,为全省第三。邮政跨境电商园区成为省内规模最大的跨境电商出口 B2C 企业集聚区。

(四) 打造"航空之都",建强全国交通枢纽名城

无锡苏南硕放国际机场建设成为"区域性枢纽机场"定位,被正式写入《长三角一体化发展规划纲要》。2020 年机场旅客吞吐量近 800 万人次、货邮吞吐量近 16 万吨,比 2015 年增长 73%、77%,通航城市和地区达到 75 个,开通国内外航线 79 条,日均起降增加到 200 架次,客货运输量分别排名全国第 40 位、第 20 位。

"航空之都"的打造从一开始就植入了绿色基因。2021 年 12 月 21 日,苏南硕放机场高效能管中心揭牌仪式在机场动力小区举行。高效能管中心的投用标志着苏南硕放机场正式进入能源管理"智能化"时代。同日,苏南硕放国际机场飞行区改扩建及附属工程项目获江苏省发改委正式批复,并于一周后开工。项目的建成将有效减少飞机占用跑道时间,把跑道的利用效率提高 20%以上;新增 6 个机位后,机位总数将达到 40 个,也将缓解当前停机坪紧张的问题,为完成 2025 年客货吞吐量 1 500 万人次和 30 万吨的发展目标打下坚实基础。苏南硕放机场改扩建工程项目位于预留二跑道东侧及现航站区一侧,新征用地约1789亩。东侧主要包括新建国际国内货库7万平方米、塔台航管楼、动力小区、消防站、特种车库等,并配套建设停机坪、平行滑行道及联络道;向北扩建T2航站楼子廊,并配套建设停车场等地面设施。无锡通用航空加快发展,2021年丁蜀通用机场主体工程基本完成,并完成首次试飞。

(五)优先发展公交,引导市民绿色低碳出行

无锡成立了城市客运联席会议,并召开多次会议,进一步明晰了公交优先发展公益性定位。深入开展公交优先示范城市创建工作,无锡成为江苏省第二批公交示范城市建设试点。"一卡通"、移动支付全面实现互联互通。轨道交通成网建设,已投入运营地铁4条、运营里程111千米。城乡公交一体化发展水平达到5A级,行政村覆盖率达100%。积极探索"锡公交"定制公交、城市微循环巴士等新模式,累计开行微循环公交线路128条。新出行模式快速发展,网约车、共享单车、汽车分时租赁等新业态加快发展,公众多元化出行选择初步得到满足。

(六)应用智能技术,提升低碳交通管理水平

无锡积极推动物联网与交通运输深度融合,建成智慧公路、智慧海事等一批示范项目,并在此基础上形成了公路养护现代化决策分析系统、海事综合服务系统等,"感知航道"覆盖范围、服务效能进一步拓展;开发大数据与交通出行信息服务系统,与百度公司合作实现通过百度地图发布实时公交信息;不断完善汽车维修电子档案系统建设,目前已有597家一、二类维修企业与无锡市"汽车维修电子档案与跟踪服务系统"实现数据对接,占总数的75%以上,上传信息量61万多条,本地维修大数据信息管理平台初步建设完成。无锡物流信息服务水平提升,涌现了一批以车(船)货匹配为核心的公共物流信息平台,提高了资源优化配置效率。

(七) 使用清洁能源,推广节能环保运输装备

至"十三五"期末,无锡拥有新能源(纯电动、插电混动)公交车辆 2 887 辆、清洁能源车辆 898 辆,占比达到 80%;新增纯电动巡游出租车辆 101 辆,更新新能源及清洁能源营运客运车辆 518 辆,新能源城市配送车辆 127 辆。无锡严格执行机动车排放检测制度,机动车排气污染监管信息系统建成及应用率达 100%,一、二类汽车维修企业绿色汽修创建开展率达 90% 以上;同时加强港口清洁能源利用,实施完成 27 处港口岸电设施,内河港口码头岸电覆盖率达 50% 以上。

表 10-1　　无锡绿色低碳高效运输体系建设评价指标

序号	指标类型	考核指标	单位	江苏省目标值	无锡当前实际值
1	能耗强度	公路客运能耗强度	千克标煤/千人·千米	10.98	11.03
2		水路货运能耗强度	千克标煤/千吨·千米	6.8	6.85
3	能耗强度	城市客运单位人次能耗	吨标煤/万人次	2.25	2.3
4		配送车辆百吨千米能耗量较 2019 年下降率	%	3	1.5
5	绿色出行	绿色出行比例	%	70	69
6	绿色装备	新能源及清洁能源公共汽车使用比例	%	82	80
7		每年新增和更新新能源公交车辆比例	%	100	90
8		纯电动出租车使用比例	%	3	2
9		每年新增和更新城市物流配送新能源车辆比例	%	10	1.6
10	运输结构优化	铁路货运量	万吨	180	139.17
11		水路货运量	万吨	3 120	3 064

续 表

序号	指标类型	考核指标	单位	江苏省目标值	无锡当前实际值
12	运输结构优化	铁路和水路货运周转量占比	%	62.5	62
13		集装箱铁水联运量	万标箱	5	4.52
14		集装箱多式联运较上年增长率	%	10	8

三、无锡"绿色低碳交通"发展的形势与路径分析

（一）无锡"绿色低碳交通"发展形势分析

当前，无锡与周边经济发达城市相比，在低碳交通发展中优、劣势并存，实现"双碳"目标碳减排压力与挑战并存，主要体现在以下几方面：

一是城市机动化出行增长与城市交通碳减排的矛盾。经济及人口增长带来机动车数量增长，势必对无锡碳排放工作产生重大影响。无锡每千人拥有小汽车261.3辆，与国际水平（高于400辆/千人）相比仍有很大差距。在经济水平较为发达的无锡，私人小汽车保有量增长将成为城市交通碳排放增量的最大来源。无锡既要解决城市机动化率升高过程中机动车电气化的问题，更要解决居民出行对小汽车依赖的问题。

二是城镇化进程继续攀升与城市交通碳减排的矛盾。未来无锡市城镇化率有望接近90%，城市尺度不断扩大，居民活动活跃度增加等，都将导致人们出行距离变长，但由于城市常规公交吸引力难以进一步大幅提升，小汽车使用或更加频繁，不仅会进一步加大城市交通碳减排的难度，也会较大程度增加交通能耗负担。

三是城市交通消费增加与城市交通碳减排的矛盾。随着人均可支配收入增长，城市交通消费支出比例逐年上升。相对发达国家，中国小汽车出行成本相对较低，经济杠杆对小汽车出行增长的调节作用尚未充分发挥。随着全域城镇化发展，无锡与周边城市形成连绵的长三角城市群，经济活动联

系将更加紧密,城市群内市际客运出行需求总量也将继续攀升,对城市客运领域碳减排也提出严峻挑战。

四是城市物流活动持续活跃与城市交通碳减排的矛盾。城市内物流配送、城市间货物运输需求日益增长,中重型公路货运车辆是碳减排的重点对象。无锡公路货运量居长三角城市群前列,城市物流配送车辆规模大,市域内物流活动日趋旺盛,城市群内市际间公路货运占据主导地位,货运领域总体排放未来占比将显著增大,亟待形成系统性碳减排解决方案。

(二)无锡"绿色低碳交通"发展路径规划

未来一段时间,无锡要以交通运输发展全面绿色低碳转型为引领,以减污降碳为方向,以运输结构与用能结构优化为抓手,着力提升交通能源利用效率和运输组织效率,统筹发展与减排、整体与局部、短期与中长期,加快构建结构优化、集约高效的绿色低碳运输方式。

无锡的战略目标是:到2025年,夯实交通运输碳减排基础,基本建成低碳绿色城市交通运输体系主体框架。到2028年,率先实现交通运输"碳达峰"目标,基本建成集约高效、结构优化、精细管理的低碳绿色城市交通运输体系。到2030年,进一步巩固交通运输"碳达峰"成果,推动交通运输向零碳绿色发展转型升级,开启全面建设零碳绿色可持续发展的城市交通运输体系新征程。到2060年,基本实现交通运输"零碳绿色"发展,全面引领无锡"零碳城市"建设。

1. 坚持"提能",集中精力提升装备能效

一是推进车辆能效提升。推进实施营运车辆燃油消耗量限值准入和二氧化碳排放准入制度,探索制定在用营运车辆碳排放检验方法及评价制度。积极推广智能化、轻量化、高能效、低排放的营运车辆,鼓励选用高品质燃料。

二是推进船舶能效提升。深入实施船舶能效准入制度,推进船型标准化建设,提高船舶碳排放标准。推广节能附体、减阻涂层、废热回收、船舶航速优化、纵倾优化等能效提升技术的应用,加大轻型材料、风力助推等技术

在船上的应用研究和示范。

三是推广生态驾驶模式。推广车辆节能驾驶技术和船舶节能航行技术应用,将节能驾驶、节能航行作为独立模块纳入驾驶员(船员)培训和考试内容。组织开展节能驾驶、节能航行技能竞赛,持续提升从业人员的专业技能和素质。

四是加快淘汰老旧车船。全面实施汽车排放检测与强制维修制度,加快淘汰超标排放老旧营运车辆,引导落后技术和高耗低效营运车辆有序退出。建立营运船舶能效评价指标与营运船舶能效核查机制,结合营运船舶能效评价机制,推动高能耗老旧营运船舶限制使用政策制定,鼓励引导高能耗船舶技术改造升级和提前退出,降低高碳能源使用比例。

五是加强降碳与污染排放协同治理。深化高污染燃油车辆排放治理,全面实施重型柴油车国六排放标准。强化航运污染排放治理,完善港口岸电扶持政策。提高飞机电源替代使用率,完善港口环保设施建设。完善交通排放监测体系建设,加强对柴油车、船舶尾气等排放监控。推动煤炭、矿石等易起尘货种码头作业区、堆场100%建设防风抑尘设施或实现封闭储存。

2. 坚持"升能",集中精力升级交通能源

一是加快推广新能源车辆。加大新能源车辆在城市公交、出租汽车、城市配送、邮政快递、港口、机场等领域应用。率先探索研究推动氢燃料电池车辆在城市公交、城际客运、重型货车领域示范应用。研究新能源车辆购置与运营补贴、便利通行等支持政策,推动城市中心城区实施不同车辆差异化车辆通行费、停车费等政策。

二是推广应用新能源和清洁能源船舶。加快推进内河船舶"油改电""油改气",加大新建船舶应用LNG、电力、混合动力的推广力度。加强氢能、燃料电池、甲醇、乙醇、氨等船舶燃料关键技术和装备研发应用力度。研究新能源和清洁能源船舶推广应用支持政策。

三是加快新能源基础设施建设。完善高速公路服务区、港区、客运枢纽、铁路物流基地、物流园区、公交场站等区域汽车充换电、加气、加氢等设

施建设,支持社会资本公共充电桩、加气、加氢设施投资力度。推进长江干线、京杭运河船用 LNG 加注、充换电、加氢等设施建设。进一步提升港口和船舶岸电设施建设使用率,研究引导支持政策。支持机场开展飞机辅助动力装置替代设备建设和应用。

3. 坚持"优能",集中精力优化运输结构

一是加快城际交通一体化建设。构建辐射长三角城市群、对接国际的现代化城际客运服务,引导中长距离出行向铁路客运转移,加快完善铁路客运枢纽与城市轨道交通衔接。优化道路客运供给方式,发挥道路客运便利接驳优势,发展便捷高效的旅客联程运输。

二是推动大宗货物及中长距离货运"公转铁""公转水"。大力发展无锡至上海等铁水联运班列,推动无锡南、无锡西、无锡北等铁路货场升级改造,研究优化对外集疏运公路交通管控政策,提升货场微循环水平。推动具备条件的大型工矿企业、新建物流园区、港口等建设铁路专用线,打通铁路运输"最后一千米"。

三是加快推进港口专业化升级。推进芜申运河航道整治工程,大力发展大宗散货、集装箱航运、公水滚装运输,加强对上海港、宁波港、南通港的喂给服务能力,打造一批江海联运、水水中转精品线路。优化江阴港综合服务功能,增强中转配送、流通加工等增值服务,延伸港航物流产业链供应链。

四是提高绿色运输比例。完善江阴港集疏运铁路、封闭皮带廊道建设,推进集疏运铁路向港口码头前沿延伸,提升绿色集疏运服务能力。大力发展新能源和清洁能源车辆在港口、大型工矿企业短驳倒装中的应用比例。鼓励发展城市绿色货运车队和绿色货运企业,发挥引领示范作用。

五是深入实施多式联运。进一步推动货运枢纽节点多式联运功能改造,加强铁路、公路、水路设施衔接水平。推进铁路、公路、水运、航空以及海关、市场监管等信息交换共享。积极推进多式联运"一单制",推进标准规则衔接,加快应用集装箱多式联运电子化统一单证。积极申报省级多式联运示范工程,加快培育一批多式联运龙头骨干企业。

六是加强信息技术应用支持。加快推进铁路、公路、水路、民航等基础

设施互联互通,提升运输组织管理水平。支持货运物流企业共享数据信息,构建数字化运营平台,加快传统货运物流企业智慧化改造,加强网络道路货运平台模式推广普及,增强货车匹配与定制方案能力。

七是打造绿色物流供应链。支持货运物流企业加强与农产品加工、工业品制造、消费品销售等不同类型企业采购、生产、销售、回收等环节的对接,大力发展第三方、第四方物流,将绿色包装、绿色运输、循环利用等措施融入物流供应链全链条,积极开展绿色供应链试点。

4. 坚持"疏能",集中精力疏导交通需求管理

一是发展城市绿色出行。深入实施公交优先发展战略,倡导以公共交通为导向的城市土地开发模式,优化城市职住与出行空间。加快推进城市轨道交通线网建设,加快构建以轨道交通为骨架、常规公交为主体、特色公交为补充、公共自行车为延伸、城市步道为基础的一体化城市出行服务体系,加大城市居民共享空间建设,推广实施轨道交通节能运行图,充分利用信息化技术提升公交运营组织效率,推进公交地铁"两网"深度融合,引导公众绿色出行。

二是加强城市交通治堵。优化城市道路网络合理级配,提升城市道路通行效率。强化小汽车出行需求源头调控和停车管理,合理引导个体机动化出行,降低大城市小汽车通行总量,研究分区域、分时段、分路段拥堵、停车收费政策。积极应用先进的信息技术手段,加快建设城市智慧交通服务平台,加强对城市交通运行的状态监测、分析和预判,推动城市交通精准治理。

三是发展城乡绿色配送。进一步优化城市配送三级节点体系,整合末端配送资源。研究制定城市绿色货运配送车辆专用线路、便利通行与停靠、绿色配送区等政策,系统性解决城市绿色货运配送"三难"问题。推广应用新能源配送车辆,大力发展城市共同配送、统一配送、集中配送、分时配送等运输组织模式。

5. 坚持"新能",集中精力培育绿色交通基础

一是建设绿色低碳交通基础设施。将绿色低碳理念贯穿交通基础设施

规划、建设、运营和维护全过程,降低全生命周期能耗与碳排放。推进绿色公路(美丽公路)、绿色铁路、绿色航道、绿色港口、绿色空港、绿色枢纽场站示范工程建设。大力推广应用节能型建筑养护装备、材料及施工工艺工法,积极扩大绿色照明技术、用能设备能效提升技术及新能源、可再生能源在交通基础设施建设运营中的应用。推进邮件快递包装绿色化、减量化和可循环化。

二是推进交通与能源融合发展。推动高速公路、航道、枢纽场站、港口等基础设施,利用光伏、风力、潮汐、地热等可再生能源开发分布式发电与储能项目,开展能源"产消者"试点项目,促进交通基础设施网与智能电网融合。

三是加快低碳交通技术研发。培育绿色氢能、纯电动等低碳前沿技术攻关龙头企业,有序推进在城市公共交通车辆、重载货运车辆示范应用,推动LNG、电能、氢能、混合动力等船舶及船用大功率新能源电池等先进储能技术的研发应用。加快推进人工智能、虚拟现实、增材制造、量子通信、区块链等绿色未来产业与交通融合发展。

四是健全交通碳排放监测技术。健全交通领域能源消费统计制度和指标体系,完善交通行业能耗和碳排放监测、报告和核查体系。参照全国碳排放核算方法,制定地方性道路、水路、航空、城市交通等领域碳排放核算方法。提高低碳绿色发展指标在政府考核评价中的权重,完善考核评价制度。

五是加快节能降碳关键技术推广应用。鼓励企业研发技术成熟度和经济性良好、降碳效果显著的重点节能低碳技术。加强交通运输领域节能低碳技术创新成果转化应用,积极开展交通近零碳科技示范工程,推动创建交通近零碳科技示范企业。

执笔:李行舟　律秀原　徐兢辉

B.11 无锡生态农业绿色低碳发展的实践与探索

21世纪以来,绿色低碳循环经济成为产业发展的新模式,在中国国民经济发展中地位越来越重要的农业实现可持续发展,离不开绿色农业和低碳农业。无锡作为农耕文明历史悠久的江南沃土,物产丰饶的"鱼米之乡",多年来认真践行习近平总书记生态文明思想,深刻把握人与自然和谐共生、绿水青山就是金山银山的发展理念,把推进农业绿色低碳发展作为深入实施乡村振兴战略、推进生态文明建设的一项重要任务,在深入打好农业面源污染防治攻坚战的同时,积极落实长江"禁捕退捕"任务,提高农业集约化现代化水平,为早日实现无锡农村碳达峰、碳中和发挥了重要作用。

一、无锡生态农业领域绿色低碳发展现状

近年来无锡乡村振兴建设成效显著,在2021年江苏省乡村振兴实绩考核中,再次位列设区市综合排名第一等次。无锡生态农业发展始终与乡村振兴同频共振:在减碳上推广科学施肥方式,改进畜禽饲养管理,推广绿色节能农机,降低农业生产化石能源消耗;在固碳上推广有机肥施用、秸秆还田等,发展综合种养、鱼菜共生,推进低碳经济循环高效发展。

一是绿色产业质效齐增。坚持质量兴农、绿色兴农、品牌强农,培育形成优质稻米、精细蔬菜、特色果品、名优茶叶、特种水产、花卉园艺等六大特色主导产业,无锡累计建成国家现代农业产业园2个、全国农业产业强镇3个、全国乡村特色产业十亿元镇2个、全国乡村特色产业亿元村3个、省级现代农业产业示范园2个。探索品牌发展路径,制定出台《无锡农业品牌目

录制度》《农产品区域公用品牌行动计划》，建成江苏省首个农产品品牌专业发布平台。已创建中国特色农产品优势区1个、中国农产品区域公用品牌1个、全国"一村一品"示范村镇12个、国家农产品地理标志产品4个。宜兴红茶、阳山水蜜桃被评为江苏省十大农产品区域公用品牌。无锡的农产品区域公用品牌在该评选中入选数量占全省1/5，无锡成为苏南唯一上榜的地级市。

二是产业低碳元素突显。乡村休闲旅游业、农产品精深加工、农村电子商务等农业新产业新业态发展迅速，农村一二三产业加速深度融合。无锡已建成中国美丽休闲乡村9个、全国乡村旅游重点村5个、省级农产品加工集中区2个。无锡在江苏省率先出台鼓励引导工商资本投资现代农业的政策文件，创新实施"百企建百园"工程，目前"百企建百园"项目累计达到81个，农业园区面积比重达到56%。在此推动下，新型农业经营主体不断发展，市级以上农业龙头企业达到158家、示范家庭农场达到230家，有效促进产销衔接、带动农民增收。

三是面源污染防治有力。积极开展"263"和"农村人居环境"等专项整治行动，转变农业发展方式，提升农业生态文明建设质效。2020年废旧农膜回收率达到92.14%，秸秆综合利用率达到96.34%，全面完成太湖及岸边带3千米缓冲区1.56万亩水产养殖整改任务和滆湖围网整治工作，并完成省级销号验收。化肥、农药使用量分别较2015年削减14.96%和20.37%，协同降碳作用初步显现。无锡主要农作物耕种收综合机械化率达到96%，规模农业物联网应用点增至228个，设施装备的升级强化了固碳减排效应。

二、无锡生态农业领域推进绿色低碳发展工作成效

在整体、协调、循环、再生、多样原则下，无锡农业绿色发展不断提能升级，在"三农"发展中起到生力军作用。

（一）组织领导有力，工作体系健全完善

无锡各级各部门在省、市党委领导下，深刻把握生态农业发展的新价

值、新趋势、新优势,努力做标杆、当示范,上下齐心,共同努力,走出一条农业低碳发展的新路子。

一是加强政策引领,强化考核督查。建立了以市委、市政府主要领导任组长的乡村振兴领导小组和以市委、市政府分管领导为组长的农村工作领导小组,江苏省首创、连续三年以人大议案形式推进农村人居环境整治和美丽乡村建设,形成了主要领导亲自抓、分管领导直接抓、一级抓一级、层层抓落实的工作推进格局。

制定《无锡市畜禽养殖污染防治工作方案(2015—2017年)》和《农业面源污染治理五年行动方案》等文件,加强实施病虫专业化统防统治、生态补偿、粮食作物用农药零差率集中配供等工作,加大农业面源污染防治力度。无锡还以突出环境问题"以案促改"专项攻坚行动等为抓手,对农业废弃物处理利用等加强督查,夯实农业生态发展"地基"。

二是强化政策支持。第一,加大政策支持倾斜力度。财政支农投入保持持续增长,促进更多科技、人才、资金等先进要素流向农业农村。2021年市级农口专项资金规模达到7.8亿元,乡村振兴专项资金规模达到4.5亿元,同比分别增长19.8%和6.7%。市级乡村振兴专项基金累计带动金融和社会资本19.57亿元。第二,健全政策性农业信贷担保体系。无锡地区农担在保余额达到10.73亿元,保持苏南第一、江苏省前列。

(二) 增强产业特色,提升生态农业魅力

立足农业资源丰、生态环境优、经济实力强、创新氛围浓等"四大优势",无锡生态农业坚持走都市化、精品化、科技化、智慧化发展之路,突显多元化、高能级经济功能。

一是生态绿色产业发展取得新突破。坚持运用工业化思维、市场化理念改造提升现代农业产业,加快构建农业全产业链体系,切实提高农业质量、效益和竞争力。在农田连片整治行动方面,"十三五"期间,无锡通过实施各类土地整治项目新增耕地4.74万亩,其中不乏生态型、智慧型高标准农田。无锡农业科技创新驱动作用更加突出,农业园区化、数字化、融合化、

品牌化、绿色化发展水平全面提升,具有无锡特色、承载乡村价值的现代农业产业体系基本形成。

二是农业品牌深度融合展现新特色。围绕农业产业高质量发展目标,建立完善市级农业品牌目录制度,构建以农业区域公用品牌、特色农产品品牌、农业企业品牌等为重点的农业品牌体系。在南粳、苏香粳系列优质食味水稻种植上重点推进宜兴杨巷、宜兴芳桥、江阴华士、锡山东港等水稻项目建设;推进江阴、宜兴、惠山蔬菜基地建设,培育壮大蔬菜生产龙头企业;壮大水蜜桃、葡萄、杨梅等地方特色果品产业规模,发展宜兴红、阳羡茶、无锡毫茶、太湖翠竹等区域公用品牌,培育长江三鲜、太湖三白、河荡三青等特色水产品养殖,在江阴、宜兴、锡山等地形成蝴蝶兰等特色花卉种子种苗产业集聚区,拓宽特色产业市场空间。

三是农产品质量安全再上新水平。积极构建"网格化+精准监管"新模式,健全市县乡村四级农产品质量安全监管体系,完善农产品质量安全执法监管体系。坚持"产出来""管出来"两手抓,建立健全农产品质量安全风险评估、监测预警和应急处置机制,推进数据共建共享和监管信息化。无锡绿色优质农产品比重预计达65%,规模以上农产品生产主体可追溯率达90%以上。

(三)狠抓污染防治,助推产业转型升级

坚持源头治理,强化农业生产保护,加强养殖水体水质监测工作,把推进畜禽粪污资源化利用和秸秆综合利用作为当前农业实现碳达峰、碳中和的重要方式,加快推进无锡农业绿色发展。

一是农田污染治理全面加强。成立无锡市区农药集中配供工作领导小组,明确实施主体和基层配供网点按照"一条线"经营、"五统一"配供、"四制度"管理相关要求实施农药集中配供和农药包装废弃物统一回收工作。在"减量、循环利用、生态修复"上下功夫,有效减少农田污染物的产生和排放。2020年,无锡小麦赤霉病防治面积达90.3万亩次、防治比例为161%,建立省级绿色防控示范区10个。

二是有效减少农业投入品施用量。深入开展千村万户百企化肥减量增效行动,全面推进测土配方施肥工作,综合推广应用水稻侧深施肥、增施有机肥和绿肥还田等技术。2020年无锡累计推广商品有机肥11 187吨、缓控释肥554.7吨、有机无机复混肥500吨和水溶肥0.74吨。在江阴市、宜兴市分别新建4个、6个秸秆收储利用基地,秸秆综合利用能力提高41 000吨左右。2020年无锡秸秆综合利用率保持95%以上。

三是严格控制畜禽养殖污染。大力提升生态健康养殖水平,建立2021年无锡畜禽粪污资源化利用、规模化整治提升清单,确保粪污规范处理、高效利用。持续推动畜牧业绿色循环发展,着力推广"牲畜+青绿饲料""牲畜+乔木+经济苗木""沼液+果树+草坪景观带""沼液+水产养殖"等生态循环产业。大力开展省环保督查反馈问题整改情况"回头看"等专项行动,有力控制养殖污染反弹。

(四) 环境提质升级,促进农旅深度融合

无锡不断优化乡村环境、转化生产生活方式,提升农业及村庄环境的生态基底,为百姓休闲养生提供好去处,有效扩大了乡村休闲旅游农业影响力。

一是有力构筑农业生态屏障。从2010年起开展湿地生态绿色养殖、生态绿色种植、湿地生态旅游和净化型人工湿地建设等示范建设,在环太湖周边地区推广池塘循环水养殖、"稻鸭共育"和"农—牧循环"等模式,有效促进农业废弃物资源化循环利用。2007年起,对沿太湖1千米保护区、主要入湖河道两侧和水源保护区等禁养区域的畜禽养殖场(点)关停、搬迁,大力推进氮磷流失生态拦截工程建设,有效控制了农田径流和生活污水中的氮磷物质入河。促进构建多层次、立体化的农业生态保护体系,为建设梁鸿、蠡湖、长广溪等3个国家级湿地公园和尚贤河、长广溪、十八湾等28个湿地保护与恢复做出农业贡献。

二是积极打造休闲观光农业。依托江南山水资源禀赋和农耕文化特色,通过生产经营方式创新提升、产业延伸、功能拓展等途径,大力发展乡村休闲旅游农业，促进农业与旅游、教育、文化、体育、康养、休闲、文创等产业深度融合。发挥优美乡村绿色低碳、就近调节气候、净化空气、改善生态环境的有利条件，构建形成山联村、宜兴山南等食宿游购娱一体化的乡村旅游功能链，推荐阳山水蜜桃等积极参与和开展"苏韵乡情""锡有乡愁"等专题推介活动，成就了"桃花节""螃蟹节"等乡村旅游盛况，成为带动无锡农业产业转型的新增长点。

三是农村人居环境全面改善。在江苏省率先开展农村人居环境整治提升"一推三治五化"专项行动，率先出台农村人居环境整治长效管护实施意见，率先实施第三方暗访评价，率先实施无锡域、全方位、全覆盖"红黑榜"考核制度，率先建立农村人居环境整治督查信息系统。从2019年起启动实施农村人居环境整治提升三年行动计划，出台农房建设管理、农村"厕所革命"等近30件专项文件。2020年底，107个以整村建设为主的试点村农房改善完成建设，近8000户农户直接受益。组织实施生活污水治理、垃圾分类、农村厕所等6大类项目，总投入超过100亿元。建成省级特色田园乡村23个、市级美丽乡村示范村110个，所有行政村实现生活污水处理设施、生活和装修垃圾收运体系、乡道村道优良中等路、三类以上水冲式公厕、村主要场所和道路路灯、村道宜林路段绿化率等"全覆盖"。宜居宜游的美丽无锡"乡村版图"初步形成。

三、无锡生态农业领域"十四五"及中长期助力实现碳达峰、碳中和的对策举措

"十四五"时期，无锡要依托"鱼米之乡"的深厚底蕴，以推进农业可持续发展为主线，持续深化"五园五区六带"农业农村空间布局规划，尤其要大力推进"三园（农业科技园、农业产业园、农业特色园）一区（城乡融合先导区）一居（美丽农居）"建设，加快建设农业高质高效的品质田园，推动农业产业规模化、产业化、品牌化、科技化，为走好无锡"三农"绿色低碳循环发展道路发挥重要作用，为无锡率先实现碳达峰、碳中和目标作出贡献。

（一）提升品牌品质，着力打造绿色农品

聚焦本地农业特色主导产业，充分发挥无锡农业资源丰富、产业基础较好的优势，主动对接市场需求，把稳产保供、高质高效作为主攻目标，强化农产品的市场供给，进一步提高农产品的质量、效益和竞争力，推动无锡产业发展稳基础提效益。

一是实施农业科技创新。强化技术创新在农业企业的主体地位，推动农业科技资源整合，引导各类经营主体打造农业科技成果转化平台。深入推进政产学研合作，建立健全科研院所、高校、企业等创新主体协同攻关机制，大力推进农业产业技术创新战略联盟、星创天地等科技创新平台建设，力争在生物育种、智慧农业、设施农业、生态农业、农产品精深加工等领域形成一批合作创新成果。积极引进高水平专家团队和高科技企业，鼓励农业科技人员来锡兼职或创业，推动农业重大科技成果在无锡落地见效，实现"生产＋加工＋科技"一体化发展。加快推进无锡与江苏省农科院、清华大学等高校院所合作共建，积极组建实体化运作的农业科研机构。到2025年，无锡农业科技进步贡献率达到75％。

二是引领发展智慧农业。实施智慧农业科技引领工程，推进新吴区"智慧＋绿色"示范区建设。加快农产品生产、农产品销售、食品溯源防伪、农业休闲旅游、农业信息服务等领域数字化转型，努力成型一批具有自主知识产权、国内领先的智慧农业技术产品。促进智慧农业在现代农业产业园、农业龙头企业、大型农业生产基地等开展全产业链全程应用、示范引领，打造一批国内领先的"智慧农场""智慧渔场""智慧牧场"。以现代农业产业园、农业龙头企业等为重点对象，推动环境调控、畜禽定量饲喂、水肥一体化喷滴灌、农业航空装备等技术设备在大田种植、设施农业、畜禽养殖、水产养殖等领域的推广应用。

三是做精特色主导产业。重点打造优质稻米、精细蔬菜、特色果品、名优茶叶、特种水产、花卉园艺等六大产业，进一步做大做强水蜜桃、茶叶、长江三鲜等名优品牌产品，积极保护和发展百合、水芹、芋头等地方特色产品，创新培育彩色苗木、淡水龙虾等高端新产品，形成主业突出、特色鲜明、集约

高效的特色主导产业发展格局。推动各市(县)区因地制宜明确特色产业主攻重点,科学制定发展规划,在科技推动的前提下不断开发和创建新兴农业品牌,培育一批规模连片、优势独特的特色产业集群,建设一批"一村一品"示范村镇,打造一批特色农产品优势区,力争在特种水产、特色果品、花卉园艺等方面涌现一批种业"单项冠军"。

(二) 布局农业未来,积极壮大低碳企业

坚持彰显江南水乡文化底蕴和农业历史特色,高起点谋划、高标准设计、高水准打造各类农业经营主体,实现无锡农业生产规模化、专业化、现代化和农业产业的结构优化,为布局未来农业抢先落子、蓄势先发。

一是打造五大现代农业产业园。在现有农业产业园建设基础上,突出提升粮食和重要农产品生产能力、发展特色优势产业、推动一二三产业融合发展,重点打造以种子种苗、精品园艺等产业为主的无锡锡山国家现代农业产业园,以水蜜桃、精细蔬菜、农产品加工等产业为主的无锡惠山现代农业产业园,以优质水稻、特色水产等产业为主的江阴现代农业产业示范园,以优质水稻、精细蔬菜等产业为主的宜兴现代农业产业示范园,以精品葡萄、特色水产等产业为主的江阴临港现代农业产业园。到2025年,无锡重点培育100家农业龙头企业、100家农民专业合作社、100家家庭农场,将五大现代农业产业园打造成为省内乃至国内一流的现代农业产业园和农业高新技术产业示范区。

二是壮大农业产业化龙头企业。加大省级以上农业龙头企业培育力度,引导龙头企业采取兼并重组、股份合作、资产转让、资本运作等形式,延伸拓展产业链体系,培育一批行业"小巨人"企业。支持农业龙头企业创新构建利益联结机制,与农民合作社、家庭农场和农户组建利益共享、功能互补的农业产业化联合体。鼓励支持农业企业大力开展技术创新、模式创新,加强新技术、新设备、新工艺引进应用。鼓励农业企业进军资本市场,对在境内外上市、新三板挂牌和江苏股权中心挂牌的农业龙头企业给予支持。"十四五"期间,新认定市级以上农业龙头企业50家。

三是培育提升家庭农场和农民合作社。加大政策支持和服务指导,构建家庭农场管理体系,实行家庭农场名录动态管理。积极开展示范家庭农场认定,实施现代青年农场主培养计划。鼓励支持示范家庭农场与同产业、跨产业的家庭农场组建家庭农场联盟,创新拓展金融、保险、电商等特色服务,实现分工协作、优势互补。开展农民合作社"双建双创"行动,加强农民合作社依法登记、民主管理、财务管理、档案管理等制度建设,积极组建农民专业合作社联合社。到2025年,市级以上示范家庭农场达到350家。

(三)讲好品牌故事,增强绿色产品竞争力

坚持"人无我有、人有我优"理念,支持引导农民依托本地区特色优势农产品区域布局,拓宽经营思路理念,积极生产各类市场认可度高的高附加值农产品,提高农业经营收入。

一是增强农产品区域品牌影响力。强化品牌策划、运营和宣传推介,创新品牌传播机制,大力培育发展地理标志农产品,加强阳山水蜜桃、阳羡雪芽、马山杨梅、无锡毫茶等地理标志农产品的保护和开发利用。鼓励本地特色农产品开展电商销售业务,支持无锡优质农产品交易平台建设,组织本地农产品参展国内外各类农业重点展会,支持各地举办形式多样的农业品牌营销活动。到2025年,"一碗饭、一条鱼、一颗菜、一杯茶、一筐果、一盆花"等"锡"字号特色优质农产品的品牌竞争力进一步提升。

二是健全农产品质量安全监管体系。实施"标准化+"现代农业工程,大力推进绿色食品、有机农产品生产基地、部省绿色优质农产品基地等建设,着力提升农产品质量和品质。推广应用省级农产品质量安全追溯管理系统,全面推进食用农产品合格证制度,推行"网格化+精准监管"新模式,提升不合格农产品无害化处理能力,建立健全农产品质量安全风险评估、监测预警和应急处置机制。到2022年底,无锡80%以上的涉农市(县)区达到国家或省级农产品质量安全县标准,绿色优质农产品比重达70%以上。

三是加快农业低碳设施装备升级。支持设施农业规范化标准化建设,推广应用日光温室、单体钢管塑料大棚、水肥一体化系统等先进设施,加快畜禽、水产养殖设施装备升级,加快农产品仓储、保鲜、包装、冷链物流等设施建设。大力推广应用绿色高效农机装备和技术,支持农机装备制造企业开展关键技术攻关和高端装备研发。推进粮食、蔬菜、茶果园区和设施大棚"宜机化"改造,改善农机作业条件。到2025年,农作物耕种收综合机械化率达到92%以上,设施农业、畜牧水产养殖、林果和农产品初加工机械化率总体达到80%以上。

(四)做好防污攻坚,提升生态农业附加值

纵深实施农村人居环境整治提升"一推三治五化"专项行动,保护农业生态环境,聚力打造"最干净乡村"。利用无锡农业景观资源和农业生产条件,坚持以农业为本、以文化为魂、以田园为韵、以村落为脉,按照特色化、多样化、差异化的思路,着力打造一批精品乡村旅游线路,推动农业提质增效、拓宽农民新型就业和增收渠道。

一是提升农业绿色化发展水平。完善生态补偿制度机制,更好地保护永久基本农田、水稻田、市属蔬菜基地、种质资源保护区、生态公益林等生态资源,探索建立市场化、多元化生态补偿机制。巩固长江流域禁捕退捕成效,严格落实长江十年"禁渔令",健全完善联动执法机制,坚决打击非法捕捞等违法行为。推进农业清洁生产,科学有序推进耕地轮作试点,深化千村万户百企化肥农药减量增效行动,开展果茶菜有机肥替代、绿色防控和统防统治工作,加强农业废弃物资源化利用。到2025年,无锡化肥、农药施用量均较2020年削减3%,秸秆综合利用率、畜禽粪污综合利用率均保持95%以上,受污染耕地安全利用达到93%。

二是打造美丽乡村示范带。科学谋划美丽乡村整体性推进和特色化布局,与"五园五区"紧密融合,重点打造六条各具特色的美丽乡村示范带。江阴澄南美丽乡村示范带突出生态历史文旅特色,江阴临港美丽乡村示范带突出澄北田园风光特色,宜兴宜南美丽乡村示范带突出宜南山水农旅特色,无锡宜滨美丽乡村示范带突出太湖湖湾科创特色,无锡锡新美丽乡村示范带突出江南吴韵古迹特色,无锡锡西美丽乡村示范带突出桃源田园人家特色。在美丽乡村示范带核心区选择10个左右农业特色鲜明、人文底蕴浓厚、生态景观优美的重要节点村作精品示范,充分展现无锡乡村风情之美。

三是推进乡村旅游产业发展。充分发挥无锡山清水秀、生态宜居、人文荟萃的优势,精心打造富有江南特色、承载乡愁记忆、展现现代文明的"新江南人家",依托六条美丽乡村示范带打造"美丽无锡"乡村版图。支持引导农民利用闲置农房、农业基地等资源,发展餐饮民宿、农事体验等项目,推动乡村旅游蓬勃开展,让农民分享二三产业增值收益。到2025年,无锡乡村休闲旅游农业综合收入达到50亿元。

执笔:马兴国

B.12 无锡金融业支持绿色低碳发展的实践与探索

绿色金融作为支持绿色低碳发展的有力抓手,已经成为助力国家和地区绿色发展的重要工具,在推动实现碳达峰、碳中和目标过程中扮演着不可替代的重要角色。

一、绿色金融发展现状及趋势

(一)中国绿色金融发展历程

1. 绿色金融走向快速发展通道

2016年以来,国内有多个省市开展了各具特色的绿色金融改革创新实践,相关部门随即发布了各绿色金融改革创新试验区的总体方案。随后,2020年中央经济工作会议和2021年政府工作报告均对实现碳达峰碳中和目标进行了部署,并提出了很多需要实现的量化目标。

2. 绿色金融迎来新发展高潮

2021年4月2日,央行、国家发改委和证监会联合发布的《绿色债券支持项目目录(2021年版)》成为金融机构开展绿色金融业务的指导性文件。2021年11月5日,工信部和"一行两会"联合发布的《关于加强产融合作推动工业绿色发展的指导意见》(工信部联财〔2021〕159号)进一步丰富了绿色金融政策框架。

3. "30·60"目标的实现需要金融大力支持

根据市场多方预测显示,"30·60"目标的实现所需资金规模可达百万亿级,年均投资3万亿元左右。实现"30·60"目标,不能仅靠政府资金,而需要包括金融体系在内的市场资金充分参与,可以预期,碳中和及其背景下的绿色金融业务将成为未来政策的主要着力点。

(二)无锡绿色金融发展现状及趋势

在"2021碳达峰碳中和无锡峰会"上,无锡市政府正式提出建设"零碳"城市理念,通过打造22千米零碳科技产业园、建立100亿元零碳基金、建设碳中和示范区、在宜兴环科园建设"创新零碳谷"等举措,着力打造"零碳"城市标杆。

1. 绿色金融政策体系不断完善

从顶层设计来看,《无锡市国民经济和社会发展第十四个五年规划和二〇三五年远景目标纲要》中明确提出推进绿色金融改革创新,形成远中近结合和金融、财税、产业相融合的绿色金融政策框架。无锡市政府出台《支持绿色金融和绿色产业创新发展政策措施》,人民银行无锡市中心支行出台《关于推进绿色普惠金融工作的意见》等文件,搭建绿色金融和普惠金融融合发展框架;出台《关于推进无锡市绿色信贷工作的指导意见》,推动绿色金融产品和服务多元化;印发《关于开展绿色再贷款再贴现业务试点的通知》。

从激励约束机制来看,人民银行无锡市中心支行牵头拟定《无锡市工业企业资源利用绩效评价结果差别化信贷政策实施细则》,对资源利用绩效评价结果不同类别的工业企业,尤其是中小规模工业企业,在授信审批、利率优惠、信贷产品、政策工具支持等方面配套差别化的管理政策。同时,将绿色金融规模、管理机制、产品创新等纳入银行业机构"两综合两管理"考核评价中,作为导向性指标,提高考核权重。

从地方绿色标准来看,宜兴市制定出台《宜兴市绿色企业认定管理办法》《宜兴市绿色项目认定管理方法》等多项政策,从宜兴产业发展现状和趋势出发,充分借鉴和参考了国内外绿色金融发展的最佳实践,提出了符合地方实际、具有可操作性和前瞻性的绿色项目和企业评价办法。目前,绿色项目和企业评价办法已由人民银行宜兴市支行牵头市地方金融监管局、中节能专家、银行机构组成的研究小组在北京顺利通过结题评审,并将于近期发布。

2. 绿色金融组织体系不断健全

从绿色专营机构设立情况看：无锡农商行、光大银行无锡分行、江苏银行无锡分行、宜兴农商行等无锡市各金融机构先后设立绿色金融事业部或专营机构，组织开展绿色金融相关业务。

从绿色专业队伍建设情况看，金融机构主要通过加大培训力度、扩充培训内容等方式加强绿色专业人才培养和能力建设。

从绿色金融管理制度情况看，金融机构围绕产品管理、流程管理、风控管理等方面建立绿色金融体制机制，建立绿色金融业务专业审批渠道，提高融资效率。

从绿色金融绩效评价机制看，部分金融机构在年度考核中设置了绿色信贷指标，安排用于绿色金融项目营销的专项费用，提高下属分支机构开展绿色金融业务的积极性。

3. 绿色金融市场体系不断扩大

第一，绿色信贷保持高速增长。2020年以来，无锡辖区银行机构绿色贷款余额持续增加，绿色贷款占各项贷款比重呈明显上升趋势（见图12-1）。一是绿色贷款规模持续扩大。截至2021年底（下同），无锡市银行机构绿色贷

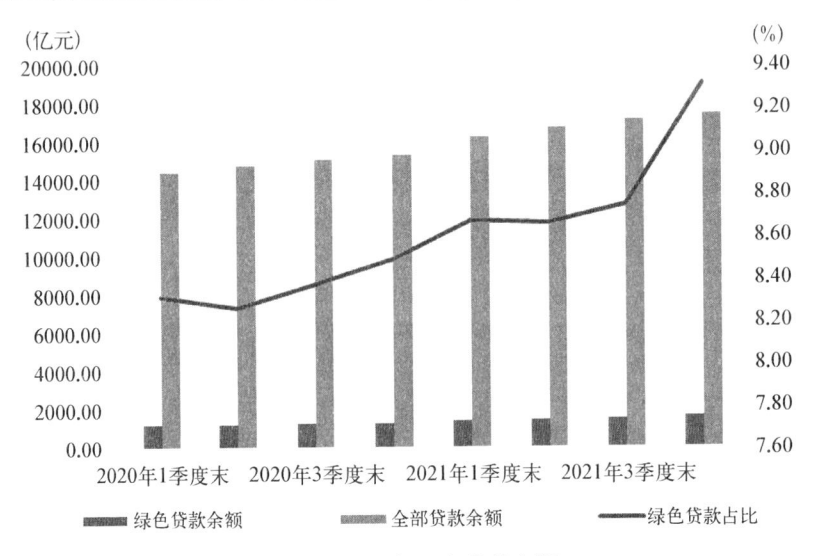

图 12-1　无锡绿色贷款余额

款余额为 1 626.25 亿元,同比增长 25.18%,高于各项贷款增速 11.09 个百分点;全年新增绿色贷款为 325.97 亿元,新增绿色贷款同比增加 23.43%。二是绿色贷款占比不断增加。绿色贷款余额占各项贷款余额的 9.31%,比去年同期高 0.83 个百分点;新增绿色贷款占新增各项贷款余额 15.12%。三是绿色不良贷款率保持低位。绿色不良贷款余额为 6.31 亿元,绿色信贷不良率为 0.39%,低于各项贷款不良率 0.54 个百分点。

第二,绿色债券发行提速。2021 年无锡市金融系统创新绿色低碳融资支持机制,绿色债券市场发展提速,绿色债券融资总量逐步扩大,绿色企业及项目融资渠道持续拓宽(见图 12-2)。

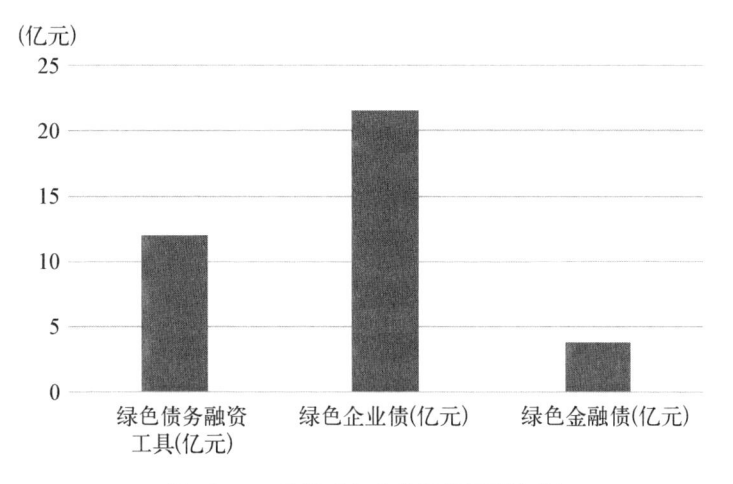

图 12-2　无锡绿色企业及项目融资额

据统计,截至 2021 年底,无锡市绿色金融债①、绿色企业债发行规模为 25.38 亿元,非金融企业的绿色债券市场发行主体地位较为明显,发行规模为 21.53 亿元,市场占比约为 85%。

第三,绿色保险量增面扩。在无锡范围大力推广环境污染责任险、安全生产责任险、农业保险等绿色保险,探索创建环责险"无锡模式",有效解决环保部门、保险公司和投保企业之间的信息不对称问题。截至 2021 年底,

---

① 包含自身发债,以及上级行发行的绿色金融债但用于无锡项目的部分。

无锡环境责任险在保企业为2371家,同比增加近50%,累计参保企业超过1.24万家次,参保数江苏省第一,累计承担责任风险113.4亿元。环责险覆盖行业已从刚开始的化工行业逐步扩展至20余个行业,2021年累计处理环境污染责任保险案件11起,涉及赔款金额248万元。

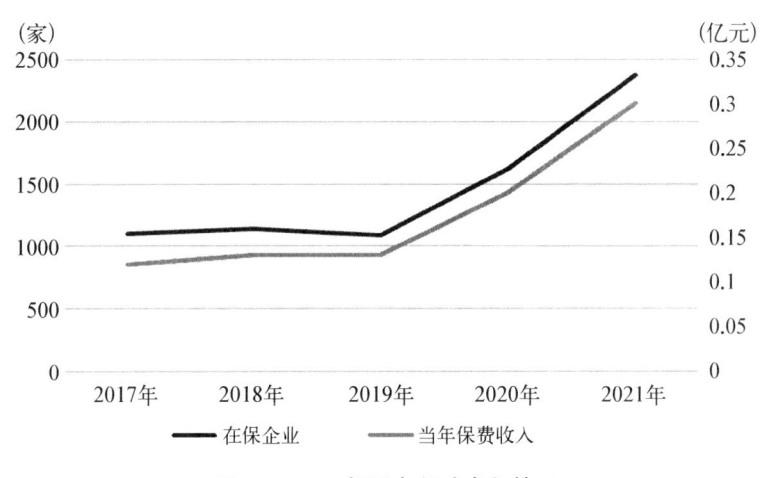

图12-3　无锡绿色保险参保情况

第四,绿色基金发展迅速。无锡成立绿色产业引导基金和绿色金融风险补偿基金,通过政策性基金引导更多的社会资金流入绿色发展领域。绿色科技企业(远景科技集团)携手创投机构(红杉资本)发起和落地百亿规模碳中和专项基金——远景红杉碳中和基金,该基金是全国首支零碳投资基金,首期募集50亿元。宜兴市政府与银行、企业、专业投资机构等合作设立各类绿色金融投资基金6个,总规模超过300亿元。

第五,绿色金融产品服务体系不断创新。无锡在做大绿色项目贷款、绿色流动资金贷款两大基础性产品的基础上,一批创新绿色金融产品已基本覆盖各个业务门类。一是绿色PPP项目贷款。目前,辖内农业银行、建设银行、招商银行等开展了绿色PPP项目贷款业务。截至2021年底,贷款余额为50.05亿元,主要用于污水处理、污泥处理、垃圾焚烧发电等项目。二是环境权益①抵质押贷款。截至2021年底,无锡银行业机构环境权益抵质

---

① 环境权益是指企业合法拥有的排污权、用水权、用能权等。

押贷款余额为 18.94 亿元,同比增长 51.04%,有效帮助企业盘活环境权益资产,解决企业缺乏抵押担保物的问题。三是绿色融资租赁。截至 2021 年底,无锡绿色融资租赁贷款余额 3.10 亿元,在盘活企业固定资产的同时,解决企业日常营运资金缺口,有力地支持了企业经营发展。四是能效信贷。截至 2021 年底,无锡银行业机构能效信贷余额为 10.55 亿元,主要用于工业节能。五是绿色投贷联动。截至 2021 年底,无锡投贷联动贷款余额为 10.38 亿元。六是"环保贷"①"光伏贷"②。截至 2021 年底,无锡共有 9 家金融机构设立"环保贷",5 家银行设立"光伏贷"。七是试点推出碳金融产品。南京银行无锡分行发放无锡地区首笔碳表现挂钩贷款 1000 万元,利率水平可随企业在贷款期限内的减碳表现进行浮动。宁波银行无锡分行发放无锡首笔碳排放权质押贷款 200 万元,盘活企业碳排放配额资产,构建碳排放权利应用场景。

表 12 - 1　　　　　　　无锡金融机构绿色创新融资工具

项目	2019 年年末余额	2020 年年末余额	2021 年年末余额
绿色 PPP 项目(含 BOT、TOT 等)	19.40	36.15	50.05
绿色投贷联动	0.00	4.67	10.38
绿色融资租赁	5.05	3.64	3.10
基于环境权益(碳排放权、排污权、用能权、水权等)的融资	11.77	12.55	18.94
能效信贷	0.53	8.14	10.55

---

① "环保贷"是由江苏省财政厅、江苏省环保厅和商业银行三方携手设立的一款金融产品,用于支持江苏省内企业开展的污染防治、生态保护修复、环保基础设施建设及环保产业发展等项目。
② "光伏贷"为银行业机构近年来面向购买安装分布式屋顶光伏发电设备的个人客户提供的绿色信贷产品。主要有两种形式,一种是以分布式光伏电站发电收益及政府补贴为第一还款来源,为农户发放的用于购买安装分布式屋顶光伏发电设备的贷款;另一种是对购买安装分布式屋顶光伏发电设备的自然人发放的,以并网售电收入作为主要还款来源,用于满足其购买需求并可分期归还的个人消费贷款业务。

表 12-2　　　　　　适用无锡的金融机构部分绿色信贷专项产品

金融机构	创新产品名称	设立时间	产品简要介绍
兴业银行	节水贷	2020年5月	"节水贷"主要针对节水改造、供水管网改造、非常规水源利用、节水"三同时"基础设施建设、节水服务等项目
宜兴农商行	环保贷	2020年5月	"环保贷"贷款对象为经江苏省生态环境评估中心审核,并同意纳入江苏省"环保贷"备选项目储备库的企业或项目
北京银行	光伏贷	2021年8月	"光伏贷"用于建设光伏发电项目所需资金或偿还已经建成的光伏发电项目其他债权的固定资产贷款,亿项目发电收入为主要还款来源,要求项目已经建成并网,自发自用比例不低于项目总发电量的60%
无锡浦发	全国碳市场配额质押融资	2021年9月	以生态环境部门核发的碳排放权配额为质押,根据全国碳市场交易价格、企业自身生产经营情况等因素,综合为企业发放的贷款
恒丰银行	碳排放权质押贷款	2021年10月	以碳排放权配额为质押担保方式,向符合条件的市场主体发放的用于企业节能、低碳、清洁生产、污染防治等技术提升和升级改造以及生产经营的贷款,或者向碳排放企业发放的用于购买碳排放配额并以该排放权为质押品的贷款
宜兴农商行	绿宜贷	2021年11月	"绿宜贷"主要面向小微型企业、涉农企业,且贷款对象从事行业符合人民银行绿色产业指导目录指导要求。聚焦低碳降碳、节能减排、循环经济、绿色环保等产业
常熟农商行	苏碳融	2021年12月	指向江苏省央行资金重点支持绿色企业名录库内的涉农、小微和民营企业发放的流动资金贷款

二、无锡金融业支持绿色低碳发展的实践和探索

近年来,无锡不断深化"绿水青山就是金山银山"的理念指引,结合无锡地区产业结构特点和实际,重点在宜兴开展绿色金融试点创新,在金融支持无锡绿色低碳发展方面进行了积极的实践和探索。

(一) 支持中小微企业绿色发展

无锡各个地区现有的绿色金融创新实践,大多服务于大型绿色项目,要探索碳达峰、碳中和实现路径,必然要花大力气推动中小企业绿色发展。一是探索绿色供应链金融新模式。无锡加快推动供应链金融业务,引导核心企业为链上小微企业增信。2021年以来无锡通过中征平台发放应收账款融资210.4亿元,累计为绿色环保核心企业远景能源10家供应链企业发放89笔2.13亿元供应链融资,全面保障绿色环保产业链发展。二是设立中小微企业信用保证基金。无锡市政府整合设立中小微企业信用保证基金,建立了政银担三方风险共担机制,信保基金下设锡科贷、外贸贷、锡信贷、人才贷等9支子基金。截至2021年底,信保基金在贷达6 305户,贷款余额达220亿元,同比增长23%;基金设立以来贷款累计投放833亿元。三是设立绿色贷款风险补偿机制。由宜兴环保科技园管委会牵头,联合江苏省再担保公司、7家商业银行共同打造"园区保",通过设立风险分担资金池,为中小环保企业提供发债、担保、租赁、信托、小贷、典当等综合金融解决方案。一期产品资金总规模3亿元,累计服务企业89家,完成融资总额近3亿元。

(二) 支持高碳企业转型发展

自"30·60"目标提出以来,高碳排放行业逐渐引起关注。无锡要探索碳达峰、碳中和实现路径,势必推动高碳企业绿色转型发展。一是开展高碳资产风险认定。通过与中诚信绿金科技(北京)有限公司合作,宜兴农商行依据已出台《温室气体排放核算方法与报告指南》的行业信贷分布,最终调整银行信贷政策导向方案。二是对高碳资产实施名单制管理。梳理高碳行业企业名单,实施分类管理,严控名单增长,逐步减少并取消对高碳行业企业的信贷投入,促进高碳企业向低碳转型发展。三是加大绿色转型票据支持。人民银行无锡市中心支行制定了《关于开展绿色再贴现业务的试点方案》,指导招商银行无锡分行完成全省首笔办理江苏省工信厅认定的绿色工厂再贴现业务。

(三)支持生态环保企业发展

无锡目前已经形成了包括节能、环保、资源循环利用等三大领域的十大子产业在内的节能环保产业体系,其中宜兴环保科技园是中国唯一以发展环保产业为特色的国家级高新技术产业开发区。一是创新环境医院夯实产业基础。创新环境医院模式,全力塑造"环境服务—科技—装备"互促共生的新业态链,同步建设的还有全球首个大数据生态环境诊析平台;引领环保行业标准建设,建设中国生态环保装备标准化特色示范基地等。二是加大绿色信贷产品创新力度。人民银行无锡市中心支行、生态环境部门共同举办"金环对话·产融合作"主题活动,推动江苏银行无锡分行与无锡环境保护产业协会、无锡环保基金会签署战略合作协议,达成环保贷、绿色创新投资等一揽子融资项目。三是率先推动碳减排支持工具。2021年11月中国人民银行正式创设推出碳减排支持工具这一结构性货币政策工具,人民银行无锡市中心支行与市发改委联合调研,并向政府提交《关于落实碳减排支持工具相关情况的报告》。

(四)支持生态农业休闲旅游发展

随着生态文明建设在"五位一体"总体布局中的基础地位更加突出,生态化农业发展更具有现实意义,无锡现代农业发展也必然要走生态、绿色、循环之路。一是创新绿色低碳融资支持机制。聚焦生态农业领域,发展直接融资工具,探索发行绿色中期票据、碳中和债等创新融资方式。二是打造乡村振兴特色金融产品。率先在全省出台《关于运用支农支小再贷款支持乡村振兴的实施意见》,按照"再贷款+"模式,将再贷款资金投入乡村振兴领域。截至2021年底,无锡累计运用再贷款工具发放涉农贷款1 868笔、金额44亿元,支持涉农企业、农业经营主体以及个人农户1 627户。三是成立金融机构绿色专业团队。建设银行无锡分行、南京银行无锡分行等机构积极组建专业工作团队,建立综合化农业金融服务体系,为支持绿色生态农业提供全方位的金融保障。

（五）支持绿色科技企业发展

在绿色金融战略目标引领下，绿色科技初创企业已成为减碳目标实施的潜在生力军，对这部分企业的支持不仅是顺从国家战略的需要，也是调优信贷产业结构的重要途径。一是充分利用专项资金。宜兴市政府积极向上对接，成功申请工业和信息产业转型升级专项资金，为企业发展绿色技术增添动力和后劲，助推宜兴市绿色技术项目发展。二是探索"物联科技"绿色普惠支持机制。"物联科技"解决了以往动产融资中动产易转移、重复担保等监管难题，也有助于银行利用企业生产要素流转轨迹进行建模分析，提升风控实效，帮助中小微企业最大限度获得融资。截至2021年底，无锡辖内10家银行累计发放"物联科技"模式下的融资金额253.64亿元，服务企业403家，为绿色中小微企业提供了更好的融资支持。三是引进科研单位支持技术研发。宜兴市政府联合南京大学成立了南京大学宜兴环保研究院，成为中国唯一的节能环保领域技术标准创新基地；环科园成为首批苏南国家自主创新示范区科技成果产业化基地，成功落户全国首家环保产业院士协同创新中心；引进成立宜青众博研究院；成立三强环保侯立安、杨志峰院士工作站。四是打造长三角"碳金融"高地。深化与上海能源交易所合作，目前已签订合作协议，拟在宜兴环科园建立碳管理体系（宜兴）服务中心，并就"建设碳数据体系，开展企业碳排放和产品全生命周期碳排放的核查，建立碳排放数据库"等方面开展合作。

三、主要问题及对策举措

尽管无锡在绿色金融改革创新方面取得了一些成功的经验，但仍面临诸多挑战。一是顶层设计仍需加强。做好绿色金融发展工作，需要从顶层设计入手，对未来发展路径做好长期规划，地方政府在牵头抓总、统筹资源方面具备天然优势，目前政府层面出台的办法和支持措施还比较少，政府协调各部门的力度还不够强。二是正向激励的政策措施不够有力。绿色金融具有较强的外部性，在起步阶段需要财政资金的扶持。目前，地方政府财政资金支持绿色金融的机制还未系统建立，未能有效发挥通过财政资金撬动和引导社会资本进入绿色领域的作用，对金融机构开展业务的正向激励存在不足。三是强制性的约束机制尚未有效建立。环境信息披露是一项系统性工程,涉及金融机构内部多个管理部门,披露内容又涵盖绿色金融战略规划、环境风险管理制度、绿色金融系统建设、绿色金融制度建设等各环节,流程繁琐、内容复杂,而目前对金融机构环境信息披露是按照自愿原则,金融机构积极性普遍不高。四是绿色发展的基础设施体系不够健全。作为新生事物,绿色金融发展仍存在标准不统一、信息获取困难、碳金融市场建设滞后等问题,绿色金融产品仍以传统绿色信贷和绿色债券为主,还未与企业碳排放、碳足迹挂钩。

"十四五"时期是碳达峰的关键期、窗口期,金融系统要聚焦双碳目标,不断加强绿色金融顶层规划,充分发挥金融的资源配置、风险管理和市场定价三大支持功能,持续提升金融支持经济复苏、绿色转型和控碳减排的能力。针对绿色金融高质量发展,无锡应重点做好以下几项工作:

一是支持宜兴市申报创建国家级绿色金融改革创新试点。统筹推动宜兴市高碳行业转型和美丽乡村建设,并将成熟模式和经验在无锡层面推广复制。围绕"30·60目标",根据宜兴碳排放实际,率先研究制定宜兴市碳中和方案,明确宜兴碳达峰、碳中和实施路径、时间表和具体措施。推动宜兴市与高校院所加强对接和洽谈。成立宜兴市绿色金融创建领导小组,由主管部门牵头成立绿色金融专家咨询委员会,聘请国内顶尖绿色金融专业机构,建立绿色金融专家智库组织,加强政策支持,原则上每年至少完成两个以上国内具有一定影响力的前瞻性课题。

二是完善多层次绿色金融支撑体系。健全绿色金融政策支持体系,出台《绿色金融发展指导意见》,从市级层面进一步完善顶层设计,健全工作机制,明确职责分工,制定工作计划,系统推进绿色金融发展。制定并出台《支持绿色金融和绿色产业创新发展政策措施》,多方面给予资金支持。同时,完善绿色金融标准体系,积极推动《绿色债券支持项目目录(2021年版)》《金融机构环境信息披露指南》等在无锡的推广应用,为地方特色绿色金融发展奠定基础。健全绿色金融法律法规,出台《无锡市绿色金融条例》,推动条例落地实施,为绿色金融发展提供法律保障;开展《无锡市绿色金融条例》配套制度研究,形成银行、证券、保险业的绿色金融制度体系和标准要求,并初步制定绿色融资主体的绿色资金使用与管理制度指引、绿色投资评估指南和环境压力测试与情景分析指南等。

三是强化金融机构环境信息披露。着力消除绿色金融发展过程中的信息不对称壁垒,开展气候与环境信息披露和风险管理,根据《金融机构环境信息披露指南》,鼓励金融机构尝试开展环境信息披露,优先选择重点行业进行气候与环境风险评估和管理,对开展绿色金融业务情况、履行社会责任成效等内容,通过有效途径主动向社会公众公布,增强信息公开度和透明度。

四是建立多元化激励约束机制。建立绿色信贷担保制度,探索设立财政风险缓释基金、绿色产业担保资金、绿色企业转贷基金、绿色信贷风险补偿基金等,为绿色项目融资提供保障,通过财政资金担保杠杆,放大商业银行环保信贷的投入规模。政府相关部门要提升资金保障能力,综合运用财政贴息、费用补贴、税收优惠等多种政策方式,合理分散金融机构对环境保护项目融资支持的信贷风险,引导和撬动信贷资金进入绿色领域。金融监管机构要建立并执行绿色信贷专项统计制度及绿色债券监测制度,及时掌握辖内绿色金融产品发展现状,有针对性采取激励引导措施。金融机构要结合自身实际建立绿色信贷业务指引、绿色信贷考核评价办法等制度,进一步规范绿色信贷管理、引导绿色信贷投放、促进绿色信贷创新。

五是加快探索碳金融产品创新。金融机构要积极开展碳金融领域产品创新,围绕中小企业在碳市场交易、碳融资等方面的新型需求,加大碳金融产品、气候投融资产品开发力度,积极落地碳配额质押信贷业务、碳信用、碳风险管理等金融服务。积极指导中小企业开展降碳管理,帮助企业了解自身碳排放情况,为优质中小企业提供基于碳账户的低成本、无抵押融资。加快发展绿色存款、绿色信用卡、个人碳账户等"碳普惠"金融产品,通过金融支持绿色消费引导社会公众积极参与碳减排。充分发挥宜兴地区竹林碳汇资源较为丰富的优势,开发基于碳汇权益的碳金融创新产品,积极融入和参与区域性碳普惠交易市场建设。

执笔:刘孟娟

B.13 无锡邮政快递业绿色低碳发展的实践与探索

近年来中国快递业发展迅猛,从2018年的507.1亿件到2021年突破1000亿件,已连续8年居世界第一。快递业对支撑一二三产业发展、打赢脱贫攻坚战、服务国计民生等作出了积极贡献。无锡是全国快递示范城市,是江苏乃至全国重要的物流枢纽,每日快递业务量稳定在300万件以上,平均每个家庭每天、平均每个人每两天都会收到一个快件,这对快递业的绿色低碳发展提出了迫切要求、提供了广阔空间。

一、邮政快递业绿色低碳发展的现状

(一)开展精准治理,量化约束取得成效

近年来,围绕"绿色化、减量化、可循环"目标,邮政快递业持续实施"9571""9792"工程,快递包装绿色治理呈明显变化。

一是快递电子运单基本普及应用,节约资源的同时大幅提高了操作效率。近年来,邮政快递行业使用电子运单累计减少使用A4纸张约2439亿张,等量少砍伐704.2万棵大树,节约1万立方米的水。

二是90%以上包裹使用45毫米以下的"瘦身胶带"(传统胶带宽度是60毫米以下),每件快件平均同比减少使用胶带近20%。

三是封套、包装袋和包装箱更加注重资源节约。包装箱的瓦楞纸层数从5层减少为3层或者更少层数。

四是电商快件不再二次包装率达七成以上。

五是循环中转袋使用率达到九成以上,循环次数最多的可达百余次,替

代了大量的一次性塑料编织袋。新增5.6万个邮政快递网点设置包装废弃物回收装置。此外,快递包装也变得更加"环保",通过开展过度包装专项治理,过多缠绕胶带等不规范包装问题得到逐步缓解。

电子运单使用率 99%

近年来,约减少使用A4纸张2 439亿张,可以少砍伐704.2万棵大树,节约1万立方米的水

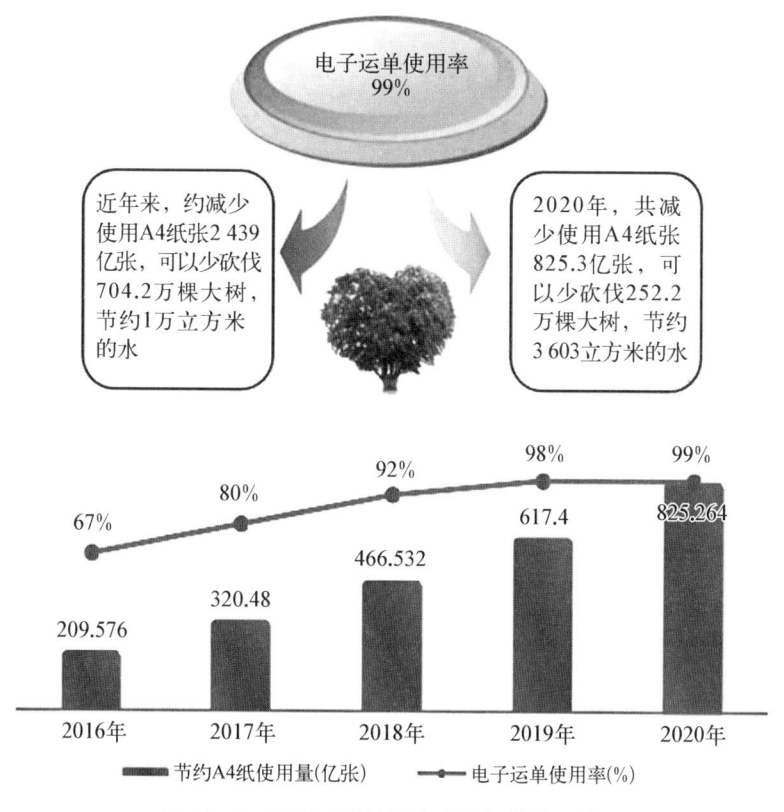

2020年,共减少使用A4纸张825.3亿张,可以少砍伐252.2万棵大树,节约3 603立方米的水

年份	节约A4纸使用量(亿张)	电子运单使用率(%)
2016年	209.576	67%
2017年	320.48	80%
2018年	466.532	92%
2019年	617.4	98%
2020年	825.264	99%

图 13-1　无锡邮政快递业电子运单使用情况

(二) 注重全面治理,加快生产作业绿色低碳转型

一是运输环节降耗提速。加大新能源或者清洁能源车辆在邮政快递业的推广应用力度,分重点区域明确量化目标,长三角地区等重点区域城市建成区新增和更新新能源汽车使用比例达到80%以上,寄递企业购置更高能效登记的运输装备和作业设备,加快淘汰高能耗装备设备。截至2020年底,新能源或者清洁能源车辆达4.89万辆。

二是集约化和智能化水平不断提升。网络布局更加集约、优化,统筹推

进基础设施建设,末端设施多元共享,共配成为降本增效的重要方向,自动化、智能化装备广泛应用,标准化水平和效率大幅提升,科技创新应用助推邮政业加速向绿色化、智能化迈进。

三是作业组织更趋高效。大数据、人工智能等技术加快在邮政快递业应用,推进库存前置、智能分仓、科学配载,降本增效明显。同时,强化动态预测和路由规划,运输组织模式更加优化,降低车辆空载率和在途时间,有效减少邮件快件运输盘驳过程中的能耗,减少碳排放。

四是基础设施绿色创建。开展邮政业绿色网点、绿色分拨中心建设试点,有效引导快递关键场所绿色化建设和运营,部分主要品牌寄递企业利用分拨中心闲置平面屋顶开展太阳能光伏发电。

随着快递业的高速发展,包装污染、快递运输排放、包装过度、包装回收率过低等问题也随之而来。中国快递包装废塑料约99%(质量比)混入生活垃圾,加大了环境承载压力,也造成社会管理成本的增长。化石基材料被焚烧或者填埋处理,不仅造成资源的浪费,也引起环境污染。作为网购链条上不可或缺的一环,占汽车比重不足10%的物流货运车辆,消耗了28%的石油;占汽车氮氧化物和颗粒物排放总量的比重高达57.3%和77.8%。

当前,无锡邮政快递业绿色转型尚有多项瓶颈问题亟待解决,行业粗放发展方式尚未根本改变,邮政快递企业资源利用率不高,可持续发展能力不足,以加盟制为主的经营管理模式渐渐跟不上市场需求和环保要求,面临生存和环保双重挑战。一是行业发展压力较大。无锡邮政快递业多年保持快速增长趋势,运输方式多样,快递包装品类多,经营主体复杂,运输结构仍然以公路为主,新能源货车比例不高。二是绿色快递结构薄弱。无锡邮政快递业生态环保治理基础和能力依然薄弱,缺乏相关人力资源,基础数据统计监测能力薄弱,存在末端场景复杂、平台多元、链条分散、统一标准缺失、用户认同不够等问题。三是行业有效绿色供给不足。虽然绿色包装产品认证制度已建立实施,但本土绿色包装企业较少,绿色包装产业化、规模化程度低,本地快递企业绿色快递包装成本较高。四是企业主体责任亟待压实。寄递企业重视程度仍需加强,绿色发展投入力度不足,部分寄递企业亟待加强生态环保内控机制建设,绿色分拨、绿色网点需进一步推广。

二、无锡邮政快递业绿色低碳发展的实践与探索

(一)推进快递包装绿色转型,积极推动行业节能减排

一是大力实施行业生态环保"29555"工程,实施重金属和特定物质超标包装袋与邮件快件过度包装和随意包装两个专项治理。在无锡顺丰、无锡中通建成绿色网点10个,在无锡邮政公司建成绿色分拨中心1个,无锡邮政快递网点实现不可降解的塑料包装袋、一次性塑料编织袋使用率不高于50%,持续降低不可降解塑料胶带的使用量。

二是通过无锡教育电视台,针对《邮件快件包装管理办法》进行专题普法宣传。广泛宣传电子面单、瘦身胶带、可循环免胶带包装箱等快递绿色包装的优点,呼吁消费者优先采用可重复使用、易回收利用的包装物,并且防止过度包装,不过多缠绕胶带。

三是进一步完善行业塑料制品长效管理机制。无锡市发改委、生态环境局、邮政管理局等12个部门联合印发《无锡市塑料污染治理检查工作方案》,明确加强行业塑料污染治理监督检查。无锡邮政快递企业严格落实《无锡市邮政快递业塑料污染治理工作三年实施方案》,建立、实施绿色采购和快递包装产品合格供应商制度,采购使用符合国家标准、行业标准及国家有关规定的包装产品。各级邮政主管部门持续推进邮政快递领域塑料污染治理,各邮政快递企业遵守国家、江苏省及无锡市有关禁止、限制使用不可降解塑料袋等一次性塑料制品的规定。部分邮政快递企业还主动积极回收塑料袋等一次性塑料制品,进一步推广使用可循环、易回收、可降解的替代产品。全行业实现"瘦身胶带"封装比例达90%以上。

四是建立健全邮件快件包装管理制度和包装操作规范。无锡邮政快递企业全面执行快递管理规章制度和标准,严格落实快递操作规范,加强包装选用和操作知识技能培训。部分邮政快递企业在收寄环节主动为用户提供绿色包装产品,按照规定优先采用可重复使用、易回收利用的包装物,实现循环中转袋使用率达90%以上。各邮政快递企业加强快递收寄管理,将包装减量化、

绿色化等要求纳入收件服务协议,加强对用户的引导。邮政、商务等部门协同推进电子商务、寄递领域包装绿色治理,开展过度包装和随意包装专项治理。

五是开展电商快递包装绿色协同治理。选择一批商品品类,推广电商快件原装直发,推进产品与快递包装一体化,减少电商商品在寄递环节的二次包装。鼓励邮政快递企业积极向上游嵌入,提供收寄包装一体化服务,积极发展包装定制化、仓配一体化、运输服务标准化,实现电商快件不再二次包装率达90%以上。

六是进一步提高包装废弃物回收装置设置范围。无锡主城区已率先实现网点设置全覆盖,城区末端网点快递包装废弃物回收装置实现了覆盖率100%。结合城市生活垃圾分类等工作,推动快递包装回收工作规范化开展。无锡邮政快递企业建立健全相应的工作机制和业务流程,对回收后外形完好、质量达标的包装箱、填充材料等包装物进行再利用;对无法再利用的包装物,按有关规定处理。鼓励同类别产品包装使用单一材质材料,提升快递包装可回收性能。相关部门鼓励发展"互联网+回收"新业态,推进快递包装废弃物中可回收物的规范化、洁净化回收。

七是加大生态环保新技术、新产品和新模式在行业的应用力度。无锡邮政快递企业落实国家温室气体排放控制等政策要求,推进生产方式绿色转型,持续推进绿色网点、绿色分拨中心建设和试点工作,完善相关指标方案,引导邮政快递企业利用分拨中心开展太阳能光伏发电,指导企业结合实际推进节能减排。无锡共建成城市绿色货运配送示范站200个,绿色网点10个,绿色分拨中心1个。

八是加快推广甩挂运输和多式联运等先进运输组织模式,提升铁路邮件快件承运规模,降低运输能耗排放。无锡邮政快递企业优化运能配置,继续推广使用新能源或清洁能源汽车,重点推进新增更新车辆绿色替换工作,无锡邮政快递企业充分利用营业网点、分拨中心开展充电桩等配套设施建设,积极推动新能源或清洁能源汽车保有量持续提升。

2021年6月,无锡市交警支队和市邮政管理局商定,决定无锡合规快递电动三轮车安装新式的备案信息牌照,牌照内置RFID芯片,可借助信息及车联网技术,维护道路交通秩序,优化道路交通环境,保证道路交通安全畅通。无锡共有5 000余辆快递三轮车完成上牌,上牌率达到83%。所有上牌车辆的车型标准得到统一,外观形象得到提升,驾驶员驾驶行为得到规范,车辆和驾驶员信息做到有据可查,大幅降低了违章行为和交通事故的发生率,进一步提升了快递企业和驾驶员的安全保障。

九是无锡邮政快递企业积极推进可循环快递包装应用,推广使用可循环包装产品。鼓励在生鲜同城寄递、落地配等业务中推广应用可循环可折叠快递包装、可复用冷藏式快递箱等可循环包装物。邮政、韵达、中通、圆通、申通、百世等企业在省内(或同城)采取购买、租赁等多种方式开展可循环快递箱(盒)推广使用工作。无锡邮政快递企业健全共享机制,建立可循环包装物信息系统,在收寄、分拣、转运、投递等环节扩大可循环包装物的应用范围,提升可循环包装物的使用效率。

十是邮政快递业生态环保检查事项列入"双随机一公开"检查事项和日常检查事项,进行常态化监管。2021年共开展执法检查531次,出动执法人员1 330名,下发责令整改19份,完成行政处罚48起,罚款32.6万元。继续实施台账管理,明确职责。贯彻落实《邮政业生态环境保护信息报告工作规定》,规范信息报告和处理。指导各市(县)、区邮政管理局将不规范分拣、投递、包装操作等行为纳入抽查事项目录,加强日常监督检查和行政执法,依法查处行业生态环保领域违法行为。相关部门加强执法协作和联合监督检查。优化邮政用品用具监督管理,以质量监管为核心健全事中事后监管工作体系。畅通监督和举报渠道,充分发挥社会监督作用。

(二)全面启动绿色包装工程

无锡推行包装减量、胶带瘦身、循环回收、品牌推广四大计划,力争实现企业生产运营过程中的包装减量化、绿色化和可循环化。推出快递轻装箱,原材料由5层双瓦楞纸优化为3层单瓦楞纸,较同等体积的原标准箱减重20%。将传统的宽胶带改为48毫米、45毫米、40毫米三种宽度的窄胶带,既满足不同规格快递箱的密封需求,又能减少浪费与污染。推出无须胶带密封的易封箱,双层盖面设计,撕掉第一层盖面后,箱子还能循环使用。以往脏兮兮的快递袋也摇身变为用可降解材料制成的"白净小可爱"。

(三)发挥苏南快递产业园的引领示范作用

随着5G时代的来临,以大数据为基础的智慧物流,在效率、成本、用户体验等方面有着巨大优势,从根本上改变当前物流运行的机制。在全国唯一一个快递集聚发展示范园区——苏南快递产业园内,有一个中国目前最大的机器人智能仓库。中国首个IoT未来园区在2019年开始正式投入服务天猫"双11"。菜鸟方面表示,随着国家智能物流骨干网的不断连接,通过技术创新,骨干网的节点枢纽变得更加智能,将带动整张物流网络的效率明显提高,有效减少了在邮件快件运输、中转等操作中的碳排放。

"双11"期间,苏南快递产业园内人流和车流大幅增加,导致安全风险、管理成本增加,物流效率也受影响。菜鸟用IoT物联网技术打造的未来园区,加上边缘计算、人工智能等核心技术,相当于构建了一个数字化物流园,把人工作业模式,变成了实时在线和自动化作业。物流园区的IoT智能设备可以自动识别人员进出,指引货车行驶和装卸,也能对周界安全、消防通道,甚至抽烟等细节行为进行识别和自动报警。

在苏南快递产业园仓库内,带上算法的摄像头学会了思考,不再只是记录和保存视频画面,还可以不间断动态扫描仓内,自动计算货物存储堆积和进出情况,实时反馈到调度系统。目前,整个园区运营效率相较于传统园区提高20%。菜鸟无锡未来园区的机器人仓库也刷新了行业新纪录。近700台菜鸟AGV"小蓝人"正式上岗,组成了中国目前规模最大的机器人军团,成为天猫"双11"的仓内主角。这些"小蓝人"有的负责带着订单箱,自己赶到货架指定区拣货;有的负责带着移动货架,自己去找到订单箱装货。近3万平方米的库区内,近700台机器人形成一个繁忙的智能运输和工作系统,它们会互相避让、自己充电。

苏南快递产业园的高密度自动存储仓库储量是普通仓库的5倍。包裹产生后,进入智能分拨系统,自动被分往华东地区的200多个路向。菜鸟的机器人仓具有柔性特征,可以快速复制、扩展以及变换阵形,更利于全行业使用和推广。

(四) 实施苏宁"青城计划"工程

早在2018年,苏宁物流就成立了绿色包装实验室,不断加大对绿色包装产品的投入应用,并输出以漂流箱、循环保温箱为核心产品的共享快递盒解决方案。随着苏宁绿色物流的发展路径趋于成熟,打造全链路绿色物流解决方案的"青城计划"应运而生。2019年世界地球日,苏宁物流"青城计划"落地无锡,几年来在绿色仓储、绿色运输、绿色包装和绿色末端四个维度助力"绿色无锡"建设。

在绿色仓储升级方面,科学布局无锡城市中心仓、冷链仓、前置仓等多元化仓储;在绿色运输升级方面,新增200辆新能源车,同时加快物流运输模式的升级,不断完善、升级网店设置和末端配送方式;在绿色包装规模化应用方面,推动直发包装、共享快递盒解决方案在无锡的落地。

在绿色末端方面,在无锡开展"绿色灯塔"快递包装社区回收体系建设。"绿色灯塔"基于苏宁小店,设立快递包装回收专区,首先立足于对传统纸箱、循环包装的回收再利用,继而进一步覆盖到社区、校园、商场、写字楼等领域,未来将联合政府、科研机构、品牌商户等社会各界力量,打造开放式回收网络。

(五) 实施顺丰"丰·BOX"绿色环保工程

为践行绿色环保理念,顺丰全面启用共享循环箱"丰·BOX"包装。"丰·BOX"由顺丰SPS中心研发出品,与传统纸箱相比,其最鲜明的特点是可以重复循环使用。与一次性包装相比,"丰·BOX"有效解决了成本高、破损多、操作效率低、资源浪费等问题,不仅实现了用拉链代替封箱胶纸、易拆封、可折叠、防盗、内绑定、无内填充等产品结构创新,还增加了防水、阻燃、隔热保温等特殊性能。同时,"丰·BOX"更拥有多达数十次乃至上百次的使用寿命,能最大化地从实际意义上践行绿色可循环的环保理念。用户收到用"丰·BOX"包装的快递后,快递员会随即将快递箱回收。

2020年"双11"电商购物节,在新吴区薛典路一家顺丰快递营业点里,一个印有"绿色寄递，从我做起"的绿色回收箱里已经堆了十来个收派员收回来的纸箱。旁边则放着一摞可循环使用的"丰·BOX"包装箱。目前，顺丰在无锡103个营业点都投用了这种可周转循环利用的"丰·BOX"包装盒，按大小分8种不同型号，盒子内层采用的是抗压、轻便、防水新材料，外层则使用坚固耐用的牛津布，封口也不再使用胶带，而是采用可循环使用的拉链设计。这种可循环使用的包装盒供客户使用不收取包装费，当快递送达收件人后，收派员负责进行回收。无锡顺丰平均一个营业点每天"丰·BOX"包装箱循环使用在100—200次。

不仅在包装上进行绿色"瘦身"，无锡顺丰还在物流运输、收派件环节进一步借力科技手段，全面开展绿色研发。在末端收派方面，通过蜜蜂驿站、丰巢柜、同城协同等工具、措施，有效减轻了收派员的压力；进一步优化全流程监控系统，全程监控收、转、派所有数据，实现云签收、优化收派件线路，大幅减轻收派员的派送难度。

（六）实施京东"青流计划"助力环保工程

京东物流早在2017年就推出循环快递箱"青流箱"，还发起绿色包装联盟，制定物流行业首个电商包装标准，推动物流包装实现绿色可持续发展。

京东物流从减量包装、绿色物流技术创新、节能减排等多个方面入手推动物流行业绿色化发展。其中值得一提的是"绿盒子"青流箱，这个绿色箱子是由最新的热塑性树脂材料制作，采用中空板结构，抗打击、耐高低温和湿度，可5秒钟成型打包，让可循环的快递盒本身也绿色环保，并且能100%回收，回收后经过清洗和消毒后就可以再次使用。

除此之外，京东物流还计划减少供应链中一次性包装纸箱使用量100亿个。在供货端，京东物流将实现80%商品包装耗材的可回收、单位商品包装重量减轻25%；在用户端，京东物流50%以上的塑料包装将使用生物降解材料、100%物流包装使用可再生或可回收材料、100%物流包装印刷采用环保印刷工艺。近年来，京东物流协同全行业加速绿色物流升级，持续对绿色投入，也呼吁商家、消费者和更多物流企业参与绿色物流，推动每一个包裹绿起来。

在快递包装方面,在不影响快递包装效果和美观度的前提下,京东物流将胶带的宽度由53毫米缩短至45毫米,相当于缩短了15%。而且,京东物流创新研发可降解胶带,真正做到了对环境无污染、无损害,避免出现塑料垃圾。

三、无锡邮政快递业绿色低碳发展的对策建议

(一)加快完善碳减排管理政策工具

立足无锡邮政快递业特点,坚持绿色低碳循环,调整用能结构,优化产业布局和邮政快递企业运营管理。一是加快构建适应无锡邮政快递业特点的碳排放管理体系。二是聚焦运输环节、基础设施、运营管理等低碳转型,研究明确相应碳减排措施,注重全面节约资源和循环利用,推进源头管控、过程优化、循环流转、科技应用。三是全面梳理邮政快递业法规政策及相关标准,明确无锡碳排放管理政策需求缺口,加快完善本地政策工具,并做好相关配套法规标准政策研究储备。

(二)加快健全行业生态环保治理体系

加快健全邮政快递业生态环保绿色治理体系,是推进邮政快递业绿色发展的核心关键。一是构建政府主导、企业主体、行业协会和公众参与的邮政快递生态环保治理体系,加强责任传导,强化科技支撑和能力保障,促进技术、机制、模式和组织管理创新。二是加快推进无锡快递运输环节低碳转型。加大邮政快递业新购置车辆及置换车辆中新能源汽车比例,优化路由组织和路径提升运输效能,调整运输结构,推进多式联运,加强货运枢纽和共同配送中心建设,提升集约运输和共配比例。三是加速绿色基础设施建设,增加充电桩、换电站等新能源末端设施,推进交邮合作、邮快合作,推进共建共享。四是加速运营管理低碳转型,健全寄递企业生态环保内控机制,提升管理效能,落实主体责任。

(三)推进可循环快递包装规模化应用

研究可循环快递包装规模化应用长效机制,加快推进可循环包装箱

（盒）规模化应用，实现资源利用最大化。一是探索建立共用的可循环快递包装回收体系，着力解决末端应用场景多元、回收运营难题，促进实现包装的高循环率和高周转率。二是健全可循环包装社会化应用机制，推动上下游协同，探索各方共同参与、协作共赢、包装通用、标准统一、数据互认的循环应用模式，降低包装单次使用成本，提升包装使用意愿。三是加快健全可循环快递包装标准，推动寄递信息与包装流转数据衔接，同步监控物流状态和箱体状态，实现可循环快递包装流向的全链条和实时监控。

（四）推动寄递企业绿色管理和技术创新

寄递企业要将双碳目标融入本企业发展与转型战略规划，将绿色发展理念贯穿于生产、经营、管理全过程，科学制定减碳目标，明确碳排放路径，加强碳排放日常计量和监测，建立绿色发展自我评价和激励约束机制，构建绿色运作模式。同时，发挥无锡华东快递集散中心的枢纽作用，推动上下游减污降碳，发挥区域总部龙头寄递企业先行作用，强化科技创新应用，将大数据、物联网、人工智能等技术融入实际应用场景，带动邮政快递业技术和模式整体创新。

（五）注重产学研用联动共促绿色生态

注重部门协同共治、产业联动、社会共建，聚焦源头治理、规范使用、重复利用、末端安全处置，发挥产学研平台作用，在落实快递包装绿色治理方面凝聚工作合力，推动快递包装绿色转型。推动寄递企业、科研机构、高校以创新资源共享、优势互补为基础，围绕包装重复使用、绿色仓储、绿色运输、绿色供应解决方案等开展联合研究和科技创新，推进创新成果转化应用，为邮政快递业绿色发展提供坚强的技术支撑。加强宣传引导，开展形式多样的宣传活动，引导消费者践行绿色用邮生活方式。

执笔：刘中岳

B.14 无锡建设绿色低碳产业园区的实践与探索

产业园区是为促进产业发展而设立的特殊区域,担负着经济发展、科技创新、产业升级、推动城市建设等一系列重要使命。产业园区类型十分丰富,包括高新技术产业开发区、经济技术开发区、科技园区、工业园区、文化创意产业园区、产业新城、科技新城等。目前,无锡共有各类产业园区21个,本文所述的产业园区指无锡市所辖的14家省级以上开发区。

表14-1　　　　　　　　　无锡产业园区基本情况

级别	产业园区名称	批准机关	批准日期/升格时间	行政管辖面积（平方千米）
国家级	无锡高新技术产业开发区	国务院	1992年11月	220.01
	江阴高新技术产业开发区	省政府 国务院	1993年11月 2011年6月	53.00
	宜兴环保科技工业园	国务院	1992年11月	212.00
	宜兴经济技术开发区	省政府 国务院	2006年4月 2013年3月	103.00
	锡山经济技术开发区	省政府 国务院	1993年11月 2011年6月	120.37
	无锡惠山经济开发区	省政府 国务院	2002年2月 2021年6月	76.00
	无锡太湖国家旅游度假区	国务院	1992年10月	65.00

续 表

级别	产业园区名称	批准机关	批准日期/升格时间	行政管辖面积（平方千米）
江苏省级	江阴临港经济开发区	省政府	2006年8月	188.74
	江阴—靖江工业园区	省政府	2003年10月	23.45
	宜兴陶瓷产业园区	省政府	1993年12月	10.36
	无锡空港经济开发区	省政府	2006年4月	26.21
	蠡园经济开发区	省政府	1993年12月	11.60
	无锡经济开发区	省政府	2006年5月	56.60
	无锡太湖山水城旅游度假区	省政府	2003年1月	72.00

资料来源：无锡市商务局。

一、无锡产业园区绿色低碳发展的现状

自无锡第一家国家级开发区——无锡高新技术产业开发区于1992年正式获批，三十年来各类开发区勇立发展潮头、锐意进取，实现了经济规模从小到大的腾飞、综合实力从弱到强的跨越、低碳理念从无到有的突破。

（一）经济快速增长

产业园区现已发展成为无锡经济社会高质量发展的排头兵和主战场。2020年无锡产业园区实现当年规模以上工业总产值12 960.0亿元，一般预算收入601.6亿元，实际使用外资34.5亿美元，进出口额764.3亿美元，以不到无锡1/5的面积，创造了无锡70%以上的经济总量，贡献了55%的一般预算收入，吸纳了无锡40%以上的就业，完成了无锡86%的外贸进出口，吸纳了无锡95%的到位外资，充分发挥了引领、辐射和支撑作用。

（二）产业绿色演进

无锡产业园区持续推进园区产业绿色循环发展，已初见成效。目前，

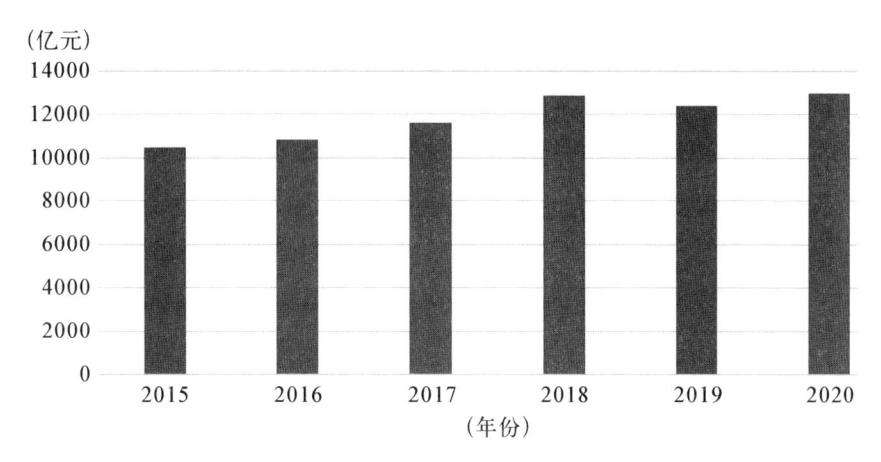

图 14-1　2015—2020 年无锡产业园区规模以上工业总产值

资料来源：无锡市商务局。

无锡省级以上园区均实施了循环化改造，基本构建了自成体系、各具特色的循环经济产业链，培育了一批循环经济示范试点。无锡产业园区共建成绿色工厂国家级 18 家、省级 6 家，绿色设计示范企业 1 家，6 家企业 15 类产品入围绿色产品，2 家企业中标工信部绿色制造供应商。"十三五"期间，无锡产业园区国考断面水质优Ⅲ比例、空气质量优良天数比例均保持在 70% 以上，单位 GDP 能耗值位居苏南最低，正逐渐发展成为生态环保示范地。

（三）新兴产业集聚

无锡产业园集聚先进制造业和现代服务业企业，构筑起新一代信息技术、高端装备制造、生物医药、新材料、节能环保、新能源等战略性新兴产业高地。2021 年省级以上产业园区规模以上服务业营业收入 955 亿元。伴随产业集群化发展，无锡产业园区已诞生无锡第一家主板上市公司、第一家科创板上市公司和一大批上市企业群。无锡产业园区不断向价值链中高端攀升，实现了产业链、创新链、价值链和供应链的生态整合，主导产业和新兴产业的整体实力和竞争力得到提升。

(四) 科技创新活跃

无锡产业园区科技创新持续发力,科技创新水平名列江苏省前茅。2021年无锡产业园区高新技术产业产值7 913.96亿元,同比增长19.5%。无锡各类产业园区积极设立和引进研发中心、设计中心、创业中心、孵化中心等各类科技创新载体,累计引进研发中心超700家,省级众创空间、孵化器超100家。培育科技小巨人企业、准独角兽企业、瞪羚企业数量逐年增加。不断引进众多国家千人计划人才、研发人员,省级以上领军人才落户无锡产业园区已超过700人。无锡产业园区已成为无锡科技资源、研发、成果转化的聚集区和科技创新的活跃地。

二、无锡产业园区绿色低碳建设的实践与探索

无锡产业园区始终坚定不移走生态优先、绿色低碳的高质量发展之路,产业结构持续向"绿"而行,能源消耗持续向"绿"而减,生态环境持续向"绿"而行,努力提高产业园区的"含金量""含绿量""含新量",并初步取得了阶段性成效。

(一) 调整产业结构,推动产业转型升级

无锡经济发展的历程、禀赋和定位,决定了无锡必须走产业强市的发展道路。2020年无锡市委、市政府提出发展"数字经济、总部经济、枢纽经济",打造升级版的产业发展新路径。

无锡产业园区紧盯新一代信息技术产业、智能制造、生命科学、新材料、新能源、现代服务业等战略性新兴产业,通过抓本咬根、戒虚求实、推陈出新,产业结构趋于优化,发展质效稳步提高。无锡高新技术产业开发区打造物联网、集成电路和生命健康3个千亿元创新产业集群,挂牌太湖湾科创城、布局"1+2+X"的生物医药园区、"5+X"的集成电路园区;率先建立了零碳科技产业园,引进创新企业100多家;成功获批省大数据产业园,引导和助力企业建成江苏省、市智能车间64家和119家。宜兴经济技术开发区主攻新能源、集成电路材料、高端智能装备、生命健康等战略新兴产业;对接天津中环半导体股份有限公司,引进"中环系"企业6家,总投资500亿元,

三年内战略新兴产业产值占比上升20%。锡山经济技术开发区构建以光电信息、生命健康、人工智能战略新兴产业为主导,以绿色能源、航空航天等未来产业为补充的"3+X"产业体系,目前已形成产品系列全、产业链配套优、创新能力强的研发生产基地。

(二)优化能源结构,提高清洁能源配置

调整优化能源结构是加快推进转型发展的重要途径与手段,也是改善人居环境、提高综合竞争力、推进可持续发展的重要措施。2011年无锡市政府即制定了《无锡市能源结构调整实施方案》,提出要大力引进和发展清洁能源,加快新能源和可再生能源利用,强化能源科技进步和创新,促进煤炭清洁高效利用,构建稳定、经济、清洁、安全的能源供应体系。

无锡高新技术产业开发区在"十三五"期间,累计实施节能与循环经济项目102个,合同能源管理项目80个,单位GDP能耗下降18%;获批国家绿色工厂4家、国家绿色制造产业项目3个;建成公园75个,造林3900余亩,增加绿地180万平方米,空气质量持续改善,城市颜值不断刷新、品质全面提升,2021年被评为全国首批12个"绿色低碳示范园区"之一。无锡星洲工业园产业结构优良,集约化程度高,节能减排基础较好;园区配电网引进分布式光伏发电、储能电站、集中供能能源站等减排项目,"横向多能互补,纵向源-网-荷-储"协调的智能化综合能源管理系统已初步建成;2020年园区单位工业增加值能耗0.084吨标煤/万元,单位工业增加值二氧化碳排放0.477吨/万元,远低于全国均值。江阴高新区不断加强新能源整车设计和制造,快速提升新能源汽车关键零部件配套能力;园区内的兴澄特钢在节能减排、发展循环经济方面取得了明显成效,成为"江苏省首批节能减排先进单位",突破完成了国内领先的九大节能减排技术项目。宜兴环保科技工业园积极开展新能源分布式储能技术应用,加速推进氢能、光伏产业布局;引进氢枫氢能产业园项目,制造高端储氢、制氢、加氢设备,组建氢科学研究院及院士工作站,建设氢能旅游接驳车、氢能公交示范线,及相应加氢站;利用闲置屋顶建设分布式光伏,进行光伏充电车棚、光伏向日葵、风光互补路灯、光伏充电座椅等技术应用,促进园区能源深度管控、节能降碳。

(三) 构建循环经济,完善产业循环改造

发展循环经济是加快转变经济发展方式,建设资源节约型、环境友好型社会,实现可持续发展的必然选择。2016年,无锡市政府印发《无锡市"十三五"循环经济发展规划》,提出了要以清洁生产、节能低碳、综合利用资源、循环型园区建设、发展绿色产业和绿色消费为抓手,构建有利于资源节约和环境友好的产业结构、发展方式、消费模式。

"十三五"期间,无锡产业园区推动示范引领,加快构建具有无锡特色、具备成熟体系的循环经济发展模式。积极开展园区循环化改造,大力推进无锡高新技术产业开发区、惠山经济开发区、宜兴环保科技工业园等3家省级循环化改造示范试点园区,以及锡山经济开发区等11家市级循环化改造示范试点园区的循环化改造工作。无锡新三洲循环经济产业园拥有商务部备案的无锡市区唯一报废汽车回收拆解资质,已成为全国首家回用件标准化示范应用基地、省级"城市矿产"示范试点基地。2021年,由格林美投资建设的新能源循环经济低碳产业示范园正式开园;园区将继续推进动力电池的循环利用,让废旧产品变成锂电池等新产品,继而重新投入使用。此外,无锡产业园区积极推进企业技改升级,大力引导和倒逼企业发展循环经济,目前已涌现了一批资源高效循环利用示范引领企业。江阴兴澄特钢为首批10家"江苏省节能减排科技创新示范企业"之一,江苏新长江实业集团有限公司、无锡市顺得利电工材料有限公司被确定为省级"城市矿产"示范试点企业,宜兴协联热电有限公司经国务院批准列入全国第二批循环经济试点单位。

(四) 优化资源配置,推进土地集约利用

无锡地少人多,土地资源紧缺,为提升节约集约用地水平、巩固"亩产论英雄"的资源配置模式,无锡市政府先后印发《关于进一步加强市区工业用地供应管理的实施意见》(锡政办发〔2018〕62号)、《关于优化市区工业用地出让机制助推产业高质量发展的通知》(锡政办发〔2020〕26号)等文件,建立了全链闭合的管理体系,为加快构建现代产业体系,打造产业高地提供了坚实的土地要素保障。

近年来,无锡产业园区不断优化产业集聚区边界范围,强调底线约束,严格控制"退二进三"土地用途转变;合理安排产业用地储备计划,推动土地资源向重点产业倾斜,确保重大产业项目的新增建设用地指标;集约高效配置产业用地资源,加快推动存量低效用地更新盘活,为先进制造业和战略性新兴产业提供发展空间,提升产业用地开发强度和亩产效益。历经多次迭变,无锡产业园区已从早期简单求规模求速度的粗放式发展,转变为内涵增长、高效增长、集约增长之路。无锡高新技术产业开发区从招商引资到招商选资均制定了完善的产业负面清单,通过实施"腾笼换鸟"计划,持续不断的调高、调优、调新,以220平方千米区域面积打造了经济的高密度。2021年无锡高新技术产业开发区生产总值达到2 271亿元,增速无锡第一;规模以上工业总产值突破5 500亿元;实际利用外资13.3亿美元,总量无锡第一;完成预算收入243.3亿元,同比增长12.5%。宜兴经济技术开发区近年来不断推进产业整治,完成拆迁42万平方米,盘活闲置低效用地5 000多亩,腾出了环境容量和土地空间,为优质项目快速入驻创造了条件。

(五) 聚力绿色发展,构建产城融合生态

无锡产业园区始终贯彻"绿水青山就是金山银山"的发展理念,坚持以智能化、绿色化、服务化、高端化为引领,在产业迈向中高端过程中,坚持生态与产业同向而行、良性互动,构建生产、生活、生态"三生功能",推进产业园区向综合新城转换。

无锡产业园区围绕"蓝天、碧水、净土",坚持不懈扫平环境污染的"盲区",直攻环境污染"要害"。多年来,无锡产业园区开展工业集中区提质改造、"散乱污"企业专项整治、"263"专项行动,关停化工企业542家,压减钢铁产能290万吨,均为全省最多。无锡高新技术产业开发区提前规划环保设施、综合施策、联防联治,目前回用水系统回收率达90%,废气处理设备处理率达90%。宜兴环保科技工业园打造了宜兴城市污水资源概念厂、低碳厕所、分布式光伏发电项目、抽水蓄能电站、WEP水生态修复系统等一批集约高效、智能绿色、低碳引领的生态示范产品，推动形成了可复制的样板和标杆工程。无锡高新技术产业开发区、江阴高新技术产业开发区成功创建国家级生态园区，惠山经济开发区、蠡园经济开发区、空港经济开发区成功创建省级生态园区。此外，无锡产业园区秉持以人为本、生态优先的发展理念，不断对产业业态和园区功能进行动态升级，建设集商业、贸易、金融、教育、医疗、健康、休闲、娱乐为一体的多功能、复合型新城区。截至2019年，无锡产业园区常住人口突破250.6万人；新建各类学校217所、各类医院和医疗机构132家；新建商业综合体设施31个，面积达345万平方米；公园、湿地、绿地面积达11 013万平方米。无锡产业园区已基本形成了一流的科研生产环境、自然生态环境、人文生活环境。

（六）坚持科技赋能，增强低碳发展动力

科技创新、技术进步是经济增长的持久动力，是引领产业园区发展的第一动能。近年来，无锡产业园区坚持科技立区、创新兴区、人才建区，不断加强科技赋能，持续加强基础研究，增强产业共性关键技术的联合攻关能力，加强科技成果的转移和转化。

宜兴环保科技工业园与国内外300多家高校和科研机构建立了产学研合作机制，打造了15家重大科技合作平台，实施产学研合作项目460项，组建了13个国际清洁技术转移中心，引进100多项清洁技术，引育各类高层次人才1 000多名，吸引外籍院士9名，"两院"院士19名。2020年4家园区企业荣获国家"产学研合作创新与促进奖（单位）"。在低碳经济资源协作方面，宜兴环保科技工业园与丹麦Clean清洁技术中心、瑞典环科院（IVL）、上海能源交易所等高端机构协作，推动先进技术在宜转移转化、生态产品输出等，形成了高端人才、国际合作平台、低碳绿色技术的聚集。无锡高新技术产业开发区在全市率先布局江苏省首个零碳科技产业园，以新型微网建设为核心，建设光、储、充、联一体化的低碳科技示范工程项目；辖区内集聚了商业综合体、新老住宅、办公楼宇、工矿企业、数据中心、社会公共设施等各

类场景,为打造低碳示范区做出了表率。无锡产业园区良好的服务环境吸引了众多世界500强、中国500强研发总部落户,不仅带来了新技术研究成果,也吸引了许多高端人才,推动产业园区高新技术产业不断壮大,使核心企业生产、研发、销售一体化发展的优势更加突出,产业链效应得到充分发挥。

三、无锡产业园区绿色低碳发展的思考和建议

中国已进入全面向高质量发展、加快向现代化强国迈进的新发展阶段。然而,无锡产业园区目前在低碳经济发展、清洁能源利用、土地集约化等方面还存在一定制约,需继续优化提升。立足新起点、放眼新追求,无锡产业园区要坚持把绿色低碳发展融入国家和省级重大战略,对标国际国内先进绿色低碳园区,将现有的规模优势转变为高质量发展优势,打造绿色低碳标杆示范产业园区。

(一)提升产业园区低碳管理水平

1. 摸清家底、科学核算、统一规划

规划先行能够明确园区发展方向,提高建设效率,保障园区可持续发展。首先,市级层面应尽快建立低碳发展领导小组,统筹各个产业园区碳排放摸查工作,建立"园区年度碳排放数据表";其次,分析园区碳达峰实现基础、优势、问题,科学评估园区与碳达峰的差距,研判园区未来碳排放演化路径。最后,各园区结合自身绿色发展水平、资源能源禀赋、经济规模、主导产业、基础设施建设等状况,制定绿色低碳发展规划方案。

2. 建立园区绿色低碳评价指标体系

紧密结合国家、江苏省绿色低碳园区评价指标,建立无锡产业园区绿色低碳评价指标体系,并纳入年度考核。主要指标可包括经济发展、资源消耗、碳排放、政策管理4项,具体见表14-2。各产业园区根据自身发展的实际情况,对照评价指标,及时对发展规划进行修订完善,坚决落实规划要求,以考核落实整改,做到基础设施规划符合产业发展实际,绿色低碳转型深入改革,打造全国绿色低碳示范园区。

表 14-2　绿色低碳评价指标体系(以制造业为主的产业园区)

分类	序号	指　　标	备　注
经济发展	1	人均工业增加值	
	2	高新技术产业增加值占 GDP 比重	
	3	资源再生利用产业增加值占 GDP 比重	
	4	R&D 经费占 GDP 比重	
	5	第三产业增加值占 GDP 比重	
资源消耗	6	单位建设用地工业增加值	
	7	单位工业增加值电耗	
	8	单位工业增加值能耗	
	9	清洁能源使用率	
	10	单位工业增加值新鲜水耗	
	11	工业用水重复利用率	
	12	工业固废综合利用率	
碳排放	13	单位 GDP 碳排放强度	
	14	碳排放强度降低率	
	15	单位用地碳排放量	
	16	年度碳排放大于 5 000 吨标煤企业比例	
	17	区域绿化覆盖率	
政策管理	18	低碳激励监督机制完善度	
	19	基础设施完善度	
	20	企业清洁生产审核实施率	
	21	双碳平台建设	

3. 出台园区绿色低碳管理政策

中国的低碳立法目前尚处于初始阶段,法律法规配套政策尚不完善。为促进无锡产业园区低碳发展规范化与制度化建设,加快建立节能减排机制,明确低碳发展各参与方的权利与义务,无锡应因地制宜出台低碳发展相关的系统性政策。无锡市人大常委会可考虑列入调研并适时出台产业园区绿色低碳发展的相关条例,包括:规划制度、标准制度、信息披露制度、低碳园区制度等。

(二) 构建产业园区"四大体系"

1. 构建绿色低碳产业体系

加快推进重点行业、重点领域绿色低碳深度转型。限制和淘汰落后的高能耗、高污染产业,开展技术革新、管理创新,实现生产过程节能减排。积极引入低能耗、低污染、低排放的节能环保产业、清洁生产产业。合理延伸产业链,推动产业循环式组合、企业循环式生产,促进项目间、企业间、产业间物料闭路循环、物尽其用,切实提高资源产出率。根据物质流和产业关联性,优化园区内的企业、产业和基础设施的空间布局,体现产业集聚和循环链接效应。

2. 构建清洁能源利用体系

优化制造业能源结构,提高清洁能源使用比例。园区应强化产业用能绿色化,因地制宜发展利用可再生能源,开展清洁能源替代改造,提高清洁能源消费占比。积极推广分布式供能技术,并促进可再生能源的就地转化和消纳,例如可适度增加政策补贴,尽快推广"户用光伏"项目。提高清洁能源利用管理水平,加强严格节能审查、能耗"双控"和节能量交易制度,落实产能置换政策,坚决遏制"两高"项目盲目发展。

3. 构建资源循环利用体系

促进工业固废综合利用,推进工业余热、余压、余能应用,优化区域和企业用能系统。全面提高资源深度循环利用效率,加强资源深度加工、伴生产品加工利用、副产物综合利用,围绕绿色产品、绿色工厂、绿色园区和绿色供应链,促进绿色生产和绿色消费,发展再制造产品,提升企业绿色生产管理和清洁生产水平,构建高效、清洁、低碳、循环的绿色制造体系。以集群化方式强化不同产业之间的协同衔接,降低产业全生命周期碳排放。

4. 构建双碳综合管控体系

加强信息技术与园区基础平台、产业发展、管理服务的融合应用,推动园区智慧化升级。建设"双碳综合管控平台",包括能源动态管理、能源申报管理平台、碳排放监测交易平台、资源循环利用平台、碳汇平台、新型基础设施等。搭建污染物和温室气体排放数据共享和管理系统,各个园区对污染物减排和温室气体排放进行有效的动态跟踪与实时评估,减污降碳协同治理,进而加快实现园区低碳经济、资源能效和污染防治的整体优化提升。

(三) 推动产业园区"三个创新"

1. 推进绿色低碳科技创新

不断提高自主创新能力和成果转化能力,加强低碳技术支撑。依托高校、科研院所、高新企业,设立碳减排研究平台,加大科研投入。着力研发风能、太阳能、生物质能、海洋能、地热等绿色能源开发利用关键技术。大力发展规模化储能、智能电网、分布式可再生能源和氢能等深度脱碳技术。充分利用无锡产业优势,实施重点领域节能环保技术改造,实施绿色低碳技术创新成果转移转化示范项目。

2. 推进园区低碳模式创新

根据各产业园区的不同情况,逐步分阶段实现相应的低碳园区示范,分别建立循环经济产业园区、生态产业园区、低碳产业园区、近零碳产业园区、零碳产业园区、负碳产业园区等试点示范基地。鼓励园区重点行业、重点企业开放探索绿色低碳发展路径,支持各园区发展低碳项目和高碳企业低碳化转型,形成可复制推广的经验模式。选择绿色低碳转型基础好、意愿强的试点给予专项资金支持,推动有条件的园区率先实现零碳经济。

3. 推进园区碳金融创新

通过金融手段提高能源的利用效率,调整清洁能源结构,支持能源技术创新和制度创新。市级层面可率先设立低碳基金,用于支持低碳产品的开发、转化、应用等。建立健全碳金融发展激励机制,对接长三角碳排放交易、碳金融体系建设,拓展国内碳排放权交易市场,提前布局海外碳排放交易市场。鼓励金融机构依托碳市场开发创新碳金融产品和碳金融工具,将碳市场纳入金融市场和资本市场进行监管。

执笔:吕振华 冯向文

B.15 无锡提升生态环境质量的实践与探索

提升生态环境质量,关系到高水平全面建成小康社会,是为民造福的百年大计。一直以来,无锡保持绿色发展的战略定力,年年谋划,层层推进,把生态绿色低碳发展作为推进生态文明建设的重要抓手,深入推动污染防治攻坚战专项行动,大力提升无锡绿色发展水平,积极为无锡在全国率先实现碳达峰、碳中和目标作贡献。

一、无锡生态绿色低碳发展现状及目前形势

(一) 发展现状

一是统筹生态优先高质量发展。2017年,无锡地区生产总值突破万亿元大关,2020年达到12 370.48亿元,人均地区生产总值达到16.58万元,在全国大中城市中排名第一。在经济持续增长背景下,2020年,无锡水、大气质量均创有监测记录以来的最好水平,生态环境质量之跨越式提升前所未有。无锡获评首批国家生态文明建设示范市;锡山、宜兴、惠山、滨湖四个区(市)先后创成国家生态文明建设示范区(市),数量位居江苏省第一。

二是环境质量稳步改善。第一,蓝天保卫战持续深入开展。PM$_{2.5}$平均浓度由2015年的61微克/立方米下降到2020年的33微克/立方米,在江苏省率先达到环境空气质量二级标准;优良天数比率由2015年的64.1%上升到2020年的81.7%,达到了2013年空气质量新国标实施以来的最好水平。第二,碧水保卫战取得重要进展。2020年,太湖无锡水域水质总体符合Ⅳ类水平,总氮浓度2018年首次达到Ⅳ类标准,连续13年实现安全度

夏和"两个确保";国省考断面水质优Ⅲ比例从2015年的28.9%提升到2020年的86.0%;13条主要入湖河流和3条主要入江支流水质2019年起首次全部达到Ⅲ类及以上标准;建成区72条黑臭水体全面消除黑臭。净土保卫战扎实稳步推进,如期完成农用地详查和重点行业企业用地土壤污染状况调查。

三是健全生态文明建设机制。政府环保责任落实不断推进,连续六年把生态环境保护会议作为全年第一个全局性会议,市委常委会每季度专题研究部署生态环保工作,率先在江苏出台《生态环境保护工作责任规定(试行)》,推行市、区(县)、镇(街道)三级"点位长制","河(湖)长制""断面长制"实现全覆盖。开展环境主题宣传活动,生态文明理念深入人心。《2020年江苏省公众生态环境满意度调查报告》显示,公众对无锡重视生态文明建设的认可率高居江苏省第一。

四是社会共治积极推进。第一,企业履行环保责任不断强化。强化企业环保信用评价,推进社会信用评级体系联动。第二,公共参与机制不断完善。成立无锡市环保志愿者分会,形成5 000人以上规模的环保志愿者队伍;积极开展对"欢乐义工""太湖之音"等团队的小额资助环保志愿服务项目。第三,环保宣教力度不断加大。持续开展"环境月"系列宣传活动,无锡生态环境官方"双微"位列环保政务类全国前列、江苏省前三,无锡市博物院成功创建为苏南首家国家环保科普基地。

(二) 目前形势

"十四五"时期无锡生态文明建设进入了以降碳为重点战略方向、推动减污降碳协同增效、促进经济社会发展全面绿色转型、实现生态环境质量改善由量变到质变的关键时期,生态环境保护工作面临重大机遇和挑战。

从机遇来看,习近平总书记的生态文明思想为新发展阶段全面加强生态环境保护、深入打好污染防治攻坚战提供了思想指引和行动指南,碳达峰、碳中和为推动高质量发展提供了重要抓手。"一带一路"倡议和长江经济带、长三角一体化等国家战略深入实施,有利于建立生态环境联保共治的新机制,成为太湖水环境治理、跨区域大气污染等关键问题新的突破口,为解决区域、流域性环境问题提供重要契机。无锡圆满完成污染防治攻坚战阶段性目标任务,积累了丰富的生态环境保护经验,经济发展与生态环境协同发展的理念已成为无锡上下各级领导干部共识,为"十四五"在新的起点上深入打好污染防治攻坚战奠定了良好基础。生态环境治理体系和治理能力现代化全面推进,生态文明制度改革的红利逐步释放,"物联网+环保"将进一步发展,助力无锡生态环境保护。

从挑战来看,新冠肺炎疫情影响广泛深远,全球产业链供应链面临非经济因素冲击,各种不稳定不确定因素对统筹发展和生态环境保护带来的难度愈加彰显。国际社会对应对气候变化、生物多样性保护等领域日益关注,碳达峰、碳中和实践带来新的挑战,化学品环境风险防控、新污染物治理等更广泛的领域亟待加强。污染防治触及的矛盾问题层次更深、领域更广、要求更高,太湖安全度夏和"两个确保"仍然面临较大压力,无锡地表水国省考断面由45个增加到71个,大气臭氧污染的势头尚未遏制。污染减排空间日益趋紧,无锡相对容易实施、成本相对较低的污染减排措施大多已完成,环境质量提升的边际成本持续上升,污染治理的难度不断增加。

二、无锡生态绿色低碳发展的工作成效

(一)经济绿色转型迈出新步伐

一是产业结构向绿而行。确立产业强市战略,深入实施创新驱动战略,推进传统行业改造升级。2020年战略性新兴产业、高技术制造业、高新技术产业产值占比分别提高到34.9%、20.4%、48.3%。无锡作为战略性新兴产业培育成效明显市、全国工业稳增长和转型升级成效明显市,两次受到国务院办公厅通报激励。近年来,累计建成国家级绿色工厂18家、省级绿色工厂6家,压减钢铁产能290万吨,水泥产能30万吨,淘汰印染产能1.45亿米,关停取缔"散乱污"企业(作坊)12 523家,关闭化工企业887家,关停数量居全省第一。二是能源结构向绿而用。推进热电整合、燃煤小锅炉整治和工业窑炉整治,45家燃煤电厂整合至20家,完成3 100多台燃煤小锅炉和400多台工业窑炉整治,"十三五"期间单位GDP能耗累计下降18.7%,

单位地区生产总值能耗实现苏南最低;全面实施最严格水资源管理制度,2020年无锡万元GDP用水量比2015年下降24.8%;切实提高土地资源利用效率,再次获评江苏省国土资源节约集约利用模范市,节约集约用地综合评价得分连续四年位列江苏省第一。三是空间结构向绿而优。牢守生态保护红线、永久基本农田和城镇开发边界三条控制线。开展生态保护红线校核完善,省级生态空间保护区域占国土面积28.63%,占比位列全省第二。部署开展"绿盾"自然保护区、自然保护地监督检查专项行动,严厉查处涉自然保护地各类违法违规活动。推进太湖生态保护圈、江阴长江生态安全示范区和宜兴生态保护引领区"一圈两区"生态格局建设,宜兴打造成为全省生态保护引领区。四是运输结构向绿而转。制定实施《无锡市推进运输结构调整实施方案》,累计淘汰黄标车和老旧机动车10万余辆,淘汰国三及以下排放标准营运中型和重型柴油货车9 778辆,新增、更新新能源公交车辆1 223辆。无锡至上海港海铁联运班列开行。苏南运河无锡段和锡澄运河承载内河航运量全国领先,"水运大市"地位得到有效凸显。

(二)污染防治攻坚实现新突破

一是坚决打好蓝天保卫战。全面落实"263"专项行动和打赢"蓝天保卫战"部署要求,制定并落实《无锡市大气环境质量限期达标规划(2018—2025年)》,深入推进大气污染防治各项措施,实施完成5 400多项大气污染治理重点工程项目,环境空气质量明显改善。协调推进"减煤""减化"专项行动,关停燃煤锅炉、工业窑炉。加强工业企业污染治理,2 300多家重点工业企业全面达标排放,煤电、钢铁、水泥企业全部完成超低排放改造。二是坚决打好碧水保卫战。围绕打好"碧水保卫战"和新一轮太湖治理、长江生态保护与修复,强力推进水污染防治各项重点工作,实施完成1 000余项水污染防治重点工程、1 400多项太湖治理重点工程项目。落实断面达标精细化管理,全面提升国省考断面水质。加强长江保护与修复,实施长江污染治理"4+1"工程。加强饮用水水源地保护,7个县级以上集中式饮用水水源地全部通过达标建设验收。坚持科学治太,全面推进城镇污水处理厂和六大重点行业新一轮提标改造,强化夏季应急监测监控、蓝藻打捞和处置。三是坚决打好净土保卫战。实施完成500多个重点工程项目,推进土壤污染状况详查,如期完成农用地详查和重点行业企业用地土壤污染状况调查。强化建设用地土壤环境管理,建立多部门联合的全市污染地块联动监管工作联络机制。制定并实施《无锡市土壤污染治理与修复规划(2017—2020年)》,推进土壤治理与修复。落实污染地块环境管理联动机制和销号机制,协调推进受污染耕地安全利用。

(三) 生态保护水平取得新进展

一是山水林田湖草系统治理。大力推进湿地建设和保护修复,围绕"太湖治理"核心,逐步形成健康动态的湿地生态系统,先后建成蠡湖、梁鸿、长广溪等3个国家湿地公园,江阴月城芙蓉湖等6个省级湿地公园和十八湾等24个湿地保护小区,湿地保护修复覆盖无锡域,自然湿地保护率达到62%,位列全省前三。开展山水林田湖草系统修复工程,宜兴开展省级"山水林田湖草"生态保护修复试点项目。深入挖掘造林绿化潜力,持续加强沿江、沿河、沿湖和沿路生态防护林建设,2020年林木覆盖率提升至27.7%。营造绿色城市环境,城镇人均公园绿地面积15.08平方米,建成区绿化覆盖率达到43.23%。二是生物多样性保护不断加强。落实《江苏省生物多样性保护战略与行动计划》,制定《无锡市城市生物多样性保护规划》,将生物多样性保护相关工作纳入无锡生态文明建设目标任务。印发《无锡市区重点流域水生生物多样性保护方案》,推进水生生物多样性保护。开展生物多样性调查试点,宜兴作为江苏省首批试点县(市)区完成生物多样性本底调查,共记录到生物物种1898种。

(四) 环境治理能力得到新提升

一是污水提标改造全面实施。实施新一轮污水处理厂提标改造,县级以上城市生活污水处理厂在完成一级A提标的基础上,到2020年底全面按照太湖流域特别排放限值达标排放。高新水务新城水处理厂(17万吨/日)

出水达到地表水准Ⅲ排放标准,为全省首家。市区农村生活污水治理实现全覆盖,宜兴和江阴行政村农村生活污水治理覆盖率实现100%。二是固危废处置能力大幅提升。原址复工投运锡东垃圾焚烧电厂,成为近年来全国同类项目原址复工的唯一成功范例。建成投运江阴秦望山危废焚烧填埋处置、宜兴南方水泥窑协同处置固危废等项目,2020年无锡危废处置利用能力达到199.4万吨/年,危废焚烧填埋处置能力较2015年增加6倍,增加幅度位居江苏省前列。三是监控监测能力明显提升。建立灰霾监测站,填补灰霾监测空白。"蓝藻水华遥感监测系统建设项目"建成投运。无锡重点水质断面自动站和83个镇(街道)大气自动站实现全覆盖。推进"感知环境、智慧环保"无锡环境监控物联网应用示范工程项目建设,应用物联网技术实现对无锡主要环境质量要素、污染排放要素和环境风险要素的全面感知和动态监管。

(五)健全治理体系构建共治新格局

一是生态文明地方立法积极推动。在江苏率先出台《无锡市实施〈江苏省大气污染防治条例〉办法》《无锡市生态环境保护工作责任规定》,颁布实施《无锡市生态补偿条例》,修订完善《无锡市水环境保护条例》。二是生态环境监管机制不断深化。在江苏省率先搭建起生态环境损害赔偿基本管理"1+8"制度体系。打造环责险"无锡模式"2.0版,环责险"无锡模式"在全国两会上被称赞。加强司法联动,在江苏省首创设立环保检察官办公室,长江流域环境资源第一法庭在江阴正式运行。三是生态环境服务水平不断提升。围绕"产业强市"战略,积极服务地方经济社会高质量发展。对重大产业项目、民生基础设施建设等实行动态跟踪服务,全力保障重大项目落地。开展建设项目环评告知承诺制审批改革试点,落实环保信任保护原则,制订实施生态环境监督执法正面清单和轻微环境违法行为不予处罚实施意见,不断优化营商环境。强化对企业的帮扶和指导,开展"绿岛"建设试点。扎实推进绿色金融工作,开展企业绿色产业发行上市奖励和环责险保费补贴。新冠肺炎疫情期间,对重点防疫物资生产和重大民生保障类企业实施重污染天气应急管控临时豁免政策,制定落实《关于疫情防控期间服务支持企业复工复产十项措施》,助力企业复工复产。四是生态文明宣传教育力度不断加大。结合"6·5"世界环境日、国际湿地日、生物多样性日、全国低碳日等重要主题节日,广泛开展生态文化宣传。构建新浪微博、腾讯微信"双微"互动的新媒体传播格局,首次推出无锡环保教育地图,持续开展环保宣传"进企业、进社区、进机关、进学校"活动,污染治理设施向公众开放。

三、"十四五"及中长期无锡打造生态绿色低碳发展示范区的对策建议

(一)坚持源头治理,全面推进经济社会发展绿色低碳转型

1. 深入推进碳达峰行动

一是强化目标约束和峰值引领。实施碳排放总量和强度"双控",加强达峰目标过程管理。有效推动高耗能行业在"十四五"期间率先达峰。推动14个省级以上开发区(园区)率先达峰,鼓励大型企业特别是大型国有企业制定二氧化碳达峰行动方案。到2025年,单位地区生产总值二氧化碳排放量较2020年累计下降20%以上。

二是严控重点领域二氧化碳排放。加强控制工业领域、交通领域、建筑领域二氧化碳排放。增加生态系统碳汇。探索低碳农业试点,积极提高土壤有机质含量,增加农田土壤生态系统固碳能力。探索向西部碳汇资源丰富、增长潜力较大的地区购买碳汇减排量的实施路径。

三是提升应对气候变化能力。强化气候变化风险评估与应对。开展气候变化风险评估及应对气候变化风险管理,完善区域防灾减灾及风险应对机制,制定应对和防范措施。加强非二氧化碳温室气体排放控制。开展协同减排和融合管控试点。探索温室气体排放与污染防治监管体系的有效衔接路径。

2. 构建清洁低碳能源体系

一是严格煤炭和能源消费总量控制。持续开展能源消耗总量和强度"双控",分解下达各地区能源消费总量和年度控制目标,严格控制能源消费总量增速。扎实推进煤炭消费"等量""减量"替代,持续压减非电行业用煤,

进一步降低煤炭消费比例。

二是推进能源利用效率进一步提升。实施能效领跑者行动,深入挖掘各领域节能潜力,持续提升各行业能效水平,到2025年,单位地区生产总值能耗降幅累计达到8%。加强重点领域与重点用能单位节能管理,强化固定资产投资项目节能审查,在省级以上园区推行区域能评制度。加强重点行业能源智慧化管理,实施节能改造和用能监测预警。

三是推动清洁低碳能源成为增量主体。实施清洁能源产业化工程,着力发展非化石能源,有序扩大风能、太阳能、生物质能等绿色能源供给,重点实施"沐光"专项行动,扩大分布式光伏发电规模,推进太阳能多形式、大范围、高效率转化应用。加快布局氢能源产业,研究绿色制氢及氢能应用技术。加强清洁低碳能源基础设施建设,实施划片集中供热;优化城乡燃气管网空间布局,提高管网覆盖密度;加快特高压和智能电网建设,扩大外电入锡规模,提高电能占终端能源消费比重。

3. 打造产业绿色发展高地

一是加快传统行业结构调整。加快传统产业绿色低碳转型。加快传统产业优化升级,全面促进清洁生产,实施强制性清洁生产审核。在钢铁、石化、印染等重点行业培育一批绿色龙头企业。加快落后、过剩产能淘汰压减。严格落实国家落后产能退出指导意见,依法淘汰落后产能和"两高"行业低效低端产能。分类实施"散乱污"企业关停取缔、整改提升等措施。

二是培育高质量绿色增长点。构建绿色供应链体系,鼓励企业实行全生命周期绿色管理。壮大绿色环保产业,加快推进环保企业与产研院等高端资源对接及省环保装备产业技术创新中心建设。加快发展现代化生态农业,着力推进现代化农业体系建设,探索发展智慧农业,加快农业物联网技术推广应用,推进信息技术与现代农业深度融合。

(二)坚持示范引领,聚力推进太湖湾科创带"头号工程"建设

1. 有序推动碳达峰

深入推进低碳城市、低碳城(镇)、低碳园区、低碳社区建设,广泛开展低

碳商业、低碳旅游、低碳企业和碳普惠试点,深入开展"碳普惠制"二期建设,探索建设一批"零碳"园区和工厂。布局重点低碳零碳工程建设,推进新吴区零碳科技产业园建设;积极推进无锡经开区中瑞低碳生态城建设及宜兴市零碳创新中心建设。

2. 打造世界级生态湖区

一是实现更高水平"两个确保"。加快太湖饮用水水源地预警体系建设,推进饮用水水源地应急处置能力提升。加强蓝藻打捞处置设施建设、运维体系建设、监测能力建设、装备技术研发,完善蓝藻治理信息共享平台。西部湖区、梅梁湖和贡湖水源地等重点水域推广实施蓝藻离岸防控及原位控藻,建设挡藻设施形成外围防线,提高机械化、智能化打捞水平,提升蓝藻处理能力。

二是大力推进生态清淤。实施新一轮太湖生态清淤,按照"常态+应急"相结合的模式,对主要入湖河口、西部和北部湖区近岸带以及集中式饮用水水源地附近实行常态清淤,对湖泛易发区及时开展应急清淤,进一步减轻内源污染。到2025年,完成梅梁湖、湖西部沿岸区域清淤。

三是推进入湖河流整治。加快实施殷村港、社渎港等入湖河流及支浜整治,以流域为主线,以汇水区域为控制单元,将小流域治理覆盖全部支浜,力争一级支浜消除劣Ⅴ类水体。在确保防洪安全和水土保持的前提下,优先对主要行洪河道和航道以外的主要入湖河道实施生态化改造,降低入湖污染负荷。到2025年,主要入湖河流监测断面达到或优于Ⅲ类比例保持100%。

3. 试行环境治理新举措

积极稳妥推进各项前瞻性、示范性生态环境治理工程。推动城镇污水处理厂准Ⅲ类提标全覆盖;推进"污水零排放"园区、企业建设试点和中水回用工程建设。基本实现VOCs治理从末端治理向源头替代转变,油漆涂料使用比例逐年降低并大幅优于无锡水平;对照"全国最干净城市",打造餐饮油烟、汽修、干洗行业等城市生活源治理"标杆"。开展"无废城市"试点建设,建成"分类化收集、无害化处理、资源化利用"固危废处置体系,做到"零"

暴露污染。围绕有机废弃物无害化处理、资源化利用、市场化运作，推进无锡环太湖城乡有机废弃物处理利用示范区建设。

4. 创新生态监管新机制

高标准建设综合环境监测体系，构建大气超级站观测网，增设水质自动监测站，实现区域主要断面自动监控率100%；提高水质预警预报能力，建设太湖蓝藻和底泥监控监测体系，在入太湖河流探索开展有毒有害污染物监测试点。探索编制并逐步完善符合区域产业特色的环保准入清单；支持环保关键技术创新研发和集成示范，培育扶持一批环保专业化骨干企业，打造"无锡品牌"。

（三）坚持协同治理，稳步推进区域大气环境质量进一步提升

1. 强化大气达标目标引领

严格落实《无锡市大气环境质量限期达标规划（2018—2025年）》《无锡市大气臭氧污染防治攻坚28条三年行动计划（2020—2022年）》等，制定大气污染防治年度计划。加强达标进程管理，重点开展$PM_{2.5}$浓度、臭氧协同防治和控制研究性监测，统筹考虑$PM_{2.5}$和臭氧污染区域传输规律和季节性特征，加强重点区域、重点时段、重点行业治理，强化分区分时分类差异化精细化协同管控。严格落实空气质量目标责任制，深化"点位长"负责制，完善定期通报排名制度，及时开展监测预警、督查帮扶。到2025年，无锡$PM_{2.5}$浓度达到30微克/立方米以下，优良天数比率达到82%以上。

2. 推进大气污染深度治理

一是推动固定源深度治理。有序完成电子、纺织、橡胶及塑料制品、化纤、家具制造、铸造行业等重点行业深度整治，适时开展"回头看"。全面完成天然气电厂低氮改造，其他燃气锅炉低氮改造实现全覆盖。对钢铁行业超低排放改造完成情况开展评估监测，评估不合格的企业限期完成整改。有序规划石化、水泥、建材、有色等非电非钢行业超低排放改造，以企业试点形式加快面上推行。

二是开展车船油路港联合防控。统筹"油、路、车"综合治理，基本淘汰

国三及以下排放标准汽车,推动氢燃料电池汽车示范应用,有序推广清洁能源汽车。实施机动车精细化管理,完善一车一档。逐步推进在禁止使用高排放非道路移动机械区域内施工的移动机械达到国Ⅲ及以上标准。内河船舶应使用硫含量不大于 10 毫克/千克的船用燃油。进一步规范成品油市场,推进油品清洁化。推进机场、港口、码头和货场非道路移动机械零排放或近零排放示范。

三是加强城市扬尘污染治理。严格工地监管,建立工地名单台账并每季度更新;持续按照"六个百分之百"要求(施工工地 100% 围挡、施工工地道路 100% 硬化、土方和拆迁施工 100% 湿法作业、渣土车辆 100% 密闭运输、工地出入车辆 100% 冲洗、工地物料堆放 100% 覆盖),推进建筑工地整改提升;推进"智慧"工地建设,5 000 平方米及以上建筑工地全部安装在线监测和视频监控设施。推动道路交通扬尘精细化管控,推行"以克论净"工作,提高城市道路环卫保洁水平。落实渣土车全过程监管,试点渣土车白天运输,推广原装封闭式环保型渣土车。推进堆场、码头扬尘污染控制,开展干散货码头扬尘专项治理。

四是强化餐饮油烟监管。开展餐饮油烟专项整治,对重点管控区域内面积 100 平方米以上餐饮油烟排放单位(无油烟排放除外),以及城市综合体、美食街等区域的餐饮经营单位安装在线监控,督促经营单位清洗和维护油烟净化设施及油烟管道,并建立相关运维台账。因地制宜建设餐饮油烟净化处理"绿岛"项目,选择 3—5 个餐饮聚集街区打造餐饮油烟治理示范区,采用安装独立净化设施、配套统一处理设施、建设公共烟道等方式,推广高标准油烟净化设备。

3. 加大 VOCs 治理力度

一是大力推进源头治理。严格落实国家和地方产品 VOCs 含量限值标准,大力推进低(无)VOCs 含量原辅材料替代,推广使用低 VOCs 含量的涂料、油墨、胶黏剂以及低 VOCs 含量、低反应活性的清洗剂等。严格准入要求,禁止建设生产和使用高 VOCs 含量的溶剂型涂料、油墨、胶黏剂等项目。到 2022 年,家具、印刷行业全面采用低挥发性原辅材料。

二是强化重点行业 VOCs 治理减排。完善重点行业 VOCs 总量核算体系,实施新增项目总量平衡"减二增一"。加强石化、化工、医药、工业涂装、包装印刷、油品储运销等重点行业 VOCs 治理,开展重点行业"一行一策"方案制定,督促已纳入 VOCs 重点监管企业名录(第二批)的企业编制并实施"一企一策"综合治理方案。2022 年底前,形成无锡 VOCs 重点企业差异化管理名单。

三是深化园区和集群综合整治。推进工业园区建立健全监测预警监控体系,开展工业园区常态化走航监测、异常因子排查溯源等。推进工业园区、企业集群推广建设涉 VOCs"绿岛"项目,实现车间、治污设施共享,提高 VOCs 治理效率。深化 VOCs 无组织排放控制,加强含 VOCs 物料全方位、全链条、全环节密闭管理。2022 年底前,实现 VOCs 无组织排放控制全闭环。

执笔:詹俊伟

Ⅲ
案 例 篇

A.1　绿色低碳企业

企业是城市经济细胞,一个有着绿色细胞的经济体,一定充满活力与生机。碳达峰、碳中和首先改变能源结构格局,其次将重构整个制造业,产业链与产业生态形成新标准。在制造业重地的无锡,千千万万的企业已然踏上绿色低碳的新征程。面对绿色低碳转型的时代命题,每家企业都在积极行动,因应变化:他们把风电和储能变为"新煤炭",把电池和氢燃料变为"新石油",把物联网变为"新电网",把智能制造变为"新工业",把数字系统变为"新生态"……在转变中,要改变自身基因,要重新编辑排序,甚至脱胎换骨,凤凰涅槃。当今的企业唯有坚定新发展理念,走生态优先、绿色低碳发展道路,产业与低碳技术融合,才能在发展中促绿色转型、在绿色转型中实现更大发展。

B.16 用行动助力全球零碳技术转型

——远景科技集团

2021年,全球知名媒体《财富》发布"改变世界的公司"榜单,远景科技集团(以下简称"远景")登上该榜单的第二名,也是该榜单上独立企业中的第一名。《麻省理工科技评论》在2019年发布的"全球50家最聪明公司"榜单,远景位列该榜单前十。

为什么是远景?因为他们以行动回答了碳排放的全球议题。2007年成立的远景是一家绿色科技企业,旗下拥有智能风电和智慧储能系统技术公司远景能源、智能电池企业远景动力、开发智能物联操作系统的远景智能、管理百亿元规模碳中和基金的远景资本,以及远景电动方程式车队。

一、从可再生能源技术先锋到零碳技术前沿

2020年全球整机厂商排名中远景跃升全球前四。远景是行业内首个提出"智能风机"概念的企业,坚持"更高发电效率,更低度电成本"原则,并着力根据不同的风资源定制设备。远景至今在全球已经有超过12 500台智能风机并网,累计输出清洁电力超过1 500亿千瓦·时,超过北京市2020年全年用电量,节约标煤1 800万吨,累计减排1亿吨二氧化碳。一方面是规模的扩大,另一方面是更多的风机以更清洁、低碳、高效的方式产出清洁电力,远景风电成本下降的速率始终站在行业前列。

在不断以创新技术降低可再生能源发电侧成本的同时,远景也在持续引领风光系统协同成本的降低。远景智慧储能产品具备电芯、BMS、逆变器、EMS等核心部件的自主研发、制造、测试能力,在储能定位方面已经走

在了行业的前列。远景持续推动动力电池和氢燃料成为"新石油"。当电池取代传统汽柴油为汽车动力时,尾气排放可以达到绝对的零碳。远景动力14年来一直在推动尖端锂电池的发展,为全球超过60万辆电动汽车提供清洁动力,远景的锂电池是目前应用范围最广的动力电池。

2021年4月,远景在"零碳伙伴日"活动上发布全球首台绿色充电机器人摩奇,这个兼具了智能驾驶和自动充电功能的机器人可以在停车场等场景中听从电动车主的召唤,自动前往充电,真正意义上实现了"车桩分离",解决充电设施资源不足与利用不充分等难题。摩奇装载远景动力车用级电池,2小时即可充满一辆600千米续航里程的新能源车,而且适配市面几乎所有的主流车型,所充的全部为可追溯的绿电。手机App下单、机器人自动操作,充电过程还可以实时监测车辆电池健康程度。远景EnOS™智能物联操作系统是摩奇智能充电的核心,截至目前,EnOS™已经协助管理了超过360吉瓦的能源资产,支持摩奇所充电力均来自可再生能源,让车主拥有真正意义上的100%绿色出行的"底气"。

二、实现自身运营与供应链碳中和

2021年4月22日世界地球日当天,远景宣布将在2022年年底实现自身运营的碳中和,将于2028年年底实现全供应链的碳中和。远景携手国际独立咨询机构碳信托对自身全球各地运营与供应链的碳排放数据进行了测算,并结合不同业务板块与地区进行了分析。为实现2022年运营碳中和目标,远景将通过节能减排、绿电消费和购买碳信用等方式,减少和抵消预估超过40万吨二氧化碳当量的温室气体。

短期内,远景将采取可行性和经济性最高的措施提升绿电比例。中长期,将逐渐转向更直接的可再生电力使用方式,在有可能部署分布式可再生能源的地区,依托远景"江阴零碳工厂示范",充分利用远景自身的分布式风电、光伏与储能解决方案为园区、工厂、办公空间等提供可绿色电力,实现清洁电力的自发自用,将主要电力来源过渡为可再生能源投资或直接购电协议,尽可能减少绿电证书的购买。鉴于业务所在国家的电力市场和监管条件不同,将制定因地制宜的路线图以实现100%可再生电力的目标。

为实现2028年供应链碳中和目标,远景从内部的产品制造出发,一方面将优化产品设计以提升能效,降低其用户端使用产品的碳排放;另一方面,将采用更低碳的生产原料,包括尽可能地使用可循环或再生的材料,例如风机叶片材料将更加低碳,并且可循环和可降解。远景还将携手供应商合作伙伴,利用远景的零碳解决方案帮助其实现低碳转型,助力供应商不断降低其生产运营的碳排放。

三、成为全球企业、政府和机构的"零碳技术伙伴"

(一)在无锡打造"一基金、两平台、一中心"模式

2021年9月,由远景与红杉中国共同成立的"远景红杉碳中和基金"正式落户无锡高新技术产业开发区太湖湾科创城。远景同时与无锡高新技术产业开发区正式签约,携手共建远景方舟能碳双控管理平台。

远景方舟能碳双控管理平台,以"顶层设计、集中控制、实时统计、及时预警、提前规划、系统优化"为指引,携手无锡高新技术产业开发区政府共同打造专业化、体系化、数字化的多层次能碳双控管理平台。该平台实现碳排和能耗指标的跟踪、分析、可视化,统一管理碳数据、碳指标以及能耗数据指标。通过在政府层、园区层和企业层分别部署政府级远景方舟能碳双控管理平台及系统,实现政府和下属园区、企业的能耗及碳排放数据打通及统筹规划管理,以及区域内能耗碳耗全流程实时统计、精准跟踪和及时预警。

远景与无锡星洲工业园共同搭建方舟能碳双控管理平台。平台实现园区内能耗、碳耗全流程实时统计、精准跟踪和及时预警,一键采购绿电、绿证,连接碳市场,并结合能源管理降耗减碳,实现碳中和闭环。此外,远景还设定了产业结构调整、能效提升、碳捕集利用及封存、场内能源结构优化、场外绿色权益获取五种碳减排方法。

远景零碳数字创新中心,通过建设和运营远景方舟能碳双控管理平台,提供碳看板、碳地图、碳足迹、碳管理、碳中和等模块,实现政府所辖区域内能耗、碳耗全流程实时统计、精准掌控和及时预警,同时帮助无锡高新技术

产业开发区内企业从实时盘查全价值链碳排放数据,到打通各项数据申报,到持续跟踪企业能耗及节能项目,再到直接采购绿电,打通碳交易市场,实现闭环。在无锡高新区率先打造数字双碳双控管理平台样板,构建零碳技术产业创新生态并向全国推广创新实践经验。

远景红杉碳中和基金,由远景与红杉中国共同成立,将发挥基金的产业虹吸效应。基金主要投资方向为全球碳中和领域的领先科技企业,打造碳中和技术创新生态,赋能加快形成碳中和技术和低碳产业链聚集,构建零碳新工业体系。

(二) 携手江阴打造中国首个省级经开区能碳双控管理平台

2021年10月,远景与江阴临港开发区达成战略合作,启动零碳开发区建设。双方携手打造中国首个省级开发区能碳双控管理平台,全面开展零碳示范工程建设,构建能碳双控管理体系标准,形成"平台+系统解决方案+零碳示范工程"的综合模式,打造地方经济绿色转型和生态文明建设的示范样板。

以远景 EnOS™ 智能物联操作系统为数字底座,远景将携手江阴临港开发区打造能碳双控指挥中心和方舟能碳双控管理平台,帮助临港开发区政府和企业有效摸清能耗和碳排家底,科学实施能耗强度、能耗总量和碳排强度、碳排总量的指标管理,实现临港开发区范围内政府和企业用能、碳排放以及新能源和林业资源数据的打通及统筹规划管理。碳盘查、碳管理和碳服务三大价值模块,能实现政府能源和碳管理的全流程业务闭环,有效提高政府能碳双控管理水平。目前临港开发区已有30多家企业接入该平台。

(三) 助力鄂尔多斯零碳转型之战

2021年10月12日,全球首个零碳产业园——鄂尔多斯"远景零碳产业园"正式落地,基于鄂尔多斯当地丰富的可再生能源资源和智能电网系统,鄂尔多斯"远景零碳产业园"实现高比例、低成本、充足的可再生能源生产与使用。园区引入中国最大的电动重卡生产商一汽解放,围绕绿色能源＋交通领域＋化工领域,融合反应驱动。远景将汇集整个动力电池、电动重卡的整个产业链,从动力电池、储能电池、电动重卡到上游的正负级材料、隔膜、碳纤维、储能、氢能完整产业链全部汇集在这里,打造双千亿的产业园。

目前,鄂尔多斯远景动力电池制造基地规划总产能20吉瓦·时,每年将为超过3万台电动重卡提供动力电池,还可为风光储应用提供超10吉瓦·时储能电池。制造基地将分三期建设完成,一期建设10吉瓦·时产能。目前动力电池制造基地已规划实现包括绿色电力和绿色蒸汽在内的100%可再生能源供给。

远景还将在鄂尔多斯与一汽解放合作,联合创新"换电重卡"等多样化整体运输解决方案和新型服务模式,逐步替换鄂尔多斯33万辆煤炭运输柴油卡车,每年减少3 000万吨的温室气体排放,节省运营成本300亿元,并以此为开端,引导新能源商用车在运输、环卫、城市渣土、物流、公交等场景的应用,在鄂尔多斯打造新能源商用车示范运营基地。

此外,绿氢也将成为连接鄂尔多斯可再生能源和工业体系去碳化的重要枢纽。零碳产业园内将发展绿电制氢产业,应用于绿氢制钢、绿氢煤化工、生物合成等下游产业,减少鄂尔多斯化工行业的煤炭消耗量。

远景还携手国际权威认证机构必维集团制定和推出了全球首个"国际零碳产业园标准",与国际标准接轨,与SBTi科学碳目标要求一致。符合"国际零碳产业园标准"需要具备四大特征:以零碳能源为基础的新工业体系,推动零碳产业和技术的发展和应用,具有智能管理内核,为区域创造低碳转型动能。

(四)为新加坡打造全球首个"零碳超级港"

基于EnOS™智能物联操作系统,远景为新加坡国际港务集团PSA定制了五大智慧能源应用:微网控制、能效管理、虚拟电厂(VPP)、电力交易、绿证交易。为优化能源载荷,远景部署了由光伏和储能系统组成的智能电网解决方案,能够平衡整个港口的能源载荷供需。

远景的"微网控制"应用与PSA的综合管理系统无缝连接,协同管理港口的能源生产和储存资产,并具备能源资产管理的可延展性。"能效管理"应用从能耗和容量角度,将单位集装箱用能成本降低20%。

(五)赋能企业走向碳中和

作为微软的"永续伙伴",远景已经为微软在中国内地和香港、台湾的6个办公区提供综合能源服务及智慧楼宇解决方案,助力微软大中华区实现"零碳"目标。远景为微软打造的屋顶分布式光伏电站每年产生220兆瓦·时的绿色电力,可减少约219吨二氧化碳当量的温室气体排放。远景为微软打造的楼宇智慧储能解决方案,通过储能设备峰谷套利加上智慧储能充放电控制软件有效实现建筑负荷平稳运行,累计收益超25万美元。远景帮助微软设计了绿色电力充电服务,电动汽车在园区内可以充绿电。

此外,远景还帮助苹果知名供应商、工业轴承巨头舍弗勒、知名饮料元气森林、阿斯利康无锡工厂、耐克旗舰店、丰田4S店等多个行业、多家企业、多种业态实现零碳技术转型。

执笔:远　景

B.17 向"减碳"高地全速进发

——江阴兴澄特种钢铁有限公司

江阴兴澄特种钢铁有限公司(以下简称"兴澄特钢")是中国特钢行业的龙头企业,具备690万吨生产能力,拥有完备的工艺装备和先进的生产技术,是中国特钢市场引领者、主导者和行业标准制定者,为全球60多个国家和地区的用户提供特钢产品及整体服务方案,主要产品是高标准轴承钢、汽车用钢、能源用钢等。兴澄特钢作为一个大型钢铁企业、碳排放重点企业,调整用能结构,转变生产方式,需要占领"降碳"高地,走上可持续发展之路。

兴澄特钢主动对标环保A类企业,进行有组织排放、无组织排放、运输方式的优化,2020年环保税额同期下降29%,并成为中钢协新评定的5家"清洁生产环境友好企业"之一。

一、绿色生产

兴澄特钢优化工艺操作流程,通过合理调节生产节奏、实验优化加热工艺等,从源头降低能源消耗;引进料场全封闭、烧结超低排放改造、智能燃烧、光伏发电和发电机组冷端优化等节能减排技术,建立多个试点,以点带面大力推进节能项目实施。2020年,兴澄特钢完成烧结脱硫脱硝超低排放改造,用CFB+SCR和活性焦两种工艺,达到超低排放标准要求。同时实施节能电机、节能水泵改造、加热炉智能燃烧等项目,每年减少碳排放约65万吨;每年二次能源回收相当于130万吨标煤。

兴澄特钢努力实施生产流程降碳。炼钢过程中产生的红渣,以往都是采用热泼法处理,往高温钢渣上泼水加以破碎,由于处理时空间不封闭,粉尘较大，极易造成空气污染。为有效治理环境污染，2021年4月，兴澄特钢启用了国内最先进的第四代钢渣辊压破碎系统，在密封的设备中将钢渣快速离散、粒化，产出可循环利用的废钢，实现全厂钢渣无害化处理。

二、绿色研发

兴澄特钢拥有完全自主可控钢铁冶炼关键技术，获国家科技进步奖一等奖1项、二等奖2项，省部级科学技术奖特等奖2项、一等奖3项，二、三等奖27项；承担国家"十五""十一五""十二五""十三五"科技攻关项目11项、国家"863计划"2项，国家级企业技术中心创新能力建设项目2项，江苏省重大成果转化专项资金项目5项。兴澄特钢拥有中国授权专利799件，其中，发明专利184件；授权PCT发明专利欧洲2件，美国1件，俄罗斯1件，韩国1件，日本1件。兴澄特钢获中国专利优秀奖2项，江苏省专利优秀奖1项、无锡市专利金奖3项和银奖1项。主持或参与完成国家/行业标准/团体标准66项，其中国家标准41项。

围绕降碳，兴澄特钢研发的连铸工艺，相对模铸的单炉人工浇铸，可实现高达20炉的多炉连续浇铸，且计算机自动控制，效率高，尤其是头尾切除量少，钢水收得率相对模铸高10%以上。此外，用连铸设备生产模铸产品，产出的连铸大圆坯是圆柱形（相对模铸锭的锥形），是风电环锻产品的近终型坯料，可以节省下游锻造厂的"滚圆工序"，甚至二次加热工序，大幅降低了锻造能耗，直接降低碳排放。用连铸大圆坯生产的轴承、齿轮、法兰等环锻件主要是供风力发电机的关键部件，间接地为全社会减低碳排放量做出了努力。

三、绿色人文

在2021年江苏省工业文化旅游区申报企业中，兴澄特钢成为唯一成功入选的特钢企业。兴澄特钢践行"人与自然和谐共生"理念打造景点。在兴澄特钢的游览区，能欣赏到滨江花园、江堤码头、兴澄苑动物园，有炼铁、炼钢、轧钢等生产现场，游客还可以实景体验钢铁制造流程，欣赏"钢花飞四海,铁水流九州"的壮阔景象。兴澄苑的湖水来自生产循环水,滋润这里的动植物茁壮成长。

兴澄特钢在全厂区践行节能办公。全厂 OA 系统,无纸化办公;办公场所合理设定空调温度,设置节能用电系统;员工食堂推行光盘行动,由志愿者每日监督。

2016 年,兴澄特钢在滨江厂区建设第一批屋顶分布式光伏项目,装机容量约 15 兆瓦·时。2021 年 11 月,又开工了银亮材厂区峰值输出功率为 9.999 兆瓦的分布式光伏项目,总投资额约为 4 000 万元,计划于 2022 年 4 月 30 日并网发电,建成后首年发电量可达 1 050 万千瓦·时。

四、绿色未来

"双碳"目标下,中信泰富集团与兴澄特钢公司编制了企业"十四五"高质量绿色发展规划,将通过向内挖潜,继续提升管理,推动企业绿色高质量发展内生动力。

中信特钢与兴澄特钢公司积极践行国家双碳战略。钢铁企业要想实现碳中和,首先要具备相应的减碳能力。兴澄特钢以低碳冶金和智能制造实现特钢生产过程的绿色低碳化,以产品精品化实现特钢产品使用过程的绿色化,实现全流程、全产业链的低碳发展。这条思路指明了兴澄特钢在"十四五"期间,及更长期计划中制定的降碳方案的内容方向。

(一) 优化生产工艺,增加球团使用

在以后的生产中,兴澄特钢将不断加大球团矿的使用比例,以减少炼铁工序二氧化碳的排放。"十四五"期间,力争将球团比例增加到 20%。

(二) 推进节能项目,智能化减排

"十四五"期间,兴澄特钢一方面不断研究完善提高烧结烟气内循环、高炉炉顶均压煤气回收、钢包智能烘烤等,以求达到进一步减碳的目标,另一方面,大力推广先进节能技术,如轧钢加热炉纳米高温远红外节能辐射喷涂、风机空压机变频伺服改造、永磁伺服电机节能改造等,结合目前正在实施的智能制造项目,推进现场设备的数字化、智能化改造,从而降低生产工序能耗,力争"十四五"末吨钢综合能耗由535千克标准煤/吨降至515千克标准煤/吨,进一步减少二氧化碳排放。兴澄特钢将在现有规模产业结构调整优化升级完成基础上,构建形成以碳为统领,能源、资源、环境、生态产业链协同的智慧高效管控及信息化体系。

(三)提升系统能效水平

深挖烧结、炼铁、炼钢、轧钢等生产工序能源利用潜力,发挥实现各环节极致能效,加快推进在建及已筹备节能降碳技术改造项目实施,进一步提升系统能源能效。通过全生命周期评价,进行碳排放量化、碳足迹分析,查找产品生产工艺碳排放关键点,通过优化生产工艺,减少生产工序,降低资源、能源消耗,达到碳减排的效果。

(四)减少化石能源消耗

在整个钢铁生产碳排放中,化石能源的消耗导致碳排放的占比高达80%,因此,减少化石能源的消耗,提升清洁能源的占比是实现碳减排的重要途径。兴澄特钢在2021年购入了800万度绿电,并正在逐步替换厂内运输车辆为新能源重卡。未来,兴澄特钢将继续推进绿色电力交易等方式,提高绿电消纳比例。

(五)抓好资源循环利用

构建形成高效、可靠的废钢资源回收利用体系及能源供应体系,有效支撑废钢资源回收利用水平提升,提升废钢比,优化高炉流程原燃料结构,逐步降低煤耗。加大废钢资源利用水平,建立废钢加工配送体系,提高转炉废钢比及电炉钢产量,提高可再生能源利用水平,进一步优化用能及流程结构低碳化;加快推进铁渣、钢渣综合资源化利用水平;利用副产焦炉煤气资源科学规划钢化联产产品,突出全生命周期绿色产品设计与生产,不断提升绿色低碳产品占有率。构建形成具备产业链条清晰、完整、运行经济的循环经济产业链。

(六) 为绿色产业发展做支撑

兴澄特钢"十四五"期间,以突出钢铁行业基础原材料的地位,实现绿色产业链横向协同,在材料方面为向绿色能源行业发展提供有力支撑,将对新能源汽车、光伏、风电、氢能、生物能等领域的发展现状、趋势、典型用户需求进行跟踪和判断,提前布局用钢需求转型,在进口替代、国产升级等方面不断挖潜,开拓绿色产业需求市场。

(七) 攻关低碳冶炼技术促减碳

兴澄特钢将向技术寻求"减碳"路径。对内通过全废钢短流程电炉炼钢工艺、高炉富氢/纯氢冶炼工艺、富氢/纯氢直接还原炼铁、电炉工艺三条工艺技术路线,从源头解决排放问题。对外通过投资建设包括利用光、风、潮汐、生物质等可再生能源发电项目,来中和生产过程中所排放的二氧化碳。

执笔:韩玉华

B.18 低碳旗帜下的绚丽转身

——红豆集团有限公司

2021年7月17日,多家主流媒体刊登了红豆集团一则消息:《红豆股份碳达峰碳中和宣言》,并发起成立"长三角碳中和服装供应链联盟",以绿色、低碳理念持续引领服装制造业高质量发展。

一、率先行动,提前达标

红豆集团有限公司(以下简称"红豆集团")的低碳目标是,力争2041年实现企业的碳中和目标;建设所有产品碳足迹标签,实现所有出口产品碳中和。红豆集团碳中和路径以2021年现状出发,在供应链、生产、运输、运营上采取八项具体措施,包括在供应链上选择采用低碳能源的面料供应商;减少使用降解性差的生产材料;提升生产效率、优化能源消费结构,增加绿电消费,参与绿证和购买碳汇;使用可再生电力用于生产和运输环节;制造使用过程中耗能更少的产品;宣导低碳文化;强化红豆杉碳汇林抚育管理,增加林业碳汇。

《红豆股份碳达峰碳中和宣言》发布会上,红豆股份展示了出口美国的11 000多件红豆运动沙滩裤,是首批核算碳足迹、实现碳中和的产品。每件沙滩裤上都有一个带有二维码的吊牌,可查看产品碳中和信息。

绿色低碳理念早已融入红豆股份的生产和营销全过程。在生产端,红豆股份全力打造5G+纺织服装工业互联网智慧工厂,引进APS、MES、CAD等生产软件,依托自动化、信息化和数字化,实现车间设备和现场人员的优质管理,降低消耗,提升生产效率。构建5G智能服装联盟,创新整合商品,用技术服务消费者。在产品端,红豆股份引进国际一流的设计团队和商品企划团队,增强自主研发能力,开发满足个性需求的系列创新绿色产品。从红豆轻西服、3D弹力裤,到小白T、竹纤维衬衫……都体现了红豆股份致力打造绿色环保服饰。在服务端,红豆股份拓展销售渠道,由线下转线上,改坐商为行商,多维度开发小程序电商、直播电商、团购内购等多种销售方式,多触点连接消费者,提升用户黏性。2020年度小程序GMV从零突破至1亿元,线上销售同比增长27.55%,占比提升至18.57%。

红豆股份此举得到广泛好评。中国服装协会希望更多服装企业能从红豆股份碳中和实践中获得启发,立足中国现代化发展新目标和以国内大循环为主体的双循环发展新格局,尽早实施绿色低碳转型,适应新形势,实现新发展。

二、绿色低碳,必由之路

碳中和、绿色发展对企业不是阻碍,而是内在需要,是推动企业转型升级、迈上新台阶的动力。这是红豆人的普遍共识。

红豆集团初创于1957年,现有本部员工近3万名,产品集中于纺织服装、橡胶轮胎、红豆杉大健康、园区开发商业地产四大领域,营销总额多年位居中国民营企业百强。红豆集团有十多家子公司,包括红豆股份(600400)、通用股份(601500)两家主板上市公司,拥有美国纽约、新加坡、西班牙、缅甸、泰国等境外分支机构,在柬埔寨联合中柬企业共同开发了11.13平方千米的西哈努克港经济特区。

20世纪八九十年代,红豆集团就根据国家环保要求,下决心关停了经济效益高但污染严重的电镀工厂,大力改造印染工厂使其达标排放,同时先后投资十多亿元在集团周边村落移植培育长在高山的濒危保护树种红豆杉,形成育种、繁殖、盆栽、制药、旅游生态产业链,建成国内最大的红豆杉实生苗繁育基地1万多亩,培育红豆杉树1800万株,年育苗100万株,许多地区和家庭因种养红豆集团的红豆杉而在环境和健康方面得益。而今,在红豆集团总部和红豆集团工业园周边种植的1万多亩红豆杉,树龄大多已过

20年,均已成林成木,其树叶、树果和树根液均可制药。更难得的是红豆杉是少有的全天候释放氧气树种,可以吸引和消除污染,是"负污染"植物。红豆集团所在地的东港镇是远近闻名的"长寿镇",近七年该镇享受"耀庭慈善基金"的百岁老人就有60位。

对红豆人来说,绿色发展不只是种植红豆杉,还包括企业的绿色制造:通过不断技术创新,提高资源的转化和使用效率。纺织服装"5G智能柔性工厂"使整体生产效率提高20%,单位能耗降低15%;橡胶轮胎"半钢黑灯工厂"在行业内率先实现黑灯运营,生产流水线采用全自动装备,实现24小时不间断生产,用工成本节省50%左右,生产效率提升40%,运营成本降低20%。工厂在保证产品功能、质量以及生产过程中人的职业健康安全的前提下,引入生命周期管理理念,优先选用绿色原料、工艺、技术和设备,建立绿色工厂基础设施、管理体系、能源与资源投入、产品、环境排放、绩效的综合评价体系,并不断持续改进,被江苏省工业和信息化厅评为"江苏省绿色工厂"。

三、绿色生态,"一带一路"

位于柬埔寨西哈努克港经济特区的西港特区污水处理厂中控室里,电脑屏幕上正显示着每道工序的运行状态。这里,全盘操控着污水处理的全部流程,监控着各项指标数据。室外各个水池中的设备正按照中控室设定的指令有序作业。西港特区污水处理厂一期处理污水能力5 000立方米/日,根据西港特区所处环境特征和处理水质,采用"预处理+生化处理+深度处理"工艺,实行全自动控制系统,是柬埔寨最先进的污水处理厂。西港特区污水处理厂于2017年2月落成启用,当时当地对污染排放的要求并不严格和迫切,但红豆集团坚持把中国的绿色生态环保发展理念移植到西港特区。3年多来,红豆集团不断完善工艺,提升污水处理能力,以确保西港特区内废水经处理达标排放。

为了维护周边水源生态安全,西港特区内建设了雨、污分流排放管渠,西港特区污水处理厂投运后,区内企业所产生的生产、生活污水会通过地下污水管网直接进入污水处理厂。经过粗格栅、细格栅、水解酸化池、Orbel 氧化沟、混凝沉淀池、接触消毒池,对污水进行净化、消毒。此举得到当地政府高度肯定。2019 年 5 月,柬埔寨国家领导人专门参观考察了西港特区污水处理厂,由衷称赞西港特区环保做得好。

西港特区由中柬企业合作、红豆集团主导创办。自 2008 年启动建设以来,西港特区已引入来自欧美、东南亚等地区的企业机构 170 家,累计投资 13.66 亿美元,实现产值 35.7 亿美元,为当地创造就业岗位近 3 万个。2021 年 1 至 12 月,西港特区实现进出口总额 22.34 亿美元,比上年同期增长 42.75%。在继续保持逆势高增长的同时,成功实现了"三个突破":单月进出口总额首次突破 2 亿美元;单月进口额和出口额首次双双突破 1 亿美元;原计划全年进出口总额突破 20 亿美元的目标提前一个月实现。全区企业逆势跑出疫情下的"加速度",为当地发展提供了强劲的动能。2016 年 10 月,中国党和国家领导人就在署名文章中称赞"蓬勃发展的西哈努克港经济特区是中柬务实合作的样板";2018 年 1 月,中国国家领导人又在署名文章中称赞该特区"以实实在在造福民众的方式续写着中柬友谊的时代新篇章"。

坚持绿色发展,与环境共赢,是西港特区发展的重要理念,不仅要建设成为生产、生活配套设施完善的国际化经济特区,更要打造成生态化样板园区。污水处理厂的建设既满足了入驻企业的生产需求,提升了西港特区产业承接能力,更是通过保护环境,助力打造了"绿色生态'一带一路'"。未来,西港特区将以"高标准、惠民生、可持续"为目标,高质量推进 2.0 升级版建设,为当地可持续发展注入更强劲的动能,将形成 300 家企业(机构)入驻,8 万—10 万产业工人就业的配套功能齐全的生态化宜居新城。

四、绿色发展,党建引领

红豆人为何有如此坚定的绿色发展理念?回答就是党建工作始终引领着绿色发展。

多年来,红豆集团始终把党的政治领导与促进企业经营发展相统一,探索出把党的政治优势有效转化为企业的发展优势,形成了"一核心三优势"

"一融合双培养三引领""五个双向"等党建经验和工作方法,构建了"现代企业制度＋企业党建＋社会责任"三位一体的企业治理模式,成为全国民营企业的党建工作标杆。

红豆人在多年的实践中深切体会到,党的方针政策就是企业发展最大的机遇,听党话、跟党走,企业就会始终走在持续健康发展的大道上,否则就会错失机遇、迷失方向。20世纪八九十年代,一些污染企业因为耍花招、拉关系来抵制环保,最终错失了更新改造的机会,最后不得不关门了之。红豆集团坚持讲正气、走正道,最终使污染企业脱胎换骨、赢得新机。

2015年10月,党的十八届五中全会提出"创新、协调、绿色、开放、共享"的新发展理念。红豆集团党委迅速予以认真学习贯彻落实,提出了"三自六化"和"八方共赢"理念。"三自"即自主品牌、自主资本、自主创新;"六化"即智能化、绿色化、在线化、高端化、国际化、规范化;"八方共赢",就是努力实现与股东、员工、顾客、供方、合作伙伴、政府、环境、社会(社区)等八个利益相关方的共赢。绿色发展理念在全集团得到了进一步强化和重视。

2021年以来,红豆集团响应党中央号召,以"双碳"目标为方向,加快了工业园区工厂、物流仓储中心、商业地产等建筑屋顶分布式光伏发电改造步伐,引进供电系统监控装置和环境监测装置等,建成电力监控平台,智能监控企业网购电、自发电的用量和电量输送使用等运行系统,节能降耗,努力减碳,力争早日成为先进绿色低碳型企业。

执笔:鞠宏清

B.19 节能,他们追求极致

——双良集团有限公司

2021年3月,双良集团有限公司(以下简称"双良")正式开启上海浦东国际机场1号能源中心智慧运维服务,刷新了双良智慧运维单项体量之最、业务类型之最、服务合同之最,成为机场行业市场拓展深度及后期智慧运维管理的里程碑。该项目通过智慧运维管理,为中央空调系统安全、健康、稳定、高效运行保驾护航,实现重点场所无人值守、远程运维,同时通过设备在线、数据出差实现现场监测和诊断,为不同层面提供先进的能效提升、室内空气品质提升、资产管理、物业管理的整体解决方案。在确保稳定、持续、舒适供能的基础上,大幅降低了能源消耗(水、电、气),综合节能率达到20%以上。

提起双良,很多人第一印象是生产中央空调的民营企业。成立于1982年的双良集团,以溴冷机设备起家,凭借领先的技术和优质的服务,在众多厂家中独领风骚,业务遍布全国,是20世纪末首屈一指的中央空调制造厂家。进入21世纪,双良在制造、节能、服务领域获得诸多国家级奖项。如今的双良正大踏步向"数字化驱动的全生命周期碳中和解决方案服务商"迈进。

一、节能细分市场的深耕者

节能减排是当前中国实现碳中和目标最重要、最经济、最直接的手段。双良依托先进的低碳节能技术优势,以及四十年装备制造经验,构建了自己的节能产业体系,成功研发多项余热利用节能节水技术,为整个社会节能减排埋头耕耘。到目前共为社会提供了节能设备30 000台,相当于少建25个

600兆瓦火力发电厂,节约标准煤3 800万吨/年,减排二氧化碳1亿吨/年,相当于再建27公顷森林,实现节水28.3亿立方米/年。

双良几十年运用核心节能技术,通过能源效率分析、节能技术方案、系统集成优化、节能效益分析等系统提出解决方案,最大限度收集不同温度、不同来源的余热资源,替代一次能源消耗,以减少碳排放,为各行业的企业量身定制供热、余热利用系统解决方案。

在石化行业,双良采用回收氧化脱氢工艺高温油气余热,产生蒸汽用于工艺装置,降低装置能耗的节能方案,帮助山东齐翔腾达化工股份有限公司实现节能减排,实现装置能耗降低5%,可节约蒸汽约28.8万吨/年、标准煤24 686吨/年,实现二氧化碳减排61 468吨/年,二氧化硫减排543吨/年,氮氧化物减排926吨/年。

煤化工行业中的焦化企业在炼焦过程中焦炉煤气带出的大量热量,双良对其工艺进行优化,利用初冷器高温段余热,制取低温冷冻水,用于初冷器低温段及化产冷却,同时利用蒸氨塔器耦合节能工艺包、循环水空冷、节水工艺包。该节能方案使迁安九江焦化公司实现余热制冷量1 800万大卡,年节约蒸汽量8.2万吨,节约标准煤7 028吨/年,实现二氧化碳减排17 501吨/年,二氧化硫减排155吨/年,氮氧化物减排263吨/年。

冶金工业存在大量余热资源,对其合理利用可有效降低生产环节能耗。山东钢铁日照精品钢基地,通过双良方案,利用余热制冷,满足装置冷需求,减少电耗;同时回收低品位余热制热,满足锅炉除氧器给水加热、厂区和市政的供暖等热需求,减少蒸汽消耗;再利用干湿结合冷却塔、消雾塔等各类节水塔,解决钢铁企业内循环冷却水降温问题,同时实现节水和消雾目的。该项目年节约焦炭34 516.8吨,节约标准煤33 530吨/年,减排二氧化碳83 490吨/年,减排二氧化硫738吨/年,减排氮氧化物1 258吨/年。

北方冬季许多工业企业肩负着厂区供暖以及对周边社区供暖的双重任务,常规的供暖方式为蒸汽直接换热,大幅增加了企业冬季生产成本。在抚顺矿业中机热力有限责任公司的节能项目中,双良应用工业循环水供热的节能方案,回收工业循环水用于供热,同时用于城市管网加热,使该企业回收余热实现供热面积76.8万平方米,一年节约蒸汽达19.8万吨,节约标准煤16 972吨/年,减排二氧化碳42 259吨/年,减排二氧化硫374吨/年,减排氮氧化物636吨/年。

目前全球最大建筑单体和会展综合体——中国国家会展中心通过双良余热回收核心技术,利用发电机组排放的高温烟气和高温冷却水来进行制冷、制热,实现能源梯级利用和高效利用,使一次能源综合利用效率提升一倍,达到87.3%。

此外,作为国内冷热电联供分布式能源系统的先行者,双良在分布式能源产业进行大量技术研究和产品开发,获得授权专利60余项,其中16项为发明专利。双良在全球成功投运了500多套冷热电联供系统解决方案,在分布式能源领域做出了突出贡献,连续八年获得"中国分布式能源优秀项目特等奖"。利用核心节能系统回收天然气发电机组的高温烟气和冷却水余热,实现发电、制冷、供热一体化,实现能源梯级利用,使能源利用率从40%提高到85%,同时大量减少污染排放。

二、投身绿色新兴产业

双良从设备制造商向高效节能系统集成商转型,布局绿色新兴产业。

一是清洁能源集中供热。双良以"清洁能源、智慧能源"为方向,专注于研发和整合包括余热回收、光伏发电、光热供热、热电联产、深层地热能等23种新能源技术,形成天上、地面、地下立体化取能、能源梯级利用和多种新能源技术集成的核心优势,为全国各省市提供量身定制的清洁能源供热方案,参与清洁供热、制冷全生命期投资、运营、管理。目前,在山西太原、朔州、大同、吕梁,内蒙古呼伦贝尔,甘肃兰州,河南郑州、新密等市已运营200多个大型集中供热项目,已获取5亿平方米特许经营权、实施供热面积6 000万平方米。这些项目每年为社会节约标煤111万吨,减少二氧化碳排放292万吨,相当于植树造林118万亩。

二是工业与园区智慧能源。在大型园区、工业、建筑环境领域,双良提供智慧能源管理及环境运营解决方案的综合服务。公司用高效节能装备,加上智慧能效云平台、智慧能源管理系统、ESM运维管理系统等数字化技术,以合同能源管理、EPC工程总包、运营托管、能源承包型托管的商业模式;结合"源-网-荷-储-用"多环节集成、"水-电-气-冷-热"多能源集成、人机物多系统集成全方位系统集成,形成良好的投融资、技术研发产业生态,为广大企业节能降碳服务。同时也为政府办公楼、医院、机场、酒店、商场、学校、写字楼等优化能源结构服务。

三是涉足新能源产业。双良是国内光伏多晶硅还原炉的龙头,占有70%左右市场份额。2021年双良提供更高端、高效的还原炉及其模块,大尺寸单晶炉和电子级还原炉及系统,实现首台套生产应用。据此双良积极布局光伏及相关再生能源领域,对光伏、热能、氢能、生物质能、储能技术等进行探索尝试。2021年年初,双良投资140亿元在包头开展大规模光伏单晶硅棒及硅片项目建设,10月大尺寸单晶硅棒批量生产,目前签订的单晶硅片购销长约合同额已超400亿元。

同时,双良进行制氢、加氢加气一体化站和生物质气化炉、固体电蓄热、相变蓄能研发,并密切关注负碳吸收、碳捕捉领域。双良参与相关设计院二氧化碳捕捉工艺包的设计。2019年,双良与联合国开发计划署(UNDP)就"清洁能源技术与有机农业融合示范项目"达成合作,用BGF技术转化而成的碳基有机肥取代普通化肥。该技术不仅有效缓解长期过量使用化肥造成的土壤危机,还显著提高土壤有机质和固碳于土的能力,助力农业碳中和。

三、智能化驱动节能新发展

2018年,双良荣获茅台"最佳质量奖",2020年又荣获茅台"优秀供应商"称号。双良与茅台酒厂携手11年,其中双良锅炉是茅台酿酒工艺的主设备,燃气热效率达95%以上,每年减少排放二氧化硫9 285吨、一氧化氮3 345吨、二氧化碳99.6万吨及固体煤渣约2.8万吨,在提供动力的同时,满足了酿酒工艺所需要的特殊生态环境要求。双良的服务保障了酒品的安全稳定,服务响应及时。2021年双良为茅台量身定制了制酒车间冷却水循环利用提升改造方案,实现赤水河宝贵水资源循环利用。该车间用该方案后生节水率达到90％以上。

针对市级、区域级冬季供热采暖能耗现状，双良通过技术创新将供热产品通过AIoT与GIS地理信息技术，展示供热系统"源-网-站-户"全流程实时状态，结合仿真模拟与负荷预测，实现按需供热、舒适供热、清洁供热。通过智慧供热系统云平台，将各个运营系统数据联通，消除信息孤岛，实现全数据链的可视、共享、及时、准确的管理要求。供热云平台采用大数据技术，可以实现海量数据存储、分析、计算。采用分布式消息中间件等技术完成数据的采集、清洗，建立了一套供热数据的标准化处理流程。在算法运用上，采用云计算及大数据挖掘技术，实现供热管网系统快速、精准调控，适用于超大规模城市级多热源环状复杂供热系统。经兰州、山西、内蒙古等地实践论证，此套系统平台，安全可靠，平稳运行，杜绝安全隐患；并能实现系统级全局控制，实现供热系统均衡按需供热，降低运营成本，提高效率。此外，该系统平台技术可向传统供热公司进行输送，解决传统集中供热公司的数字化升级需求。

这样的成效得益于双良智能系统的稳定运维和深度服务。双良利用新一代信息技术，在实现能源价值最大化的基础上，通过人工智能、大数据和云平台构建产品智能化、系统智能化、运维智能化三位一体的智能化发展格局，创新形成"专家＋管家＋互联网＋"的服务型模式，凭借自主制造装备、集成优化设计、运维服务保障、智慧能源管理四大核心能力，为用户在公共建筑能源服务、工业余热利用、分布式能源冷热电联供、多能互补清洁供热等重点领域提供智能精准的最好服务。

未来，双良将一如既往秉承其"低碳节能"的企业基因，为所有努力实现"双碳"目标的行业与机构赋能、加油。

执笔：双　良

B.20 小天鹅扬起绿色翅膀

——无锡小天鹅电器有限公司

1978年,中国第一台全自动洗衣机在无锡小天鹅电器有限公司(以下简称"小天鹅")诞生,从此小天鹅家喻户晓。技术创新深埋品牌基因,绿色生态革新行业发展。随着低碳、节能、降耗等绿色生活日渐成为社会风尚,作为全国洗衣机行业的民族品牌领军者,小天鹅秉持"绿色"发展理念,坚持科技创新、优质服务、卓越管理、合作共赢的企业发展观,用科技创新绿色产品,擦亮绿色民族品牌。

一、技术创新铸就绿色产品

绿色低碳发展,离不开技术创新。小天鹅将企业的技术创新与消费者实际需求无缝对接,在研发、制造、工艺、品质上的每一个环节都精雕细琢,每一步技术革新,每一个创新产品,都踩准在"绿色"关键词上。

(一)首获"绿叶"标志,时尚绿色新消费

对于洗衣机行业来说,"水"是绕不过去的一道技术难题。小天鹅一直密切关注洗衣机的节水给消费者带来的经济效益和社会效益,通过动态节水科技、多段水位细分、双水位洗涤、水循环设计等四大科技创新,为市场提供专业级的节能环保型洗衣机产品。

早在1999年,小天鹅洗衣机就通过了ISO14000环境管理体系认证。在这个基础上生产的小天鹅洗衣机,噪声低于55分贝,按国家标准节电50%、节水20%,达到国家环保总局对洗衣机节能、静音和环保的要求,被

评定为"绿色环保产品"。

2008年6月,小天鹅成功研发自动投放技术。其主要工作原理是根据投放衣物的多少来确定水位,电脑板确定锁定水位后自动计算精准的洗涤剂投放量,接着抽液泵抽取相等剂量的洗涤剂,最后由输送管输送到洗衣机的多路分配器,与进水充分混合后进入桶内,完成洗涤。

除此之外,特色静态眼技术和自动投放系统精美结合,通过透光信号的精准自动检测能力,精确感知筒内洗涤水的浑浊度,智能精确投放并精确判断漂洗次数,保证漂洗次数的正确性。消费者只需要添加一次洗涤剂,就可以实现多次精准的自动投放,并达到最佳洗涤效果。从根本上避免手工误投带来的洗涤剂和水电资源的多重浪费,实现了"节水、节电",避免环境二次污染。

集成这些高科技,2011年小天鹅新推出创新绿色产品——iAdd自动投放洗衣机系列产品,一举通过国际权威机构英国"Intertek绿叶标志"认证,成为中国洗衣机行业首家获得"碳足迹"绿叶标签的企业。

小天鹅绿色发展之旅,带动了国内洗衣机市场掀起节能、绿色、低碳的消费时尚。小天鹅始终秉承绿色环保的企业发展理念,进行自我约束和控制,通过对产品实施"碳足迹"分析,优化生产流程,将绿色消费观念贯穿产品的整个生命周期。

(二)"蓝氧科技",开启"健康洗护"绿色新时代

巨大的洗衣需求背后,隐藏着洗涤排水污染隐患。小天鹅一直以来坚持"专业成就健康"理念,推出的另一大创新科技产品就是搭载"蓝氧科技"的本色系列洗衣机,开启"健康洗护"绿色新时代。

"蓝氧科技",就是在洗涤过程中产生的微米级气泡会在炸裂过程中释放能量,能大幅度促进洗衣粉等洗涤剂的溶解。据实验结果表明,普通洗衣机5分钟内只能溶解63%的洗衣粉,而搭载了"蓝氧科技"的小天鹅本色洗衣机在同等时间内能溶解93%的洗衣粉。通过充分激活洗衣粉的洁净力,小天鹅本色系列洗衣机显著提高了洗涤剂的使用效率,减少了废水中未利用洗涤剂的含量。

除了能有效激活洗涤剂的洁净力,"蓝氧"也被称为大自然的清洁剂。在雷雨过后,大海会完成一定程度的自我净化,空气往往也会变得清新,都是因为雷电过程中会产生具备强氧化性和高活性的羟基自由基(OH)。羟基自由基就是俗称的"蓝氧",这种物质会去除空气或海洋中存在的杂质。

据实验结果,"蓝氧"在处理特殊污渍方面有重大突破。小天鹅本色系列洗衣机能一步洗净食用油、粉底、胡萝卜汁等近百种特殊、常见污渍,而且无须预处理。特殊污渍不再担心,一步洗净不繁琐。

更值得一提的是,在达到健康洗净效果的同时,羟基自由基发生作用后又重新生成水,没有任何副产物产生,和传统的洗衣机相比,可以在常温下高效除菌和长期抑菌,既不需要在高温下杀菌,也不需要添加化学除菌剂,节约电能,减少了化学杀菌剂的使用和排放造成的污染问题。

(三)节能减排,形成物联网"低碳洗衣方案"

省电是绿色低碳重要方式,在洗衣机领域实现低碳,关键是要形成切切实实的"低碳洗衣方案",让尽量多的人"共享"。小天鹅最新研发的物联网洗衣机早在10年前就率先进驻上海世博会,与全球消费者见面。此外,小天鹅专门针对美国开发的新一代智能电网设计的物联网洗衣机也在全球率先上市。这种新型物联洗衣机能通过电脑、移动终端等设备,实现洗衣机与智能电网之间的信息互馈,可判断智能电网的波峰、波谷状态,识别分时电价信息,智能调整洗衣机的运行状态,节约能耗,同时降低终端家电对于智能电网的电磁辐射污染等,净化用电环境,有利于电网的供电安全和稳定。

物联网洗衣机是传统家电制造商在技术和产品开发上的全面升级,它提供的正是一套有效的"低碳洗衣方案",改变了人们对洗衣机的使用理念,不仅关注洗衣功能,也关注在物联信息网络体系中,如何实现个体的"低碳"运行,如何创造更节能的生态环境。

二、柔性智能制造升级绿色工厂

小天鹅运用数字化技术驱动绿色制造模式的全面转型升级,着力推进高端、柔性、绿色、智能制造工厂建设,为中国家电业树立新的价值标杆。

(一) 能源数字化助力绿色制造

在工厂的能源管理中,数据繁杂、准确率低、设备分散、缺乏统一监测、人工维护成本高等问题,一直是行业痛点。为加快工厂绿色转型,加强能源管理,小天鹅自 2018 年起,大力推进 FEMS 能源管理系统。能源数字化转型后,可以全面地收集、处理和分析数据,让原本繁杂的数据以可视化的形式再现出来,把隐藏在数据背后的能耗异常问题暴露出来,帮助业务部门,从需求最小化、能效最大化两个方面去落实改善。

(二) 中央空调智能远程控制

为有效管理园区中央空调,降低空调系统能耗,小天鹅联合上海美控公司,建立中央空调智能远程控制系统,实现空调状态在线监控、温度湿度参数在线显示、空调系统远程控制、参数智能自动调整等功能。通过大数据学习,实现最优策略贴线运行,主机的自动变频,大幅降低空调系统的用能,能耗节省率约 40%,年可节约用电成本 200 万元。

(三) 压缩空气系统精细化管理

根据统计,在工业领域里,压缩空气系统的有效能耗利用率只有 66%,约有 1/3 的能耗被白白浪费。小天鹅开展了压缩空气系统的节能革命。细化计量单位,给每台空压机装上计量表,监测空压机状态。数据的精细可靠,才是改善的基石。对压缩空气管路进行优化,拆除废弃管路,更换老旧腐蚀气管,系统性梳理、整改漏气问题,优化空压机出口压力参数,将原先的 7.5 巴下降至 7 巴,节约了 5% 的空压机能耗。

(四) 变频、伺服技术全面应用

为保证生产的可靠性,各种生产机械在设计配用动力驱动时,都留有一定富余量。当电机不能在满负荷下运行时,除达到动力驱动要求外,多余的力矩增加了有功功率的消耗,造成电能浪费。尤其在风机、水泵等设备上,大量的能源消耗在挡板、阀门的截流过程中。当使用变频调速时,如果流量要求减小,通过降低泵或者风机的转速即可满足要求。小天鹅洗衣机采用了大量的变频、伺服技术,使得伺服电机控制系统,可以按需工作,响应速度快,可大幅提升产品加工周期。

(五) 节能降耗在工艺、设备不断摸索中前进

小天鹅在节能降耗上持续不断摸索,不断优化工艺参数。比如对于喷涂,粉末固化温度是重要的工艺参数,同时也是天然气消耗量的重要参数,而影响这个参数的主要因素,便是喷涂粉末的性质特性。为了降低能源成本,喷涂工艺工程师结合不同粉末的特性,调整粉末配比,不断地测试、调整,最终在保持粉末成本价格不变的前提下,让粉末的固化温度从230℃下降至220℃,天然气消耗量下降4%。

设备团队在节能降耗上努力钻研。在电子分厂,SMT回流焊是电子设备中的高能耗设备,是关注重点。设备工程师扎根现场,研究每一个节拍中设备状态、工件状态,最终发现回流焊的上下温区同时加热工作,功率为80千瓦,而工件的焊面都是在上侧,所以关闭下温区,只利用上温区发热,仅用70千瓦,便可达到同样的品质效果。

(六) 建设使用光伏"绿电"

小天鹅已规划全园区厂房顶部安装太阳能光伏,大规模使用"绿电"。目前已完成前期测量、钢结构承重能力勘测等准备工作,2022年完成建设。规划装机量5 537.55千瓦峰,预计年发电量约500万度,可减少二氧化碳排放量5 136吨/年。

三、砥砺前行再创绿色辉煌

变革创新是小天鹅精神,小天鹅将砥砺前行,把绿色理念贯穿整个设

计、研发、制造、销售、服务等全周期,擦亮民族品牌,再创绿色辉煌。

(一) 主导修订绿色标准

小天鹅不仅通过技术创新,将绿色低碳技术应用到产品中,助力产品全生命周期节能减排,更深度参与并主导绿色标准制定,推动全品类产品通过国家绿色产品认证。以绿色技术和绿色产品为基础,小天鹅协同各级标委会主导绿色标准的制修订工作,包括领跑者系列、绿色设计系列以及产品节能等相关标准。截至2021年10月,小天鹅在环保科技领域获得200多项国内外专利,主导或参与了多达10余项绿色设计产品评价规范标准的制定。

(二) 提供定制化绿色服务

从核心技术到方案集成到场景服务,打造全流程绿色服务体系,同时将自身绿色变革发展路径"复制"转移到全价值链的合作伙伴中,为其低碳转型提供定制化绿色服务。

(三) 推动绿色物流迭代升级

通过运输和业务模式升级,调整用能结构,小天鹅将物联网、大数据、云计算、人工智能等技术与实际业务场景相融合,形成端到端的绿色智慧物流,助力全流程的提质增效和低碳减排。在2021—2030年期间,小天鹅将推动绿色智慧物流1.0到3.0的持续迭代升级,围绕智慧运输、智慧地图、绿色能源、智能仓储四个维度实现碳排放量的逐步降低。到2030年将全面实现中心无纸化、绿色能源车全面推广等高效运输举措,真正打通智慧运输"最后一千米"。

(四) 构建废旧家电回收体系

面对废旧家电回收问题,小天鹅依托产品销售维修服务网络构建废旧家电逆向回收体系,进一步优化回收渠道,畅通家电生产流通消费和回收利用,促进家电更新消费,积极承担社会环保责任。目前通过售后服务系统,国内用户可通过400客服电话或服务公众号自助报单回收废旧家电,通过"互联网+回收"模式,创建端到端的家电回收体系。

小天鹅将继续秉承"全心全意"的经营理念,践行绿色战略,为中国乃至全球"双碳"目标的实现,展翅飞翔。

执笔:陈伍涛

B.21　超薄光伏玻璃绽放绿色光芒

——中建材（宜兴）新能源有限公司

夜晚，走进这家新能源公司，车间内灯火明亮，机械臂上下翻飞，数十辆运输车在厂区往来穿梭，工人们正忙碌地用叉车将一托托光伏玻璃运至货车上，它们将被运至东方日升组装成光伏发电组件，然后被送往全国各个光伏电站……

2016年10月成立的中建材（宜兴）新能源有限公司（以下简称"宜兴新能源"）是中建材凯盛科技集团在东部发达地区新能源产业战略布局中的一个核心项目，专业从事光伏玻璃尖端产品研究、开发、制造和销售，在薄玻璃生产、全氧熔化、高透光率等技术方面处于行业领先地位，年产能超过5 200万平方米优质光伏玻璃，可生产约5.2吉瓦超轻薄双玻光伏组件。近三年来，企业的效益连年攀升，2017—2020年，营业收入年均复合增长60%，利润总额年均复合增长132%，纳税总额年均复合增长200%。

近年来，宜兴新能源公司走上了一条绿色与科技融合的发展道路。

一、突破：超薄光伏玻璃创造者

观念的转变是绿色转型成功的前提，绿色技术创新则是成功的核心所在，是企业绿色发展的原动力，只有坚持绿色技术创新，企业才可能及时跟上时代发展潮流，实现可持续发展。从发现一项非成熟技术，到深度研发、市场化推广，再到创造利润，宜兴新能源始终保持了较高的前瞻性和敏感度，并在技术创新上投入了大量资源。

"透光率好、重量轻、节省成本是超薄玻璃的优势，更薄的光伏玻璃意味着光伏面板能更好地吸收光能,对屋顶的承重要求更低。"这是光伏行业的共识,光伏玻璃超薄化缓解了双玻组件重量痛点。

双玻组件是由两片玻璃和太阳能电池片组成复合层所形成的光伏组件,其中重量最大的是玻璃。双玻组件低衰减、长生命周期、高发电功率、耐风沙打磨等优于单玻组件,但早期受超薄光伏玻璃技术制约,存在产品重、搬运不方便、成本大等问题,未得到大规模应用。

宜兴新能源一开始就确定实施差异化竞争战略,专注进军超薄化市场。为突破光伏行业当时超薄玻璃生产技术瓶颈,他们迎难而上,在超薄玻璃技术研发应用上日夜攻关,于2017年4月率先研制出1.5毫米超薄玻璃,填补世界空白,翻开光伏玻璃轻量化新一页。

超薄系列光伏玻璃的诞生给光伏组件、整体封装带来了革命性变化,增加了组件散热速度,减轻重量,降低运输安装成本,加速了双玻组件在市场上的应用。超薄光伏玻璃市场开始启动,根据CPIA统计,双玻组件市场份额从2018年的2%提升至2020年的30%,预计2025年达到60%以上。

宜兴新能源引领光伏玻璃行业往超薄化发展,在2.0毫米及以下超薄市场占有率为23%,行业第一。目前宜兴新能源根据市场需要主要生产2.0毫米超薄光伏玻璃,应用于双玻组件,相较于早期单玻组件使用的3.2毫米光伏玻璃,节省原材料40%左右,用能节省约30%;2.0毫米组成的双玻组件比普通组件寿命延长5年左右,发电功率高出约4%,全生命周期总发电量将高出约25%。按照宜兴新能源当前2.0毫米超薄光伏玻璃5 200万平方米的年产能,安装成光伏组件后可实现年发电约76亿度,约节省304万吨标准煤,减少758万吨二氧化碳排放。

二、跨越:绿色工厂践行者

宜兴新能源不仅是绿色产品的生产者,更是绿色工厂的践行者。进入宜兴新能源车间,井然有序的生产线,在线检测仪、收片机械手、铺纸机器人在高效有序地进行产品的检测、包装,零星分布的几个工人在调试设备,原料配制、熔化、压延成型、退火、镀膜、丝印等整个生产流程无任何人工直接参与,全生产工序智能化。

宜兴新能源智能制造项目于 2018 年被工信部确定为国家智能制造综合标准化与新模式应用项目,2021 年通过项目验收,实现生产效率提高 62.26%,运营成本降低 54.54%,年减排二氧化碳 15.3 万吨。

在生产端,宜兴新能源创造性建设了环保型玻璃窑炉,采用的是氧气+天然气组成的全氧燃烧技术,在环保、节能、产量、质量等诸多方面均有优异的表现。通常的空气燃烧只有占空气总量 1/5 的氧气参与燃烧,其余约占 4/5 的氮气非但不助燃,反而要带走燃烧产生的大量热量,从烟气中排出。在使用全氧燃烧的情况下,燃烧所需氧气为原空气总量的 1/5,烟气量少,燃料燃烧充分,采用全氧燃烧在理论计算上比空气燃烧全年减少二氧化碳排放 6.5 万吨。

全氧燃烧除了给熔窑节能带来明显效果外,还降低环境污染。使用全氧进行燃烧,氮气量减少到原来的 10%,而氧气总量基本维持原有水平,火焰温度随着燃烧空气中氧气比例增加而显著提高,燃料燃烧完全,产物主要为二氧化碳和水,烟气量少,且烟气内生成的氮氧化合物含量比空气助燃降低约 90%,粉尘排放减少约 80%。

宜兴新能源为减排自主研发深加工制水与污水循环处理系统。光伏玻璃深加工需要经过磨边、清洗、镀膜、钢化、包装等工序,在此工艺流程中,多个工序都需要对玻璃进行用水清洗,因此在玻璃深加工工艺中供水是必不可少。传统生产系统,需要配备二十二台供水泵同时运行供水,如有一台发生故障,整个生产线将处于停滞状态,且使用后污水不能实现循环再利用,需接入污水管网,由污水处理站集中处理,用水量及处理成本较高。

宜兴新能源发明的深加工制水与污水循环处理系统提供了一种恒压集中供水新模式,同时供应了多台磨边机、镀膜机、包装机使用,实现了"一水多用、梯级使用、循环利用",实现了废水零排放,年减少二氧化碳排放约 220 吨。

宜兴新能源通过建设"3.2 兆瓦分布式光伏发电"项目,将工厂打造成绿色建筑。项目年均发电量约为 271 万度,可替代约 1 000 吨标准煤,采用中建材凯盛科技集团碲化镉薄膜发电玻璃技术,在既有厂房上安装,将光伏系统集成到建筑中,利用光电转化产生电能,实现原地发电、原地使用,应用于超薄光伏玻璃智能生产车间,大幅降低企业工业能耗指标。夏季白天,建筑处于高温与日照,大量制冷设备使用形成电网用电高峰,此时正是光伏发电的高峰时段,可有效舒缓高峰电力需求;并且由于光伏阵列安装在屋顶和墙壁等外围护结构上,吸收的太阳能转化为电能,可降低室内温度4—6度,减轻空调负荷。

三、逐梦：绿色发展领跑者

2021年9月18日,宜兴新能源太阳能装备用光伏电池封装材料项目奠基仪式隆重举行。该项目是宜兴新能源继生产出1.5毫米世界最薄光伏玻璃后,又谋划的向一体化、智能化发展的高端工程。项目拟投资18亿元,占地约400亩,采用了中建材自主研发的太阳能装备用光伏电池封装材料生产技术,拟建设四条超薄原片基板生产线和四条技术先进的深加工生产线,建成后预计年产能4 000万平方米,总的年产能约为1亿平方米超薄光伏玻璃,组装成光伏板后总计发电约146亿度,约节江苏省584万吨标准煤,减少1 456万吨二氧化碳排放。

宜兴新能源的新项目坚持"工业互联网＋双碳创新"理念,打造升级版光伏玻璃绿色智能新工厂。在玻璃熔窑生产上,将通过模糊控制、神经网络、遗传算法等AI人工智能技术同传统PID控制器相结合,降低熔窑生产过程中的波动,在实际生产规模下运行的熔炉能降耗20％—25％,每年减少二氧化碳排放约8万吨;同时在玻璃窑炉配置余热发电和脱硫脱硝一体化工艺应用,利用余热余压进行发电,电力回用于玻璃生产,提高企业自发电比例,同步净化处理二氧化硫和氮氧化合物,脱硫效率高达95％以上,降低粉尘污染。

宜兴新能源将建立能耗管理数据中心,实时在线监测用能设备,集成管控能耗数据,以科学的诊断模型和专家系统为指导,使能源管理可视化、可控化、可优化,改进能源利用,提高能源管理效率,最大化降低企业整体能耗。在装备应用上,宜兴新能源将规模部署 AGV 自动导引小车应用,集成智能化技术,对 AGV 的输送工艺路线进行编程,使之按要求的路径和方式到达装配线的指定位置,高效完成生产工序间的物料移送和仓储作业中的物料移送,替代传统人工叉车托运形式,每年可减少二氧化碳排放 3 460 吨。

茫茫戈壁,宜兴新能源公司的产品在一排排蔚蓝色的光伏板之间,追逐骄阳,把太阳能转换为电能,通过电网送向全国各地,奔向("30·60"目标)……

执笔:徐云舟

B.22 为发动机赋予绿能

——中国一汽解放汽车有限公司

2021年9月《一汽解放发动机事业部制造领域"双碳"规划方案》亮相，规划明确：推进"双碳"目标是"企业十四五规划"的重点之一。该方案围绕一汽解放发动机事业部碳排放现状，明确降碳要求，即2025年实现碳达峰、2050年实现碳中和。

一汽解放发动机事业部隶属一汽解放汽车有限公司，设有无锡、长春、大连三大生产基地，总部位于无锡。秉承"民族品牌，高端动力"的品牌愿景，事业部全力打造绿色、高效、智能的发动机动力总成。目前，主要产品包括柴油机、燃气机、再制造产品、喷油泵，其中发动机产品拥有奥威、铂威、劲威三大品牌，排量覆盖2—16升，功率覆盖110—750马力，国家第六阶段机动车污染物排放标准的产品功率可以满足各个细分市场需求，具备完整的发动机自主开发能力，曾获"国家科技进步奖一等奖""国家科技进步奖二等奖"。随着国家及地方"双碳"目标相关政策的密集出台，产业工业优化升级、绿色低碳技术创新已成为制造业发展的新方向。《一汽解放发动机事业部制造领域"双碳"规划方案》的出台，就是企业适应变化、体现担当、赢得主动、实现进阶的顺势之举。

一、核查碳排，锁定减排方向

一汽解放发动机事业部根据国家政策导向，2021年8月，初步完成制造领域7大主要基地51条生产线能源消耗基础数据摸底统计，完成节能、减碳技术应用现状的排查。经专业机构碳核查，一汽解放发动机事业部生产碳排放主要源于电、热力、柴油、天然气四种能源。其中,从能源结构上看,电能所产生的碳排放占比71%;整机生产单位占比84%,其他生产单元占比16%;从工艺过程上看,发动机缸体、缸盖等主要零部件机械加工所产生的碳排放占比71%,远超总装、校车、涂装油封等工艺环节。

二、技术创新,减碳成效亮眼

统计2018—2020年的减碳措施,一汽解放发动机事业部在机加、装配、公用动力三大生产领域,通过应用地源热泵、耐久台架电力测功机、柴油机冷试技术、曲轴连杆常温清洗等先进技术,已成功实现每年降碳约3万吨。其中,在机加领域,通过常温清洗技术、冷却温度控制技术、循环水变频技术等12项节能技术,每年降碳1 538吨;在装配领域,通过柴油机冷试技术、电力测功技术、喷漆室循环风技术、虚拟台架技术等20项节能技术,每年降碳10 173吨;在公用动力领域,通过地源热泵技术、智能控制及变频技术等8项节能技术,每年降碳15 851吨。

其中,一汽解放发动机事业部的柴油机冷试工艺,在行业中应用最早、最成功,为节省生产资源、降低污染物及碳排放作出了较大贡献。

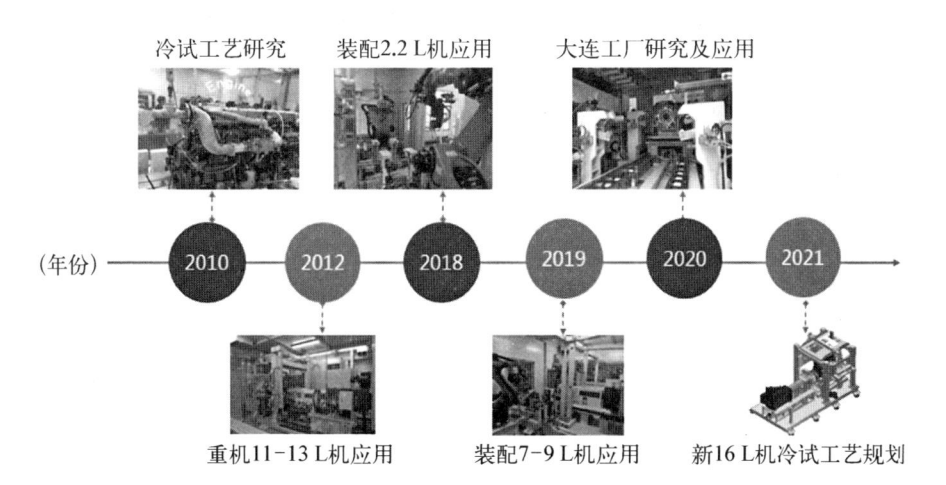

图22-1 一汽解放发动机事业部技术研究时间轴

柴油机冷试工艺通过驱动电机带动发动机在不点火燃烧的状态下运

转,对发动机进行机械部件和电控部件的测试;通过提取测试数据中关键信息与规范限值比对,来评估发动机的零部件质量和装配质量。冷试技术与传统热试技术相比,在多个方面具有明显的优势(如表22-1所示)。

表22-1 冷试技术与传统热试技术对比

对比项	冷试技术	热试技术
技术先进性	高	一般
测试时间	3—4分钟	30—40分钟
配套动力投入	电、气、燃油	水、电、气、燃油、废气处理
资源消耗	电、气、少量燃油消耗	场地、人、燃油、公用动力消耗大
环境污染	几乎没有	产试废水、废油、废气等
碳排放量	单台约0.36千克	单台13.12千克
后期使用成本	使用维护成本低	使用维护成本高

从2012年将冷试技术应用于生产开始,至目前,一汽解放发动机事业部累计约有34万台发动机冷试直接出厂,减少燃油消耗量约3 500吨,减少碳排放约4 340吨,减少氮氧化物、非甲烷总烃、颗粒物排放总计约730吨。

一汽解放发动机事业部的光伏发电技术减碳显著。一汽解放发动机事业部惠山基地,地处北纬31°57′,东经120°30′,属北亚热带湿润区,日照充足,无霜期长,属中国太阳能资源三类区域,多年平均太阳辐射量在1 279 kWh/平方米·年左右。这里的常年平均气温16.2℃,日照时数1 268.4小时,日照百分率43%,适宜建设光伏发电项目。2017年,一汽解放发动机事业部惠山基地成功建设光伏车棚项目,打响企业光伏发电技术应用第一枪。经充分的方案论证,一汽解放发动机事业部对原有普通汽车遮阳棚进行了技术改造,铺设270瓦规格的单晶发电模块1 155块,总装机量0.35兆瓦,通过并网等技术将光伏所发的电并入企业电网,每年可提供电力294万度,平均每年降碳324.5吨。

一汽解放发动机事业部根据一汽集团总体部署,初步完成多基地厂房屋顶光伏铺设方案规划,有序推进生产领域降碳工作。

一汽解放发动机事业部惠山基地,还建设了智能能源管控系统,利用智能制造技术、数字化技术,实现了动能供应与生产无缝连接,能源自动监控、能源自动预算。根据生产计划,系统发出动能设备操作要求,包括供能类型、时间、开机方式等;生产结束后,系统发出指令要求关闭相应的动能设备,实现设备节能;利用能源监控系统,实时采集数据,汇总各种能耗数据;每日、每周及每月自动分析单位能耗,发现异常时自动预警提示,实现能源高效管理;通过能源智能预算模块,系统自动采集排查计划、产量信息,自动计算出各生产线及辅助设备的能耗及费用,计划发生变化时实时调整;为部门财务管理提供准确数字依据,实现能耗精益管理。

三、为发动机降碳开辟新路

一汽解放发动机事业部双碳规划是,2025年实现碳达峰,并提前于国家目标实现碳中和,以支撑集团及解放汽车公司的"双碳"目标。为实现目标,一汽解放发动机事业部积极开展生产领域降碳技术研究和能源技术研究,规划碳排放目标的实现路径和工作举措,并从技术措施、管理措施、绿色能源应用三个方面开展工作。

(一)技术措施

在生产领域,一汽解放发动机事业部紧紧围绕机加、装配和公用动力三大耗能环节展开降碳工作。在机加工环节,从生产设备、辅助供给两方面入手,开展空气源热泵应用、冷冻机组改造、乳化液冷冻自动控制及风冷等技术应用;在装配环节,通过回收热能再利用、冷试技术、电力测功机能量回收技术、喷漆室空调循环风技术等手段提高能效比,降低能耗;在公用动力环节,通过进一步建设地源热泵系统、优化照明光源、空压机智能管控、磁悬浮变频离心式冷水机组应用等手段实现节能降碳。

除上述技术措施外,一汽解放发动机事业部还将不断改进工艺模式,从绿色原辅材料和气、热转电两大方向出发,与供应商联合开发常温清洗剂等低碳绿色的原辅材料,同时探索将天然气、高温水等转为应用绿电能源。在

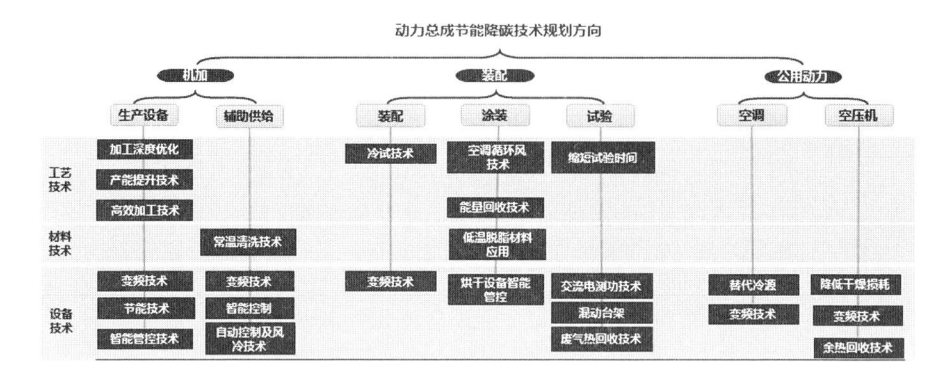

图 22-2 一汽解放发动机事业部降"双碳"技术措施

固碳技术研究方面,开展二氧化碳捕捉技术及封存技术研究,把生产过程中排放的二氧化碳进行提纯,继而投入到新的生产过程中,实现循环利用,产生经济效益。

(二) 管理措施

一是节能管理。加强日常用能管理,充分发挥节能环保体系推进作用,促进全员参与节能减排,降低消耗和排放(如:根据排产计划,优化生产线开班计划)。

二是设备更新。在设备(装备)领域,实施高耗能设备(装备)的定期改善方案。在规划新建项目时,推行高能效设备应用、采用高效电机、变频节能技术的应用。

三是生产效率提升。推行精益生产,提高人均日生产效率;严控质量、提高质量管理效率,降低废品。

四是能源管控数字化。一汽解放发动机事业部各基地已经开展能源系统管理、随着系统的逐步落成,要建立统一的数据化分析平台,对收集的数据进行分析,明确节能改善点。

五是制定企业节能标准。建设企业节能标准,突出节能标准的规范引领作用,构建节能标准体系框架,全面引导企业节能降碳工作开展。

(三) 绿色能源

一汽解放发动机事业部依托国家及地方发布的一系列鼓励绿色能源发展的优惠政策，加大绿色能源使用。一汽解放发动机事业部将积极参与直购绿能，大力开展光伏等绿色能源建设。根据国家发改委指导意见，"努力增加生态碳汇，加强森林资源培育、开展国土绿化行动，不断增加森林面积和蓄积量，加强生态保护修复，增加草原、绿色、湖泊、湿地等自然生态系统固碳能力"，一汽解放发动机事业部将深入研究碳交易，积极参与生态治理，策划实施植树造林、水土保护等环境改善活动，发挥森林、农耕、湿地等重要作用增加企业自然碳汇、达成企业社会责任的同时，实现企业碳消减。

一汽解放发动机事业部已组建大制造领域碳排放治理工作组，并设立"国家法规标准"贯彻组、"绿色能源"应用组、"技术路线"研究组等 6 个专项课题组，建立联动系统，促进降碳领域工作互联互通、共建共享。

一汽解放发动机事业部以"双碳"目标为引领，全力打造"中国第一、世界一流"绿色、高效、智能的动力总成提供者，为国家节能减排作出更大的贡献。

执笔：钱承智

B.23 追寻制造业降碳新通道

——无锡威孚高科技集团股份有限公司

无锡威孚高科技集团股份有限公司(以下简称"威孚高科")建于1958年,是国内汽车零部件著名生产厂商,中国汽车工业零部件三十强,居中国汽车零部件企业百强榜第29位。威孚高科现有18家全资和控股子公司、2家合资公司,全球员工近8 000人,是业绩优良的A、B股上市公司、中国主板上市公司价值100强企业。目前业务由原来的燃油喷射系统产品,发展到燃油喷射系统、尾气后处理系统、进气系统三大业务板块,形成有竞争力的汽车核心零部件产业链;面对"双碳"经济发展趋势,威孚高科不仅生产汽车节能减排产品,对生产设备进行低碳改造,而且积极布局新能源产业项目。

一、致力生产绿色低碳产品

从1958年生产第一副国产油嘴到现在涉及车用动力传统能源核心部件三大系统、新能源动力核心部件、网联技术产品,威孚高科始终践行绿色发展理念。目前研发生产的各类产品为国家节能减排、双碳政策提供了强有力的支持。

20世纪80年代威孚高科产品进入汽车行业。之后,威孚高科的产品研发更是积极围绕节能减排展开,相继完成A型泵、PW泵、PW2000泵、CB系列高压共轨泵、尾气净化器等产品的升级换代。这些产品满足了国家排放法规从国一到国六的所有排放法规需求,保证了中国排放法规的顺利实施。如核心产品高压燃油共轨泵,采用超高压喷射技术,优化了燃油燃烧效率,减少了有害气体的产生以及对环境的污染,国内市场占有率达到80%以上。经测算,威孚高科高压共轨泵在市场得到运用以来,累计销售1 357.44万台,按照升级到柴油车国五后相比国三估算,每年最少可减少一氧化碳 104.98 万吨,减少氮氧化合物 524.87 万吨,减少碳氢化合物 34.99 万吨,减少颗粒物 14 万吨。

表 23-1　威孚高科高压共轨泵升级到柴油车国五后相比国三排放减少量

产品品种	功率(kW)	数量(万台)	年工作时间(h)	一氧化碳(CO) g/kW·h	氮氧化合物(NO_x) g/kW·h	碳氢化合物(HC) g/kW·h	颗粒物(PM) g/kW·h
CB18 油泵	85	600.81	1 800	0.6	3	0.2	0.08
CB28 油泵	140	189.69	1 800	0.6	3	0.2	0.08
CB08 油泵	60	76.05	1 800	0.6	3	0.2	0.08
CPN2 油泵	240	450.84	1 800	0.6	3	0.2	0.08
CB4 油泵	100	40.05	1 800	0.6	3	0.2	0.08
估算最少年排放减少总量(万吨/年)				104.98	524.87	34.99	14.00

预计到 2025 年,威孚高科高压共轨泵将实现销售 823.67 万台,按照升级到国六后相比国五估算,最少可再减少氮氧化合物 166.92 万吨,减少碳氢化合物 34.43 万吨,减少颗粒物 1.05 万吨。

表 23-2　威孚高科高压共轨泵升级到柴油车国六后相比国五排放减少量

产品品种	功率(kW)	数量(万台)	年工作时间(h)	氮氧化合物(NO_x) g/kW·h	碳氢化合物(HC) g/kW·h	颗粒物(PM) g/kW·h
CB18 油泵	85	227.1	1 800	1.6	0.33	0.01
CB28 油泵	140	170.39	1 800	1.6	0.33	0.01
CB08 油泵	60	31.51	1 800	1.6	0.33	0.01
CPN2 油泵	240	191.29	1 800	1.6	0.33	0.01
CB4 油泵	100	170.38	1 800	1.6	0.33	0.01
CB6 油泵	240	33	1 800	1.6	0.33	0.01
最少年排放减少总量(万吨/年)				166.92	34.43	1.05

威孚高科的另一种产品尾气净化器,可有效分离吸收发动机尾气中的有害物质,效率高,自投产后成为汽柴油车辆满足国四以上排放法规的必选,是国内的龙头产品。根据测算,仅 2012 年以后,威孚高科累计销售各类尾气净化器 2 370 万台,按照升级到国六 a 后相比国四估算,每年最少可减少一氧化碳 51.19 万吨,减少氮氧化合物 255.96 万吨,减少碳氢化合物 17.07 万吨。

表 23-3 威孚高科尾气净化器升级到汽油车国六 a 后相比国四排放减少量

项目产品	数量 (万台)	年里程 (千米)	汽油车国六 a 比国四排放减少量		
			一氧化碳 (CO)g/km	氮氧化合物 (NO$_x$)g/km	碳氢化合物 (HC)g/km
尾气净化器	2 370	72 000	0.6	3	0.2
估算最少年排放减少总量(万吨/年)			51.19	255.96	17.07

预计到 2025 年,尾气净化器预测将实现销售 2 370 万台,按照升级到国六 a 后相比国四估算,每年最少可再减少一氧化碳 51.19 万吨,减少氮氧化合物 148.83 万吨,减少碳氢化合物 9.92 万吨。

表 23-4 威孚高科尾气净化器升级到汽油车国六 a 后相比国四排放减少量

项目产品	数量 (万台)	年里程 (千米)	汽油车国六 a 比国四排放减少量		
			一氧化碳 (CO)g/km	氮氧化合物 (NO$_x$)g/km	碳氢化合物 (HC)g/km
尾气净化器	2 370	72 000	0.6	3	0.2
估算最少年排放减少总量(万吨/年)			51.19	148.83	9.92

二、建设绿色节能公司

威孚高科坚持能源管理,不仅将能源管理纳入经营管理指标,对员工和可能受其活动影响的其他人员能源使用的管理负责,促进和激励员工的节能意识和工作创新,而且通过内部检查机制不断发现问题,降低能源成本,提升绩效。根据威孚高科新版《ISO50001 能源管理体系》要求,威孚高科在 2021 年完成现有制度、程序文件、流程等文件的修订工作,预计在 2022 年底通过体系认证,以便更好地指导公司的能源管理。在具体的运营管理中,威孚高科采取了以下措施落实节能降耗工作,取得了一些成绩:

(一) 分布式光伏电站建设

威孚高科是制造型企业,主要生产能源消耗是电力,年用电量约 2 亿度,占整个能源消耗的 73% 左右,因此提高"绿电"在能耗消费中的占比是威孚高科节能降耗以及实现"碳中和"的重要举措。威孚高科于 2016 年起,对所有已建厂房进行了分布式光伏电站建设的可行性论证,并采用第三方合作的形式启动系统建设。至 2021 年底,建成装机总容量 12.4 兆瓦的分布式光伏电站建设,全年发电量超 1 240 万度,每年可降低碳排放约 0.85 万吨。

(二) 照明系统节能改造

2019 年起,威孚高科启动照明系统节能改造项目,光源从金卤灯、荧光灯替换为高效 LED 灯,减少照明系统光源消耗约 50%,每年可减少电量消耗 281.8 万度,减少碳排放约 2 000 吨。威孚高科推进智慧照明系统在部分厂区进行试点建设,通过系统对车间、办公区域功能进行分区、红外、动静感应控制,室外照明采用照度控制等方式,验证节能效果,进一步挖掘节能潜力。

(三) 冷冻水系统节能改进

威孚高科采用制冷主机产生冷冻水作为空调系统以及工艺冷却的冷源。2014 年起,逐步采用磁悬浮、离心式、螺杆式等电制冷机组来替代原空调系统中的溴化锂机组,选用机组满足 IPLV 或 COP 国家一级能效标准,大幅提高制冷主机的能源效率,使得机组满载及部分负荷状态下,机组能源消耗处于较低水平。至 2021 年底,已完成装机总制冷量 23 600 千瓦的机组更新,每年承担冷负荷约 14 600 千瓦,每年节约标准煤约 2 890 吨。

威孚高科推进生产类设备工艺冷却方式变革,从单台冷却模式替换为能源站冷冻水集中冷却,在提高系统能效的同时减少车间因工艺冷却增加的额外热负荷。目前威孚高科已完成装机总制冷量5 800千瓦系统建设,每年提供2 500千瓦的工艺冷冻水,每年可节约电力285万度,减少碳排放2 000吨。

(四) 能源管理系统建设

威孚高科建立集团公司级能源管理系统,实现能源数据可视化、系统化。对高耗能设备、重点部门及其他需要部位的能源消耗进行监控;通过对历史积累数据的分析,为削峰填谷、变更能源种类、扩能改造等措施提供数据支撑及理论基础;对生产消耗的各类能源进行分类统计、测算,并纳入产品成本,更好地为生产经营服务;各项数据进行分时对比、分类对比,为生产类设备预防性维护、故障隐患等提供判断依据,减少非必要性能源消耗;突变的能源消耗数据,及时进行分析、处置,减少能源浪费。

(五) 热回收技术应用

威孚高科推广热回收技术应用,在空压机内设置热回收装置进行余热利用,每年可回收735吉焦热量用于生活热水制热,可节约蒸汽用量300吨,减少碳排放约80吨。

车间组合式空调箱采用"全送全排"形式,过渡季节采用空调箱进行车间的全室通风;制冷及采暖季节时,空调箱增加热回收段对排风中冷热量进行回收,减少新风负荷。

对热处理设备排放的高温烟气进行热量回收用于办公区域冬季采暖,每年可回收1 000吉焦热量,减少碳排放约110吨。

(六) 循环再利用技术应用

威孚高科切削加工机床生产过程中产生的铁屑会带走大量切削油,原回收工艺节约切削油为年总耗油量的27%左右;通过工艺及设备改进,回收率提高了68%,每年切削油回收量增加21.53吨,减少消耗标准煤31.68吨;对定期更换的切削油经处理后重新添加至机床使用,每年减少切削油消耗44.16吨,折合标准煤64.98吨。

三、规划迈入新能源产业

(一) 布局新能源产业

在"双碳"目标下,威孚高科积极进入新能源、网联技术等前沿领域,把从可再生能源制氢开始到以氢能为核心动力运用场景的全产业链作为公司未来发展目标。

威孚高科氢能业务,聚焦于氢能产业链中上游的氢燃料电池核心零部件、可再生能源制氢等两大业务。成立氢能事业部,统筹推进氢燃料电池核心零部件、可再生能源制氢等业务的全球化发展,强化集团战略协同和赋能。氢能业务产业化分三阶段,当前已完成第一阶段(2018—2021年),即积极规划布局氢燃料电池核心零部件业务,并购和自研并举,获取关键技术基础能力。目前威孚高科已投入8亿元,并购了海外2家膜电极和双极板公司,建立了国内工程研发中心。第二阶段(2022—2025年)将加速组织规划建立及运行,推进全球三大基地建设,再投入17亿元,实现小规模化市场应用。第三阶段(2026—2030年)将拓展市场客户群,大批量产业化能力建设,实现市场应用规模化增长。全面推进氢能业务亚太、欧洲、北美三大基地建设,努力实现氢能业务战略目标。至2025年,氢能业务拟累计规划投入约30亿元。

(二) PEM电解水制氢产业化建设

为降低可再生能源浪费,满足电压大幅波动的制氢技术普及,威孚高科确定进行PEM电解水制氢产业化研究,满足未来可再生能源制备绿氢需求。该项技术具有电流密度高、能耗低、产氢压力高技术优势,且不受可再生能源波动大影响,是唯一的绿色低碳制氢方式。该技术推广后,能提高电网灵活性,将目前光伏、风电行业和制氢行业打通,而且可远距离运输和分配可再生能源,从而支持可再生能源更大规模发展,推进"双碳"目标加快实现。同时,产生的氢气作为一种能量媒介,促进可再生能源时空再分布,将使绿色化的电力系统与难以深度脱碳的工业、建筑和交通运输部门建立起产业联系,不断丰富氢气的应用场景。

(三)氢燃料电池产业化建设

绿色氢能在交通运输行业的运用主要是氢燃料电池汽车。这种汽车采用绿色氢能后,可实现零碳排放,是车用动力领域的最佳解决方案。氢燃料电池核心部件包括电堆材料及气体系统两大部分,在这两大领域中的核心部件批量生产市场上,国内基本属于空白。威孚高科将进行低铂催化剂、膜电极、超高速电机、大功率空压机、控制器等核心部件开发。通过不断创新,这些产品已获突破。其中,氢喷射器、低压阀已小批量生产;铂碳催化剂完成各项技术研发,进入小批量生产;以水性催化剂墨水配方制备的膜电极性能达到国内领先水平。到2030年,这些产品批量生产后,仅替代柴油而减少排放的二氧化碳可达到48.17万吨,相当于新增4 800平方千米的森林,为中国零碳社会做贡献。

(四)系统推进节能改造项目

威孚高科通过多渠道、多种类的节能降碳宣传以及专项活动,提高员工节能减碳意识,鼓励员工提出节能降耗建议,挖掘节能潜力,推动节能降耗项目实施。2022年规划节能项目15项,总投资约800万元,预计年节约费用270万元,减少消耗600吨标准煤。

(五)建立供应链能源效率图

威孚高科从供应链考虑,指导各类供应商对其生产过程中能源消耗进行分析,根据结果帮助其建立能源效率路线图,使其自觉改善、提高能源效率。通过对供应商能源绩效的月度监控,偏差反馈,年度指标统计分析、指导等方式,实现能源的精细化管理。

威孚高科组织专项活动,分享公司在能源管理及节能改造方面的经验,指导供应商在经营活动中寻找节能机会,实施节能项目。针对能源绩效偏差较大的供应商实施专项改进项目,威孚高科帮助其遏制能源消耗不良趋势,上下游携手减耗降碳。

执笔:胥　胜

B.24 数字赋能"零碳"工厂

——施耐德电气无锡工厂

2021年9月27日,施耐德电气无锡工厂收获了一块沉甸甸的"金字招牌"——"灯塔工厂"。世界经济论坛(WEF)当日发布新一期全球制造业领域"灯塔工厂"名单,施耐德电气无锡工厂榜上有名。

作为全球能源管理和自动化领域数字化转型的专家,施耐德电气业务遍及全球100多个国家和地区,为客户提供能源管理和自动化领域的数字化解决方案,以实现高效和绿色可持续。施耐德电气中国区有23家工厂和7家物流中心,始建于2001年的无锡工厂是其中唯一一个电子能力制造中心。无锡工厂是施耐德电气在中国获评的首家端到端"灯塔工厂"。

"灯塔工厂"被看作是"世界上最先进的工厂",代表当今全球制造业领域智能制造和数字化最高水平。事实上,无锡这家"灯塔工厂"的内涵,还包括施耐德电气无锡工厂是"零碳工厂""国家级智能制造标杆企业"和工信部认证的国家级"绿色工厂"。

一、现场:"灯塔工厂"彰显"智造"硬核实力

在施耐德电气无锡工厂转上一圈,"绿色、低碳、环保"理念体现在各个环节,充分彰显出无锡"智造"的硬核实力。

(一)智能柔性仓储

2 000平方米的仓库,高耸至楼顶的自动立库,这里是智能柔性仓储物流中心。施耐德电气无锡工厂以组装生产小批量、多品种产品为特点。传

统库区货物的上架、下架是依赖于叉车,当订单急剧波动的时候,叉车有可能会成为瓶颈。这里作了巧妙的设计方案,将叉车跟人分离,叉车只做上架,拣配通过人员调节完成。当订单量急剧波动的时候,通过调节在阁楼通道里人员的数量,达到产能的最大化。产品品种多的背后,有一个非常强大的数字化系统来支撑运营,系统锁定相关产品的物料,避免员工跨楼层移动,提高效率。

无人小火车(AGV)穿梭于仓库各个楼层,把员工拣配好的物料,转运到生产线上。通过 AI 技术的应用对自动立库的安全做预警,对送货数据的追踪有效管控来料车辆,提高效率。物流使用的是黑色的周转箱,减少纸箱应用,更加绿色环保。

(二) 5G 柔性乐高生产线

在 5G、AI 赋能下,生产线能像"乐高"一样便捷拼装,根据客户需求快速调整布局,这是在施耐德电气无锡工厂看到的神奇一幕。

这就是施耐德电气独有的多品种、小批量的"5G 乐高积木式"柔性工作站。采用柔性的概念,整个产线以协作机器手为中心,采用蜂窝巢的布局设计只需要几分钟左右,六边形积木式的工位可以快速分离和拼接,整个过程没有任何线缆的连接,都是触点式的。

柔性生产线通过 5G 无线网络连接,AI 智能检测,AR 远程指导和远程控制。生产执行,采用施耐德电气自己开发的配方式 MCSI 系统,可以支持不同生产工艺流程的快速切换。

柔性生产线可以控制小批量、多品种的制造成本。同时,通用工位的自动拼接,可以缩短新产品的上市时间,提高产品交付能力。由于不需要重新设计每一条产业线,可以降低整个产业线的空间占用面积。

(三) 能源管理节能降耗

工厂把电力监控表拓展到每一条生产线,并升级能源监控系统,结合云计算、云储存和大数据模型等数字化技术为基础,构成能源管理新架构。施耐德楼控系统,结合数字孪生技术,优化空压机系统,通过模型选择最佳的压缩空气系统配置方案,避免实际运营的能量浪费。此外,楼控系统还选择最优参数减少采暖、通风、空调等能源消耗。能源管理系统会不断验证当前方案的效率,为持续改善提供依据。仅暖通空调一项就实现年32%的能耗节约。

与此同时,各种节能、清洁技术在生产工艺中无处不在,不断优化提升,切实降低单位能耗。例如:回流焊及波峰焊的纳米保温材料的使用;清洗废水循环回用;Yitian产品机壳喷墨打印改成模具成型;纸包装盒改成循环利用的塑料周转箱等。通过节能技术的运用和优化,施耐德电气无锡工厂的年能耗降低10%。

在新能源方面,施耐德无锡工厂在2017年部署了一期650千瓦的太阳能,2020年又布置了二期700千瓦太阳能。2021年12月底并网发电,实现绿色能源占到全厂能源使用的20%,每年可减少约792吨碳排放。

二、揭秘:数字化减碳,锻造"灯塔工厂"

大家不禁要问,这样的工厂是如何锻造出来的?

事实上,施耐德电气无锡工厂之所以获评"灯塔工厂",数字化是其"秘密武器"。凭借在精益制造和数字化转型方面长期处于的领先地位,施耐德电气无锡工厂被评为端到端"灯塔工厂"。

何为端到端"灯塔工厂"?业内人士解释,是指打通了端到端整个产业价值链,实现从供应商到客户的全流程创新的"灯塔工厂",其创造的价值远超实体工厂本身。

在这里,数字化技术已覆盖端到端的每个环节:

在采购环节,数字化供应商系统生态圈可动态模拟、实时预测工厂需求与供应商产能,实现透明高效的自动化供应链管理,使工厂的准时交货率提高30%。

在生产环节,工厂部署了5G柔性乐高生产线,可按业务需求快速调整生产布局,产线布局调整时间从几周缩短到一天甚至数小时,产品上市时间也因此缩短了25%。

在交付环节,工厂的智能柔性仓储解决方案充分实现仓储灵活度和效率提升,节省仓储空间多达52%。

数字化是减碳最佳利器。在产业升级方面,数字化不仅赋能企业探索新的价值和商业模式,还助力打造韧性供应链。在能源管理方面,借助数字化,能实现从设计、建造到运营、维护的全生命周期管理,优化生产和运营,促进能源效率的提升,因而数字化也是当下实现"碳中和"最可行、最有效的武器。

事实上,智能化、数字化只是手段,绿色可持续发展才是施耐德电气作为自身发展战略的核心。施耐德电气无锡工厂建立的质量、环境、职业健康安全、能源等管理体系,确保每一个管理细节都符合科学发展、绿色发展的要求。2008年施耐德电气无锡工厂率先通过了质量管理体系、环境管理体系、职业健康安全管理体系"三位一体化"认证,并于2017年通过ISO 50001能源管理体系认证。施耐德电气无锡工厂在构建了绿色制造管理体系的同时,编制并发布了《绿色工厂管理体系》程序文件,明确了绿色工厂建设中长期规划及量化的年度目标和实施方案,以体系的形式规范了绿色工厂的各项工作,确保了相关资源的获得。凭借数字化、智能化,绿色转型卓有成效,施耐德电气无锡工厂已成为"零碳工厂""国家级智能制造标杆企业",以及工信部认证的国家级"绿色工厂"。

三、示范:以"灯塔工厂"溢出效应,扩大"绿色生态圈"

2021年11月上海进博会,坐标3B3-006,这里是"能源低碳及环保技术"专区的施耐德电气展台,展台内宾客如云,"绿色"浓度着实不低。

扩大"绿色生态圈",一向是施耐德电气参加进博会的重头戏。2021年的进博会上,施耐德电气与多个领域的合作伙伴强强联手,展示一系列数字、智慧、可持续发展方面的联合创新成果,如"零碳工厂"和"灯塔工厂"等,还展示了端到端绿色供应链、"零碳园区"等低碳业态,为中国迈向低碳绿色发展提供借鉴。同时,施耐德电气还携手多家企业签署低碳相关合作协议,共同推动"双碳"进程。

"有电的地方，就有施耐德电气。"在"碳中和、碳达峰"背景下，施耐德电气的解决方案可以从能源管理的全生命周期，帮助供电以及用电企业提高能效管理。以数字化技术覆盖端到端供应链，以绿色采购、绿色生产和绿色交付结合施耐德电气独特的供应商"零碳计划"推动上下游整体减排，带动产业价值链走向可持续发展。

数字化和低碳"双转型"涵盖领域之广，没有一家企业可以独自承担。在前行的过程中，施耐德电气正携手更多合作伙伴共建"绿色生态圈"，借力外部弥补各自的短板，共建优势，迈向可持续未来。

在施耐德电气的推动下，更多绿色工厂正在赶来。

2021年10月18日，在无锡市政府、无锡高新区（新吴区）的支持下，施耐德电气绿色智能制造无锡创新示范园正式落成。业界人士共同点亮了施耐德电气无锡工厂这座"灯塔"。更让人期待的是，施耐德电气总部同步将无锡工厂升级打造为绿色智能制造创新示范园，以"灯塔工厂"的溢出效应、引领作用，帮助产业链上下游企业进行智能化改造和数字化转型。示范园将以施耐德电气无锡"灯塔工厂"为龙头，助推当地产业朝着数字化、集成化、低碳化方向发展，为无锡乃至长三角地区的产业转型升级和零碳发展贡献力量。

无锡有湖光山色好风光，有绿色低碳好产业。绿色制造是工业转型升级的必由之路。期待更多像施耐德电气无锡工厂这样闪亮的"灯塔"，为更多无锡企业"照亮"绿色可持续发展道路。

执笔：朱振峰

B.25 智能增效 绿色发展

——费森尤斯卡比华瑞制药有限公司

费森尤斯卡比华瑞制药有限公司（以下简称"费卡华瑞"）成立于1982年，是国内最早的制药合资企业之一，拥有肠内和肠外临床营养多领域产品研究开发及生产中心，能为患者提供一体化营养支持。

作为一家营养治疗领域的专业公司，费卡华瑞多年来始终致力于提高中国临床营养治疗水平，不断引入先进的临床营养概念和产品，填补了国内空白，并以学术形式推广产品及关爱生命的理念，带动了中国临床营养的发展，有效地改善了中国病人的营养状况，挽救了千千万万患者的生命。

费卡华瑞历来注重环境保护和能源的有效合理利用，早在2000年即通过了ISO 14001环境管理体系认证，系费森尤斯集团最早获此认证的工厂之一，在国内制药界也属最早的之一。费卡华瑞于2015年又通过了ISO 50001能源管理体系认证，在持续优化改进能源管理方面迈上了新台阶。费卡华瑞为了响应国家"2030年前碳达峰，2060年前碳中和"的总目标，制定了2021—2025年能源管理发展五年纲要。"纲要"规定公司能源发展坚持以国家能源发展目标为导向，结合自身实际，坚持节约发展、高效发展、合规发展，确立了"坚持节约优先、立足实际、依靠科技、全员参与、构筑能源文化、加强外部合作、建立精细化能源管理体系、确保合规"的能源方针。

"纲要"以"智能增效、绿色发展"为原则，规定了清晰的目标，即到2025年单位产品能源消耗量下降25%，建成智能化的能源系统，实时监控能源流入产品的全过程。

费卡华瑞将以自身的实际行动完美诠释什么是中国临床营养领航者，

成为中国企业绿色发展、智能发展的领跑者。

一、绿色文化：节能掀起绿色革命

在全球低碳环保主旋律之下，费卡华瑞进行"绿色革命"，积极履行社会责任。为确保达成五年单位产品降低25％能源的目标，费卡华瑞倡导提高能源的有效利用率，传播和践行公司节能文化，将能源文化立为费卡华瑞企业文化的构成部分，并持续倡导、建设节约、安全、高效利用能源的价值观和行为方式。费卡华瑞致力于将这样一个积极的能源文化深入每一位员工内心，激发员工的主人翁意识，提升全员节能意识，规范节能行为，树立节约光荣，浪费可耻的正气之风。从每一个人做起，从每一个小细节做起，共同为达成费卡华瑞五年节能目标贡献个人和团队的全部力量！

2021年费卡华瑞在树立五年节能目标的同时也发起了历时一年，全员参与的节能文化节文化传播活动。活动分为线上和线下两种方式，线上节能文化传播活动主要通过节能视频传播、节能知识网络答题竞赛，节能知识讲座直播分享等不同形式的知识传播途径加强宣传教育。线下，开展节能技术交流活动、节能项目经验座谈、节能调研活动、评选节能先进等。各用能部门根据部门需求在各区域的公告栏中增设节能宣传板块，并定期更新。内容可涉及节能方式与方法，能源计量、统计方法；用能设备优化操作；节能方针、目标和指标；节能所带来的社会和经济效益；节能法律法规、政策、标准及其他要求等。费卡华瑞鼓励员工自觉节能实践，集思广益，收集员工在日常工作中所发现的具有节能潜力的各项内容，进而筛选出可以实施节能改进的部分。由费卡华瑞员工主动组成团队认领不同的节能改造项目，人人为工厂节能贡献力量。

二、节能项目：为环保增效添彩

费卡华瑞持续贯彻能源管理方针，改进能源绩效，并通过管理节能、结构节能和技术节能等途径，实现从注重单体设备能源效率、系统单元能源效率到注重整个组织能源效率的持续提升。费卡华瑞携手其全体员工脚踏实地,立足实际,大力发展新技术应用,借助能源新材料技术实现能源发展向绿色化、智能化转型,点滴积累,以量变为开端逐步达到质变飞跃。

一是磁悬浮技术开启节能篇章。冷冻机的日常运行是费卡华瑞日常生产耗电的大户,要确保生产环境符合生产要求,温度、湿度均离不开冷冻机。费卡华瑞为了提升能源利用效率、降低冷冻机耗能并加快工厂智能化转型速度,于2018年、2020年两次引进国际先进技术,采购磁悬浮冷冻机替代老旧传统机型。磁悬浮冷冻机具有工作效率高、维护费用低、绿色环保和使用寿命长等突出优点,较之传统冷冻机,在节能减排方面具有更加优异的表现。以2020年安装的750冷吨磁悬浮冷冻机组为例,在经过一段时间的稳定运行后,实际运行数据显示较传统机型而言,磁悬浮冷冻机可综合节电20%—30%。费卡华瑞对磁悬浮冷冻机2021年全年运行耗电进行统计计算,该台磁悬浮冷冻机全年节电81.9万度,年二氧化碳减排约500吨,为费卡华瑞的绿色智能发展画上了浓墨重彩的一笔。

二是冷凝水回收减少蒸汽消耗。蒸汽作为费卡华瑞生产及生活采暖的主要消耗能源,其年消耗量仅次于电能消耗。由于蒸汽在传输、使用过程中经常受各种外界因素影响,使得蒸汽损耗较多,能源利用率一直不甚理想。大量的蒸汽损耗在管道传输及使用过程中,如何提高蒸汽能源利用率成为"智能增效,绿色发展"道路上的一道难关。为了攻克这道难关,费卡华瑞号召公司全体员工贡献想法,集思广益,最终筛选出了冷凝水热回收技术这个解决方案。费卡华瑞操作员工针对现有蒸汽管路系统独立自主设计了一套热量回收装置,将蒸汽损耗的热量进行回收再利用,极大地降低了蒸汽能量的损耗,将蒸汽的能源利用率提高了15%—20%。费卡华瑞二期车间目前已配备该冷凝水热回收装置。经2021年全年统计,该冷凝水热量回收装置共节约蒸汽6 800吨,成功减排二氧化碳2 061吨。

三是空调智能控制降耗减排。洁净空调在为费卡华瑞生产提供洁净环境时,需要消耗大量电能来驱动空调箱中的电机、风机。为了保证生产环境的洁净程度,费卡华瑞原空调运行策略是除检修外全年持续运行,这就导致了大量不必要的能源消耗。为了解决这个问题,费卡华瑞技术人员在空调运行时间与确保环境满足要求这两个难题之间寻找到了平衡答案,决定将空调智能控制技术引入现有空调控制系统。通过智能控制空调运行的负荷,实现所服务区域的温度由10℃到23℃之间的灵活调控,并在夜间启用低负荷模式,极大程度降低了能源浪费。经公司技术人员计算,该智能控制系统投入使用后每年可节约59.9万度电,减排二氧化碳365吨。该空调系统智能化控制改造也是费卡华瑞迈向智能绿色工厂的一大步。

四是人工智能系统翻开节能新一页。费卡华瑞冷冻站作为电能消耗的主要用户之一,属于节能降耗的重点目标。公司为整体降低现有冷冻系统耗电并提高其能源利用效率,决定引入费森尤斯集团全球首个冷冻站人工智能系统。目前公司冷冻站为满足现有用户需求由自控系统自主进行设备负荷的调配及开启,根据季节变化及用户需求量的增减供给不同的冷量。该人工智能系统通过收集现有工厂冷冻站各项耗能分析,建立工厂能源消耗模型。人工智能系统通过计算模型、统筹调配冷冻站各个设备的运行负荷,找到冷冻站最佳运行状态,并根据季节、环境温湿度及用户需求智能自主调控。工厂冷冻站实时运行在最佳状态,极大地减少了因设备运行状态不佳而造成的不必要的能源消耗和损失。预计该人工智能系统投入使用后,将降低冷冻站耗电13%以上,年度预计节电162万度,减排二氧化碳988吨。

五是高效蒸馏水机为节能指明新方向。生产设备节能是重点。费卡华瑞为降低蒸馏水机在生产过程中的蒸汽消耗,经过长时间的技术考察和市场调研,决定引用行业最先进的高效蒸馏技术。公司将于2022年安装该新型节能蒸馏水机作为工厂首台验证机。该蒸馏水机具有专利认证的特有蒸汽加热通道和加热模式,可以极大地提高蒸汽加热效率,大幅降低蒸馏水制备时所消耗的蒸汽用量,可提高蒸汽使用效率30%以上。该新型高效蒸馏水机的应用在费森尤斯集团内部也属首次。费卡华瑞在验证机成功投入使用后将陆续对现有5台更大的蒸馏水机也进行改造。经测算,该设备的投入使用将降低全厂蒸汽消耗15%。

六是智能化能源管理系统初露锋芒。水、电、汽等各种能源的使用流向组成了费卡华瑞工厂内现有能源网络。为更好掌握各种类能源的消耗量及全年不同季节时间能源消耗量的变化，需要建立完善、健全能源管理及监控系统。费卡华瑞在各种能源使用过程中，会发生能源计量误差和计量不准确的问题，这对发现可节能目标和节能改造十分不利。准确的能源管理与计量是用能分析的基础。进行能源计量的根本目的是监控能源转换、能源传输、能源使用的全过程，获取目标用户的动态能耗数据，准确进行整体能源管理。费卡华瑞与西门子公司合作，投资开发公司首个智能化能源管理系统，该智能化能源管理系统可实时动态监控工厂内各种能源和介质的消耗及流向。该智能化能源管理系统2021年获得批准投资，2022年安装并首先在特医食品生产车间运行。计划在2025年前将其余生产车间接入该系统，为费卡华瑞能源利用效率的持续提高提供支撑。

三、科学规划：迈上"双碳"新征程

2021年，费卡华瑞与法国Terao能源审计公司合作，考核工厂存在的各项节能潜力并初步给出30项可进行优化节能的改进项目。在经过Terao与费卡华瑞技术专家们讨论沟通之后，最终确立了15项最具可行性的节能项目，作为未来五年内费卡华瑞可持续实施的能源效率提升方案。其中主要包括太阳能发电系统、相变蓄冷技术、转轮除湿多联技术等。

第一，太阳能发电系统实现能源转换。经过几年的考察，随着太阳能光伏板造价成本的降低，费卡华瑞决定实施太阳能光伏发电。经过对现有厂房面积考察，费卡华瑞规划了2.8兆瓦装机容量，预计实现年发电约260万度，每年二氧化碳排放量可减少近158吨。在不减少生产量的同时，最大限度实现能源最优、排放最少的发展目标。

第二，相变蓄冷技术应用。相变蓄冷技术是指通过蓄冷介质的相变在电价谷时储存冷量，待电价峰时由蓄冷介质供应冷量，以维持工厂生产所需冷量。相变蓄冷材料属于共晶溶液，是由两种或多种化学物质的混合物，当以特定比例混合时，可以获得一种凝固点/熔点低于或高于0℃的、用于在－114℃到164℃温度区间里储存能量的载体，使得电能实现移峰填谷的目

的,以平衡电网的压力,同时节约一定的运行成本。

第三,转轮除湿多联技术应用。转轮除湿多联技术是未来能源节约领域的重大方向。在夏季或高湿度的外界环境下,费卡华瑞在生产过程中需要对工厂内的生产环境进行除湿。转轮除湿机可以降低湿度以满足生产需求,空气通过转轮除湿机内的吸附系统进行除湿,流入的空气经过转轮除湿后流出。在使用空调系统除湿时,需要消耗冷量进行除湿,若使用转轮除湿机进行除湿则可以降低空调除湿所使用的冷量。且由于不同用户所控制的湿度不同,可以应用多联技术使一台除湿机对应多台空调机组,实现多对一的除湿模式,在减少能耗的同时提高能源利用效率。

执笔:刘洪泉　庄文雁　马　涛　张新收　王剑桥

B.26 数字化奏响低碳新乐章
——朗新科技集团股份有限公司

出门但凡有公交地铁，绝不开车；距离不远的地方尽量步行；线上购票替代线下办卡……这是灵锡App登场以来，无锡市民中悄然流行起的新比拼。问及为何这么"拼"，市民笑答："每个低碳行为都能换算成碳积分，可以兑地铁券、蛋糕券，既能为无锡建设绿色城市作贡献，又能获得真实惠，何乐不为？"

2020年5月7日，朗新科技集团股份有限公司（以下简称"朗新科技"）旗下灵锡互联网（无锡）有限公司为无锡市定制开发的"城市服务超级App"——灵锡App上线。它为无锡市民架起了一座碳普惠数字桥梁，让个人"双碳"实践从"凑热闹"变为"见实效"。

截至2021年12月，灵锡App碳积分注册用户数已超过5万人，实现总减排163 469.61千克。作为"双碳"数字化服务的践行者，朗新科技通过灵锡平台交出无锡绿色出行减碳答卷。

在经济发展动能上，无锡一直是"优等生"。在绿色智慧城市建设上，无锡同样咬定青山不放松，不断依靠能源数字化这部节能减碳可靠"账本"，改变"大马拉小车"能源效能低的局面。这与2012年将总部落户无锡的朗新科技的能源数字化战略不谋而合。

朗新科技聚焦能源数字化，将绿色发展进行到底。作为一家已积累二十余年产业实践经验的科技企业，朗新科技在赋能B端电力燃气等能源企业实现数字化升级、内生式创新的同时，面向C端大众用户群体，构建城市能源服务新场景，推动能源消费结构转型。朗新科技已然盘出一个"双碳"

实践生态圈,通过服务大众、赋能企业、与城市共生,用数字化奏响绿色低碳新乐章。

一、打通"双碳"实践最后一千米

朗新科技最早起家于电力营销服务系统。从智能缴费到"城市一码通",真正让科技落地、方便大众,让科技更有温度,这是朗新科技最早的朴实理念初衷。如今,这个想法渗透到更多数字生活赛道,以绿为底色,让"双碳"实践"更接地气"。

(一)碳积分让人人为"双碳"出力

作为一款城市服务超级 App,灵锡搭成"碳积分"平台,构建"低碳行为-碳积分"核算体系监测用户低碳行为数据,包括使用"灵锡"App 刷码乘公交、坐地铁绿色出行以及使用"灵锡快充"为新能源汽车充电等,每一次绿色行为都将被记录,获得相应碳积分兑换绿色奖品。

除了记录低碳行为,灵锡 App 还实现无锡 90% 政务服务"不见面审批",并融通"灵锡码、园林码、借阅码、畅游码、医保码"等数字码。线上点一点,提交相关证明材料,即可缩短办事流程,数据多跑路、市民少跑腿,"码通全城"践行绿色低碳生活新时尚。

(二)"新电途"让车充电更自由

2021 年 4 月,朗新科技旗下的电动汽车聚合充电平台"新电途"接入灵锡 App,覆盖无锡 1 000 多个公共充电桩。两个数字平台的联动,让无锡新能源车主无须下载各类充电 App,只需打开灵锡 App 即可在线找桩、便捷充电,一改以往每次找桩充电,都要先下一款充电 App 的难题。

"新电途"在心有"灵锡"之前,便已与支付宝、高德地图等超级流量入口达成强强合作,实现支付宝、高德一键扫码充电。"新电途"始终践行着让更多市民享受到绿色普惠的初衷理念,不仅延伸新能源汽车的生态玩法,更重要的是从根源上解决新能源汽车使用过程中的关卡,真正让绿化环保落地。

如今,"新电途"已与全国 400 多家充电基础设施运营商实现互联互通,为 250 多万车主提供智慧充电,初步完成全国充电"一张网"的布局。

(三)缴费取票百姓"零跑腿"

作为支持蚂蚁集团的"幕后英雄",朗新科技为支付宝"生活缴费"的庞大业务提供技术支持和技术服务,目前提供水电燃热等"查询—缴费—账单—票据"线上闭环服务,已形成全国最具规模线上家庭能源消费服务平台,覆盖全国 400 多个城市,服务 5 300 家公共事业机构,逾 3.3 亿家庭用户,日活跃用户超 1 200 万。

朗新科技致力于让每一位老百姓享受到在线缴费的便捷,让能源企业花小钱办大事,降低各地营业厅缴费服务压力,提升居民缴费体验,打通民生服务最后一千米。

二、数字化提高能源利用率

在万家灯火背后,借数字化科技之力是推动能源高效利用的关键路径。在中国能源和电力系统逐步转型过程中,朗新通过系统建设和平台运营不断构建起完整的商业版图。这个进程中,数字化也是不可绕过的关键词。

2021 年 3 月,由朗新科技参与建设的能源互联网营销服务系统("营销 2.0")率先在国网江苏省电力公司上线试运行,有效破解了原系统扩展能力差、需求响应不及时、迭代周期长、运营管理复杂、数据一致性不强、数据模型标准不统一、基础硬件设备高负载等问题,实现了到"节能之星"的蝶变跃升。

(一)能耗大户秒变"大绿屋"。

锡山人民医院作为无锡市锡山区综合医疗条件优越的三级综合性医院,一般夏季提前供冷,冬季延长供暖,但由于缺乏科学的能源管控系统,每个月的能耗支出较高,过去被贴上了"能耗大户"的标签。

如今,这座在能源数字化技术赋能下的建筑综合体成为一座实实在在的"大绿屋"。这个出乎意料的"变化",完全依赖于朗新科技旗下新耀能源携手国网无锡综合能源服务有限公司为锡山人民医院提供的能源托管型服务。

朗新新耀项目团队快速找到锡山人民医院能耗高企的原因并"对症下药",运用自主研发的BSE智慧节能系统,凭借传感器、AI算法和双碳管理数字化平台,帮助锡山人民医院实现了能源中心以及末端的全自动化控制。

朗新科技正帮助更多像锡山人民医院这样的"耗能大户"实现到"节能之星"的蝶变跃升,开启集控制、节能、能效审计等功能于一体的智慧能源时代。

(二) 光伏电站发电好又多

在绿色能源倡导者方面,除了让更多群众积极参与节能减排,朗新科技致力于提供价值领先的一体化智慧能源服务与解决方案,助力清洁能源健康发展。朗新新耀"光伏云"便是其在智慧能源领域的又一成功应用。

一直以来,人工排查发电异常产生的无效损耗、监测不准确、成本高等问题是光伏电站的发展瓶颈。在朗新新耀的"光伏云"的助力下,光伏平台的这些困难却可迎刃而解。

通过提供资产上云、泛在连接、发电监控等一体化的云化服务,朗新科技能帮助光伏电站实现"无人值班、少人值守"低成本运营管理目标,同时实现持续高效发电,提升电站运维效率,节约电站运维成本。

目前"光伏云"已累计接入各类光伏电站超过1.8万座,装机容量超10吉瓦,支撑电站年发电量超100亿千瓦·时,相当于十分之一个三峡年发电量(注:三峡电站2020年发电量达1 118亿千瓦·时),年减排二氧化碳超900万吨,相当于年植树2 700万棵。

(三) 工厂"大脑"成就绿色智造

生产线上一台台上云设备高速运转,智能小车来回运输物料并科学管理用料情况,运维人员熟练地操控电脑、手机发送指令,可视化大屏实时监测着各类设备的运行状态……这一幕幕就发生在人机协同、高效配合的朗新科技集团旗下瀚云科技打造的数字工厂里。

双星彩塑是一家专业致力于先进高分子复合材料领域产品技术研发、生产销售、进出口贸易的国家高新技术企业。在"双碳"目标下,通过朗新科技集团旗下瀚云科技与中国移动的共同打造,运用数字化再造、技术创新、流程优化等手段,双星彩塑工厂成功"绿"起来,实现低碳绿色生产。在"2021中国物联网领航者峰会"上,双星彩塑工厂荣获2021产业物联网典型案例,成为可借鉴、可复制、可推广的行业示范标杆。

三、城市"大脑"让绿色生活更美好

"双碳"时代,绿色已成为城市与产业发展的底色。在做强"绿色能源牌"中,绿色是优势和底气,但做强不仅仅是要数量强,更重要的是提质增效。朗新科技在服务大众、赋能企业的同时,也是为城市赋能、与城市共生的智慧节能践行者。

(一)数字化便民生态服务佳

智慧城市中的各种生活工作场景大多涉及收费及缴费。相关服务是否便捷化、智能化、人性化,已成为衡量一个智慧城市发展水平的标准,也成为助推智慧城市建设的重要抓手。

在帮助搭建利企便民数字化桥梁的实践中,深耕线上缴费领域多年的朗新科技将运用成熟、功能齐全的线上缴费"SaaS平台"与各地电力、热力等能源供应机构建立连接。依托于此,能源供应机构在具备接入互联网的条件下即可登录使用,不仅部署快、成本低,而且使用便捷、维护也方便,真正做到了用科技便利生活,用科技提高效率。

让"人人享有贴心的公共服务",这是朗新科技一直坚持的。从为广大老百姓提供便捷的水电燃、社区物业及广电宽带等日常生活缴费及服务体验,到如今通过城市App帮助拓展数字城市赛道,朗新科技运用自己的平台接入优势,由过去的To B转向To B To C,在做好B端(企业)项目、做好平台的同时,进一步思考如何通过赋能企业、赋能城市的方式到达个人。

(二) 产业园绿能绘就零碳图

在无锡的朗新科技产业园,同样处处闪耀着"双碳"实践的绿色光芒。园区利用建筑屋顶等设计了1.2兆瓦的太阳能光伏发电站,每年可以产生130万至140万度清洁电源;设置的雨水收集系统采用生物净化技术将雨水资源利用率提高至5%以上,内硬化地面中可渗透地面面积比例达40%以上。

园区运用朗新科技自主开发的"互联网+综合能源管理系统",实现建筑物内温湿度精准控制,最大限度节约能源;此外,园区还规划了大量新能源充电桩,鼓励员工积极使用新能源汽车,共同践行低碳出行理念。

以产业园擘画零碳蓝图的同时,朗新科技撬动的"数字经济"方兴未艾。作为无锡重点打造的数字经济创新创业产业园,朗新科技产业园以人才和产业集聚为目标,将成为朗新科技集团总部基地,建成投运后将集聚约8 000名科技人才,带动30多家子公司以及上下游生态圈合作伙伴入驻协同发展。朗新科技以绿为底,以数字化、智能化为发展引擎,让数据开放激活数据价值,携手在数据"蓝海"乘风破浪,探索数字经济"新航路"。

(三) 管理平台追踪每一克碳

一家工厂内某条生产线的运转,一座城市的运行要进行有效的碳管理进而实现碳中和,关键的第一步是碳盘查,即摸清各个环节直接或间接排放的温室气体。

但要"摸清家底"、确定排放边界和排放来源往往须投入巨大的成本,碳盘查结果人工主导、原始数据不可追溯等难题成为政府部门和企业迈向"双碳"目标道路上的巨大难题。

朗新科技研发的双碳数字化管理平台成功让这些难题迎刃而解。通过全场景展示、全流程监测、全标准核算、全数据分析、全目标规划、全路径实施、全资产管理,可实现节能减排事半功倍的效果,帮助园区及企业主动应对碳风险、科学量化碳排放、全面分析碳数据、合理规划碳目标、精准实施碳减排、有效管理碳资产、广泛获取碳收益。

基于无锡，放眼全国。不管是以能源公用事业为主的智慧能源业务，还是互联网公共服务和智慧家庭业务，抑或是城市互联网、工业互联网及相关业务，让城市更聪明、产业更繁荣、百姓更幸福一直是朗新科技的目标方向。

朗新科技携手经济大市、太湖科创湾的无锡，率先探路碳达峰碳中和，为赢得"双碳"格局下的发展新优势不断发力，加快打造碳达峰"无锡模式""无锡样板"，并将更多成果运用在全国数字城市新赛道，努力走出一条生态环保与经济发展良性互动的高质量发展之路——朗新科技在行动。

执笔：刘晓光

B.27 为内燃机低碳排放不懈努力

——凯龙高科技股份有限公司

在中国,内燃机是交通运输、农用和工程机械、船舶和国防军工的主导动力,且在未来三十年内将仍然是最主要的动力源。内燃机产业也是国家重要的基础产业,其中柴油机占据重要地位。

但柴油机面临挑战,其后处理系统十分重要和复杂,国六排放法规提出要降低发动机原排99%颗粒物、95%氮氧化合物的要求,涉及诸多难点与技术攻关。

凯龙高科技股份有限公司(以下简称"凯龙高科")以系统解决柴油机后处理SCR尿素结晶、DPF堵塞与再生、系统协同优化控制、新型催化剂及大规格载体制备难题为主线,在国家和省部级项目支持下,历经10年攻关,建立了设计制造、集成匹配、系统控制等层面创新体系,实现后处理系统关键零部件设计、控制与诊断、催化剂与载体的制备三大创新,形成了具有自主知识产权的高性能低排放柴油机排气后处理系统,并有居国际领先水平的催化剂与载体、集成与封装、计量与喷射、智能制造、控制与诊断、匹配与标定、远程监控成套解决方案。

该项目开发的产品累计应用于40余种主流系列机型,超过166万套,市场占有率超过40%,新增直接经济效益33亿元,间接经济效益430.95亿元,累计减排氮氧化合物约785万吨、颗粒物约14万吨,实现了从无到有、由弱变强的跨越式发展,为推动中国内燃机环保排放标准升级和大气污染治理作出卓越贡献。

纵观凯龙高科发展,一路贯穿的是绿色环保理念,依托绿色制造、打造绿色产品、实现绿色价值。

一、绿色低碳是企业基因

于 2001 年创办的凯龙高科,怀抱"以技术创新、使天空更蓝"梦想,以"奉献绿色环保,勇做行业先驱"为追求,持续奋进、追求卓越。围绕中国内燃机污染防治,减温室气体排放,改善大气质量目标,面对内燃机"近零"排放控制和工程化等重大问题,针对不同适用对象,凯龙高科开展前瞻性布局。2006 年凯龙高科制定了以"柴油车""非道路机械""船舶"为三大主线,打造排放控制技术、应用示范和评价测试、成果转化等技术研发与工程化平台,以科技创新驱动企业发展的战略规划。公司明确了"成为拥有核心技术、可持续发展、全球领先的大气污染治理企业"绿色定位。

拥有核心技术:针对内燃机尾气颗粒物和氮氧化合物两大主要污染物的排放控制问题,构建柴油机从国四到国六完整的后处理技术体系,突破后处理系统智能协同控制、尿素精准喷射及高效混合、DPF 可靠再生、后处理系统设计及制造等关键技术,实现尾气后处理系统自主突破及大规模推广应用。

可持续发展:以技术创新引领相关领域的发展作为凯龙高科发展的核心和主线,将发展领域由现有的车辆领域拓展至车辆、非道路、船舶,将业务内容由产品研发/制造延伸至技术研发/服务、产品研发/制造、工程设计/服务,实现可持续发展;持续布局绿色低碳、超低排放和新能源动力等方面的前瞻性、战略性研究及开发工作,实现可持续发展。

全球领先的大气污染治理企业:赶超世界一流公司技术,达到国际先进水平,引领后处理行业技术进步,保障国内后处理产业安全,成为在全球技术、市场占有领先的大气污染治理企业。

二、绿色设计与制造支撑竞争力

尾气后处理系统涉及"机、电、化、热、声"等多学科交叉领域,在基础材料、关键零部件、控制与诊断、系统集成、智能制造等环节均存在诸多难点

(DOC：氧化一氧化碳、碳氢化合物等有害气体，提高再生温度；DPF：捕集碳烟颗粒并进行主被动再生减少颗粒物排放；SCR：喷射尿素与氮氧化合物反应减少氮氧化合物排放；ASC：收集 SCR 下游过量的有害气体氨），面临的挑战不小。凯龙高科坚持绿色环保的理想信念，低碳绿色行动贯穿始终。

（一）绿色设计

在产品设计阶段充分考虑产品对生态和环境的影响，使得设计结果在整个生命周期内的资源利用、能量消耗和环境污染最小。积极推行标准化、模块化、可拆卸、可回收式设计，产品在寿命周期内达到最大零部件重复利用率，减少最终处理量。

（二）绿色供应

对上游供应商提出节能环保要求并定期开展供应商绿色风险评价，通过制定《绿色供应链管理制度》《供应商开发作业指导书》《原材料供应商管理规定》等文件，从供应商绿色化管理、原材料进厂检验、内部绿色管理制度建设、绿色回收、绿色管理信息披露等方面开展绿色供应链的管理工作。

（三）绿色生产

采用先进的生产工艺和设备从源头降低能源、资源的消耗和污染物的排放。在工艺方案选择的过程中对环境影响较大的因素加以分析，提高工艺选择简洁化程度，达到节约能源、减少消耗，降低工艺成本和污染处理费用等。

（四）绿色环境

生产现场充分考虑产品制造过程的宜人性，积极推行生产现场 6S 管理及精益化生产理念，通过改善生产环境、调整工作时间及减轻劳动强度等措施，提高员工的劳动积极性和创造性，提高生产效率。

（五）绿色能源

开展并完成了屋顶太阳能发电项目，直接利用现有建筑屋顶，采用并网光伏系统，不需配备蓄电池；绿色能源，不消耗任何燃料，无电机转动，不影响环境。

（六）绿色销售、包装、运输

在销售环节，根据产品和自身特点，尽量缩短销售占用时间，借用网络平台，开设凯龙配件商城、凯龙京东商城，与终端客户直接对接。在包装环节，与主机厂等签订协议，积极开展托架、托板等运输材料的回收与二次利用，减少对环境的污染及材料浪费。在运输环节，在产品运输交付方面尽量采用集中配送，合理规划运输路径，减少能源消耗。

三、产品实现绿色价值

凯龙高科在实现绿色低碳的路上，逐渐形成了"以质量为核心，以创新为引领"的"两级"催化"让天空更蓝"的凯龙高科绿色反应方程式。

（一）反应物：双"全"＋双"多"

全绿色产品产业链：凯龙高科拥有完全自主知识产权，具备完整产业链。

全方位信息管理：提供从研发、采购、生产、物料、质量、产成品入库、销售等全业务流程的绿色系统支撑。

多主体协同：与政府、科研院所、供应商、客户等进行多方对接，协同发展。

多领域合作：在后处理系统涉及"机、电、化、热、声"等多学科交叉领域，开展绿色新能源合作研究。

（二）"两级"催化：以质量为核心，以创新为引领

将"质量"作为决定企业生死的基本要素，将"创新"作为企业不断发展

的强大动力,以此为催化,带动企业可持续发展,实现让天空更蓝的绿色追求。

(三)生成物:让天空更蓝

以企业使命、愿景、价值观为指引,为改善中国大气环境,为打赢蓝天保卫战贡献自身力量,实现绿色使命。

通过构建"让天空更蓝"的凯龙高科绿色反应方程式,凯龙高科自主牵头制定了全部19项尾气后处理国家行业标准,建成行业国家企业技术中心、国家认可实验室(CNAS)等平台,具备完整产业链,在国内规模最大、市场占有率最高(近40%),累计减排氮氧化合物约785万吨、颗粒物约14万吨,实现了从无到有、由弱变强的跨越式发展,成为中国内燃机尾气污染治理行业的领先企业。

执笔:魏宗洋

B.28 绿能产业的硬核装备

——无锡奥特维科技股份有限公司

十多年来,无锡奥特维科技股份有限公司(以下简称"奥特维")在新能源自动化设备领域里超前发展,多个设备实现国产替代进口,为中国光伏产业链全线国产化作出贡献,在发展绿色低碳产业的道路上发光发热。公司主营的光伏串焊机产品自2014年以来,已累计为光伏行业提供约193 GW产量,约减少碳排放2亿吨。

一、快马奔进低碳赛道

奥特维名字来源于"auto well"。奥特维是一匹行业"快马",能抢先进入低碳发展赛道,进军光伏设备制造领域,得益于创业者独到的眼光。

2007年以来,全球绿色低碳生活理念大兴,光伏发电产业技术不断突破,全球太阳能迈入快速发展阶段。2010年,奥特维应运而生,从成立那天起,创业者就立志以实业报国,深耕绿色光伏能源产业。2011年,中国太阳能光伏产业在经历多年的快速增长后,开始放缓,遭遇欧债危机、美企反倾销反补贴"双反"诉讼,中国光伏企业处境艰难。

危中有机!光伏作为绿色清洁能源,对国家未来发展不可或缺,经历一轮整合和淘汰后,将进入良性健康发展轨道。奥特维领导层坚定对光伏产业的目标与信心。

经过深入市场调查发现,走新能源发电的绿色低碳道路,生产效率是光伏组件厂的最大诉求,只有突破这个瓶颈,才有可能真正做到"平价上网",替代传统火电。然而,2012年,关键设备光伏串焊机市场仍被欧美企业占领,价格高昂,使用维护耗时耗力费用高。国内大部分组件厂商为降低成本只能采用人工焊接,严重阻碍了光伏组件生产效率提升。

奥特维迎难而上,决定从光伏设备关键环节率先实现突破,重点研发当时国内基本被外国设备垄断市场的太阳能电池片全自动串焊机。为了在短时间内攻克技术难关,奥特维从领导层到技术团队天天吃住在厂里,小到螺丝的选型,大到机械手的运行轨迹,样样精益求精。经过10个月的日夜拼搏,奥特维的首台太阳能电池片全自动串焊机基本成型。

由于缺乏知名度,奥特维的第一代产品面世后无人问津。"没人愿意买,那就先给别人试用。"公司把第一台样机送到客户工厂试用。2014年,奥特维的全自动串焊机在中国光伏某领军企业常州客户处试用成功,碎片率、焊接速度等指标和欧美企业的设备不相上下。行业龙头企业的认可带来了品牌效应,到2014年底,奥特维的产品已经在国内市场排名前三,无锡尚德太阳能、河北英利集团、江西晶科能源等大型光伏企业均成为奥特维客户。

奥特维2015年建立了ISO 9001质量管理体系,积极开展产品认证,高速串焊机、多主栅串焊机、激光划片机等产品通过了CE认证。公司还建立江苏省工程技术中心、江苏省企业技术中心和江苏省博士后创新实践基地,承担"江苏省科技成果转化项目""江苏省高端装备研制赶超项目",参与两项"国家科技计划项目"等科技研发项目。

二、抓商机国内外市场齐上

一切围绕用户需求体验,奥特维的"朋友圈"由此不断扩容。2021年,奥特维积极进行设备互联化方案的探索和数据平台化推进,推出光伏组件智能焊接整线、丝网印刷整线等一体化解决方案,打通了单一设备之间的路径分离和信息屏障,达到减少成本损耗和建立数据互通的效果,受到不少客户好评。

凭借产品竞争力,奥特维赢得了不少"回头客"。2020年12月,奥特维与安徽华晟新能源科技有限公司签署战略合作协议。双方基于前期建立的良好合作关系,扩大合作范围,全面提升合作层次和水平,共同推进异质结组件端的工艺发展及大规模量产。华晟二期 2 吉瓦异质结组件项目,也将全线选用奥特维串焊机。这是目前光伏行业异质结产品首次规模化输出,具有行业代表意义。异质结电池具备高转换效率、低光衰、低温制程、高弱光响应等特性,已成为行业内最受关注的工艺之一。2021 年底,华晟通过采用无损切割、高精度串焊等技术,实现一期工厂制造的 M6-144 版型高效异质结电池组件效能的大幅度提升,其功率达到了 493.3 瓦,效率提升 22.70%。

奥特维充分发挥创新技术优势,助力客户提高生产效率,为光伏发电实现"平价上网"贡献力量,为做大清洁能源蛋糕注入新活力。奥特维老员工说起一个细节:"公司刚给客户(或常州客户)供货时,经常看到客户厂里成群结队的操作工去食堂排队吃饭,一两年后,却看不到成群操作工了。"原因正是一台全自动串焊机可以代替 30—40 个焊接工,奥特维提供的串焊机产品代替了他们 3 000—4 000 名工人。这则"机器代人"的生动例子,正是中国光伏产业向全面自动化、智能化、绿色化迈进的写照。

在开拓市场过程中,奥特维始终以客户和市场为导向提升产品竞争力,市场规模不断扩大,2013 年的订单销售额达 300 万元,2014 年猛增至 2 亿元,2015 年直线飙升至 4.8 亿元,短短两年时间,实现了 160 倍的裂变式增长,创造了惊人的"奥特维速度"。

目前,奥特维产品已销售至超过 37 个国家和地区,积累了大量的行业经验和客户资源。主要客户包括隆基集团、晶科能源、晶澳科技、阿特斯、正泰集团、印度 Adani、印度塔塔集团、蜂巢能源、远景 ASEC、金康动力、赣锋锂电、LG(中国)等国内外知名企业。奥特维为客户分布全球的近 400 个生产基地提供现场设备安装调试服务、现场检测、运营维护、远程指导、专业培训等技术服务。凭借卓越的产品性能和优质的售后服务,奥特维产品已在行业内树立良好的口碑。

三、科技创新支撑产品迭代升级

新能源产业是"星辰大海",组件端光伏串焊机的成功,并没有让奥特维骄傲,"autowell"的企业经营理念不断驱动内部持续研发创新,突破自我,实现赶超。多功能硅片分选机开始进入奥特维人的眼帘。尽管这款设备的精度要求、视觉技术要求比之前研发的串焊机产品提高了一个级别,但基于自身在自动化领域、光伏制造领域的深厚技术基础,奥特维迅速组建全新研发团队,针对设备的可靠性、效率、精度进行全面攻关,仅用半年时间就突破了传统面阵检测技术无法兼顾不同品质硅片检测的瓶颈,并成功地将3D视觉等新技术应用于硅片检测。奥特维多功能硅片分选机的总体检测指标优于进口设备,一举打破进口产品长期垄断的局面,产品首次实现了该类产品在技术、整机产品、售后优化的全部国产化。2017年底,在协鑫的招投标中,奥特维凭借过硬的产品品质一举拿下48台订单;次年,获得了江苏省工业和信息化厅"高端装备研制赶超工程"项目的立项认可。市场和权威的双重认证,印证了对进口产品实现了"逆袭"。

奥特维始终把科技创新作为发展支撑与动力。截至2021年12月,奥特维已累计申请专利1 275件,授权专利808件,其中授权发明专利55件;拥有软件著作权73件,软件产品专利50件。专利的拥有量和质量,从一个侧面印证了企业过硬的技术。2020年奥特维成功在科创板上市,这是对公司为新能源绿色产业提供最优装备产品的最好认可。

四、为"双碳"目标快马加鞭

近年来,全球光伏产业经历了跨越式的发展,根据中国光伏行业协会统计,2020年中国光伏新增装机48.2吉瓦,创历史第二新高,连续8年位居全球首位;统计数据显示,2020年中国太阳能光伏发电2 605亿千瓦·时,同比增长16.1%,光伏产业总体呈现稳定上升的发展态势。

奥特维这匹行业快马,面对下一轮绿色低碳产业的发展,对自己提出了更高的要求。奥特维认识到串焊机是组件端的核心设备,其技术延伸性受电池片规格及焊接精度、良率等条件的影响,在技术迭代过程中持续产生较大需求。2021年,奥特维积极进行设备互联化方案的探索和数据平台化的推进,推出光伏组件智能焊接整线、丝网印刷整线等一体化解决方案,打通单一设备之间的路径分离和信息屏障,达到减少成本损耗和建立数据互通的效果。

同时,奥特维在寻找又一个绿色标的。根据工信部等起草的《新能源汽车产业发展规划(2021—2035年)》,到2025年新能源汽车竞争力将明显提高,销量占当年汽车总销量的20%,并在2030年销量占比达到40%。汽车电动化大势所趋,锂动力电池行业就是奥特维下一个重点发力的领域。

奥特维目前已逐步形成了以光伏行业为主,兼具锂电和半导体产品的奥特维发展前行的"三驾马车"。应用于晶体硅光伏行业的设备主要包括多主栅串焊机、大尺寸超高速串焊机、硅片分选机、激光划片机、光注入退火炉、直拉单晶炉等;应用于锂动力电池行业的设备主要是模组生产线、PACK生产线、模组PACK生产线、圆柱电芯外观检测设备等;应用于半导体行业封测环节的设备主要是铝线键合机。

"十四五"期间,奥特维将深耕光伏、锂电行业、半导体行业的装备领域,为绿色新能源行业提供最好的装备,做绿色产业最坚强后盾。

执笔:陈　雁

B.29 城市矿山演绎资源传奇

——格林美(无锡)能源材料有限公司

20年前,当很多人还不了解"循环经济"的内涵时,格林美"独具慧眼",抢占了这个绿色产业先机市场。20年来,"化腐朽为神奇"的变化在格林美频频上演,格林美循环经济的网络基本覆盖全国,循环产业园遍布全国16个点,年产值近200亿元,变废为宝的体量已达到一年500万吨。如果把格林美处理的电子废弃物一个接一个排在一起,可绕地球赤道两圈。

一、变废为宝,挖掘"城市矿山"

走进格林美工厂,一辆辆满载电子废弃产品的货车,驶入工厂,过磅、交货、结账。这些废旧物品,被贴上二维码,赋予新身份证,等待重生。

在拆解生产线上,工人们先扫码,这些废旧物品等待进入下一个操作环节。拆解生产线上方的监控摄像头连接国家商务部、生态环境部的监控终端。

开盖、回收,将塑料壳破碎分拣,电子废弃物分门别类归集,进入下一个程序。回收的塑料,根据不同的材质分类,可制成大型垃圾桶、塑木等材料重新使用。疫情期间,格林美向武汉捐赠的1 000个240升的垃圾桶,就是用回收塑料加工制作。塑木,是用废塑料添加木粉、秸秆等制成,可替代木料,比木料更耐腐蚀,更易打理,更耐用。格林美园区里常见的亭子、地板、小桥、座椅,均是塑木做成。

资源有限,循环无限!2001年,以"绿色生态制造"之意创立的"格林美"(Green Eco-Manufacture,GEM),响亮发出"开采城市矿山"的口号,踏上了绿色发展之路。

20年绿色奋斗,抓铁有痕,踏石留印,久久为功!

从回收小小废旧电池起步,到回收利用电子废弃物、回收大型动力电池,再到为新能源电池源源不断提供三元前驱体材料,作为"资源有限、循环无限"产业理念的提出者,20年来,格林美一路披荆斩棘,矢志向前,不懈努力,挖掘了一座座隐藏在城市之中的"矿山"。格林美主导的电子废弃物绿色循环关键技术及产业化项目,斩获国家科技进步奖二等奖。2013年7月22日,习近平总书记前往从事电子废弃物绿色回收利用的格林美高新技术企业武汉分公司考察,肯定并鼓励企业再接再厉。

挖掘隐藏在城市之中的"矿山",并再造一片"隐秘森林"。20年来,格林美通过回收电子废弃物、电池、报废汽车拆解、回收利用钴、镍、锰、铝等金属,相当于累计减碳261万余吨、人工造林2.6亿余株。按每亩150株成材林计算,等于新造了174万余亩的连片森林。

2021年中国启动碳达峰碳中和发展战略,国家发布《"十四五"循环经济发展规划》,提出废弃电子产品、废旧电池循环利用等6大行动计划。格林美从事的"废旧电池循环利用、电子废弃物循环利用、报废汽车回收利用、废塑料回收利用、新能源材料制造"等核心业务与国家战略同频共振,契合碳达峰碳中和时代主题。

迈入新时代,站上新起点,格林美提出了"十四五"远景目标:开采"城市矿山",发展新能源材料,全面推动"碳达峰、碳中和",成为世界循环经济产业的领袖级企业,对世界绿色发展产生积极影响。至2025年,销售收入翻一番,突破300亿元,力争创收500亿元;"城市矿山"资源回收量翻一番,达到千万吨级,2030年率先实现碳中和。

二、布局"长三角",建世界一流低碳产业示范园

从新能源汽车"退役"下来的动力电池,经过回收、拆解、组装等多道步骤,又变成了电动自行车上的锂电池重新"上岗"。依托这种绿色循环经济,位于无锡高新区的格林美(无锡)能源材料有限公司(以下简称"无锡格林

美")实现近20亿元的年产值。

2021年6月6日,无锡格林美投资建设的格林美(无锡)新能源循环经济低碳产业示范园正式开园。无锡空港经济开发区与无锡格林美签署格林美新能源循环经济低碳产业示范园战略合作协议;无锡高新技术产业开发区科技金融创业投资集团、无锡空港经济开发区与格林美共同签署格林美动力电池低碳循环项目资本合作三方协议;新吴区教育局、新吴区科学技术协会与格林美共同签署无锡高新区低碳产业科普教育基地三方合作协议。

"世界一流"是格林美的愿景。根据目标,格林美(无锡)新能源循环经济低碳产业示范园,将建设年回收处理30万辆新能源汽车、年回收与再制造30万吨动力电池、年再制造5万吨新能源材料等三大新能源循环经济项目,构建"动力电池回收—新能源汽车回收—动力电池梯级利用—汽车零部件梯级利用—新能源材料再制造"的新能源全生命周期低碳产业模式,推动新能源汽车从"绿色到绿色"。园区立志打造成为世界一流新能源循环经济低碳产业园区、新能源循环经济创新中心、动力电池与新能源汽车回收利用基地、低碳产业教育示范基地。五年后园区力争实现年产值突破200亿元,减碳超200万吨。

格林美(无锡)新能源循环经济低碳产业示范园的建立,意味着无锡高新技术产业开发区聚焦绿色低碳产业发展又迈出新步伐。格林美(无锡)新能源循环经济低碳产业示范园将被打造成为无锡高新技术产业开发区积极争创国家级绿色产业发展示范基地和国家高新区绿色发展示范园区的中坚力量,成为无锡打造全国零碳发展示范城市的一张靓丽名片。

无锡基地,无疑成为格林美布局"长三角"的一枚重要棋子。该地区是中国最重要的新能源生产基地。2020年长三角地区新能源汽车产量达48.76万辆,占全国新能源汽车产量的比重超30%。这个数字还在持续增加。原始资本积累、汽车工业基础、政策激励和经济水平为长三角新能源汽车生产的"抱团"提供了强有力的支持。

格林美敏锐地看到市场潜力,提出新战略:资源为王,全球布局,持续加码下先手,在长三角建成报废新能源汽车与动力电池综合利用"双轮驱动"基地,建设"沟河江海"回收大网络,为中国新能源汽车产业的绿色发展提供强力支撑。

从新能源汽车的心脏——动力电池入手,格林美在长三角新能源汽车发展的链条上,为可再生能源使用、资源减量和资源循环布下了先手棋。2020年12月,无锡格林美荣获江苏省第一家获新能源汽车废旧动力蓄电池综合利用行业规范企业白名单资质。

以无锡为基地,格林美实施长三角新能源汽车与动力电池的整体回收,打造长三角"新能源汽车回收拆解—动力电池回收—梯次利用—动力电池材料再造"循环基地。

在技术研发上,无锡格林美自主研发设计,建成全球首条废旧动力电池精细化无损自动拆解线。建立了可追溯的全流程信息化管理系统、市场主流电池性能数据库等,为电池溯源化管理、快速检测打下坚实基础。

在市场开拓上,无锡格林美积极拓展"朋友圈",持续构建从"毛细端"到"主干端"的退役动力电池包回收渠道,与全球近500家汽车厂和电池厂签署协议建立废旧电池定向回收合作关系,力求实现"签约50%、回收30%"的市场战略,形成一级终端回收,二级回收储运,三级拆解与梯级利用,四级再生利用的"沟河江海"回收利用体系。

如今,无锡格林美正聚焦实施"动力电池材料＋新能源汽车高值化循环利用＋动力电池回收拆解及梯级利用"三轨驱动战略,通过长三角循环基地建设,迅速凝聚人才,探索模式,发展技术,辐射全国,连通国际,向着"十四五"战略目标"奔跑"。

三、担当使命,社会责任与经济效益相统一

20年风雨兼程,在千锤百炼中,格林美人将循环从一种理念变成一个百亿产业,将低碳从一种号召变成切实行动。格林美先后被授予国家绿色工厂、国家循环经济教育示范基地、国家"城市矿产"示范基地、国家生态环境科普基地等国家级荣誉,成为推动中国循环型社会与低碳发展的杰出代表。在碳达峰碳中和背景下,格林美给出了实现企业社会责任与经济效益

相统一的厚重答案。

第一,绿色环保示范走向世界。格林美代表中国企业荣获2018年达沃斯论坛循环经济跨国公司奖,荣获2020年保尔森可持续发展奖——绿色创新奖,成为中国环保企业走向世界的标志。2020年6月5日,格林美以中国环保上市企业名义,向全球发布《绿色宣言》,向世界展示格林美的绿色低碳目标与态度。

第二,以循环产业探索共同富裕之路。自2012年以来,格林美响应国家精准扶贫号召,先后在兰考、炎陵、新化等贫困县投资近10亿元发展废物再生循环产业,创造2 000个以上就业岗位,以绿色循环之路,走出了一条上市公司帮助落后地区脱贫致富奔小康的新路,实现了企业价值与国家精神相融合。

第三,投身社会公益,宣扬绿色文明。每一位格林美人怀揣绿色梦想,投身社会公益,宣扬绿色文明,把循环从理念变成现实产业,把低碳从倡导变成行动,从个人的社会责任做起,点滴微薄之力汇聚成格林美绿色循环的海洋。公司加大植树造林力度,组织社会各界与公司员工开展植树造林、养绿护绿行动,已累计植树造林近40万棵,5 000余亩。各园区打造垃圾分类站,定期开展小型废旧电池和废旧家电回收活动,将垃圾分类、资源循环利用的环保理念深深植入每一位格林美人的心中。

第四,打造"六化"绿色低碳园区。格林美一直力行"讲低碳的话,做低碳的事,行低碳消费"的低碳行动准则,深入开展"绿色化、安全化、教育化、科技化、智慧化、质量化"的"六化"园区建设,全面减排各项污染物,做到增产不增污,进一步改善和提升各园区环境质量。格林美通过工艺改进、生产过程优化、设备改进、智能化水平提升等措施,使单位产品产量综合能耗每年以大于2%的速率持续下降。如今多数园区已完全使用蒸汽、天然气代替燃煤,推广清洁能源,并广泛采用光伏发电和自行设计的储能电站,提高清洁能源使用比例。

第五,工厂变低碳主题公园。格林美坚定落实"开门办厂"战略,用实际行动将绿色环保之路进行到底。作为全国第一批环保设施对公众开放企业,每年6月5日"世界环境日",格林美都以"推进碳达峰、碳中和,人与自然和谐共生"为主题,积极主动开展一系列面向社会公众开放的环保科普活动。车间变成环保展厅,工厂变成低碳主题公园,社区居民、中小学生与环保人士等社会各界人士纷至沓来。比如向来访人员普及垃圾分类回收的意义,组织并引导大家将从家中带来的废旧电池、空矿泉水瓶等废弃物准确分类投放,呼吁人人爱环保,人人做环保。

逐浪朝阳产业,更逢东风浩荡。对格林美来说,乘风破浪正当时。

执笔:施　杨

B.30 从低碳设计到绿色之树

——信息产业电子第十一设计研究院科技工程股份有限公司

2019年12月19日,华虹无锡集成电路研发和制造基地以其建筑及配套厂房设施设计绿色节能,荣获美国绿色建筑委员会(USGBC)认证的"能源与环境设计先锋"(LEEDv4)金奖,还获得了中国城市科学研究院认证的"二星级绿色建筑设计标识证书"。能源与环境设计先锋奖(Leadership in Energy and Environmental Design,LEED),由美国绿色建筑委员会开发,是全球公认的第三方绿色建筑认证体系之一。该项目的获奖离不开项目的总承包单位——信息产业电子第十一设计研究院科技工程股份有限公司(以下简称"十一科技"),一个在"双碳经济"下成功转型的国际工程公司。

十一科技始终坚持"安全是前提,质量是基础,进度是关键"的原则,在绿色和节能设计领域走在了前列。

一、践行绿色设计与标准

(一)绿色设计理念导向

十一科技,这家有50多年发展历史的大型综甲设计院,面对瞬息万变的行业重整,以工业建筑绿色设计为核心,以工程施工为延伸,大力拓展EPC业务,着力打造全产业链服务能力。2018年起十一科技实现每年营收超百亿元,走出了一条差异化、特色化的绿色发展道路。

（二）集聚绿色设计人才

十一科技在绿色低碳、智慧节能设计理念的指引下，注重绿色设计专业人才的发现和培养，制定切实可行的绿色设计人才吸引政策，加大专项人才培养投资，坚持政策向绿色设计人才倾斜，解除人才后顾之忧。目前已拥有国家级、省级设计大师近20名，享受政府特殊津贴专家近30人，研究员级高工近30名，拥有以近700名注册工程师为主体的技术队伍。

（三）占据绿色设计高地

十一科技坚持绿色创新，自2013年起每年研发投入已超亿元，以每年营收的10%—15%的研发预算，确保绿色设计技术领先。十一科技应用BIM技术协同绿色设计，让图纸三维化，实现快速算量、提升精度、减少浪费、有效管控，并积极探索基于BIM技术的三维档案接收保管与利用技术。十一科技主编和参编国家及行业规范60多项；获优秀设计、优秀咨询、总承包奖300多项，其中国家级奖励近50项，部、省级奖励超200项，行业荣誉近10项；获各类科技进步奖60多项；拥有发明专利近10项，实用新型专利近200项。

（四）综合能源管理促减排

十一科技开展综合能源管理服务，通过用能信息采集建设，搭建信息化平台实现区域能源科学调度、协同运行、智能管理。在系统开发过程中配合业主综合考虑变配电、热能、给排水、光伏、储能、风电、燃气运行等多种系统优化，向企业或园区提供用能数据采集管理、能源优化管理和设备监控安全预警管理等多种功能。由十一科技总承包的无锡红豆集团综合能源管理项目的建成，使园区清洁能源占比提升至15%，单位产值能耗下降了8%，综合用能成本降低了10%。年节约电能消耗可达2 104万千瓦·时，折合标准煤7 364吨，减排二氧化碳1.9万吨。

(五) 大力拓展新能源市场

从2004年开始,十一科技通过一系列太阳能电池制造厂房的设计施工,培养了一批新能源行业专业团队,为向新能源行业转型储备了人才和技术优势。2008年,十一科技以超前的战略眼光和顶层设计,布局新能源市场,成立了华东分院光伏电力事业部,专职从事光伏发电项目的开发、设计及工程施工。2015年设立了全资子公司——十一新能源投资有限公司,专业从事新能源投资业务。2016年开始进军风力发电行业。短短几年的发展,十一科技已投资自营新能源电站30座,共计436兆瓦,总投资近40亿元,2021年发电量超6亿度。2015年十一科技在国内首先开发了自有专利的光伏树产品。

(六) 施行绿色设计标准

绿色工业建筑,在建筑全寿命周期内,能够最大限度地节约资源(节地、节能、节水、节材)、减少污染、保护环境,提供适用、健康、安全、高效使用空间的工业建筑。在产业项目设计中,十一科技坚持实行绿色设计标准。一是节地与可持续发展场地设计,合理提高建设场地利用系数;二是节能与能源利用设计,在建筑布局、朝向、体形系数和使用功能等方面,体现节能理念和特点,并注重与气候的适应性;三是节水与水资源利用设计,设置工业废水再生回用系统,回用率达到国内同行业先进或领先水平等;四是节材与材料资源利用设计,工艺、建筑、结构、设备、土建与室内外装修一体化设计,在保证安全和不污染环境的情况下,可再循环材料使用量占所用相应建筑材料总量的10%以上;五是室外环境与污染控制设计,废水、废气及固体废物中有用物质回收利用指标达到国家标准。

二、进军绿色能源领域

中国"十四五"规划和2035年远景目标纲要指出,加快发展非化石能源,坚持集中式和分布式并举,大力提升风电、光伏发电规模,建设一批多能互补的清洁能源基地,非化石能源占能源消费总量比重提高到20%左右。根据国家政策的导向,十一科技紧紧抓住时代发展机遇,造就了一批样板工程。

(一) 光伏发电向阳而生

十几年深耕光伏发电,十一科技完成了光伏发电行业迈入百亿级规模目标。项目类别囊括集中式地面电站、分布式屋面电站(含 BIPV)、渔光互补和农光互补电站等,并积极承建光伏扶贫电站,项目地点分布大江南北。2021 年,十一科技为山东、河南、河北、安徽、江西、山西、湖南等区域的整县制推进屋顶分布式光伏开发试点提供技术服务,容量达 1.1 吉瓦。同时,十一科技紧跟"一带一路"倡议,与大型央企联合,积极开拓海外市场,承建多个海外光伏发电项目,服务区域遍及越南、卡塔尔、迪拜等地。

(二) 风力发电乘风飞扬

2016 年开始,依托光伏发电积淀的技术、人才和项目优势,十一科技向风力发电领域进军,先后承接了中国电建、中电投、中广核等央企风电项目。近年风电咨询、设计、施工总容量超 400 兆瓦。

(三) 自投电站稳步增长

"十一能投"作为十一科技新能源专一投资管理平台,目前拥有自持电站 30 余座,装机容量达 436 兆瓦,包括润博 33 兆瓦生态农业光伏地面电站、巩义北岭 40 兆瓦山地光伏电站、象山珠溪 30 兆瓦农光互补光伏电站、祁东 30 兆瓦阜平光伏电站等。2019 年陆续收购电站 10 余座,装机容量达 123.6 兆瓦,包括青海蓓翔系列 85 兆瓦光伏电站、复睿系列 32 兆瓦分布式光伏电站等。自持电站位于内蒙古、青海、河南、湖南、北京、山东、浙江、江苏等地。"十一能投"新能源管控中心位于华东分院,通过智慧管理平台,实现对全国范围内各电站数据汇总、分析、预警及处置工作,实现高效远程管控。

2016—2021 年,十一科技自持电站总发电量达 330 453 万千瓦·时,电站总收益达 83 919 万元,相当于为国家节省标准煤 133 万吨,减少温室气体二氧化碳排放量281万吨。

(四)光伏树结出致富果

光伏树是十一科技拥有自主知识产权的一种将太阳能转换为电能的绿色能源科技树,由"十一能投"研发,拥有几十项专利,获得世界绿色设计组织国际贡献奖。

十一科技在河南巩义大台村安装了6棵古树型光伏树,每棵树容量为10千瓦,合计60千瓦,每年发电量在6万度电左右。作为当地扶贫项目的光伏大道,不仅体现了十一科技的社会担当,同时也成为当地的经济腾飞之路、强镇富民之路。

图30-1 十一科技自主研发的光伏树产品

(五)电站运维智慧高效

十一科技坚持以专业化、智能化、标准化、全时段、全地域的理念,提供运行、维护、检修一体化服务。通过线上监控、线下监管的高效运管模式,从建设期管理、生产运行、设备维护、资产管理、检修和技术改造等方面,确保电站安全、稳定、经济运行,以提升光伏电站运行周期内的综合收益率。

三、未来增强绿色新动能

(一)发展新能源产业链

十一科技的新能源战略目标是以光伏和风电项目的设计、开发、持有带动光伏和风电总包,保持十一科技在光伏风电设计与总包的领先地位。从新能源的开发、商业模式、光伏材料、制造、使用、运行、服务、传播等全产业链切入,并在其中的一些细分领域取得领先的优势。

(二) 带动区域扶贫开发

十一科技将以更大的热情和更专业的团队参与光伏扶贫项目的开发建设,积极开发建设光伏扶贫、生态扶贫、旅游扶贫等项目。在整县制分布式光伏和新一轮城市更新改造中,结合BIPV与既有社区,探索新开发模式。在推动绿色发展中既作贡献又获稳定收益,实现生态保护、绿色发展和民生改善的共赢。

(三) 创新开发新能源产品

市场的需求是十一科技转型创新的最大动力。十一科技将加强研发升级,力争用光伏树等绿色高科技产品适应市场需要,成为城市建设新的选项。同时,十一科技将持续创新,将新能源产业与物联网、5G等技术深度融合,在储能、物联网、配电网等方面积极提供数字化解决方案,构建智能化、精细化、数据化的新能源管理平台,推动新能源产业向智慧能源时代发展。

未来30年是中国双碳经济发展黄金期,十一科技将抓住历史机遇,在"双碳"产业赛道奋进。

执笔:王莉艳 朱纮文 郑飞月 蒋 准

B.31 绿色治理的智能哨兵

——江苏蓝创智能科技股份有限公司

在美丽的太湖畔山水城,有一家智慧环保监测与整体解决方案供应商——江苏蓝创智能科技股份有限公司(以下简称"蓝创智能"),其产品是数据与方案。蓝创智能成立于2009年5月,十多年专注在城市环保、安全智能监测与解决业务,是江苏省生态环境信创先导区牵头单位,作为第三方服务公司在全国业内颇有声誉,在科技助力污染精准防治,推进"双碳"目标的实践中作出了有益的探索与成效。

一、抓机遇,监测领域开拓新天地

"十四五"期间,国家"双碳"目标实施,污染防治工作从过去以末端治理为主,开始转向源头管控、过程优化、末端治理、废物循环四个环节协同发力。面对国家政策导向与市场需求的快速释放,蓝创智能以绿色低碳为目标、以环境监测为业务主线、依托AIoT技术创新驱动及AI数据分析算法,面向城市环保职能部门与区域产业园区与产业集中区提供环境监测与治理整体解决方案,为守护城市蓝天碧水不断进取。

在水环境领域,蓝创智能"碧水哨兵"精准防治解决方案,通过打通属地纵向管理线和行业横向管理线,实现环境(地表水)质量在线监测、污染源(废水)在线监测、智能无人船监控、智慧管网(雨污水)监控等科学管理与数据应用服务,帮助生态环境监管部门预警、预报重大流域性水质污染事故,解决跨行政区域的水污染事故纠纷,有效规范园区企业排放行为,并打造低成本运营的水环境监测管理、污染防治、生态预警体系。

在大气环境领域,蓝创智能聚焦大气环境污染溯源预警预测、环境(空气)质量在线监测、污染源(废气)在线监测、智慧工地/港口扬尘在线监控、餐饮油烟在线监控、柴油车 OBD 远程在线监控等细分领域,重点围绕污染源解析作为技术创新突破发展方向,探索实时监控、智能分析、科学决策、高效管理的智慧环保新途径。

蓝创智能研发团队综合运用物联网、大数据、气象建模、人工智能等技术,通过环境空气质量自动监测站、区域空气质量监测微站、大气传输通道监测站、大气溯源网格化监测站、城市道路空气质量监测移动微站等获取在线监测数据,建立起天空地一体化的大气环境精准监控网络,对空气质量、突发污染事件实时预警分析,有效识别各类污染源的排放特征,实现高污染排放源精细化排查,进一步提升区域环境空气质量预警预报水平和精准溯源水平。

二、强基础,建立监测云服务

在环保监测服务领域取得领先,需要自己拥有坚实的基础核心竞争力。蓝创智能自主研发构建"Squirrel 云平台+智能终端+数据服务"业务体系,以"一张网""一平台""多应用"为核心,面向城市企业与机构提供专业服务,推进节能减排、污染源头治理,切实提升生态环境监管部门非现场管理能力和非现场执法能力。

蓝创智能自主研发的"Squirrel 生态安全云服务平台"包含"碧水云""蓝天云""安全云"三大云生态体系,形成涵盖设备联网、数据采集、平台支撑、数据服务和第三方运维在内的产品与服务闭环,为生态环境监管部门、应急管理部门、专业园区、排污企业提供综合化业务场景应用分析服务。

蓝创智能的专业终端研发团队设计的核心硬件产品应用于碳监测、水环境、大气环境等多个领域,相关产品获得 10 余项环保产品认证,其中油烟监测仪、数采仪、污染物智能监测监控与预警技术通过江苏省新技术新产品鉴定,达到国内先进水平。基于 AI 污染物识别、监测及大数据分析处理技术荣获世界物联网博览会三新成果评选金奖,填补了国内生态环境监测行业新型传感、智能接入、系统集成等多项技术空白。

三、盯痛点，创建碳排放监测平台

碳减排和碳中和的实现首先要有碳减排放监测数据支持。为评估温室气体减排政策有效性，国际上构建了温室气体排放量的核算体系，中国也陆续发布3批24个行业《企业碳排放核算与报告指南》。碳监测是辅助核算体系的重要支撑，可督促各层级落实减污降碳、源头治理要求。

碳监测主要聚焦排放源监测、环境浓度监测、生态系统碳汇监测三个方面。蓝创智能看准当下市场与管理的痛点与焦点问题，聚焦碳排放源监测。蓝创智能以火电行业碳排放连续监测为切入点，深入研判碳排放权交易市场建设需求，解决火电行业践行双碳战略技术性难题，通过对江苏省无锡市某火电厂实际烟气的精确模拟，在典型火电机组开展二氧化碳排放连续监测技术应用，搭建基于Squirrel的碳排放及常规大气污染物排放量核算平台，满足不同场景下的碳排放和大气污染物核算需求。

该平台结合国家政策、地方特点、企业生产工艺流程及排污环节分析，构建覆盖能源生产结构、终端消费量、火电行业、规模及以上企业碳排放、用户碳足迹、碳交易和碳吸收等综合维度的智能监测体系，主要功能包括流程化的排放量核算、排放量核算配置（锅炉燃料、末端能处理技术、污普系数、电网二氧化碳排放因子配置）以及火电企业管理等。

与此同时，蓝创智能还联合生态环境部门开展火电行业二氧化碳排放连续监测技术规范研究，通过大量现场验证测试实验，摸清环境条件、监测原理、设备配置等因素对二氧化碳连续监测数据质量的影响，制定涵盖性能指标、站房建设、安装施工、调试检验、技术验收、运行全过程质控的二氧化碳排放连续监测技术要求。

碳排放及常规大气污染物排放量核算平台的成功应用，攻克了火电行业碳排放监测应用场景复杂难题，推动了烟气排放连续监测系统设备创新性研发与应用，提升了连续监测碳排放数据测算精度。蓝创智能通过深度挖掘海量生产运行数据和实时碳排放数据，为企业节能降碳提供新思路，拓展火电机组节能降碳空间,指导企业根据碳排放配额指标及时制定减碳措施,有效控制碳排放支出成本。

四、保蓝天,城市空间更美好

城市是人类社会经济活动最活跃的地区,所产生的碳排放占总排放量的70%以上,是减碳主战场。实时精准的碳排放监测数据将为研究城市碳排放的时空变化规律及制定适用于当地的减排政策提供重要数据支撑。

蓝创智能的"蓝天卫士大气精准管控系统"以改善城市环境空气质量、减污降碳协同增效为目标,用"大气立体监测数据融合+空气质量综合平台分析+专业团队驻场+专家团队定向支撑"的服务,以"一个模型,两个系统、三个能力"为技术路线,实现预警预报、精准溯源,帮助城市空气质量科学管控。目前,蓝创智能驻场服务团队已入驻省、市、县(区)、镇(街道)各生态环境等多级大气环境监管部门。

该系统中的模型被称为SAMQ模型,是以第三代CMAQ、CAMx空气质量模型为核心,结合中国科学院大气物理研究所、复旦大学大气科学研究院最新研究成果,融合资料同化、集合预报、深度学习等先进技术研发的空气质量预警预报、污染源分析产品。SAMQ模型采用64核增强型计算云服务器,每次模拟分析过程需不间断运算15个小时,产生400 GB的数据量。

该系统通过监测数据、模型模拟数据深入分析,结合重点区域走航,污染物组分源解析等方式,综合应用排放清单、气象模型、扩散模型、受体模型、数值模型等先进技术,做到多源数据靶向支撑、污染成因精确溯源,帮助城市与地区监管部门实时掌握污染现状及分布状况,及时发现污染来源及扩散趋势,精准制定处置减排策略。

江苏省某地级市提出$PM_{2.5}$和臭氧协同治理任务,蓝创智能部署以该市为中心的四层网格。考虑到冬季颗粒物模拟受西伯利亚寒潮影响较大,模型的第一层包含中国中部和东部地区,一共18 000多个网格;第二层包含整个江苏省共11 000多个网格;第三层为苏南地区共10 000多个网格;第四层包含了该地级市部分地区共 26 000 多个网格。其中第四层 26 000 多个网格分辨率达到 1 千米×1 千米。从大尺度到小尺度,把地面到对流层分为 44 层,包含 65 000 个网格,共计 286 万个空间计算单元。SAMQ 模型模拟分析涉及 300 多个参数,14 个物理化学过程,通过秒级运算对未来 48 小时的空气质量进行模拟,获得未来每一秒空气质量,每次模拟总计算量达到 336 万亿次。

这个四层网格监测数据,不仅有常规的空气质量自动监测站数据、网格化空气微站监测数据、园区排放监测数据,还包括 VOCs 组分监测数据、移动微站监测数据、VOCs/颗粒物走航数据、卫星遥感数据、机动车尾气监测数据、扬尘监测数据及无人机巡查数据等多源数据,可提供全面的空气质量评估和决策分析依据。

2021 年 12 月 8 日,蓝创智能驻场服务团队通过 SAMQ 模型预测出未来 3 天江苏省某区域空气质量,预判 2 天后将发生主要污染物为可吸入颗粒物的污染事件。第二天通过 SAMQ 模型模拟出 24 小时精确预测值,为客户提供预警预报并配合对重点区域实施重污染管控措施,及时有效地降低了污染浓度,使得该区域空气质量从重度污染改善为中度污染。

从单个子站到地级市国控站,从小范围污染事件到中重污染持续事件,蓝创智能积极拓展子站臭氧高值分析、典型站点监测数据特征分析、局部短临预警分析、空气质量黄色预警过程分析等大气精准管控服务应用场景。

五、高时效,移动微站显神力

蓝创智能技术团队承接无锡市生态环境局大气立体监测项目,以国控站点为核心,标站、固定微站、移动微站为监测工具,通过密集的站点分布实现大气污染的高精度、高时效、高联动的综合监管,解决国控站点造价高、数量少而导致的监管盲区问题,提升环境执法部门工作效率。

全天候流动于城市中的出租车成为蓝创智能在项目中辅助大气污染精准防控的"神兵利器"。这些头顶移动微站的出租车化身城市空气质量"巡查兵",实时捕捉所经路段及区域的空气质量监测数据,并经 4G 网络传输至

Squirrel 大气立体监测监管平台。假设一辆车每天跑 12 个小时,3 秒上传一个数据,则一辆车一天可产生 1.44 万个数据,这些数据最后将以道路云图的方式呈现,为无锡初步建成天地一体、上下协同、信息共享的综合性大气环境立体监测网络。

  Squirrel 大气立体监测监管平台具备海量数据实时处理、流式计算多维分析、精准溯源弥补盲区、快速部署安全可靠的优势,通过环境空气质量自动监测站、区域空气质量监测微站、大气传输通道监测站、大气溯源网格化监测站、城市道路空气质量监测移动微站等市区范围内接近 1 000 个站点的实时监测数据,实现对空气质量、突发污染事件预警分析,有效识别各类污染源的排放特征,助推高污染排放源精细化排查。

  蓝创智能在生态环境监测服务产业领域的探索与实践,给未来"双碳"经济与产业发展带来了科学依据,尤其是今后在减碳、零碳、负碳、固碳的第三方服务业中会产生独特而积极的作用。

  执笔:朱　倩

A.2　绿色低碳园区

我们正处在产业与时代发展的拐点，从传统工业文明走向现代生态文明。碳达峰、碳中和是严峻的挑战，更是未来经济产业最大的风口，环境产业、循环经济产业、绿色低碳服务产业迎来千载难逢的机遇。现在中国的新基建里一定有低碳、零碳、负碳产业园的位置。我们的产业园区从哪儿来，到哪儿去，这对每一座城市来说是一场硬仗。工业经济发达之地在这场竞争中无疑必须率先引领高质量绿色园区发展。理念绿色化，能源低碳化，产业零碳化，发展绿色低碳的新技术、新业态、新模式，资源朝着绿色发展方向配置，建设绿色制造体系和服务体系，提高绿色低碳产业在经济总量中的比重，明天最有竞争力的一定是这样的绿色低碳产业园区。

B.32 生态、生产、生活融合之城

——无锡经济开发区

  无锡经济开发区(以下简称"经开区")位于无锡市南部,是无锡城市新的"一核","生态环保示范区、科技创新先导区、现代产业引领区、高端人才集聚区"是其发展定位。走进经开区,许多人的第一印象就是生态环境优美:面朝太湖,辖区56.6平方千米拥有12平方千米的湿地,"蓝绿空间"超过42%,生态禀赋得天独厚。贡湖湾湿地、雪浪小镇、巡塘古镇、周新老镇……

  经开区成立以来,对生态、生产、生活空间进行了环境、经济与社会协调发展的实践和探索。

一、贡湖湾湿地:优美生态空间

  站在太湖贡湖湾湿地公园水韵广场眺望,湖面碧波荡漾,帆影幢幢;湖边郁郁葱葱,野鸭悠游。可十余年前,这里是鱼塘密布、村庄工厂交错,水体污染,环境差。

  2012年,依托国家"十二五"水专项课题"太湖贡湖生态修复模式工程技术研究与综合示范"的实施,贡湖开始了全面、系统的生态治理。着眼于建立一个自我维护、运行良好的完整生态系统。自2013年开始贡湖湾湿地通过一条蜿蜒的太湖大堤与外湖相隔,遵循"研发、优选、集成、整装、模式化应用、大规模综合示范"的工作指导原则,按"河湖同治、梯级消纳、生态重建、协同净化、清水还湖"的总体技术思路,采用污水截流、生态清淤、湿地修复、水陆交错带水生植物群落构建、水生动植物培育、长效运行管理等多项措施,展开生态修复。其间,进行了村落及工厂搬迁,累计关停2 819家企业,搬迁入园工业企业3 245家;加种大量植物,形成由草本、湿生植物以及水生植物构成的河道缓冲带,对现存河道和地表径流进一步净化;采用多项生物改善技术在岸线设置生态隔离修复区,规划大量滩涂和岛屿,培育种植50多种、共计上千亩的水生植物以吸收、分解污染,同时投放8个水生动物品种保持生态平衡……整片湿地,从湖岸的一草一木到湖中的小岛,再到湖底的水草,都精心设计、建设改善,最终,形成生态栖息地。

经过修复和巩固,贡湖湾老太湖大堤以北区域水体污染得到解决,水体水质从原来的Ⅴ类水,稳定提升至Ⅳ类,局部水域水质达到了Ⅲ类甚至Ⅱ类,透明度达到70厘米以上。此外,形成了生态自我循环,成为"大自然的污水处理站"。贡湖湾示范项目探索的整装成套适合高藻、富营养化湖泊的立体生态修复技术模式体系也进行了输出,其中不少关键技术在全国多个生态修复工程中得到推广和应用,效果得到肯定。

在贡湖湾湿地修复的实践中,相关部门探索了资源化、产业化、长效化的运作管理模式,挖掘除了生态保护之外的多方面价值。其一,经济价值。这主要来自"变废为宝"。比如,蓝藻处理,既可生产有机肥,也可燃烧发电,形成了完整的蓝藻治理技术链;生长过剩的水生植物收割后也可作堆肥资源再利用;生态清淤及底泥无害化处理一体化技术,实现生态化清淤、管网化输送、工厂化处置、资源化利用、信息化管理、企业化运作,达到淤泥、垃圾、砂石三分离,固化处置后的淤泥可用于绿化用土、制砖等实现资源化利用。

其二,生态保育价值。贡湖湾湿地已成为丰富的水生动植物资源保育基地,生物多样性提高60%以上,水生植物覆盖度达35%以上,有陆地植物145种、水生植物75种、鱼类26种、鸟类107种、浮游动植物61种,形成由多年生沉水草本密刺苦草为主,金鱼藻、狐尾藻、黑藻、微齿眼子菜、马来眼子菜多种沉水植物为辅的水生态环境,成为白眼潜鸭、白骨顶鸡等珍稀、近危鸟类的停留和栖息地。

其三,休闲旅游价值。依托贡湖湾湿地建设的湿地公园,结合本土性植物资源形成的植物景观空间,同时串联起了以五桅帆船为代表的吴越文化、彩虹跑道为标志的现代网红潮流文化等地域文化空间,最大限度地利用自然及人文景观营造了集太湖风光、体育健身、旅游休闲于一体的本土景观特色。

其四,科普教育价值。贡湖湾湿地公园在设计之初就围绕着"生物的风景"这个主题,从"守护生物""展示生物""学习生物""营造生物栖息场所""体验生物生境"五大视点来打造景观,结合无锡第一个湿地科普教育基地——贡湖湾湿地科普馆的建设,让人在与生物、自然的互动中提高生态环保意识。

贡湖湾湿地的建设代表的是人们生态观念的变化——由对自然的索取到向自然回馈的转变。以贡湖湾湿地为代表,经开区内还分布有尚贤河湿地公园、长广溪湿地公园以及在建的小溪港湿地公园。驱车行驶在太湖大堤上,成片的湿地"串珠成链",为繁华都市与秀美太湖之间建立起了一条绿色生态过渡带,湿地也成为名副其实的"无锡绿肺"。

二、雪浪小镇:现代生产空间

在经开区核心区域坐落着一座独特的小镇——"雪浪小镇"。走进小镇,白墙黑瓦与前卫现代相依,简洁的线条勾勒出水乡雅致与现代空灵。无人巴士、无人物流车穿梭其中,智慧路灯、智慧垃圾桶随处可见,颇具时代气息的高科技感扑面而来。

这座由中国工程院院士、阿里云创始人王坚博士于 2017 年领衔策划、发起创立的小镇,其内核是产业——通过发展工业互联网等制造业数字经济产业生态,推动物联网与制造业深度融合,打造全球物联网地标。

占地仅 3.5 平方千米、以"思想策源地、产业新跑道、资本新天地"为使命的雪浪小镇数字经济发展浓度颇高,现已集聚了以雪浪数制、中科海拓、博世无锡、远景科技等为代表的大批优质企业,以及众多的重大创新平台和新型研发机构,培育了雪浪云国家工业互联网平台,打造了"工厂大脑",并形成了能源和装备领域两大垂直工业互联网平台,工业智能数据、工业智能计算、数字孪生、工业互联网标识解析、工业软件、工业大规模定制等领域的制造业数字化产业生态、创新生态蔚然成形。

"绿色"是雪浪小镇产业发展的一大底色。一方面，雪浪小镇发展的物联网、工业互联网、云计算、大数据等这些战略性新兴产业，本身就具有科技含量高、资源低消耗、环境低污染的特点。另一方面，工业互联网也具有赋能制造业绿色低碳转型的属性。通过构建人、机、物的互联，实现工业制造生产要素、产业链、价值链信息的链接。借助工业互联网和工业机器结合，建立起最优能效的生产方式及模型，实现能源精细化管理，最终达到提升生产管理能效、节能减碳的效果。

在加快推进工业领域数字化转型，推动互联网、大数据、人工智能、5G等新兴技术与绿色低碳产业深度融合方面雪浪数制科技有限公司已迈出了坚实的一步。其基于"雪浪算盘"开发的数据碳中和模板，通过碳数据资源管理、碳优化调度、碳模型管理、智能优化算法一系列功能组件，帮助流程化工业企业管好碳资产数据、用好碳管理模型和知识、优化全碳管理，从而完成"数据平台—目标体系—实施路径—评价机制"的全链条管理，真正基于工业互联网架构实现碳全生命周期"泛在感知、实时分析、自主决策、精准执行、学习提升"的业务闭环。

作为无锡市委、市政府重点打造的"科产城人融合发展示范区、太湖湾科创带建设引领区、新发展理念全域实践区"，经开区的产业是"智能化、绿色化、服务化、高端化"。在不占一片绿地、不增一块土地的前提下，经开区利用现有工业用地重构产业版图，加快传统工业园区的"脱胎换骨"，退出高能耗、高污染、低产出企业，形成以雪浪小镇为核心，智能制造园、国家传感信息园、黄金湾科创园、太湖湾信息技术产业园和文创会展产业园为支撑的"一镇五园"发展新格局，各个园区都有明确产业定位，构建以数字经济、总部经济、服务经济为支撑的现代产业体系，打造"主导方向＋头部企业＋产业基金＋研发机构＋服务平台"五位一体的国际化科创社区，不断提升经济发展的"绿色含量"。

三、江南古镇：烟火气生活空间

在尚贤湖湿地公园葱茏草木掩映下，粉墙黛瓦的江南水乡古镇安然依于巡塘河畔。巡塘古镇面积不大，但建行里铺、私塾学堂、舞榭歌台、救熄会等一应俱全，20 世纪的热闹人声和鼎沸市声如今已归静谧，唯青瓦坡顶、雕梁木门见证了这个无锡"小威尼斯"的往日荣光。春秋战国时期吴王夫差下令开挖的三条横河仍绕小镇缓缓流淌，小桥流水行人，跨越从前与现在。

城市建设并不意味大拆大建。城市更新是个永恒议题，和城市发展的历史演进相伴相随。"双碳"目标则对城市建设提出了更高要求：绿色低碳、内涵集约。大规模拆除、大规模增建、大规模搬迁，大兴土木既带来资源的浪费、碳排量的激增，也是对城市肌理、人文积淀的中断倾覆。作为无锡城市新的"一核"的经开区，没有一味求新，而是着眼精细处的微更新。一方面，以修复翻新、留白增绿的方式焕新城市，提升小微空间的功能综合性。另一方面，留下古宅、老街、古镇，传承城市历史文脉。

在 2021 年 9 月经开区发布的城市更新规划蓝图中，专门点出了古镇的更新改造。其中，巡塘古镇已基本完成改造升级，历经百年的市集古镇再展魅力；华庄、周新老镇则是各有侧重，准备重新着墨"上色"，挖掘百年人文历史。周新老镇如一座饱含历史积淀而有待挖掘的富矿。这座古镇由话剧《雷雨》中的"老爷"周朴园的原型、"煤铁大王"周舜卿当年在东绛置地百亩创建，1902 年易名"周新镇"。小镇还于 1904 年诞生了无锡史上第一家机械缫丝厂——裕昌丝厂，在无锡百年民族工业发展中留下了浓重一笔。对历经百年风霜的周新老镇的更新改造，经开区按照"建筑更新，修旧如旧""以点带面，打造景观""提取文化，创新体验"三步进行实施。对承载重要历史记忆的名人故居、工商业遗存等，斥巨资修缮复建，对大部分清末临河老民宅，修旧如旧，还原旧时模样。同时，提升改造周边河道水环境等景观、提取古镇各类文化元素加以创新体验，营造在叙旧中创新的意境。

打造有烟火气的生活空间，是对现代城市生活的另一种升华。

立足"美丽经开"建设，打造科产城人融合发展示范区。未来的无锡经开区,既是科技的前沿热土,也是徜徉休闲、放松心境的自由空间;既有产业创新、思想策源的火花迸发,也可与历史深处的工商巨擘对话,丈量城市文明的厚度;既能感受现代城市的魅力,也能在睦邻中心找回市井气。"双碳"路上,城市的落脚点终归于"人"。

执笔:陈　莹　赖镇桃

B.33 科创引领一流低碳园

——无锡零碳科技产业园

无锡之南,太湖以东,绿色产业图谱伴着太湖湾科创带的布局徐徐展开,无锡高新技术产业开发区(以下简称"无锡高新区")抢抓时代机遇,勇当时代重任,聚力聚智重磅打造太湖湾科创带"创新智核"——太湖湾科创城(以下简称"科创城"),并在科创城全域建设无锡零碳科技产业园,精绘绿色产业图谱。"零碳、低碳、负碳"从这里升腾,引领全区发展。

开拓创新、敢为人先的无锡高新区以无锡零碳科技产业园(以下简称"产业园")为新的起点,高定位规划,全面贯彻新发展理念、全面融合"零碳"理念的产业园,内部统筹规划、资源协作、充分结合自身主导产业,联合绿色低碳相关的科研机构,勇抓机遇;依托科创城活力载体,推动生产、生活、生态全域融合,推进未来无锡高新区绿色低碳高质发展,更好更快地进入"低碳赛道"。

以24平方千米的产业园片区推广应用,引领整个无锡高新区全域绿色低碳循环发展,无锡高新区以更加开放的态度为国家绿色低碳发展提供更多鲜活的经验。

一、绿色要素优化产业基因

低端制造逐渐腾退,社会经济逐渐发力,能源效率利用率不断提高,科技含量逐年攀升,化作实现绿色低碳循环发展的源头支撑,稳步推进无锡高新区碳达峰碳中和目标的实现。

在蓝图中,产业园将发挥好无锡高新区积极探索"零碳"创新试点的牵头作用,大力发展无碳、减碳、负碳核心技术,鼓励先进绿色技术试点应用,形成行业应用示范地和绿色技术策源地。产业园将在2025年底前,引进零碳领域科技企业1 000家以上,培育能源托管、碳资产管理综合服务平台20个,新增零碳产业从业人员超1万人。

科、产、城、人,在产业园内融合发展。土地空间紧凑利用,科技体现于产业之中,景色融入城市之中,生活舒适便利,资源流动顺畅。产业园以"十四五"为时间节点,突出"零碳""低碳"主题,将碳中和战略目标融入总体规划目标中,致力于从实现局部区域的"零碳"做起,辐射引领整个无锡高新区低碳产业蓬勃发展。在城市布局上,画出"一核、九园、二社区"的空间结构。

"一核":产业园核心区,突出"零碳""低碳"技术研发应用、成果转化和产业集聚,以核心区的试点示范带动整个24平方千米产业园片区的技术应用推广,从而进一步带动整个220平方千米无锡高新区的绿色低碳循环高质量发展,辐射带动无锡乃至长三角。

"九园":打造9个低碳产业园,分别为软件园、微纳园、生命科技园、传感网产业园、中电海康物联网产业园、天安智慧产业园、蓝鲸军民融合创新园、海鹰海洋探测产业园、高新技术独立研发园。

"二社区":打造2个低碳社区,分别为国际社区、新安社区,为区内民众生活带来别样的低碳体验和福祉。

二、零碳框架描摹绚丽图卷

扎实的产业基础是描摹美好蓝图的前提。产业园区现有科技企业4 000余家,有效期内高新技术企业总数420家,占无锡高新区的1/3;2021年新增有效授权专利近4 000件,占无锡高新区的1/3;PCT专利超330件,占无锡高新区的1/5;技术合同成交额43.64亿元,占无锡高新区的近1/3;雏鹰、瞪羚、准独角兽三类企业总数近500家,约占无锡高新区的50%;拥有无锡高新区90%以上的众创空间和科技企业孵化器,90%以上的新型研发机构及重大科技创新平台。

以产业描边,勾勒图卷框架结构;以人才着色,塑造产业缤纷未来。产业园现已集聚各类人才4万人左右,其中高层次人才约有4000人;累计引进和培育国家级专家100余名,占无锡高新区的80%。2021年,入选江苏省"双创人才"团队(项目)5个,占无锡高新区的50%;入围"太湖人才计划"团队(项目)44个,约占无锡高新区的70%;认定"飞凤人才计划"科技领军人才创新创业项目131个,占无锡高新区的70%。

三、技术发展要素聚集叠加

一是强化制度要素,通过政策文件清晰低碳规划,将发展循环经济与供给侧结构性改革紧密结合起来,为日后图卷绘制方向定下指南。产业园编制了《无锡零碳科技产业园"十四五"建设规划》《推进无锡零碳科技产业园建设发展的实施意见》《2021年园区建设发展工作要点》《无锡零碳科技产业园综合能源分布规划》等指导性文件,指引未来发展定位、发展目标和发展路径;前瞻性地编制了产业园温室气体排放清单,并将温室气体排放清单编制列为常规化工作内容,以为园区级的温室气体排放清单编制提供可操作的经验及借鉴;编制了低碳产业图谱,加大对低碳产业发展趋势的研究,按图索骥,定点招商,谋划高新区未来绿色低碳产业发展方向。

二是推进产学研深度融合,奠定了科技创新的基础,提供了产业研发的优质平台。产业园积极和清华大学、东南大学长三角碳中和战略发展研究院、昆山杜克大学环境研究中心、江南大学城市低碳研究中心等科研机构建立战略合作关系,开展低碳产业创新发展研究,未来将共同研究制定产业园绿色发展规划、绿色低碳行动方案,共同打造区域低碳沟通平台,积极引入先进低碳技术并实现产业化,打通低碳产业发展与实际运用的平台,同时解决科研成果走不出实验室的弊端,共同主推高新区绿色低碳高质量发展。

三是搭建绿色金融体系,打开经济增长的新局面。产业园与行业龙头企业开展金融合作,远景红杉碳中和百亿基金、中金协鑫碳中和产业投资百亿基金、一奇资本碳达峰碳中和基金等项目落户,初步构建了绿色金融体系,合理创新金融制度,引导和激励民间资本、国外资本及更多社会资本投入绿色低碳领域,营造可持续经济,守护绿色未来。有人曾将节能减排与经济发展对立起来,认为节能减排会拖缓经济增长。但事实上,经济发展与节能减排之间是正向传导。绿色金融的价值不止于一笔笔成交的数字,更大的价值是与绿色低碳的社会发展理念实现了同频共振,令绿色低碳的社会示范效应像涟漪一样不断传导。

四是首创国内"双碳双控"管理平台,实现了碳排和能耗指标的可跟踪、可分析、可视化,统一管理碳数据、碳指标以及能耗数据指标,通过区域内能耗碳耗全流程实时统计、精准跟踪和及时预警,构建起企业、园区、政府数字化碳管理体系。

五是全面实施低碳试点应用,为电力及其他行业提供了一个可参考借鉴的绿色模板。产业园与国家电网、兴业银行深度合作,创新金融模式,全面建设产业园低碳示范工程,涵盖了科创城全域范围内的分布式屋顶光伏系统、中低压交直流混联配电房、储能系统、充换电设施和新型电力系统区域微电网等的低碳科技示范工程项目;启动实施了松下能源"零碳"工厂、国网电力双创低碳产业园、格林美(无锡)新能源低碳产业示范园、朗新科技产业园等一批以企业为主体的低碳示范园区。以产业园低碳示范工程为代表的"碳达峰碳中和重大科技示范项目"已成功入选美丽宜居城市建设市级增补试点项目。

四、产业变革打造低碳社区

自成立以来,产业园一直以引进和培育"零碳""低碳"技术为使命,研发应用、成果转化和产业集聚,以探索"低碳""近零碳""零碳"甚至"负碳"技术的创新试点为目标,布局五大重点领域,包括集聚"零碳"技术产业、实现能源数字化和智能化、构建运营管理服务平台、打造"零碳"商务区试点、建设低碳社区。

(一)产业定位低碳化

GDP总量不再是衡量经济发展的唯一或主要标准,重视质的变化的低碳排放,更少污染和更高效益是产业结构调整的目标。产业园依托威孚环保、华光锅炉、无锡小天鹅等龙头骨干企业,大力发展节能环保型锅炉、危废和固废处理、节能机电产品、余能回收利用装备、高效节能家用和办公用产品、新型节能材料等,推动集群内企业协同联产,实现产品集群化、集群品牌化和产业服务化发展。产业园大力发展新能源产业,依托氢能燃料电池测试中心,推进威孚高科和博世公司提升氢能汽车核心材料开发、关键部件研发、系统集成测试等能力。

(二)能源结构清洁化

如何推动可再生能源持续发展?如何构建清洁低碳的能源体系?产业园用自己的行动一一回答了这些问题。产业园自建立以来一直注重绿色低碳技术创新,并围绕生产方式、生活方式和物流运输等领域的"零碳化"转变,加快培育绿色技术创新主体与绿色技术成果,全面增强绿色创新发展的引领支撑能力。围绕无碳、去碳、减碳技术实施一批绿色技术重点研发项目,产业园培育一批绿色技术创新龙头企业和绿色技术创新企业,支持企业创建绿色技术工程研究中心、绿色企业技术中心、绿色技术创新中心等。

(三)温室气体减量化

产业园按图索骥,实施定点招商、产业链招商,聚焦现有优势企业和新能源、节能环保等支柱产业,锚定新一代太阳能晶硅电池、氢能燃料电池、风力发电关键部件、三元锂电池、石墨烯电池、环保设备和新能源设备整机研发制造等重点领域,持续引进一批优质低碳产业项目。新投资项目基本上把污染物"零排放"作为入园门槛,固态废弃物也做到循环利用。

五、"五大工程"激活园区主动脉

"十四五"是无锡高新区成立三十周年的关键时期,同时也是绘制产业绿色图谱的关键节点,为顺利实现"十四五"发展目标,产业园将积极建设"五大工程"。

一是科技创新驱动工程。创新是引领发展的第一动力,以科创城建设为抓手,坚持将泰伯奔吴的开拓进取精神与现代创业的激情相融合,围绕打造科技创新带"创新大脑"总体目标,加大绿色技术研发攻关、构建绿色技术创新体系、加快专业科创载体建设。

二是产业联动辐射工程。坚持以产兴城,以城促产,达到产城的良性互动,以产业园核心区建设为抓手,立足科创城,辐射无锡高新区,加快零碳创新链和零碳产业链"两链"融合。加速科技成果产业、科技成果产业化以及做强做优低碳产业链条。

三是应用示范推广工程。坚持园区绿色低碳发展,打造低碳技术应用场景,倡导绿色低碳生活方式,创新试点零碳商务园区。坚持绿色低碳循环发展理念,全面优化能源和低碳综合管理体系,搭建技术领先的服务平台,打造低碳技术应用场景,探索"零碳"技术创新试点示范,为尽快达峰提供可复制、可借鉴的路径模式。

四是绿色金融助力工程。注重发展绿色金融,更好地满足企业的绿色。政府主动对接金融机构,引导和激励民间资本、国外资本及更多社会资本投入绿色低碳领域,推动绿色资产管理,通过绿色金融工具助力园区绿色低碳产业发展。打造绿色金融行业高地、积极融入绿色交易市场、健全绿色资管服务体系,致力于搭建多元化绿色金融服务体系,促进园区经济可持续增长。

五是低碳人才引育工程。狠抓"引""育""服"中心环节,大力实施低碳人才工程,倾力打造低碳领域的创新创业人才高地。积极引进低碳高端人才,大力提升人才服务水平,让低碳人才尽显其能、有用武之地。

科技向绿,产业向绿,城市向绿。"30·60"双碳目标是挑战、约束,亦是机遇。厚植绿色低碳发展动力,加大科技研发,加快成果转化,重视载体平台建设,深化交流合作,无锡零碳科技产业园将成为绿色中国的示范园区。

执笔:朱立佳

B.34 绿色产业路上的先行者

——宜兴环保科技工业园

经过四十年产业积淀,"环保之乡"成为宜兴最为人所熟知的产业标签。而立之年的宜兴环保科技工业园(以下简称"宜兴环科园")作为当地环保产业的典型聚集区,天然汇集着产业端的关注与凝视,也承载了新时期下关于"绿色转型、低碳发展"的殷切期待。在此背景下,宜兴环科园的低碳之路,兼具了园区转型样本与绿色先行示范区的双重内涵。

2021年10月18日,江南美好的秋天,宜兴环科园环保大道西侧、科技大道北侧地块的一个项目投运了:颇具未来感的白色建筑、蜿蜒盘踞的宏大连廊、明亮洁净的休闲空间……这是一个什么项目?

"城市污水资源概念厂"。这家被冠以"概念厂"名称的中国首座具有领先示范效应的污水处理厂,创新治水模式,开启宜兴环科园"双碳"时代引领绿色发展的新篇章。"概念厂"由以曲久辉院士为首的专家委员会发起,经过多年考察研究、技术验证,于2020年4月动工建设。该项目创新采用水质净化中心、有机质协同处理中心和生产型研发中心"三位一体"生态综合体"构造肌理",颠覆传统污水厂形态,从污染物削减基本功能扩展到城市能源工厂、水源工厂、肥料工厂等多种应用场景,展示了"污水是资源、污水厂是资源厂"新理念。这里,污水经过处理后用来冲咖啡,污泥经过处理后变为营养土,实现生态、生活、生产融合,绿色开放共享。

这座面向2030—2040年的城市污水处理厂,昭示着宜兴环科园的未来已来。宜兴环科园——这个全国唯一以环保产业为主题的国家高新技术开发区,经过近30年的产业积累,正在以坚实的步伐拥抱"双碳"时代的来临。

宜兴环科园围绕环保主题深耕多年,发展成果受到多重认可,先后被列为国家科技部和环保部共同管理和支持单位,《中国二十一世纪议程》第一批优先项目计划,并获得国家低碳示范园区、国家环保服务业示范园、国家创新型特色园区、苏南国家自主创新示范区核心区等诸多称号。

国家碳达峰碳中和战略的提出,赋予宜兴环科园积淀多年后又一次重大发展契机,并激发宜兴思考在"环保之乡"盛名之下如何厚积薄发、完成转型升级的跨越。聚集服务"双碳"目标和绿色产业,宜兴环科园开启了大力发展低碳环保产业、打造低碳示范园区的新征程。

一、升级环保产业,助璀璨明珠焕发新光芒

(一)产业基础:几十载栉风沐雨缔造深厚底蕴

环保产业是宜兴环科园最闪亮的一张名片。经过近30年的发展,宜兴环科园已发展成为全国规模最大、品类最齐全、最具创新活力的环保产业集聚地和全国环保技术创新策源地。

第一,国内最大的环保产业集群。宜兴环科园拥有各类环保企业2800多家,占宜兴市环保企业数量的50%以上,其中规模以上及潜在规模以上环保企业有199家;拥有环保产业专业技术人员2万多名、市场营销人员1万多名;具有全国难以复制的产业集群优势,以及由产业集群效应带来的营销能力、制造基础、工程实施能力。

第二,最完备的产业体系。宜兴环科园已形成研发设计—装备制造—工程施工—运营服务完整的产业链。产品涵盖水、声、气、固、土、仪及资源利用等7个大类、200多个系列、2000多个品种。其中,水处理设备的自我配套率高达98%,国内市场占有率达40%。宜兴环科园形成了检测、监测、培训、孵化、交易、展示等全链条支撑体系。

第三,最具活力的科技创新高地。宜兴环科园与国内外300多家高校和科研机构建立了产学研合作机制,打造了南京大学宜兴环保研究院、江苏省(宜兴)环保产业技术研究院等15家重大合作平台,实施产学研合作项目460项,引育各类高层次人才1000多名,包括外籍院士9名,曲久辉、任洪

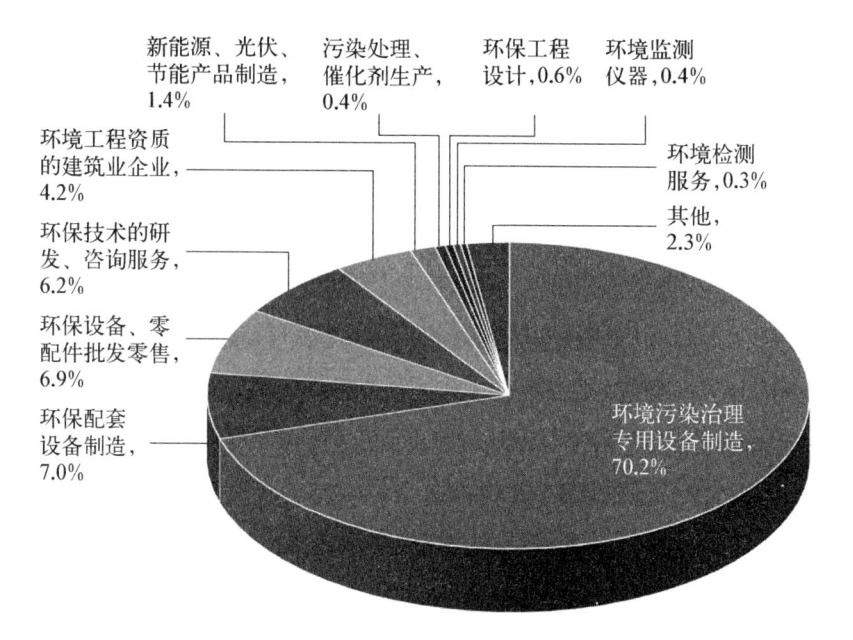

图 34-1　宜兴环科园节能环保产业细分领域分布

强等"两院"院士20名。2020年,新宜中澳、西工维新、华神环保、中宜环科4家园区企业荣获国家"产学研合作创新与促进奖(单位)"。

第四,汇聚国际顶尖的低碳资源。宜兴环科园与荷兰、芬兰、德国等国家组建了13个国际清洁技术转移中心和新南威尔士大学(宜兴)环境技术转移中心,引进100多项清洁技术,承担5个国别合作项目,成为国际技术引进的"桥头堡"。在低碳经济资源协作方面,宜兴环科园与丹麦Clean清洁技术中心、瑞典环科院(IVL)、上海能源交易所等高端机构协作,推动先进技术在宜转移转化、生态产品输出等,形成了高端人才、国际合作平台、低碳绿色技术的聚集。

第五,环保创业摇篮。宜兴环科园依托环保产业众创社区、国合环境高端装备制造基地、宜兴环保黑马营、高塍创客工场、鹏鹞环保装备智造园等孵化载体和平台,建成国家级、省级孵化器3家,国家级、省级众创空间5家,形成"创业苗圃+孵化器+加速器+产业园"全链条孵化体系。宜兴环科园环保产业众创社区成功入选第四批省众创社区备案试点。宜兴环科园国合环境高端装备制造基地组建实体化的营运机构,重点聚集一批世界领先技术的优质中小环保企业,目前已有日、韩、德等国的16家优质企业项目签约入驻。

(二)产业转型:生态文明新阶段驱动更新升级

要完成宜兴环科园整体的绿色低碳转型,园区内环保产业的转型是题中之义和必然要求。围绕新阶段下环境治理特征及绿色减碳的发展要求,宜兴环科园谋划了产业转型三大重要抓手。

1. 标准化,抢占行业话语权

抓好标准化工作是推动环保装备制造业升级转型的关键。为此,宜兴环科园大力推进"标准化+"建设,以总分第一创成江苏省节能环保产业集群标准化试点。2020年,国家技术标准创新基地(水环境技术与装备)成功落地宜兴环科园,目前已成功搭建了水环境领域标准化平台链,主导研制水环境技术与装备国际、国家、行业、地方及团体标准52项,组建了含107家单位的水环境技术与装备标准化产业联盟,打通了"团标—行标/地标—国标—国际标准"升级通道及快速转化应用创新路径。园区一些重点企业也纷纷响应,参与到国标、行标、企业标准的制定修订中。下一步,园区将全面推进国家技术标准创新基地(水环境技术与装备)以及标准化平台链的建设工作,推进节能环保产业优势产品、高新技术产品标准和行业通用基础标准的研制工作,逐步建立起环保装备标准全过程控制体系,全力争创国家节能环保产业集群标准化试点,抢占产业制高点。

2. 智能化,跑出转型加速度

近年来,宜兴环科园主动携手产学研等各界力量,助推企业"加速跑",以信息化、数字化等升级产业链各个环节,形成了集"智慧监测、智慧检测、智能制造、智慧交易推广、智慧服务"为一体的智慧环保产业生态,重点打造了高端先进的环保标准化工厂——鹏鹞环保装备智造园,并构建了国家环保设备质量检验检测中心(江苏)等配套体系。宜兴环科园在环境感知、装备制造、技术产品推广、运维管理等产业链条上逐步实现了智慧化转型,一批典型智慧环保转型企业近三年营业收入年均增长率普遍超30%,成为园区环保产业转型升级的重要支撑。下一步,宜兴环科园将通过推广鹏鹞环保装备智造园制造模式经验,推进智能工厂 SaaS 云平台、"宜高环保供销社"的建设,继续深化智能化产业体系的构建。

3. 绿色化,推广低碳新标杆

面向未来的环境基础设施发展趋势,宜兴环科园打造了宜兴城市污水资源概念厂、低碳厕所、分布式光伏发电项目、抽水蓄能电站、WEP 水生态修复系统等一批集约高效、智能绿色、低碳引领的生态示范产品,推动形成可复制的样板和标杆工程。其中,与曲久辉等院士团队合作在宜建设的全国首座宜兴城市污水资源概念厂,意味着"污水是资源,污水厂是资源工厂"的理念从理论变为现实;可移动、集装化、模块化的零碳厕所产品,已在江苏、新疆、湖北、香港等地以及南非、印度等国家应用。下一步,宜兴环科园将重点建设集国际清洁技术引进、绿色制造和低碳服务于一体的零碳创新中心,打造宜创、宜业、宜居的低碳产业配套环境。

二、打造绿色示范园,去有迹可循的"诗和远方"

"绿色示范园",是宜兴环科园在而立之年的新方位与新起点。相比于绿色产业聚集区,它具有更丰富的内涵与外延。为此,宜兴环科园依托深厚的环保产业积淀及前期在绿色低碳领域的提前布局,率先谋划制定《宜兴环科园战略规划》《智慧城市规划》《宜兴环科园碳达峰碳中和行动方案》《宜兴环科园绿色发展五年行动方案(2021—2025)》四大低碳纲领性文件,为园区融合发展提供科学依据,并形成了打造绿色低碳示范园的系列路径。

(一)解构碳排放数据特征,确立"先行者"的碳目标

经过专业机构的统计和测算,在不考虑电力净调出的情况下,宜兴环科园 2020 年能源活动排放二氧化碳为 87.78 万吨;在考虑电力净调出的情况下,2020 年净排放二氧化碳 52.05 万吨。

结合《省级二氧化碳排放达峰行动方案编制指南》(环办气候函〔2021〕85 号)要求,重点分析预测宜兴环科园能源活动产生的二氧化碳排放和电力调入调出间接排放量的达峰情景。

332 / 无锡绿色低碳发展报告(2022)

根据模型计算和相关数据分析,预测宜兴环科园能源活动产生的二氧化碳排放量(不含电力调入调出间接排放量)于2025年达到峰值,峰值量约为110万吨二氧化碳;包含电力调入调出间接排放,宜兴环科园能源活动产生的二氧化碳排放于2025年达到峰值,届时二氧化碳排放总量约为87万吨。

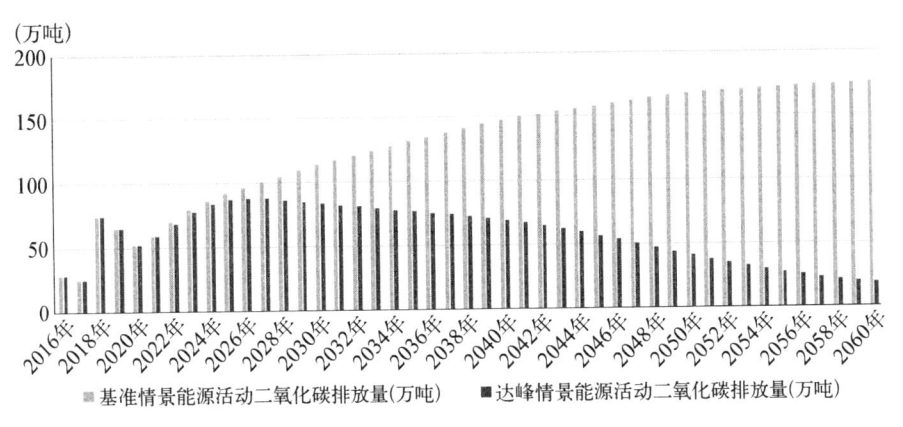

图34-2 宜兴环科园能源活动二氧化氮排放情景预测结果

预测宜兴环科园温室气体排放总量将在2050—2060年之间达到碳中和。碳中和情景下宜兴环科园2050年温室气体排放量50万吨左右,2060年温室气体排放量26万吨左右。

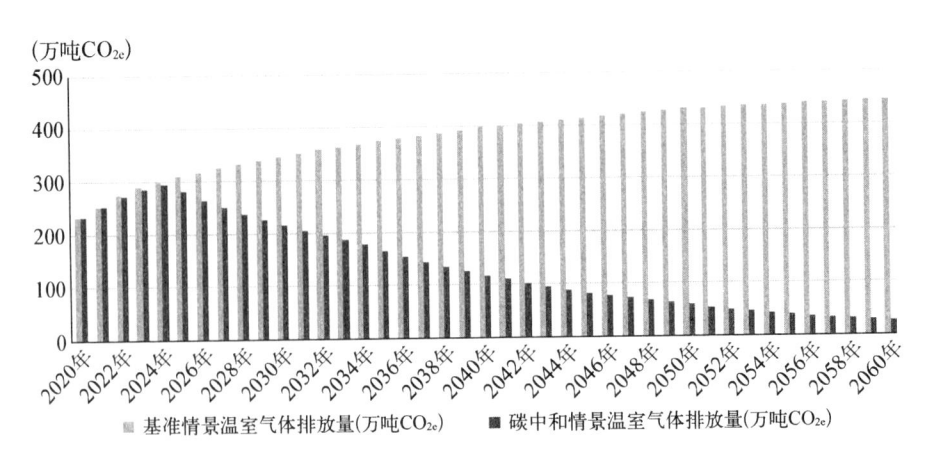

图34-3 宜兴环科园碳中和情景下温室气体排放量预测

(二) 多维谋划低碳践行路径，打造绿色低碳示范园

较低碳的能源加工与转换体系，为宜兴环科园提供了更为笃定从容的低碳化转型策略。以此为基础，宜兴环科园将碳达峰碳中和系列量化指标落到园区的发展实际中去，在产业、能源、建筑、生活低碳化方面全方位持续发力，全面推动园区经济社会各领域各行业节能降碳。

1. 围绕"产业低碳化"，推动产业减碳发展

一是深化工业减排。以江苏新街南方水泥有限公司和宜兴市金墅水泥有限公司为重点，着力推动宜兴环科园现有建材、化工企业从生产方式、能源结构、产品结构等方面实施优化调整，推广智慧节能技术、先进绿色制造工艺技术装备，形成推广和示范案例。二是优化产业结构。通过腾笼换鸟、增容技改、成片改造等方式，淘汰高能耗行业企业，倒逼"两高一低"行业提质降耗、转型升级；实施"淘汰落后产能、盘活闲置低效用地、老旧工业区改造"三大攻坚行动，提高土地集约利用水平，优化产业结构及产业质量。三是严控准入门槛。通过系统梳理《产业结构调整指导目录》《宜兴市产业投资指导目录》等文件规定，明晰园区产业准入门槛，从源头严控"双高"项目落户。

2. 围绕"能源低碳化"，完善园区能耗双控管理

一是提高能源使用效率。制定实施园区能源消费总量和强度"双控"实施方案；鼓励企业采用节能技术，建立智慧能源综合管理平台，通过数字化平台、系统化运作，形成"平台＋系统解决方案＋零碳示范工程"的综合模式，提高重点用能企业的能源效率；与国电投江苏公司深入合作，打造清洁低碳能源供给体系和综合智慧能源管理体系。二是持续优化能源结构。一方面，分解落实年度煤炭消费总量和减煤任务，加强监督考核，推动天然气、城市垃圾、生物能源等燃料替代煤炭消费；另一方面，鼓励发展光伏、氢能等新能源，不断提高非化石能源在能源消费结构中的比重。如实施氢枫氢能产业园项目，打造集"制造—储存—运输—供应—应用"于一体的全国首家氢能源中心；建设屋面分布式光伏开发项目，覆盖党政机关、公共建筑、工业厂房等多场景运营，共同推动绿色能源革命；依托巨贤等项目建设，再引进

一批产业链上下游相关企业,加快形成具有区域影响力乃至国际竞争力的新能源产业集群。

3. 围绕"建筑低碳化",打造能耗管控示范楼宇与示范工业集中区

一是推进既有建筑的节能改造。加快对低效楼宇、老旧厂房低碳化改造,把环保科技大厦办公楼打造成"零碳楼宇",改造升级谢桥工业园区,打造成为一个辐射整个环科园的生态新型创意商务中心。二是鼓励新建低碳楼宇。建设低碳产业园,严格执行新建建筑节能标准,积极推广装配式建筑,应用绿色新型建材,推进建筑废弃物资源化利用。

4. 围绕"生活低碳化",营造低碳生活新风尚

一是倡导低碳生活消费。推广节能、可再生能源等新技术和节水产品应用,反对过度包装。二是引导绿色出行。利用财政手段设计适当新能源补贴和税收优惠政策,推广新能源车辆应用;加快汽车公共充电桩、加氢站、智慧多功能综合杆等基础设施建设;借助"碳普惠"手段,开展绿色出行创建行动。三是提倡低碳餐饮和居住。推行"光盘行动",推动废旧物品回收和资源化利用工作,鼓励使用节电型电器和照明产品。

5. 围绕"构建低碳管理体系",落实完善低碳体制机制

一是建立低碳制度基础。学习深圳 GEP 核算制度,建立绿色企业库,加强重点用能排放单位管理,深化实施能源利用状况和温室气体排放状况"双报告"制度。二是健全碳排放计量体系。深化重点用能单位能耗监测平台应用,规范化编制园区温室气体排放清单。三是提升低碳服务能力。深化与上海能源交易所合作,建设运用好碳管理体系(宜兴)服务中心、全国碳市场能力建设(上海)中心宜兴培训基地,打造碳管理体系示范园区。

面向"十四五"及更远处的"30·60","环科园人"已经明显感受到,市场及管理正快步朝着新的秩序走去,动能、模式、思维的转换已势在必行。在这个历史使命下,宜兴环科园将直面低碳时代的高标准和高要求,发挥深厚的绿色产业发展基础和优势,抢抓宜兴打造区域性国际化中心城市发展机遇,不断增强绿色技术创新能力和输出能力,积极探索现代化发展新路径,打好打赢产业绿色化、低碳化"攻坚仗",致力打造世界一流的环保产业创新

和制造基地,为全国探索低碳之路示范引领打造"环科园样板"。

如今,一扇迈向更高台阶的门,正在宜兴环科园面前缓缓开启:

澄澈的空气,碧水蓝天下,现代新兴产业蓬勃兴旺,新型企业如同自然中的生命体,完成自我吐纳与消解净化;园区建筑通过太阳能、雨水收集、光伏覆盖、植被设置等多重手段,向"碳中和"靠近;绿色低碳生活方式成为风尚,"零碳"社区、"零碳"学校、"零碳"商业区建设日趋成熟……

执笔:俞　岚　张　威　李艳茹

B.35 长江之畔绿浪涌

——江阴临港经济开发区

2021年6月伴随《江阴市窑港口长江生态湿地司法修复基地生态修复资金管理办法》的发布,地处长江边的江阴首个"鸟岛"在临港开发区开工建设。"鸟岛"项目占地面积约270亩,通过塑造光滩、深潭、浅滩等多种地形,构建森林沼泽、禾草沼泽、莎草沼泽等多种地貌,恢复鹭类栖息地和雁鸭类觅食地。在"鸟岛"湿地公园东北侧,一片占地面积约5000平方米的窑港口文创园正同步推进,它是江阴临港经济开发区(以下简称"临港开发区")湿地保护的展示窗口,长江湿地生态系统研究的交流平台。

与"鸟岛"项目相距约1千米的江阴市窑港口长江生态湿地司法修复基地是无锡市首个司法修复基地,已于2020年6月启动建设。位于窑港口长江生态湿地保护区的这两处绿色生态项目,目前已成"网红"打卡点。窑港口长江生态湿地保护区设立于2019年9月,地处临港开发区利港段长江沿线,其中芦苇岸线长达近7千米,有1400多亩天然芦荡和湿地灌丛,港口长江生态湿地保护区规划总面积达555.78公顷,生活着白鹭、鸬鹚、野鸭、黄鼬、鱼虾等多种野生动物,形成了独特的长江湿地景观。

依江而建的临港开发区设立于2006年,连续九年综合实力、经济总量双双位列江苏省省级开发区第一,先后荣获全国十佳最具营商价值园区、中国国际化营商环境建设十佳产业园区等称号;同时它是绿色能源产业发达,减碳技术水平高的开发区,还是长江生态环境建设有成效的区域。它有怎样的历程呢?

临港开发区按照生活区、生产区、生态区"一体三区"定位,科学划定生态红线和城市增长边界。临港开发区围绕长江生态安全示范区建设要求，营造独特的长江湿地景观，加大土地修复增绿、水岸植绿复绿、窑港水源地保护力度，精心打造亲水绿道、特色镇村、湿地公园等一批生态工程；推进绿色港口建设，打造临港独特沿江生态风景线。

一、智慧港口优生态

2020年江阴港港口集团获评五星级"江苏绿色港口"荣誉称号（江苏省仅有四家港口企业获评），2021年又获"亚太绿色港口"称号。江阴港港口集团以"清洁能源应用"为特色的港口绿色低碳发展思路，建设了分布式风力发电系统、光伏发电系统、风光互补发电系统。在港口的总用电量中，使用风能、太阳能发出的"绿色零碳"电力占比近50%，减碳效果显著，极大地推进了港口碳中和进程。江阴港港口集团积极应用新能源技术，引入了LNG装载机和自卸车，实施轮胎式起重机的油改电改造，同时建设了LNG加气站和电动汽车充电桩等配套设施。江阴港港口集团促进靠港船舶使用岸电，为减少船舶靠港期间大气污染物排放，建设了低压市电岸电、变频变压岸电和高低压混用变频变压岸电系统，码头岸电设施覆盖率为100%，内河船舶靠泊作业做到应接尽接。

江阴港港口集团打造绿色花园式港区，每年投资上百万元，在港区内"见缝插绿"，大量种植花草树木，港区绿化面积超过10万平方米，使港区可绿化区域绿化率达到100%；在港区周边建设了长约1 000多米的意杨防风防尘林，构建生态碳汇屏障，助力港口碳中和。为了实现水资源循环利用协同发展，江阴港港口集团建设了与目前港口生产规模同步的污水处理设施，港区除尘、道路喷淋、车辆冲洗、绿化浇灌用水全部采用中水，实现100%达标回用。

江阴港港口集团科技赋能"绿港"建设。一方面建设智慧能源云平台和绿色环保管控平台，对港口能耗和碳排放实时监测、统计、分析，强化管控。另一方面利用5G、云计算等新兴技术探索智慧港口建设完善各项信息化管理系统，实现港区效率化、可视化、立体化运作。

二、智慧能源树龙头

新能源产业澎湃而来,临港开发区对未来产业发展"早谋划、早布局、早下手",以"重点企业+龙头项目+产业链整合+创新平台"的模式,建起新能源产业集群。

临港开发区率先在全国打造首个分布式风电项目。江阴远景千亿级智慧能源产业园内,全国首条大尺寸 NCM 软包量产线高效运转,作为江阴单体投资最大的项目——总投资 230 亿元的远景 AESC 智能电池项目正开足马力,生产着全球最安全的智能电池。一路之隔的不远处,远景高新智能化传动系统项目正在建设中,将完成生产高端齿轮箱的 3 条生产线。临港开发区的千亿级智慧能源产业集群正在形成中:已竣工投产远景陆上海上风机项目、风电测试验证中心、叶片研发中心、远景分布式发电项目、远景 AESC 电池项目一期、振江新能源一二三期等 16 个项目;在建远景齿轮箱项目、申桦高端密封技术研发、尚驰太阳能光伏回转式减速器研发、恒润轴承等 5 个项目;在批拟建弘远储能项目、联智能动力电池装备项目等 9 个项目。远景科技集团作为产业集群龙头,深入打造 1.79 平方千米的远景千亿级智慧能源产业园,形成智能风机、风电测试验证中心、叶片研发中心、智能电池以及分布式发电、齿轮箱的链式发展新格局;同时,结合"新煤炭""新石油""新电网"的能源转型大势,其智能风机、动力电池与储能、智能物联网、智慧城市等业务已成为政府和行业的"零碳技术伙伴"。

临港开发区内的双良集团同样与节能绿色相连。2021 年国庆期间,双良集团首批大尺寸单晶硅棒成功拉制出炉,由此双良集团接连签下单晶硅片合同,其中合同额度最高达到 144.27 亿元。双良集团发挥节能水系统和新能源系统领域雄厚的研发能力,从溴化锂热泵到空冷系统、多晶硅还原炉;从余热利用到循环水冷却,再到光伏新能源,走上了降碳减碳产业之路。双良集团两度捧回被誉为工业界"奥斯卡"的中国工业大奖。世界 500 强企业中,300 多家是双良集团的合作伙伴。

振江新能源股份有限公司,用 9 个月、11 个月分别完成一期、二期 5.25

万平方米钢结构智能车间建设,从新能源部件、紧固件、风力发电机总装、海上吊装到运维,构建绿色供应链,成为西门子能源事业部全球核心供应商。除了以上的优秀企业,临港开发区还集聚了一大批如艾尔姆、悦能动力、红鹰、申桦等智慧能源行业翘楚。

三、治污降碳增绿色

临港开发区"铁腕治污"是建设绿色低碳园区的重要抓手。临港开发区树立"环境污染就是政府污点"的理念,举全区之力推动长江大保护,坚决打好污染防治攻坚战,实施"绿剑行动",关停"散乱污"企业。临港开发区实施存量优化,传统产业改造提升,加快光大西利污水处理厂工程建设,推动全区域管网连贯联通;实施增量绿化,生态修复;严格项目环评、区域准入、源头控制、立体监管的负面清单管理,实施总量减化,推进控源截污、节能减排,确保辖区污染持续下降、生态持续改善、百姓持续宜居。

四、"零碳"园区展新图

临港开发区在当前的转型路上,同样遇到"双碳"目标的挑战,开发区要长大,就会遇到增能、增碳矛盾。对此,临港开发区迎难而上,树立零碳发展目标。

(一) 构筑"1+1+3+7"零碳开发区顶层设计

"1",首创临港能碳双控指挥中心和智慧管理平台,将企业和政府用能、碳排放量化打通,实现碳盘查、碳管理、碳服务。"1",临港与上海环境能源交易所推进建设临港碳普惠交易平台,并最终纳入长三角碳普惠交易体系,推进碳排放领域的核算、报告、认证、CCRE(国家核证自愿减排量)项目纳入市场交易。"3",能碳双控系统解决方案的3种路径:风光储充一体化、节能降耗技术综合应用和开展绿证交易和碳交易创新试点。"7",打造零碳产业园、零碳综保区、零碳港口企业、零碳学校、近零碳政府、零碳综合体和低碳工业转型7个不同领域的零碳示范工程。

（二）强化"双碳"平台引领

打造能碳双控指挥中心和智慧管理平台，建设政府级能源管理和碳管理平台、企业级能源和碳管理系统，实现临港开发区范围内政府和企业用能、碳排放以及新能源和林业资源数据打通，并统筹规划管理，形成两条业务主线和六大价值模块。A 主线为能源管理，这条主线涵盖三大价值模块，分别为区域能耗跟踪（高透明度、指标分析、企业排名和告警）、新能源资源规划（实现临港开发区全域范围内风光储充等资源开发的整体规划）和新能源资产集控管理（集中控制各类资产，真正实现"源储网荷"的协同）三大价值板块。B 主线为碳管理，涵盖碳盘查（打好基础、摸清家底、实时统计）、碳管理（一屏看碳、一屏控碳、及时预警）和碳服务（增值服务、助力履约、推动减排）三大价值模块，实现政府能源和碳管理的全流程业务闭环，有效提高政府能碳双控管理水平。

（三）实施零碳开发区系统方案

一是"风光储充"一体化绿色能源建设。充分发掘临港开发区全域各类资源，整体发展分布式光伏、分布式风电、共享储能、智能充换电基础设施、智慧能源、能源管理平台、售电平台等各类能源，实现区域内绿色能源开发利用最大化。二是节能降耗技术综合推广应用。基于企业级能源和碳管理系统，"一企一策"量身定做节能降耗方案，综合运用各类节能降耗技术和手段，大幅降低能源消费强度和总量。同时积极尝试引入碳捕捉、利用和封存（CCUS）、绿氢、绿氨等新技术进行试点。三是绿证交易和碳交易创新试点。依靠远景科技集团等头部企业资源，连通国内及国际主流绿证市场（如 I—REC 和 APX TIGR），解决可靠稳定的绿证交易渠道。和上海环境能源交易所合作，开展碳普惠机制建设，打造长三角碳普惠交易区域分中心。

（四）搞好零碳示范工程

在临港开发区内企业、园区、港口、政府、学校、社区等各个领域选择具备条件的单位先行先试,首批打造7个零碳示范工程。第一,零碳产业园。远景江阴千亿级智慧能源产业园到2022年底建成零碳产业园,将因地制宜,充分开发和使用本地分布式绿色能源(风光储充);积极发展"源-网-荷-储"运营模式,打造本地的共享储能,与新能源和电网柔性互动。第二,零碳综保区。江阴综保区作为国务院批准的国家级园区,率先建成零碳园区,发挥示范效应。第三,零碳港口。作为江苏省五星级绿色港口江阴港已累计投入上亿元建设风光互补供电系统、光伏发电系统、内燃轮胎吊油改电、堆场作业设备油改气等多个节能减排项目。第四,零碳政府。临港开发区管委会大楼作为全区绿色建筑运维的试点,加快推进合同能源管理、碳管理和智慧楼宇建设,有效降低能源消耗和碳排放。第五,零碳学校。选择南京理工大学江阴校区及临港科创学校,通过调节建筑室内外环境质量,优化节能与能源利用、节水与水资源利用等环节,从绿色建筑与校园建设、能源利用与再生、智慧能源监控与管理、绿色交通与绿色运行等方面夯实生态校园建设基础,打造零碳学校。第六,零碳商业综合体。红豆万花城是临港开发区商业地标,从低碳建设、低碳运维、低碳生态三个角度进行推进建设零碳商业,从建筑设计到商业运营,全面用低碳、健康的理念引领,并引导品牌商户/租户和消费者的行为,构建低碳共同体。第七,低碳工业转型。在临港开发区内钢铁、化工、电力、建材等高耗能行业中各选择1家企业,综合运用节能降耗、绿电、分布式光储等措施大幅降低能源消耗强度、总量和碳排放,推动传统工业转型。

长江之畔涌绿浪,零碳园区看临港。临港开发区着眼生态、降碳增绿、探索"零碳",一个高端产业集聚区正冉冉升起,一个开放发展样板区正缓缓走来,一个港城联动示范区正徐徐展开。

执笔:杨 艳

B.36 低碳来自绿色基因

——无锡星洲工业园

习近平总书记在第七十五届联合国大会一般性辩论上,向世界宣布了中国力争2030年前实现碳达峰目标、2060年前实现碳中和愿景,以碳达峰、碳中和为目标的绿色低碳循环发展已上升为国家战略。积极响应绿色低碳循环发展国家战略,积极构建绿色低碳循环发展经济体系,全力抢抓绿色发展新机遇,已经成为事关无锡高新区未来发展的重要课题。无锡星洲工业园(无锡新加坡工业园)是由无锡市政府和新加坡合作开发的高科技园区,从1993年开发之初就把新加坡开发科技园区的高科技、国际化、绿色化、集约化、市场化等成功经验作为无锡星洲工业园规划、开发、招商和运营的指导原则,园区单位工业增加值能耗、二氧化碳排放一直处于较低水平,成为绿色低碳园区实践和探索的先行者,是无锡高新区最有实力和条件率先实现"双碳"目标的园区。

一、产业高端,绿色集约,具备良好发展基础

20世纪90年代初,国内规划建设绿色工业园区还缺乏经验,与新加坡的合作为无锡星洲工业园开发建设植入绿色基因创造了条件。自1993年底成立以来,无锡星洲工业园一直以引进和培育高科技产业为使命,以"不求大、但求美"为目标,走产业高科技、资源低消耗的可持续发展之路,现已成为无锡展示国际一流高科技产业的高端化绿色化示范园区。

(一)产业定位国际化

基于合作双方产业基础,以及国际化的背景和园区规划面积不大的

实际情况,无锡星洲工业园产业规划定位于集成电路及高端电子零部件和精密机械及装备两大支柱产业,项目招商目标定位于国际一流高科技公司。在新加坡政府的推荐下,美国希捷、新美亚、唐纳森,德国英飞凌、全讯,日本村田、ALPS、住友电工、松下、三井物产、日立麦克赛尔,意大利阿里斯顿等全球知名品牌企业投资的高科技项目相继落户园区。现在,这些著名企业所投项目和产品也经过不断的转型升级,大多处在全球价值链的中高端。

(二) 资源利用集约化

1997年5月,国务院特区办、原国家土地资源管理局在无锡星洲工业园现场召开全国部分省级开发区座谈会,宣布了无锡星洲工业园在江苏省开发区每平方千米综合经济指标考核中获得四个第一:每平方千米实际利用外资额第一,工业产品销售额第一,出口创汇额第一,人均劳动生产率第一(人均100万元以上)。2004年3月,国务院发展研究中心、科技部、《中国高新产业导报》联合撰写了《无锡新加坡工业园集约开发土地资源调研报告》,充分肯定了无锡星洲工业园土地集约利用的经验。集约化开发的理念已经深植于无锡星洲工业园运营团队,近三十年从未放弃。在3.5平方千米的园区内,集聚了100多家高科技制造业企业,2021年无锡星洲工业园企业规模以上工业总产值、自营出口总额分别为760亿元和80亿美元,单位平方千米工业总产值超过200亿元,工业用地亩均税收超过120万元。

(三) 污染物排放低

无锡星洲工业园在选择项目时,历来把环境影响评价放在首位,实行一票否决。污染物排放多的项目,再好也进不了园区。国际著名品牌企业对环境保护的重视也促使企业在减排方面持续投入和改善。近十年来,新投资项目基本上把污染物"零排放"作为入园门槛,固态废弃物也做到循环利用。

(四) 能源利用便捷高效

无锡星洲工业园的产业特色决定了企业的能耗 98% 以上都集中在电力。在无锡星洲工业园开发之初,新加坡方面就提出希望参照新加坡的做法,自建园区配电网,以便最大程度高效使用能源,也便于为客户提供服务。这在当时国内尚无先例。经过多次沟通,敢为天下先的无锡政府和供电部门批准了新方提出的方案,无锡星洲工业园自建自营增量配电网,110 千伏变电所接入国家电网,10 千伏或 380 千伏接入企业用户。实践证明,这样的园区电力服务模式大大方便了客户,节省了电力成本,受到客户的广泛认可。

二、发挥优势,率先实践,建设绿色低碳园区

无锡星洲工业园产业的高端化、开发的集约化和电力供应自成体系,传承了新加坡建设高科技园区的绿色基因。而近年来国家有关电力体制改革措施的推进和节能减排的政策导向,加速了无锡星洲工业园创建绿色低碳园区的步伐。先行先试得到国家认可的园区配电网,又为无锡星洲工业园无限量接入分布式光伏、分布式天然气发电以及大型储能电站创造了条件。这些项目为优化无锡星洲工业园用能结构、降低碳排放作出了重要贡献,集"源-网-储-荷"于一体的无锡星洲工业园智能配电网成为全国绿色园区的示范。

(一) 分布式光伏建设

无锡星洲工业园作为全国首批分布式光伏示范园区,于 2013 年就开始建设光伏电站,有效利用园区内的工厂屋顶闲置面积,大力建设分布式光伏。分布式光伏能源全部接入无锡星洲工业园配电网,实现高效率自发自用,提高园区用能的绿色能源比重。目前无锡星洲工业园光伏装机总容量已超 18 兆瓦,全年发电量超 1800 万度,每年可降低碳排放约 1.23 万吨。

(二) 储能电站

2017 年无锡星洲工业园引入第三方投资建设储能电站,电站以铅炭电

池组作为储能载体,系统功率20兆瓦,额定储能容量160兆瓦·时,接入4个10 kV开闭所,共计6个并网点。储能电站通过"削峰填谷"开展能源需求侧管理,满足高峰时段的电力需求,提升电力系统运行的经济性和稳定性。同时,储能电站还可以进一步提高园区电网对新能源的消纳能力,实现传统能源与清洁能源互联互通。

(三)集中供能能源站建设

为有效提升区域综合能效,无锡星洲工业园已建设一座集中供能能源站,设计供能建筑面积约为8.6万平方米,实现对周边企业有效供能。一期工程已完成,可承担冷负荷约为4 500千瓦,年节约用电量220万度。

(四)集中能源管理系统

为加强能源管理,无锡星洲工业园启动能源中心系统建设,目前已初步建成了以电力系统为核心,以物联网、云计算、云存储、大数据等先进技术为基础的适合星洲工业园区的智慧能源系统新结构,建设以电、冷、热、可再生等多种能源交互、人-机-物三元融合、供需匹配与协同优化的智慧应用验证系统。

大量绿色能源的使用和先进的"源-网-储-荷"一体化园区能源管理系统,大幅降低了无锡星洲工业园的能耗强度,也为无锡星洲工业园创建绿色低碳园区创造了良好的基础。2020年,在2.8平方千米的无锡星洲工业园核心区域,配电网覆盖区域内60多家工业企业,工业总产值达485亿元,企业外购用电量总额达8.5亿度,单位工业增加值能耗约0.079吨标煤/万元,单位工业增加值碳排放0.439吨/万元。2021年,无锡星洲工业园内企业工业总产值达560亿元,企业外购用电量总额达9.6亿度,单位工业增加值能耗约0.072吨标煤/万元,单位工业增加值碳排放0.4吨/万元,远远低于无锡企业平均能耗和碳排放强度。

三、规划引领,科技赋能,率先实现"双碳"目标

高科技产业园区作为区域经济发展的引擎和管理机制创新的示范区,

应是国家和地方实现碳达峰、碳中和战略目标的重要基础和承载体。无锡星洲工业园近30年来打下的良好基础和绿色底色,完全有条件创建绿色低碳园区,率先实现"双碳"目标。经过调查研究、路径推演和科学预测,无锡星洲工业园区开发股份有限公司(无锡星洲能源发展有限公司)于2021年11月制定了园区核心区"双碳"规划,承诺将于"2026年实现碳达峰,2046年实现碳中和"。

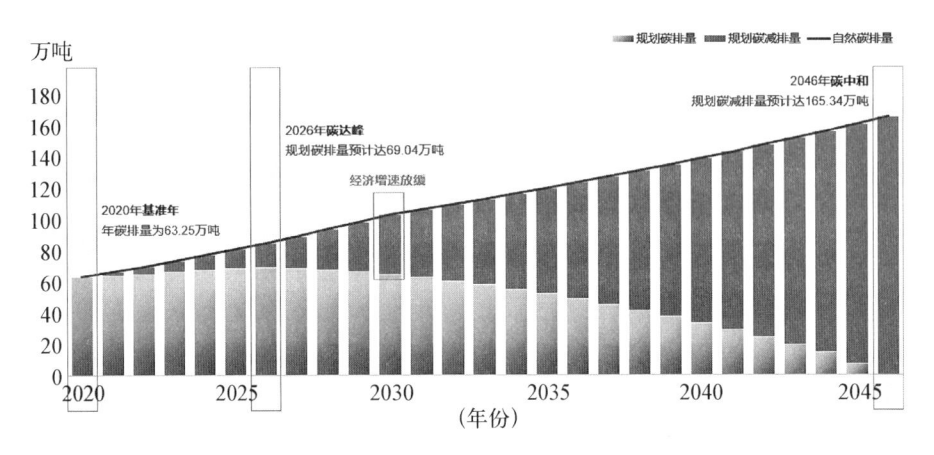

图36-1 无锡星洲工业园碳排放数据分析及路径推演

基于园区发展规划以及对园区企业的产值能耗调研,针对无锡星洲工业园的"双碳"目标设定发展场景为:2020—2030年园区工业增加值年均增长10%,对应能耗碳排年均增长5%;2030—2050年园区工业增加值年均增长7%,对应能耗碳排年均增长3%。

通过对2.8平方千米无锡星洲工业园核心区域内65家重点企业及园区开发公司2020年度用能情况统计分析,当年温室气体排放总量约为63.25万吨二氧化碳当量,企业工业生产总产值达485亿元,单位工业增加值能耗放为0.079吨标煤/万元,单位工业增加值二氧化碳排放为0.439吨/万元。据测算,至2026年星洲工业园单位工业增加值能耗将降至0.049吨标煤/万元,相比2020年下降37.97%;同期园区单位工业增加值二氧化碳排放约为0.27吨/万元,相比2020年下降38.50%。

无锡星洲工业园在"十四五"时期(2021—2025年)经济规模和效益将

再上新台阶,创新商业模式取得新突破。在无锡星洲工业园核心区域2.8平方千米范围内,重点通过企业内生增长和载体资源的充分利用,2025年预计实现工业总产值873亿元左右(全园区为1 000亿元)。到2025年底,预计无锡星洲工业园客户用电量可达到11亿度左右。

基于无锡星洲工业园的"双碳"目标,综合工业系统和能源系统角度,规划展示了园区运营碳中和的行动路线图,包括对每种行动减排潜力的评估。

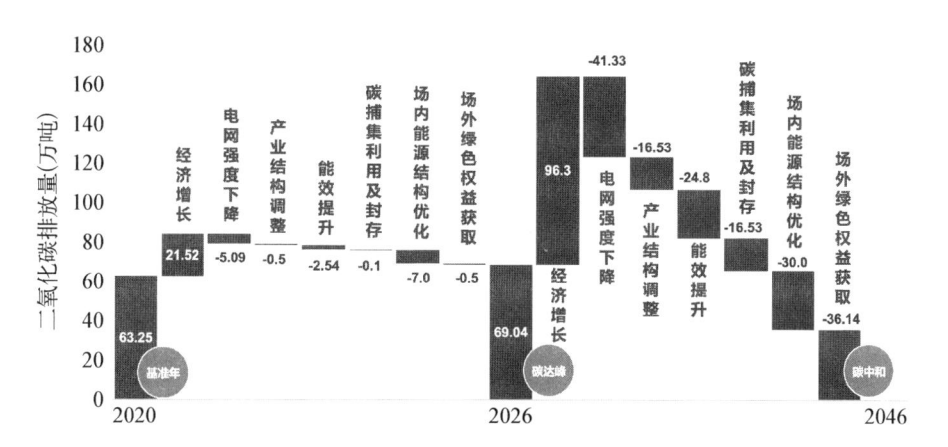

图36-2 无锡星洲工业园各种行动减排潜力评估

根据"双碳"规划目标,为了最终实现园区的低碳转型,无锡星洲工业园和园区企业将选择以下碳减排路径:① 产业结构调整;② 能效提升,引入能效管理技术;③ 场内能源结构优化,增加分布式光伏、分布式天然气发电、集中供能能源站等基础设施建设;④ 碳捕集利用及封存技术;⑤ 场外绿色权益获取。

(一) 持续优化园区产业结构

无锡星洲工业园将不断调整产业结构,推动形成以半导体电子零部件产业、精密机械及装备产业为支柱的战略性新兴产业基地,引导企业增资扩产,引入新项目、新技术,将新产品导入园区生产,实现产品升级,为园区高质量发展注入新动力。

针对无锡星洲工业园土地利用现状,对未开发利用的区域,设置项目入园条件,在遵循低碳循环经济的前提下,优先选取资源循环利用型、绿色设计,以及与现有企业能形成上下游产业链的企业进驻。

(二)大力促进企业生产能效提升

无锡星洲工业园内的企业节能减排意识普遍较强,工作基础比较好。如希捷科技把节能降耗作为"精益生产"的重点内容之一,持续改进、成效显著。英飞凌科技制定了"有约束力的减排目标",即在2030年实现碳中和,成为第一家承诺实现"碳中和"的半导体企业。先导智能依托物联网、大数据等前沿技术,实现全过程协同化管理、柔性化生产,打造数据联动的"工业4.0工厂"。松下冷机、阿里斯顿等专注于家电节能产品,减少碳排放,其对生产、研发的每个环节都执行最高的行业标准,倡导"零浪费"、"零缺陷"和"零故障"。

无锡星洲工业园将促进企业进一步提高能源使用效率,鼓励企业采用节能技术,建设企业能源管理中心,提高重点用能企业的能源效率;推进园区内企业建设数字化、智能化、协同化的智慧能源管理系统,有效提升能源效率,减少碳排放;识别并开展相对高碳产业低碳化改造,推进园区内相对高耗能产业节能;发展循环经济,全面推行清洁生产,大力开展资源综合利用,实现废物资源化和再生资源回收利用。

(三)优化园区场内能源结构

在国家电网逐步提高清洁能源在现有电力构成中的占比的同时,无锡星洲工业园将继续通过自身努力来不断优化能源结构。无锡星洲工业园未来将继续利用厂房屋顶的空置空间,宜建尽建,充分利用分布式光伏与储能等多项综合能源解决方案,实现清洁电力的自发自用。经初步规划测算,无锡星洲工业园可再建分布式光伏约5兆瓦,建设完成后,每年至少可新增500万度绿色清洁电力,可减少约0.34万吨二氧化碳排放。

在集中供能能源站一期项目建设的基础上,无锡星洲工业园将继续二期工程建设,初步计划承担冷负荷约为7 600千瓦,预计年节约用电量380

万度,可减少约 0.25 万吨二氧化碳排放,同时可有效减少空调制冷剂如氟利昂的加注使用。

为促进园区能源结构调整优化,降低用户的用能成本,同时提高园区供能的可靠性,无锡星洲工业园正在投资建设 2×10 兆瓦级天然气分布式发电项目。项目于 2022 年底建成后,每年预计可为园区电网供电 1.42 亿度,对周边企业供冷 36 万吉焦,供热 4.8 万吉焦。分布式天然气发电可有效减少温室气体及其他有害气体的排放,每年可减少至少 7 万吨二氧化碳排放。待一期项目完成后,无锡星洲工业园随即将继续启动二期分布式天然气发电站项目的建设,建设规模同为 2×10 兆瓦。待二期完成,园区每年可减少二氧化碳排放 14 万吨。

(四) 推广碳捕集封存及利用技术

鉴于碳捕集封存及利用具有大规模减排的潜力,无锡星洲工业园将结合园区实际情况,大力推广相关技术的研发与应用,鼓励园区内企业根据自身工艺环节开展相关试验示范。

(五) 推进场外绿色权益获取

除了在无锡星洲工业园园区内不断探索规划能源结构的优化举措,园区也将协同企业大力推进场外绿色权益获取的相关举措。无锡星洲工业园及园区企业与绿电生产企业建立合作联系,直接购买绿色电力,实现园区用电向绿色电力转型。另外,无锡星洲工业园及园区企业也可结合自身实际情况,考虑通过绿证及碳汇权益交易等举措实现短期内履约和减碳降排。

科学的减排目标及路径规划,将助推无锡星洲工业园和园区内企业高效实现零碳转型发展。此外,先进的无锡星洲工业园能源管理系统也是率先实现园区"双碳"目标的重要工具。如今,无锡星洲工业园已初步建成了以电力系统为核心,以物联网、云计算、云存储、大数据等先进技术为基础的智慧能源系统新结构。与此同时,无锡星洲工业园依托远景智能物联网平台 EnOS 为数字底座,建设远景方舟园区级碳管理平台,建立低碳园区碳排放及能源管理的数据中心,进而实现园区范围内用能及碳排放数据以及统筹规划管理。通过该碳管理平台可实现碳盘查、碳跟踪、碳闭环、碳报告,助力无锡星洲工业园更快更简单实现能源管理和碳管理的全流程业务闭环,有效提高无锡星洲工业园能碳双控管理水平。

创建绿色低碳园区的规划得到了广大无锡星洲工业园内重点企业的积极响应。无锡星洲工业园内重点企业都已开展碳达峰碳中和发展战略及路径研究,科学制定自身的碳减排目标和发展规划,加快构建清洁、低碳、高效的生产体系,率先实现碳达标和碳中和。无锡星洲工业园内企业将积极落实节能主体责任,建立"循环、低碳、绿色"的发展模式,建立"节能、降耗、减污、增效"的生产模式;及时淘汰落后设备和产能,提高能源利用效率,积极运用先进适用节能技术实施节能改造,推动能源消费结构绿色低碳转型;积极开发利用可再生能源,推动清洁生产、循环化改造和资源综合利用;开展全供应链的碳减排工作,将低碳环保作为供应商筛选的指标之一。无锡星洲工业园内企业之间将探索协同布局、互扶互助、合作共建、资源共享的合作新机制,完善园区内企业交流机制,探索科技、人才、资金、创新平台、融资平台等的资源互通模式,实现区域内园区低碳技术、水平稳步提升。

执笔:秦 霞

B.37 低碳商务区的崛起

——无锡锡东新城商务区

2021年底,作为国家级江苏(无锡)车联网先导区核心区和无锡(锡山)"双智"试点核心区,锡东新城商务区迎来了一个"科技改变生活"的历史时刻:拥有世界领先蜂窝车联网通信技术和单车智能技术的6辆自动驾驶小巴正式上路,成为锡东新城居民生活中日日可见的"亲密伙伴"。

近两年来,整个锡东新城商务区方圆45平方千米内的道路,通过大量路侧设施和网络的改造升级,已全部成为"聪明之路",区域内城市智能网联道路实现规模化覆盖,295.4千米双向线路里程为全国单个城市最长。

这6辆自驾小巴所驶过的,也是一条锡东新城商务区践行绿色低碳发展的智慧之路、活力之路。从一个苏南传统乡镇到如今成为无锡东向对接上海、融入长三角一体化的"桥头堡",在城市化水平不断提升之际,锡东新城商务区始终在注重生态文明建设中实现高质量发展,推动"绿色商务港、活力生态城"成为锡东新城商务区蝶变的全新标签。

一、高起点规划低碳商务区

锡东新城商务区规划设计以打造"开放式、生态型、国际化"现代化新城为目标,特邀美国SOM、RTKL、日本设计等国际知名公司、一流团队作为城市设计师,就核心区城市设计、教育及医疗设施、综合交通、水系、生态绿地系统、公共艺术、地下空间利用等多个方面进行统筹规划设计,处处体现"绿色低碳"设计理念。

一是制定节约集约型规划。产城高度融合,是锡东新城商务区开发建设的总体功能定位。为实现交通功能为主的"道路"向多功能融合人性化的公共空间"街道"的转变设计目标,日本设计公司在锡东新城商务区核心区整体地下空间概念规划中提出"一弧＋一环"的地下车行系统规划设计。商务区核心区设有总长约3.1千米的地下车行系统,以最大程度节约、集约利用地下空间资源。随着周边地块的开发,锡东新城商务区核心区地下环路内与各个街区、各个楼宇相连部分将陆续打通,实现地面交通的快速分流和车库的交互共享。地下车行系统帮助分流了锡东新城商务区核心区域约50％的到发交通,使拥堵的地面车行环境得到了有效改善,更好地达到低碳目标。这个系统,也是全国第3条、江苏省首条地下车行系统。此外,作为无锡对接上海、融入长三角一体化的"桥头堡",京沪高铁穿城而过,无锡东站与城市设计融为一体,实现至上海28分钟,至北京4个多小时的对外高效通勤。约10平方千米的锡东新城商务区核心区,地铁2号线设有5个站点,市民绿色出行极为便利。

二是产业布局前瞻性强。锡东新城商务区坚持"发展新经济、打造新中心"主导战略,以资源节约、环境友好、绿色技术为导向,统筹推动绿色低碳循环的产业发展,主要划分为三大板块:

高铁东站南北广场定位为总部经济和核心商业集聚区,重点招引跨国公司地区总部、央企子公司总部、民营上市公司、金融总部型企业等业态,重点打造映月天地商业广场、九里仓商业中心、五星级酒店及在谈的城市之心项目等高品质商业配套。

映月湖南片区以花园式办公为主,重点瞄准人工智能、大数据、类脑科技等战略性新兴产业,依托映月湖科技园、浙大网新国际科技园,导入海外高层次人才,建设无锡国际人才港,打造国内一流的国际人才社区。

地铁2号线和锡沪路科创走廊沿线,全面贯彻锡山区委区政府"特色产业＋专业园区"的发展理念和"建设生态化、产业集群化、运维数字化"的建设要求,围绕锡东新城商务区产业特色,规划建设精准医疗产业园、数字信息产业园、车联网产业园等专业园区。

三是彰显自然禀赋。近年,锡东新城商务区坚持"环境优先"的开发理念,39万平方米的九里河湿地公园、24万平方米的映月湖中央公园和全长7.5千米的九里河风光带、全长5.8千米的胶阳路景观带早已盛名在外,形成了大众眼中新城的独特清新气质;同时,16平方千米的省级翠屏山旅游度假区在建设中,"城旅融合、产旅一体"的理念正在变为现实。九里仓商业中心和莱茵体育公园建设已基本竣工,2022年上半年开业。弘业东路、荟萃路、恒春路等5个路网配套工程完成部分施工,逐渐构成更加完善的路网体系。镇南路街头公园、西林公园等4个公园新建改造工程将呈现"出门有公园,满城皆美景"。

二、前瞻性布局新产业

一是传统工业旧貌换新颜。安镇是无锡最早的乡镇企业集聚区,"两车产业"小微企业较多,部分企业产能落后且污染严重。锡东新城商务区自成立以来,积极实行"一退一进"战略,即腾退低效用地,将有限的工业用地资源向雅迪、新日等头部企业集中;同时,特别注重引进人工智能及大数据、精准医疗、产业金融等"高精尖"企业,通过构建新兴经济结构,努力实现更高质量、更高效益的"低碳"发展。在工业企业数量大幅下降的情况下,既保持了工业经济在经济总量中的占比,又使得战略性新兴产业迅猛增长,充分体现用"高精尖"推动产业转型升级的发展成效。

锡东新城商务区现有楼宇载体共计30万平方米,注册企业超1 000家,目前在建新增载体楼宇60万平方米。2020年,创融、信达两栋楼宇分别纳税超亿元,锡东新城商务区新兴产业对经济总量的贡献份额提升至17.9%,超过了传统工业企业的贡献份额。

二是新兴产业活力焕发。人工智能和大数据、精准医疗、车联网等产业已然成为锡东新城商务区发展绿色、低碳与循环经济的主力军。在人工智能和大数据领域,导入了帆软软件、中科新瑞、微茗智能等头部企业;在精准医疗领域,围绕基因检测、细胞治疗及高端医疗器械,有臻和科技、元码基因、伯科生物等企业;在车联网领域,博世智能网联、米文动力、天安智联等国际知名公司和行业准独角兽企业陆续入驻,在为无锡车联网先导区建设扛旗立标的同时,通过提供大数据分析,赋能交通控制优化,未来将为大力削减因交通拥堵产生的碳排放作贡献。

三、倾力建设生态人居

锡东新城商务区拥有无锡稀缺的"山环水绕城"格局,九里河湿地公园、映月湖中央公园、九里河风光带、胶阳路景观带充盈区内。特别是自然禀赋一流的省级翠屏山旅游度假区,以轻开发理念为主导方向,定位于无锡城市后花园、长三角山地运动主题度假区,以山地及"农""文""旅"主题为特色,塑造以山林观光和山地运动为特色的一站式旅游目的地,形成包括农业田园、美丽乡村、山地运动、养生度假、亲子休闲和商务旅行六大核心主题旅游产品。

到 2023 年,89 千米的慢行系统将串联起翠屏山旅游度假区、胶阳东路、九里河湿地公园、映月湖中央公园、莱茵体育公园等南北板块的所有大小公园和自然风光。通过景观步道实现南北山水风景的相互融合,画出河流与城市的和谐肌理。

锡东新城商务区下辖的谈村,从一个人均居住面积小、环境散乱差的城边村变身为一个"看得见发展、留得住乡愁"的花园式江南水乡,为江南地区新农村改造提供了一个可贵的样本。2020 年 4 月,谈村"整村翻建"成为江苏省的节地典型,在全省通报推广。通过"腾笼",当地 211 户村民不仅全部住上宽敞高端的新居,还因村集体对土地的高效集约利用,享受到额外增加的村集体收入红利。

同时,锡东新城商务区以打造"智慧城市"为目标,以"智慧交通"为实际应用,进一步护航生态文明建设。2020 年数字化智慧城管指挥中心正式上线以来,已将道路保洁、河道保洁、绿化养护等 9 项市场化作业项目纳入电子平台管理。2021 年,又上线了 AI 街景智能抓拍系统和 AI 视频智能巡检车,继续推动城管工作向"无人化管理"方向发展。锡东新城商务区积极落实以整合垃圾分类收集、运输整个网络资源为基础的优化智能管理措施,逐步形成符合锡东新城商务区需求、管理科学的再生资源回收网络体系。

"十四五"期间,锡东新城商务区将围绕打造"产业升级引领区、产城融合示范区、生态人文宜居区",将"产、城、人"有机融合到绿色低碳的发展格局中,打响具有锡东新城商务区特色的绿色低碳城市品牌。

执笔:王季燕

B.38 与绿水青山共舞

——宜兴阳羡生态旅游度假区

"买田阳羡吾将老,从初只为溪山好。"900多年前,大文豪苏东坡来到阳羡,留下此千古名句,成就了"阳羡山水甲江南"的美名。如今行车至阳羡旅游度假区,四周青山逶迤,绿树摇曳,碧波荡漾。在重山叠嶂下,围绕紫砂壶、阳羡茶等元素,集养生养老、休闲度假、有机农业示范为一体的宜兴雅达健康生态园区已初具形态。小镇中心、东坡阁、湖滨公园等都已竣工投入使用,雅达剧院、雅达医院等配套也正有序推进。

宜兴阳羡生态旅游度假区(张渚镇、湖㴲镇)位于宜南山区的核心区域(以下简称"阳羡度假区"),总面积近300平方千米,拥有18万亩竹海、近8万亩茶园、10余个大小水库和湖泊,森林覆盖率高达82%;全年优良天数比率85.4%,$PM_{2.5}$平均浓度32.2微克/立方米,核心区负氧离子含量20 000个/立方厘米以上,常年保持国家一级标准的空气质量,被誉为"深氧界"。区域内有4个国家AAAA级景区和16个特色景区。2018年成功升格为国家级旅游度假区。

眼前这绿色美丽的地方,有谁会想到多年前却是个小工厂、小作坊集聚的地方?位于宜南山区的张渚、湖㴲曾经是有名的建材之乡,矿山、琉璃瓦等资源型产业为主,琉璃瓦厂、小化工、小建材、小大理石厂等密布;区域内山头被随意开采,"散乱污"企业一堆。21世纪初,宜兴市级与两个镇全面部署规划,将守护生态红线作为一项政治任务,以壮士断腕的决心和魄力,淘汰高排放、高耗能的产业项目,关停辖区内矿山及脏乱差企业,实施产业转型,开启打造绿色产业征程。

一、修复生态兴产业

"生态优先",修复青山绿水,在宜兴市委、市政府的决策部署下,张渚、湖㳇把环境保护和生态建设作为转型发展的重要抓手,以严格的环保要求倒逼区域转型,通过做好产业转型"加减法",由环境换取增长,走上环境优化开辟新产业的路径。

先做好"减法"。张渚、湖㳇镇率先开始转型发展,淘汰落后产能,在无锡"263"环保专项行动中,瞄准"散乱污"企业,实施分类整治措施,坚决打掉污染区域环境的"罪魁祸首",超额完成"减煤""减化"任务,"散乱污"企业全部关停、治理到位。

近年来,阳羡度假区以最高标准加强废气排放、道路运输、工地扬尘管理,全面完成62项大气污染防治工程,全年空气质量优良天数走在无锡前列;开展"治本清源"碧水攻坚战,大力推进农村生活污水治理,地表水达到或好于Ⅲ类水体比率100%,Ⅱ类以上水质覆盖率显著提升;加大植树造林力度,加快现有山体林相改造,加强废弃矿山宕口复垦复绿,森林覆盖率和人均绿地面积进一步提高。

实现可持续发展,要做优"加法"。落后污染产业退出,不仅优化生态环境,也为产业转型升级腾出空间,一批批符合绿色可持续发展的大项目、好项目,入驻新规划的度假区。总投资130亿元的窑湖小镇项目、总投资80亿元的雅达健康生态产业园项目同时落户,一大批高端旅游项目纷至沓来,农民群众、村级集体和社会资本参与旅游发展的热情日益高涨。好山好水迎来各路投资者,阳羡成为资本追逐之地。

阳羡度假区擦亮了生态底色,探索全域旅游,将绿色低碳理念贯穿于转型发展全过程,实现绿水青山化为金山银山的精彩蝶变。

2021年10月,第六届中国阳羡·梁祝爱情文化节在隐龙谷温泉度假村隆重举办,三天吸引近10万名游客。平整如镜的幽深水潭、大气的温泉酒店、2万平方米的露营草坪、浪漫的法式广场……令人流连忘返。谁又能想到,这里曾是一座废弃的矿坑宕口。短短几年,这里成了集生态温泉、高端度假、商务会议、餐饮住宿、休闲观光、运动养生于一体的多功能复合化综合性的旅游度假村。

二、绿色龙头项目引领

宜兴认定绿色服务业,扭住龙头项目,将绿色低碳发展理念融入项目建设全过程。2021年7月,位于雅达·阳羡溪山的雅达·松下社区正式亮相。雅达·松下社区建设面积约440亩,以"松下智感健康城市"为理念,从优化空气、光、水入手,运用松下空间控制技术,根据项目要求,提供低碳环保健康空间解决方案,开启了国内养老产业发展新方向。

篱笆园农庄位于阳羡度假区(湖镇)龙山村,这里群山四合、竹林环绕,游客在这里,采桂花、打板栗、挖野菜,体验农家慢生活。篱笆园农庄最早由一家茶厂的破旧厂房改造而来。篱笆园老板黄亚云从做农家菜、卖土特产的农家乐干起,发展成如今的休闲观光、住宿体验的精品民宿。"好山好水就是我们最大的底气!"黄亚云介绍,龙山村100多家农户有58家开起了民宿,村民吃上旅游饭,村旅游年收入超过8 000万元。

夜间旅游项目点亮阳羡。依托阳羡·溪山小镇、茗岭·窑湖小镇、中交美庐等夜游项目,打造"阳羡夜未央"夜游品牌,努力实现处处皆景观、无处不旅游的全域旅游空间。

阳羡度假区成立以来,按照"工业服从旅游发展、农业配套旅游发展、城乡建设服务旅游发展、群众生活方式顺应旅游发展"的理念,按照低消耗、低排放、低污染、高效率、高循环、高碳汇的标准,不断完善绿色发展的体制机制、政策措施、产业体系。阳羡度假区注重差异化配套招引特色性优质项目、参与互动类项目、新兴业态类项目,推动各种类型的度假类产业加快建设和提档升级;积极发展"旅游+"模式,推进旅游与生态、文化、农业、体育等要素深度融合;完善度假区智慧旅游平台,实现"一部手机游阳羡"。

三、美丽乡村宜居快乐

"绿水逶迤去,青山相向开。"走进度假区(张渚镇)省庄村,扑面而来的是远山、竹林、溪水、茶园,绿意盎然的风景和错落有致的村居,"一户一处景、一村一幅画、一线一风光"的美丽画卷,将乡村美景连珠成串、连片成景。

近年,阳羡度假区(张渚镇)立足宜南山区连绵起伏、错落有致的自然肌理天然风貌,以生态修复为基础功能,融合文化、休闲等多功能于一体,打造"美丽乡村连片示范带",把全部村庄作为一个大景区、大花园来规划,奏响了"一带灵动山水、处处风情田园"的"田园新牧歌"。通过连片示范带建设,阳羡度假区将原先美丽乡村碎片化的打造变成系统化的建设,把各个行政村单打独斗式的建设变成连片成带的整体开发。张渚镇率先成为无锡首批城乡发展一体化先导示范区,多个村庄获得国家级生态村、全国文明村、全国乡村治理示范村、江苏省最美乡村、无锡市美丽乡村示范村等荣誉30多项。

在美丽乡村连片示范带建设中,阳羡度假区从生态、人文、产业、村落、交通等方面实施"以点带片、连片成带、示范引领"方案。通过连片示范带建设,特别是节点间通过绿道、景观、产业等相连接,实现区域内的基础设施建设标准、旅游标识标牌、村庄长效管理和旅游服务质量等相一致,将美丽村落与景区景点串珠成链,构建起"一环三区多点"的美丽乡村连片大格局。目前,阳羡度假区在成功试点的基础上,已经启动了覆盖全域、连接"善卷洞—龙池山—阳羡湖—竹海"的美丽乡村连片示范带建设。

探索新路建美丽乡村。阳羡度假区把多年来由镇村主导的美丽乡村创建变成镇村引导、全员发动、农户参与的崭新创建模式。阳羡度假区大力鼓励农民开展农房改建,制定了"3+X"建房奖励政策,规划了菜单式的农房建设方案,帮助和激励农户改善居住条件;在无锡率先启动了"美丽乡村·秀美庭院"创建活动。同时,阳羡度假区鼓励农民以美丽乡村建设为契机,利用自身住房开办农家乐民宿,利用家前屋后发展采摘经济,利用毛竹地、茶园创办休闲农业,从而拓展增收空间,形成新的致富产业。2021年,阳羡度假区农民人均纯收入39 507元,实现持续较快增长。

其二,生态系统综合协调。一是注重垃圾收运和厕所改造。阳羡度假区按景区化、城市化要求,更新换代垃圾收集设施、购置规范化转运车辆,在示范带上先行实施垃圾分类处理,推行"垃圾不落地"。二是实施农村道路的景观提升。阳羡度假区建设"畅、安、舒、美"农村道路网络体系,通过"整修、清理、拓宽",推进村道提档升级,实现了美丽村落和景区景点的有效衔接。三是优化农村水系景观改造。阳羡度假区以连片示范带建设为契机,对农村库塘、河道、涧沟进行整体景观化规划提升,在提高水利防洪、灌溉功能的同时,积极打造景观水利工程。四是提升山林田地的整体景观。阳羡度假区结合矿山宕口修复和现代休闲农业发展,统筹推进美丽乡村周边、旅游干线视线范围内的山体林相改造和农田林地的景观化建设,通过增加绿量密植、有色树种补植,呈现"春有花、夏有荫、秋有果、冬有绿"的山林景观。

四、机制创新谋发展

2021年1月,按照宜兴市委、市政府的决策部署,阳羡度假区与张渚镇、湖镇启动"委托管理、一体运行"模式。阳羡度假区对两镇"经济发展、组织人事、规划建设、财政资产管理"四方面工作,实行统一负责、管理和安排。随着"一体化运行"全面到位,"一区两镇"发展站上国家级园区平台。一体化运行后,体制机制更优化、资源整合更有力、统筹发展更顺畅,为阳羡度假区绿色发展、高质量发展提供了更高平台、注入了更强动力。

作为改革先行试点,经过一年的探索和实践,阳羡度假区基本形成旅游项目提质、基础建设提速、文旅营销提标的良好局面。2021年阳羡度假区完成一般公共预算收入5.2亿元,同比增长25.26%,备案亿元以上优质旅游项目10个,其中超10亿元项目3个,一批重要节点景观、旅游干线、功能配套相继建成、投入使用,旅游品牌影响力、知名度实现新提升。

目前,阳羡度假区在生态环境保护、全域旅游开发、美丽乡村创建、整体村落保护等方面,实现了全方位的绿色转型,对"靠山吃山"已有了完全不同的诠释。随着长三角一体化、太湖湾科创带等发展战略的加速落实,宜长高速、360省道等重大基础设施建成投用,为阳羡度假区融入更大格局、抢占更大市场创造有利契机。阳羡绿色产业未来可期。

执笔:李光明

B.39　运河两岸绿意浓

——无锡惠山高新技术开发区

一条大运河,半部中国史。京杭大运河进入无锡惠山,在这片诗意江南的繁茂大地上,润泽于新发展理念,古老的运河畔开启了"生产、生活、生态"的绿色低碳发展之路……

一、千年运河生生不息,低碳理念引领新发展

京杭大运河无锡惠山段,流经玉祁、洛社(石塘湾)、钱桥3个乡镇(街道),总长14.9千米。在这片商贾云集、车水马龙的江南胜地,运河承载着惠山血脉的文化基因,流动着惠山千年的历史底蕴,滋养着惠山百年的工商繁华。寻千年文脉,运河惠山挥毫泼墨,流淌着少年羲之吾家洗砚的美丽传说,曾是苏轼笔下的"石路萦回九龙脊,水光翻动五湖天",也曾是杨万里诗中的"帘影渐浓山渐淡,恍然移入画屏间";品名人文化,运河明珠熠熠生辉,清代民族英雄李金镛、钱桥名士支浩明、礼社"一门四院士"等名人辈出;溯百年工商,产业发展多元共融,务本务实、灵动通达的民族工商业发祥于此,敢为人先、开拓创新的"四千四万"精神发源于此,勇于竞争、开放包容的乡镇工业发轫于此。

近年来,京杭大运河边这方百业兴盛的经济福地,贯彻新发展理念,融入新发展格局,以绿色低碳理念引领,建设美丽河湖"一号工程",立足自身资源禀赋,坚持高标准、高水平、高品位统筹推进大运河区域科技、产业、城市、人文的绿色转型建设,致力打造世界看中国式现代化的"江苏窗口"、贯彻新发展理念的"无锡样板",一部绿色大运河的交响乐正在奏响。

二、运河明珠生态赋能,绿色转型开启新征程

"2021年11月3日,占地面积近17.5公顷的江南运河文化公园正式开工,公园利用京杭大运河南岸老国企旧厂区,打造1.5千米运河滨水示范岸线"……大运河文化带建设暨京杭运河惠山段整治提升推进会在惠山高新区召开,拉开京杭运河惠山段绿色发展崭新征程。

(一)运河沿线规划向绿而生

京杭大运河(惠山段)建设项目由同济大学量身定制规划方案。依据《大运河江苏段核心监控区国土空间管控暂行办法》,确定了规划研究和核心区两个基本范围。规划研究范围,沿运河两岸各延伸2千米,总面积约56.90平方千米。核心区范围,北岸原则以沪宁铁路为界,并根据腹地功能适度拓展;南岸原则上至第一街坊,并根据腹地功能适度拓展,总面积约22.90平方千米。同济大学对惠山区段进行全面研究〔重点设计范围(沿运河两岸50—200米范围,根据沿线路网、用地等情况划定)、管理控制范围(沿运河两岸1千米范围)、总体研究范围(沿运河两岸2千米范围)〕,梳理形成"一水四曲,五廊十屏"的总体结构,按从西往东分三段进行功能定位。第一段分南北两个区域,南侧位于惠山高新区(筹),定位为"高新畅享曲",是惠山区新的科创走廊,北侧是"田园亭驿曲",以玉祁五牧村与洛社尚田小镇为卷轴展现田园风光之美;第二段位于洛社镇区段,定位是"水墨江南曲",作为城镇生活区,重点展示洛社传统文化;第三段定位为"港产联动曲",主要为石塘湾信息物流园和钱桥南西漳园区,整体描绘了一幅"塑运河百态、寻千年文脉、谱魅力音符、保河湾生境、织蓝绿通廊、畅水岸交通"的江南运河现代发展图景。

(二)运河沿线产业缘绿而行

打造惠山运河沿线"3+3"产业体系,主要包括三大适水临港产业和三大近水亲水产业。

大力发展三大适水临港产业。一是绿色智慧物流。整合货主码头、集中发展公共码头,重点发展公铁水中转联运物流、战略物资储运、绿色供应链物流、期货交割与保税仓储物流,加快绿色智能船舶、智慧水上服务区、智慧航道等数字智能航运系统构建,延伸发展大宗商品交易、采购中转贸易电商物流等现代港航增值物流服务。二是临港高端装备。依托高新区(洛社)和雅西、钱桥、石塘湾等片区的装备制造产业基础,通过运河沿岸整治倒逼产业升级,集聚发展新能源与智能汽车关键零部件、航天航空装备制造、通用与专用智能装备、金属新材料与高端金属装备等。三是环保能源产业。推动运河沿线化工产业有序腾退,促使油品添加剂、润滑油企业整合重组、技术升级、入园集聚发展,鼓励面向未来交通和工业智能化的进口替代、高端润滑油及添加剂技术发展,加快油品、电力及其他工业能源生产贸易的绿色化、低碳化、安全化改造。

高效发展三大亲水产业。一是运河文化旅游。充分挖掘流域内江南文化资源,严格保护运河文化遗产,积极传承运河文化内涵,促进运河文化与旅游业融合发展,重点发展以运河惠山段历史文化、工商文化、名镇名村名人等为主题的运河观光游、文化体验游、工业旅游等业态,积极发展运河文化创意产业、文旅农业融合产业等。二是科技创新服务。依托惠山高新区和江南运河科创中心,服务于运河沿线企业的技术升级和科创服务需求,积极发展高校分校、科技服务、创新孵化、产业研发、公共研发、会议路演等科创服务业。三是滨水宜居服务。推动运河沿线区域群众居住环境品质化提升,结合运河沿企业整治与环境功能提升,积极拓展品质社区、人才公寓、创新邻里中心等滨水公共空间、滨水文化商业,提升沿线区域的教育、医疗、养老、文体、交通、社区服务等公共服务水平。

三、试点先行再创辉煌,"双碳"路上跑出新速度

20世纪70年代乡镇工业异军突起,大运河惠山段沿线乡镇企业成为"苏南模式"的"弄潮儿"。随着市场经济的逐步完善,当"苏南模式"的优势日渐式微时,这些乡镇也在区域博弈中放慢了脚步。"双碳"目标是挑战,也

是机遇,敢闯敢试、不甘落后是江南运河边人的精神,在实现高质量发展,奔跑在"双碳"路上,他们依然会奋力前行,努力在新赛道上实现"弯道超越"。

(一)运河边"零碳"示范区

第一,建设江南运河科创中心零碳示范区。面向江南运河科创中心全区的生活空间,通过创新组织空间模式,灵活引入自然生态空间,植入可回收或再生型结构材料、零耗能采暖通风材料、绿色供能供电材料及系统、绿色供电设计及产品应用,形成可持续发展、可示范引领的零碳社区。

第二,零碳技术植入江南运河科创中心零碳建筑。聚焦以公共建筑为主的新建建筑,为运河科创中心北部京杭大运河沿线的运河文化博物馆、办公建筑、体育馆主题展览馆等类型,植入被动式、主动式及可再生能源等关键零碳建筑技术。

第三,打造绿色工厂——运河沿岸制造产业工厂的绿色化改造。在运河惠山段沿岸绿色制造产业组团内,面向无污染制造生产类型,以金属制品业为示范创建绿色工厂,布局至老镇区都市未来实践区双碳产业园、智慧水岸科创区中,提升绿色制造水平,绿色能源管理水平,加快产业低碳转型、深化工业领域节能和材料节约集约利用,助力惠山新区产业园区向零碳园区提速。

第四,建设无废社区——垃圾源头分类收集系统。在楼宇层面,面向运河科创中心创新邻里中心,鼓励家庭在丢弃垃圾之前分类整理,在楼宇内设置垃圾回收点,扩大可回收物品的种类;安装密封设备,收集生活垃圾。在街区层面,聚焦运河科创中心多尺度街区,设立街区回收点,建立街区回收网络。特别是收集特殊垃圾,如废旧电池等有害垃圾和大件垃圾。在市政层面,结合城市设计,在沿运河道路两侧按照合理间隔,设置垃圾收集桶。

第五,建设碳交易中心。设立惠山新区碳交易中心,在全国碳交易市场,与国内9大试点碳交易所一同进行碳交易业务的市场化运作。

(二)江南运河科创中心

江南运河科创中心是大运河文化带建设惠山段先行启动片区,由京杭大运河、锡溧漕河、锡西大道围合而成,基地为扇形地块,规划面积约为2.09平方千米,滨水岸线长约4.1千米。江南运河科创中心围绕"一环双廊,三区赋能"规划结构("一环"即科创策源环、"双廊"即运河文化商务走廊和滨水运动休闲绿廊、"三区"即综合服务片区、科创服务与转化片区和高教研发片区),积极构建"1+2+2"功能体系(聚焦科教研发1个主导功能;培育文创博览、会议培训2个特色功能;配套休闲游憩、品质生活2个支撑功能)。

江南运河科创中心的点睛之笔是江南运河文化公园。该公园位于惠山高新区(洛社镇)京杭大运河南岸,由原老国企新苑集团公司老厂区改建而成,占地260多亩,滨水岸线长约1.5千米。区域内有发电厂、切片厂、堆料车间和高达150米的大烟囱,是典型的工业遗存历史印记的标志性建筑。为高质量打造1 800千米京杭运河全线中富有地域特色和时代风貌的运河公园,惠山高新区(洛社镇)邀请了世界一流的美国AECOM公司进行整体策划和建筑景观设计,明确提出"文化+科技"主题定位,精准把握保护、重塑、开发三者关系,全面强化创意、交流、展示、服务四大功能。为全面贯彻绿色低碳发展理念,较好保留老厂房的工业遗存特色,江南运河文化公园将充分利用原有资源,通过加固、修缮,修旧容旧、焕彩出新,重点打造"运河水文化博物馆、运河创智汇、国潮美食工坊、洛社科创红馆"4大建筑群和"运河之光"大烟囱。目前江南运河文化公园B区已开工建设,将在2023年底建成开放。

1600年前,书圣王羲之在这片土地上挥毫疾书;今天,惠山高新区人在古老的大运河边大胆描绘"双碳"画卷。相信在不久的将来,一座生产、生态、生活融合发展的科技新城将在这片创新创业的热土上崛起,一颗传统、现代、未来交相辉映的运河明珠将在国家"30·60"的绿色低碳发展大局中闪耀自己独特而有魅力的光辉!

执笔:沈雯君

B.40 现代都市绿色农业高地

——无锡锡山国家现代农业产业园

无锡锡山国家现代农业产业园（以下简称"锡山农业园"）始建于2006年，2008年获批为江苏省首家国家级台湾农民创业园，2018年获批为无锡国家农业科技园核心区，2019年获批为苏南首家国家级现代农业产业园，是首个以种业为主导产业的国家级现代农业产业园。近年来，锡山农业园积极探索绿色、低碳、高效的现代农业发展模式，运用新项目、新技术、新装备等不断加大农业碳汇资源，强化生态环境保护和修复，搞绿色、生态、可持续农业新产业，探索打造无锡乃至苏南地区都市型现代农业引领区、新高地。

一、理念先行，绿色低碳转型初见成效

一是生产标准化。目前，锡山农业园畜禽粪污综合利用率、秸秆综合利用处理率、农产品抽验合格率均达100%。锡山农业园积极推广绿色防控和有机肥替代技术，绿色防控面达90%以上，主要农作物化肥农药利用率均达到45%。在此基础上，锡山农业园集成了秸秆全量还田轻简稻作、小麦高产优质抗逆栽培、机插秧施肥一体化、轮作休耕、高效缓控释肥施用与侧深施肥试验等生产研究及技术示范。

二是企业低碳化。锡山农业园内，太阳光利用型植物工厂、春丰循环农业、汉能太阳能等一批绿色低碳企业先后入驻。锡山农业园以"双碳"标准"腾笼换凤"，低碳排放成为新企业入驻重要门槛，增加碳汇的企业优先引进，高碳排放的项目不断淘汰，到目前已集聚优质企业超170个，2021年总

产值达40.16亿元。为进一步控制碳排放总量,有机肥替代、绿色防控、生境监测与土壤重金属监测、太湖流域农业面源污染防治等一批绿色发展项目先后实施,累计投入超14亿元。

三是设施高效化。锡山农业园以物联网和大数据技术,建成农业物联网创新示范基地、设施园艺智能决策系统和水稻全程智能管理系统。物联网涵盖所有锡山农业园企业,覆盖区域达75%,通过持续、多样、精准的智能化管理,为园区节能减排,有效降低劳动成本40%以上,单位面积产出提升15%,生产效益提升10%。

四是产品绿色化。绿色低碳的红利最终体现在产品上,锡山农业园已集聚和认证了"蒋建康""珍果园""佳友福田""吴越水晶"等绿色、有机产品和省、市知名品牌40余个,园区品牌化率达85%。锡山农业园建立了锡山农产品质量安全检测中心,拥有实验室面积185平方米,依托与省农科院共建的农产品质量安全与营养产业研究院开展对外服务。锡山农业园内的太湖米业、佳友福田、好时来、黄土塘等13家单位列入省级农产品质量安全追溯管理示范单位,农产品质量追溯管理覆盖率达89.06%。

二、实践为基,绿色低碳水平显著提升

(一) 产业兴旺,高端精品农业展现新面貌

第一,绿色低碳主导产业方向。锡山农业园以种业为主导产业,通过十年来的发展,已建成全国最大的南方红豆杉实生苗繁育基地和全国最大的彩色苗木引繁基地,绣球花种苗繁育基地培育的无尽夏系列占全国市场的80%;2021年主导产业产值34.42亿元,占总产值的85.7%,是全国园艺作物种子种苗集聚度最高、科技孵化能力最强的园区。锡山农业园实施"育种研发+基地"模式,辐射带动全国多地建有种苗培育基地约16万亩。锡山农业园的胡萝卜和大葱种苗在河北、山东和海南等地建立繁育基地,占全国种植面积的25%和80%。

第二,生物育种促碳中和。锡山农业园引导企业大力发展种业生物育种模式,通过基因编辑等新技术应用,从源头减少土地、化肥、电力等碳源排

放,不仅带来高收益,还在实现碳中和方面也发挥着积极作用。此外,农作物在生长过程中,自身也有着碳吸收、农田土壤固碳和秸秆还田等固碳效应,其与生产过程中化肥、农药、电力等投入品使用形成的碳源相抵,可得到净碳汇,具备显著的生态环境价值。

(二) 减量增效,农业绿色生产实现新跨越

一是化肥减量持续深化。自 2018 年以来,锡山农业园在核心区 2 000 亩土地上开展有机肥替代化肥示范,推动农药化肥减量增效。首先增施商品有机肥,以有机肥替代部分化肥,覆盖水稻园稻麦种植以及高科技园蔬菜果树等的种植,提高耕地质量,改善土壤理化性状,提高农产品品质。其次扩大绿肥种植面积。冬闲时,每年在水稻田种植 400 亩油菜、紫云英等绿肥,稻作前深翻入地,培肥地力,提高土壤有机质含量,改善土壤状况,减少化肥使用和碳排放,确保农产品质量安全。

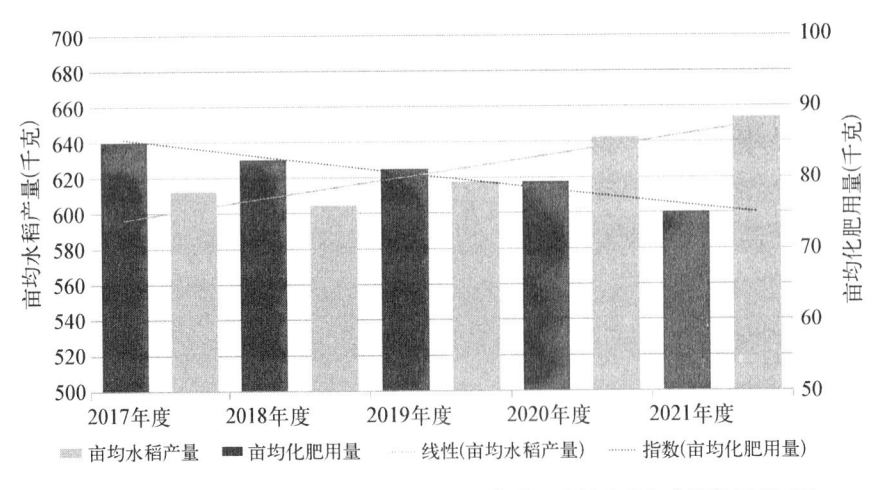

图 40-1 无锡太湖水稻示范园 2017—2021 年大田亩均产量与化肥使用量对比

二是高效节水持续深化。建设完善农田灌排系统。第一,强化小型农田水利工程建设和大中型农田水利配套工程,按照灌溉与排水并重、骨干工程与田间工程并进的要求,配套改造和建设输配水渠(管)道和排水沟(管)道、泵站及渠系建筑物,推广智能化的环境控制节水技术,提高农田灌溉水

有效利用系数。2021年,农田高标准节水灌溉覆盖率达到85%以上。第二,推广应用各类节水灌溉技术,节约水资源,减少水肥浪费,保护农业生态环境。对水稻园核心区2 000亩农田建立了水稻园智能化灌溉系统,确定最佳灌溉时刻、最佳灌溉水量与灌溉时间以及最优轮灌组合,实现远程精确控制、适时适量科学灌溉,在节水、节电、节肥和减少人力成本等方面使亩均综合生产成本降低30%。第三,推广喷灌及微灌技术,重点在设施园艺区域推广水肥一体化,探索以肥调水的最佳方案,以增施有机肥料促进土壤团粒结构的形成,增大土壤涵蓄水分的能力。园区上千亩的果蔬种植采用喷灌、滴灌节水设施,仅蔬菜每亩分别比传统方式少用水约50%、70%。

(三) 污染防控,农业生态循环实现新成效

一是抓好污染防治。2014年,锡山农业园投资2 540万元开挖总长度1 000多米的横河,贯通园区范围内蚌子河、东河、乌婆河三条主要河道,形成覆盖整个项目区的活水系,成为省级农业面源污染综合治理示范区项目重点建设内容之一。该项目共实施了农业废弃物利用工程、农村生活污水处理工程、氮磷拦截工程、农业清洁生产工程、农田生态保护工程、农业面源污染监测工程等六大工程。除横河外,锡山农业园2万多亩范围内32条河道开展水系沟通、清淤疏浚、生态护坡、植被净化系统重建,建设污水处理站4个并完成接管入户。锡山农业园范围内蚌子河、胶峰河、西和尚浜、弯多河、老走马塘等处创新建立了5座河网水环境自动监测系统,用更为智能的方法实现河道水质动态监管。锡山农业园还通过构建生态沟渠、生态河道、湿地、生态塘等,对通过降雨、灌溉等方式进入水体的氮磷加以拦截,农田面源氮磷拦截工程的区域覆盖农田面积达16 000多亩。

二是绿色防控全面开展。锡山农业园全面开展高效绿色防控基地建设项目,在3 000亩面积上开展资源节约、利用高效、环境友好的高效绿色防控技术示范。项目依托专业合作社、专业协会、专业服务公司和基层农技组织,推广病虫害绿色防控技术与统防统治体系,通过安装电子杀虫灯、悬挂诱虫板、性诱剂等理化诱控,结合生物与化学农药,保护天敌等方式进行病虫草害防治，同时示范推广无人机喷药、种子处理、合理密植控制群体量等绿色生产高效设备和技术，提升防治效果。2021年，锡山农业园水稻园水稻期防治共打药3次，化学农药使用量减少20%，生物物理防控覆盖率达到90%，绿色防控产品应用比例达到30%，农产品质量农残检测合格率达到100%。

三是循环利用卓有成效。锡山农业园在水稻园2 000亩核心区田间示范推广了秸秆机械粉碎还田，使用专业秸秆粉碎机对油菜秸秆、小麦秸秆、水稻秸秆进行粉碎，将原有10厘米的秸秆粉碎至粉状，加快秸秆腐烂，培肥地力，改善土壤状况，减少化肥使用量。在三阳公司无土化种植的植物工厂里，通过电脑控制，埋于地下的营养液罐能自动加水，营养液通过水泵和管道自动传输到远高近低的蔬菜苗床，再回流至营养液罐。通过营养液循环利用，1吨水可生产50多千克的蔬菜，是传统种植方式产量的20多倍。春丰食用菌绿色循环生产基地采用工厂化生产模式，从原料调配到接种、育菇直至成品包装，自动化、机械化程度高，生产使用的原料是农业生产废弃物棉籽壳、木屑等，生产过程不使用农药、化肥以及其他有毒有害物质，生产后的废弃物又可用于生产农家肥，实现资源循环利用。

（四）设施高效，低碳节能实现新突破

一是新能源试点示范。在锡山农业园1 440平方米大棚上应用示范了国内最先进的专业太阳能薄膜发电技术。这种温室大棚与屋顶技术相结合的薄膜太阳能发电系统，采用专业太阳能薄膜组件农用轻质背电极透光组件和优秀的EPC解决方案，以及专业的种植指导，可以保持棚内安全发电，设施正常使用，同时使用不透紫光到黄光段的薄膜太阳能玻璃，实现生态防虫。该项目还可以储存雨水、雪水等进行水循环利用，是集低碳、节能、环保、旅游于一身的新型高科技农业生态建设项目。

二是新装备全面铺开。锡山农业园的一家花卉智能温室内整齐摆放着数万株蝴蝶兰。室内光照板、风机、空调、加湿器等设备都通过传感器自行调节，利用物联技术能够精准控制花期，让10万盆蝴蝶兰在特定时节盛放。

2020年的国庆节,定制的8万盆蝴蝶兰如期绽放,被抢购一空。锡山农业园依托高效农业装备支撑,通过信息化、智慧管理手段实现园区生产、加工、销售、人工、资金等各方面的降本增效,先后引进了集农业综合信息智能采集监测于一体的"智慧稻草人"、远程遥控农用无人直升机等一大批新型农业设施装备。引进的扬州大学研发的钵苗机械摆栽机,可实现每亩节省种子40%,粮食增产5%—15%。建立的"四位一体"稻麦全程机械化工程,做到全程机械化、不落地,实现稻米生产的绿色高效。

三、科学规划,深耕绿色低碳发展道路

(一)项目依托,推进农业清洁生产和节能降耗

第一,加速高效设施项目建设。农业设施设备重点向高性能、低油耗、高效环保、复合式、多功能等方向发展,加快锡山农业园公共基础设施提升改造,加强先进装备应用,提升机械化、信息化、智慧化生产管理水平。进一步发展"互联网+农业",推进高效设施农业、智能节水灌溉、精准化作业等项目建设,推动移动互联网、物联网、二维码、无线射频识别等信息技术在生产加工和流通销售各环节的推广应用,强化上下游追溯体系对接和信息互通共享。

第二,持续推进绿色生态重点项目。一是降污降碳。围绕投入品减量化、废弃物资源化、能源低碳化、产业模式生态化,调整农业投入结构,减少化肥农药使用,推进秸秆综合利用、畜禽粪便无害化处理,建立锡山农业园农业技术设施高效、低碳、节能的现代农业发展体系,实现源头减量、过程控制、末端循环利用。二是增加碳汇。支持推广一批农业绿色发展集成项目,土壤固碳方面,加强对外合作,在水稻种植上探索铁粉包衣稻新品种中铁离子捕获碳技术等的固碳效应增加碳汇;探索土壤少耕、免耕技术,增加土壤有机碳储量,提升土壤固碳能力。在森林固碳方面,开发冬闲田,加大红豆杉、果树、彩色苗木、花卉、中草药等各类种业主导产业,进一步辐射扩大长三角及全国种业覆盖面积,在实现经济增收同时,也为碳汇作出积极贡献。

第三,推广新能源使用。推进农业清洁生产,坚持调整能源结构和节能

降耗双重发力,结合锡山农业园特点,探索使用风电、光伏等可再生能源,探索推进风力发电设施、太阳能光伏、充电电瓶车等清洁能源设施建设,着力培育可再生能源领域新技术、新产业、新业态和新模式,全面推进能源生产和消费革命。

(二)基地建设,集聚示范农业绿色低碳生态要素

重点研究建立"5个示范展示区"和"2个中心",形成科学适度有序有绿色低碳农业发展布局。

"5个示范展示区":第一,建设新模式展示示范区。进行绿色化、集约化、现代化生产模式的展示示范,结合六新成果集成推广中心,进行协同推广。第二,建立新技术展示示范区。以花卉、苗木、蔬菜、果品四类园区发展较好的作物为主,进行标准化生产、绿色防控、高效生产、废弃物处理、低碳技术等种业技术展示。第三,建立新装备研发展示区。依托悦田公司现代化农机试验及展示基地,研发展示耕整地机械、蔬菜种植和管理机械、植保无人机、收获机械等,提供研发、制造、销售和服务。第四,建立新设施研发展示区。应用展示无人农场、物联网生境检测技术、温湿水肥一体化控制系统、全过程质量追溯技术、园艺作物生产精准管理技术等现代农业设施。第五,建立新资材研发展示区。进行新型农用资材的研发展示与协同推广,实现农用资材的绿色化、循环化、简约化,主要包括塑料薄膜和墙壁板材、新型大功率发光二极管、纸浆育苗盘等农业用资材。

"2个中心":第一,建立废弃物循环利用中心。进行农产品生产加工后产生的副产品与废弃物的回收和综合利用。第二,建立碳汇资源储备和利用中心。储备和利用好园区农业碳汇资源,建立碳汇资源使用和经营的"绿色银行",为今后碳汇资源交易提供交易平台。

执笔:毛 丹

B.41 踏上绿色循环车轮飞驰

——无锡惠山循环经济产业园

一、循环经济产业园应运而生

(一) 从报废汽车回收业起步

2013年,无锡市惠山区人民政府批准成立新三洲循环经济产业园,园区位于无锡西石洲路,是省级"城市矿产"示范基地、拥有商务部备案无锡市区唯一报废汽车回收拆解资质、全国首家回用件标准化示范应用基地。园区总资产规模50亿元,占地面积1 000亩,拥有三大循环经济细分产业:报废汽车绿色拆解、汽车回用件大型仓储利用基地、废钢智能破碎分选,并配套有钢铁冶炼、气体制造、冶金炉料等关联企业。园区目前具备年回收拆解报废汽车10万辆(含新能源汽车拆解5万辆)、年加工利用废钢120万吨、年仓储回用件40万件、年销售回用件20万件的循环经济生态产业规模。

2018年,该园区入选全国首批50家资源循环利用基地,惠山区以此为契机,启动规划建设升级版循环经济产业园,以城市废弃物资源化利用为重点,规范废弃资源回购体系管理,服务范围立足惠山区,面向无锡市,辐射长三角地区。

(二) 乘势而上园区升级

2021年10月,地方政府推动整合资源,在原来新三洲循环经济产业园区基础上,扩大规模,投资10亿元,占地86.1亩的无锡惠山循环经济产业园正式开工。园区包括区域性大型再生资源集散交易中心、生产加工中心、城市矿产交易中心、结算中心,加工利用包括废钢铁、废有色金属等板块,同步开展技术创新和艺术展览。

园区以打造"产业新起点、智能智造园"为目标,按照"产业链条合理化、资源利用规模化、技术装备领先化、基础设施共享化"建设思路,顺应当代制造业技术和管理发展趋势,以现代机械制造、新型材料作为园区主导产业,发展以商贸会展、研发设计、现代物流为主的配套产业,向智能化、绿色化、服务化、高端化方向发展,促进园区升级。

二、埋头耕耘再生资源利用加工

(一)找准定位形成特色产业链

无锡惠山新三洲循环经济产业园区,坚持特色、专业原则,打造以"回收—拆解—再利用—再制造"为特色的"拆配融合"产业链新模式,改变过去以拆解出售废钢铁为主的低效益经营方式,把传统的"资源—产品—废弃物"的线性经济模式改造为"资源—产品—再生资源"的闭环经济模式,实现垃圾变废为宝、循环利用。

目前,新三洲循环经济产业园已入驻回用件企业和报废机动车回收拆解、废钢铁加工等资源循环利用企业7家。新三洲循环经济产业园坚持资源循环利用,五年累计生产回用件47.1万件,相当于减少碳排放2.6万吨,创造了良好的生态效益,成为无锡市低碳发展的重要一环。

(二)"拆"求精细,全流程质量管控

一是建立报废机动车配件预评估机制。优化报废机动车配件预评估流程,对报废机动车配件实施应评尽评,实现单车配件可利用数量较传统方式增长3倍。2020年,通过"拆配融合"精细化拆解与回用件产业化运营,回用件产值增幅达513%。二是实施拆解过程全流程管制。从配件评估、分拣管理、质量检验、仓储物流,每一道环节都通过系统平台进行模块化数据管理,保证出厂的每一个回用件信息均可追溯,形成全员参与、全面覆盖、全程控制的内控机制。

(三)"管"讲效率,建数字化管理平台

一是开发盘古 ERP 系统。作为业内首个回用件全生命周期平台化管理系统,盘古系统覆盖了车辆回收、报废机动车拆解、回用件质检、回用件仓储、回用件销售、财务管理等功能。经过两年多运行实践,盘古系统解决了各环节衔接不畅、信息资料冗余等问题,实现了回用件与汽车后市场配件领域的无缝对接。二是启用苏广回用件线上搜索引擎。该平台自 2020 年 3 月上线以来,搜索总人次突破 150 万次,在线订单销售突破 600 万元,部分回用件如倒车镜、尾灯、ABS 泵等的线上成交率超过 30%。截止到 2021 年 3 月底,注册回用件搜索引擎的汽修、汽配、各平台公司用户超 10 000 家。中游经销商和下游维修企业在该平台上可直接对接,解决了回用件流通链条信息不透明、服务不标准、供需难匹配、交易效率低的痛点。三是研发报废车询价系统。在商务部门的指导下,新三洲循环经济产业园全面开展长三角地区线上线下跨区域回收拆解试点,探索建设长三角报废机动车回收利用全产业链基地。该系统以服务长三角地区车主为目标,通过询价程序实现报废机动车市场化定价。车主只需上传车辆基本信息,后台通过对回用件的大数据分析自动报价,实现线上"一车一价"、线下"一对一服务",在为车主提供便捷服务的同时,实现了车主利益最大化。

(四)"用"保质量,标准化体系支撑

一是严格回用件质量安全管理。依靠信息化、标准化、流程化运营,做到回用件质量检测有标准、有保障,信息透明、合法合规。在不断强化内部管控的同时,加强与保险公司和上下游企业开展合作,提高回用件利用效率。近年来,新三洲循环经济产业园与中国平安无锡分公司开展回用件理赔合作试点,并与中国汽车维修协会共同推动回用件供应链平台建设,助推回用件产业全面融入汽车后市场。二是率先制定回用件十项企业标准。2019 年,新三洲循环经济产业园与武汉理工大学共同开发,以苏广公司为主导,制定包括起动机、发电机、车身部件、组合仪表等高频率交易类回用件 10 项企业标准,并针对回用件质量管控过程中检视、清洁、检测、质量评估

等环节，共建"汽车回用件质量管控技术研发中心"，开发 GM1800 型四门两盖自动化无损检测线等回用件检测设备，进行回用件分类分级管理，对每件产品出具数字化检测报告，确保回用件质量的稳定可靠。三是主导起草回用件国家标准。2020 年，新三洲循环经济产业园与中国物资再生协会、武汉理工大学开展战略合作，共同推动报废机动车回用件国家标准制定和体系建设，充分利用国内外资源及网络渠道，合作开展国际标准研发，为回用件走出国门，走向"一带一路"沿线国家奠定了重要基础。通过多年的努力，新三洲循环经济产业园推动行业改变了以往的"无标准、无检测、无追溯"状态，通过唯一信息编码逐步实现回用件精准溯源管理，为汽修厂、保险系统、4S 店等客户采购回用件打消了顾虑，提供了保障。

三、打造循环经济产业绿色园区

惠山循环经济产业园围绕国家"2030 年前碳达峰、2060 年前碳中和"目标，践行绿色发展理念，坚持"产业新起点、智能智造园"目标，按照"产业链条合理化、资源利用规模化、技术装备领先化、基础设施共享化"的建设思路，加快转型升级，发展循环经济，注重资源节约，推进节能减排，加快建设生产安全型、资源节约型、环境友好型产业园。

(一) 园区绿色能源优先

惠山循环经济产业园拟在惠山前洲绿色经济产业园建设 2 兆瓦峰太阳能屋顶光伏发电系统，用 380 伏低压并网方案接入。太阳能光伏组件发出的直流电能经逆变器逆变后，输出 400 伏低压电能接入 0.4 千伏变压器低压接入侧，从 400 伏低压出线侧接入企业用户侧 400 伏配电电网，所发电能全部供惠山循环经济产业园内部负荷使用。该系统建成后预计首年发电量可以达 223.6 万千瓦·时，将产生较大经济效益，并减少园区碳排放量。

(二) 园区智能化系统节能

惠山循环经济产业园打造能耗监测系统、给排水管网监测系统、暖通空调智能群控系统、智能照明集控系统,实现了以下三方面的功能。一是用能节能可量化:对各类空间(建筑、楼层、房间)维度、管理维度(部门)对象的重点分项用能、节能数据进行定量查询和统计;二是异常用能可检测:基于各类用能异常分析模型,实时检测用能异常情况,为用能管理人员提供节能分析数据;三是人均、面均可对标:对各类空间维度、管理维度对象的人均能耗、面均能耗配置管理对标值、查询统计对标结果。

通过智慧综合能源管控平台的建设,惠山循环经济产业园实现园区水电能源监管监控、智能照明集控、变电所安全监测与无人值守、空调智慧化运营管控及安全报警实时响应等智慧化、信息化的发展目标。管理平台为今后惠山循环经济产业园综合管理提供数据保障和决策依据;通过数据统计与分析、数据发布与远传,分析优化园区各智能化系统的运行规律,记录和积累各种系统使用状况;方便管理者进行远程管理;充分考虑平台系统对今后各种信息化管理系统的整合扩展能力,并为今后综合性的数字化园区做好充分的技术准备。

(三) 绿色建筑赋能降碳

惠山循环经济产业园推广绿色建筑,打造标杆项目,探索引领新的突破。办公楼引入绿色与可持续发展的理念,强调建筑的可持续性及共生性。在设计、采购、施工及运营管理上严格执行绿色建筑标准。比如,采用的光导管系统,与传统方式相比每年约可减少约 10 000 度用电;雨水处理回用系统,通过水源的重复利用,可做到节水节能环保;建设高效多联机系统后,与常规制冷系统相比,整个夏季空调系统运行费用比原来降低了三分之一。为匹配当今社会高品质发展需求,惠山循环经济产业园从空气、声、光、电、水、热,全方位为循环经济产业园总部办公楼注入健康、高舒适度、科技化基因;从空间使用感受、服务管理,到商务空间,全方位提供绿色自然而舒适的办公体验。

无锡惠山循环经济产业园,可持续绿色发展未来可期。

执笔:钱喜盈　宋　铭

A.3 绿色低碳生活

碳中和、碳达峰需要社会经济生活体系全面深刻转型。它不仅仅是产业、企业结构的变化,更是我们整个生活结构的变化和生活习惯的再造,是翻开新的绿色生活故事。从过去强调物质财富的高碳生产和消费,转变到物质财富适度和满足人的全面需求的低碳新供给,这背后是价值观念或"美好生活"概念的深刻转变。从"绿水青山就是金山银山"的生态文明理念,到崇尚自然、简约俭朴的商业消费;从孩子心中的绿色种子到追求健康、简单适度的生活;从把握好降碳节奏和力度到准备好为高质量、低排放产品付出更高价格,一切生活观念和生活发展内容向低碳方向进发。"双碳",它不是一个百米赛跑,而是一个全民广泛参与的马拉松,你我他都该是最佳运动员。

B.42 拥抱未来海绵城

——无锡市梁溪区

无锡,充满温情与水。江南水乡的无锡城,水是最重要的主题。位于中心城区的梁溪区是无锡海绵城市建设试点区,2017年以来,梁溪区践行绿色低碳发展理念,采取低影响开发的模式,以"海绵＋""＋海绵"为总揽,与重点民生工程相结合,不断推进海绵城市建设,从绿色低碳定性分析、生态定量评价,到海绵城市技术的实施落地,从"山水林田湖草"生态系统的协调、保持、发展到案例项目周边河网水系的综合整治,积累了多领域多类型的实践案例,成为无锡系统化全域推进海绵城市建设的先行者。海绵城市建设的"梁溪模式",为2021年无锡成功入选全域推进海绵城市建设国家级示范城市发挥了核心作用。

一、"海绵"元素,让水城"吐纳自如"

海绵城市是新一代城市雨洪管理概念,通过加强城市规划建设管理,充分发挥建筑、道路和绿地、水系等生态系统对雨水的吸纳、蓄渗和缓释作用,有效控制雨水径流,实现自然积存、自然渗透、自然净化的城市发展方式,达到"小雨不积水、大雨不内涝、水体不黑臭、热岛有缓解"的目标。

梁溪区以水为名,依水而兴,其源出于无锡惠山,北接运河,南入太湖,千百年来滋养了无锡城,治水也是梁溪城市建设中的一大课题。自2017年起导入海绵城市建设理念,古老的梁溪,从老旧小区、公园绿地到河道水系,开始了吐纳自如。

一是海绵社区。位于运河边上的禾嘉苑小区建于1999年。以往,每逢连续降雨，小区内到处积水，居民抱怨纷纷。为此，梁溪区住建部门结合宜居建设，在改造过程中加入"海绵"元素，在小区草坪中铺上大大小小的石块，形成曲曲弯弯沟壑；设置许多植草沟，当雨水来临时，可减缓其流速，并去除污染物，形成弹性的排蓄空间降低对城市排水的影响。近几年，梁溪区在小区改造中因地制宜应用了海绵的理念，建立起一个个海绵社区。

二是海绵小游园。梁溪显义桥小游园，原本是一个5000多平方米的废弃停车场，杂草丛生，大面积的地块硬化使得地表径流无序排放，面源污染很容易流入运河。如今，通过建设回廊、凉亭，配以绿植，形成了亭台楼阁，溪岸竹木相互辉映的"世外桃源"。在这里，从最底层的泥土到植物植被以及小品景观，都从容易储水的角度设计建设，使之成为居民散步、锻炼的好去处，古运河畔的一处美景。

三是海绵河道。在运河东路边的马夹浜河畔，梁溪区建设了两块"垂直流湿地"，通过在驳岸增加渗滤植被提升河岸消纳过滤能力，打造道路、岸线、水边一体化生态系统。新增的雨水花园、下凹式绿地、植草沟、透水铺装、WTS生物滤池等海绵设施，实现年径流总量控制目标75%，河道水质优于地表Ⅳ类。在区域治理层面，梁溪区从水系统保护角度出发，充分考虑城市发展与生态保护、人居环境提升的关系，重塑生态岸线。

多项类植入海绵元素，从社区到河道，连"园"成"域"，形成海绵"矩阵"，整个区域显得吐纳自如，大幅增强了城市基础设施建设的弹性和韧性，提升了对抗内涝的能力，也提升了绿色生态水平。

二、水清涝消，"灰绿蓝"海绵效应初现

海绵城市建设是一项系统工程，包括防洪排涝保安、水生态保护与修复以及水文化传承等多个方面。梁溪区为无锡各水体汇集区，水系复杂，经过3年的建设，海绵设施的成效初步显现。

一是天然水体得到有效保护。梁溪区结合城市水系、用地空间布局及排涝需求，按照海绵城市建设要求整治河道，加强水域空间管理。在严控

区,通过人工开挖增加水域面积;在改善区,合理布局建设用地,注重河岸空间保护,结合城市有机更新和城市"双修",逐步拆除挤占河道建筑;在提升区,严禁建设用地侵占湖湿空间,恢复区内湿地、水域空间,使天然水域得到有效保护。

二是黑臭水体全面消除。依据不同河道的黑臭成因,梁溪区采用"控源截污、内源治理、生态修复、活水提质"等系统化措施展开城市内河水环境治理,重拳整治黑臭水体。2017年至今,梁溪区共整治了140多条河道,其中黑臭水体已全面消除黑臭。如,前进河水质由原来的劣Ⅴ类提升为Ⅲ类水标准,由"酱油河"变成"景观河"。

三是内涝积水点基本消除。梁溪区因地制宜做海绵城市,不搞一刀切"唯海绵而海绵"。按照蓄、排结合的理念,临近河网项目重点突出"渗、滞、排",城市公共绿地和大型居住社区侧重"蓄、收、用",以利绿化植被灌溉,满足节水降碳要求。结合公园绿地设置调蓄塘,在道路与城市水系交叉口设置超标径流入河通道,结合水系改造设置调蓄空间,以源头减排—排水管渠—排涝除险三个层次,全面提升城市排涝能力。对易淹易涝点实施整治,全部消除,重点建设片区实现了"大雨不积水,小雨不内涝"的建设目标。

在城市内涝治理灾害防御方面,有专家提出了"绿灰蓝海绵系统",认为这样才能形成闭环。绿色海绵是指,要"筑基地",构建市域范围内的河湖湿地系统,恢复自然的绿色海绵。灰色海绵是指,要"构系统",打造完善城区涉水系统,构建人工海绵。蓝色海绵是指,要"明管控",划分城区海绵管控单元,对道路、绿地、水体明确管控要求,制定科学管理的小海绵,从而保护城区现状海绵体。从实践来看,梁溪区的海绵系统打造与之不谋而合,成效显现。

三、增绿固碳,绘就城区新画卷

城市绿地系统是海绵城市建设的重要载体,是实现雨水径流控制目标的有效途径,把低影响开发建设理念贯穿于绿地系统规划,将使得绿地充分发挥吸纳、净化水体作用。根据相关测算,100平方米草坪每天可吸收约325千克二氧化碳,绿化覆盖率与空气中二氧化碳浓度密切相关。通过增加城市绿量和绿化覆盖率,提高公共绿地质量,科学布局绿地分布和结构,可以促使城市绿地吸碳放氧能力最大化。

以建筑、道路、绿地等为亮点,梁溪区增绿固碳重点做透"绿"文章,通过环境整治和绿地升级,新建和改造了一批下凹绿地、雨水花园、绿化游园,提升生态系统碳汇增量,逐步实现蓝绿交织、清新明亮、水城共融的宜居环境,百姓"出门见绿、移步见景、小行见园"的绿色生活体验不断增强。

道路的海绵化建设是"连线成面"的关键一笔。道路透水,不仅能够起到降噪防滑等作用,更能将道路上的雨水透入地下,涵养下层土壤,增补地下水,使得路面下原本被封闭的土壤恢复生机,成为城市海绵体。近年来,多条植入海绵技术的道路在梁溪区亮相,有的铺设了彩色透水步道,有的在主干道分带绿化中设置了下沉式绿地、生物滞留设施,大幅提升了道路的"自排自净"功能。海绵城市建设还极大地改善了城市交通的环境和品质,更舒适、更美观、更低碳、更高效的道路交通环境,促使居民更多选择公共交通出行,降低城市出行碳排放。

海绵城市建设是最大的碳减排项目之一,在治理城市内涝风险、降低城市热岛效应,提高城市环境质量,直接或间接降低城市能源消耗,在城市碳减排行动中将发挥十分积极的作用。"低碳、绿色、环保、节能"已成为梁溪区海绵城市建设的目标。

四、凝智聚力,共建共享生态红利

梁溪区大部分为建成区,且多为老旧小区。在推进海绵城市建设中,梁溪区强化以人为本的意识,让老百姓在参与中真切享受海绵城市所带来的环境品质的提升。

一是问需"民间大脑",打造百姓后援团。梁溪区利用"互联网+共建共治共享"等手段,搭建沟通议事平台,就改造项目了解居民诉求,使百姓不仅是得利者,也是监督者和参与者,助推海绵城市理念推广。老旧小区"停车难"问题一直是百姓最关切的。在推进海绵城市建设中,梁溪区将海绵元素和停车位改造相结合,近几年改造的老旧小区累计增加生态停车位约1 800个,有效缓解停车矛盾。通过实施生态停车位改造、绿化提升等配套工程,显著优化了居住环境,提高了老百姓的获得感和满意度。

二是形成"专业大脑",兼顾软件和硬件。老旧小区改造数量为无锡之最的梁溪区,结合实际,攻坚克难,积极作为,配合市级编制《无锡市老旧建筑小区海绵化改造技术指南》,提供可复制、可推广的经验。同时,加强海绵城市建设从业人员培训和继续教育,多次邀请专家开展海绵城市各类专题培训,参与人员覆盖了规划设计、建设管理、施工监理等300余人,初步形成一批有经验的本土设计和施工团队,使得海绵城市建设技术和管理在项目建设全周期进一步得到推广、落实。在项目实施中,建立监测支撑能效评估,采集详细的过程数据,支撑海绵项目建设的过程监管、考核评估与综合管理,支撑运行效能评估分析。

三是构建"模式大脑",创新海绵城市路径。在海绵城市推进中,梁溪区创新形成了一套行之有效的方法。例如:推行总体咨询服务,以"设计、施工指导一体化咨询服务"模式推进海绵城市建设。典型项目建设委托高水平设计单位,做好技术服务,严抓过程监管,切实提高其整体设计水平和施工质量;实施"设计师"进社区,辅导居民有效参与海绵改造,为实施工程提供支持。建立完善"工程师日报制度",海绵工程师进驻现场,指导施工,把控海绵项目质量。

四是打造海绵产业链。海绵城市产业属于创新高效型产业,"海绵城市产业"已被国家发改委列入2019绿色产业目录。梁溪区依托自身产业基底,着力构建以市场为导向、企业为主体、高校院所为支撑的海绵城市全链条产业科技创新体系,形成规划设计、建筑工程、道路桥梁、市政工程、园林绿化、雨水收集等海绵城市产业体系。

海绵城市建设是一项系统性、长期性的艰巨工作。未来,在"双碳"目标下,梁溪区将坚持生态利益优先于经济利益、民生诉求优先于景观要求、长期利益优先于眼前利益的海绵城市建设三个优先法则,强化顶层设计,持续创新,勇于探索,在持续系统化推进全域海绵城市建设中,通过"源头减排、过程调蓄、系统治理",耦合"绿灰蓝"系统,塑造一个更富"弹性"的城市空间,着力构建人、水、城和谐共生、生态宜居的梁溪样板,让城市在绿水青山中自然生长。

执笔:吴 静

B.43 从"生态佳"迈向"生态+"

——无锡灵山文化旅游集团

马山,是远离无锡市区,深入太湖西部的一个半岛山地。在无锡灵山文化旅游集团(以下简称"灵山集团")二十多年的开发建设下,成功助推马山发展成为国内外知名的旅游目的地。其中,灵山胜境已成为年接待游客达300万余人次的国家5A级旅游景区,另一项目拈花湾禅意小镇(以下简称"拈花湾")更是全国闻名的网红小镇。灵山是两次世界佛教论坛的举办地及世界佛教论坛的永久会址地,也是荒山空房中创造出的中国旅游奇迹。

灵山集团以"双碳""两山"理念为指导,循"道法自然"之初心,铸"无中生有"之奇景,探索出了一条绿色景区开发建设的灵山之路,实现了从"生态佳"到"生态+"的全面转型。

一、绿水青山成就金山银山

(一)生态优先,荒山野岭变美景

灵山胜境所在地,昔日是太湖马山半岛中的一座不知名的小山包。在这个荒山野岭发展旅游业,许多人的第一感觉是:天方夜谭。

灵山胜境的初创者从一段传奇的历史典故起步,确立文化为魂生态为本的创新发展理念,从一开始就坚定地抓住绿色景区开发建设的"牛鼻子"——旅游开发链的最前端——创意策划环节,将绿色生态作为一条基本原则和底线,统筹整个项目的创意策划、规划设计。

在开发建设环节,灵山集团建立并形成了一套"绿色"标准体系,既用这套体系规范自己,同时也对建设单位、供应企业提出严格的生态保护要求。比如在游步道等基础设施的建设中,灵山集团提出"宜曲不宜直,宜粗不宜平,避石护树,依弯就势,原汁原味,原始粗犷"的设计和施工原则。"哪怕是一棵树,也要对其进行精准测量、精准定位,要让景区里的建筑物像是'种'出来的一样,以最大限度保留场地原有生态系统的完整性。"

要保护原真性,又要让荒山野岭成为美丽风景,灵山集团用文化植入生态的办法,将人造风景与生态美景融为一体,保护性地开发出了千年古刹祥符禅寺、88 米灵山大佛、大型音乐动态景观九龙灌浴和大型文化圣殿灵山梵宫为核心的当代佛教文化主题园区,形成了集湖光山色、园林广场、佛教文化、历史知识于一体的世界级人文旅游景区。

(二)绿色开发,生态价值变生态红利

2020 年 4 月,拈花湾在央视"新闻直播间"中惊艳亮相:"现在您看到的这条遍植樱花的山路,位于江苏省无锡市的拈花湾景区,此时,花开正旺,这里有 1 500 多株樱花树……几年前,这里还是一片村庄,当地农民都以种植果树为生……如今,当地农村由多了一条赏花经济的致富路,依托优美的生态环境,吸引游客前来,'绿水青山就是金山银山'的绿色发展理念,在这里得到了生动实践。"

拈花湾和灵山胜境一起,成功构建起无锡太湖国家旅游度假区"双园"发展新格局,成为马山居民共同富裕道路上的主引擎和发动机,促使马山的"生态价值"蝶变为"生态红利","绿水青山"幻化为"金山银山"。

灵山集团的"双园",让马山的乡村旅游从无到有、从单一到多元,如今已成为中国全域旅游的典范标杆。2021 年,马山街道成功入选首批全国乡村旅游重点镇(乡)名单、全国乡村特色产业十亿元镇名单;马山"山居壹聚"民宿成为全国首批、江苏二个之一、无锡唯一的甲级旅游民宿。

灵山集团的"双园",直接给马山居民带来了 3 000 多个就业岗位,带动了马山公共服务设施的改善,大幅提高了老百姓农副产品的客单价和附加值。2019 年,马山接待游园人数达 1 360 万人次,实现旅游总收入超22亿元。

(三) 长效投资,短期求利变长期求益

"双碳时代"旅游景区走低碳绿色发展之路,是旅游产业高质量发展的必然要求。灵山集团较早启动并实施了旅游景区"双碳"管理实践。

2010年,灵山集团启动ISO 14001:2004环境管理体系认证并通过审核取得证书。2011年,灵山通过了ISO 14064温室气体核查标准现场审核,并发布了行业首个《温室气体排放报告》,摸清了集团碳排放的强度及排放源,为后续有针对性地采取减排措施打下了基础。

2020年8月,灵山集团获中诚信国际信用评级有限公司最高等级Ge-1"绿色企业"资格认定,于2021年年中,依照这个资格优势成功发行了无锡市首单绿色债券。

2021年10月,灵山集团与第三方专业机构达成综合能源托管协议,以进一步实现集团用能监测、用能优化、能效诊断等全过程的管控和优化,通过智能化的管控手段,最大限度地降低景区水、电、油、气等综合能耗水平。下一步,灵山集团将对景区停车场等用能场所实施绿色用能改造,通过安装分布式光伏等新能源发电设备,积极参与绿电交易,最终实现集团零碳排目标。

如今,由灵山集团主创的文旅项目已遍布山东、浙江等十余个省市。而灵山集团探索形成的"双碳"开发与绿色发展模式,也全面导入各个项目所在地,部分内容还成为文旅行业的绿色开发及管理的典范和标准。

二、"双碳"引领,铸就传世精品

(一) 文化赋能,创新造就新文化遗产

二十余年来,灵山集团秉承"创新、创意、创造"的三创精神,以一系列脍炙人口的文化旅游产品,有效激活了传统文化,成功造就了一个个文旅传奇。

灵山梵宫就是这个传奇的杰出代表。《国宝档案》曾这样报道:"灵山梵宫堪称中华传统工艺荟萃的一座艺术殿堂,众多传统工艺共同谱写了一曲古今文化传承的盛世美好乐章。"①

从一期工程"灵山大佛"的"世界第一",到二期工程"九龙灌浴"的"国内首创",再到三期工程"灵山梵宫"的"艺术瑰宝",灵山集团始终坚持"多留遗产,少留遗憾"的朴素原则,于2005年在全国首次提出"创造全新文化遗产"的理念,并联合国内数十家优秀景区发布《关于创造未来文化遗产的灵山宣言》。

现在,"通过创造当代文化遗产来保护当代文化遗产","通过创造当代建筑经典来保护当代建筑文物"的理念,已经成为业界共识。

(二) 道法自然,减少景区硬开发

2017年,拈花湾以江苏省第一的评分获评"江苏省首批旅游风情小镇"称号。推介词这样写道:她是对中国禅文化创新性解读与传承,从而创造出来的东方美学空间——唐风宋韵景观群体小镇;亦是禅融入当下休闲度假生活的全新演绎——乐活·禅生活体验;也是适合现代人的时尚生活方式,集休闲度假娱乐以及身心调适于一体,最具东方文化内涵的禅意旅居度假目的地。②

为了达成这样的美学效果,灵山提出,拈花湾的建筑和景观,都是要"会呼吸的",就像从自然中生长出来的一般。

灵山集团人从最不起眼的一片瓦、一丛苔藓、一堵土墙、一块石头、一排竹篱笆、一个茅草屋顶做起。为了让拈花湾的苫庐屋顶最大限度达到自然禅意效果,灵山集团人人进行了为期一百天的户外综合试验。在这场严苛的试验中,淘汰了虽然防腐性能好、但是美感欠缺的所有仿制材料,也淘汰了虽然自然优美、但是不耐腐蚀、使用年限短的大部分天然材料,最终找到了二种既牢固耐用又美观自然的天然材料。

---

① 《国宝档案》节目《灵山梵宫·永恒的华彩》于2009年4月27日至28日,分上、下两集在中央电视台CCTV4播出。链接: https://www.bilibili.com/video/BV1ox411D7ya? p=26。
② 信息来源: 江苏省旅游局;发布日期: 2017-10-17,09:46;链接: http://wlt.jiangsu.gov.cn/art/2017/10/17/art_73244_8139059.html。

为让拈花湾的每寸苔藓都有丰富的故事,灵山集团人从临安、萧山、天目山、宜兴、雁荡山、武夷山、湖州、吉安等地自然生态极好的山区,精心挑选品种。主事者专门设立一个苔藓基地,1个月、3个月、6个月,不断试验,终于有几个品种活下来了,然后移植。

为了让拈花湾竹篱笆能够达至"天人合一"的美学效果,原本最简单的庭院竹篱笆,在拈花湾却演变成最复杂的工程。灵山集团花重金请名家到拈花湾,手把手教自己编竹篱笆。竹篱笆在拈花湾不仅成为艺术创作,也是一个浩大的系统工程,光打结的麻绳就选了三十多种、十几种技法,最终编制出了充满拈花湾禅意美学的竹篱笆。

(三)精致精美,满足人美好期待

旅游产品能不能打动游客、吸引游客,要看产品的差异性和独特性,还要看品质。

纵观灵山集团打造的文旅产品,有一个共同特征:都在乡郊野外、偏居一地。既没有老祖宗留下的亭台楼阁,也不是自然造化的奇峰异景,没有独特的资源禀赋,只能依托"绿水青山",通过创意、创新、创造去赋能,从无到有,做与众不同的品质产品。

"人无我有"谓之独,"人有我精"谓之特。灵山梵宫的图纸可堆几间房。每一张图纸都是精心创作。梵宫里面灯具、门拉手,都是设计师画出来,独一无二。

三、双碳示范,打造产业高地

2020年9月,无锡发布《无锡太湖湾科技创新带发展规划》,提出将举无锡之力把太湖湾科创带打造成无锡开放创新之城的生态中枢。作为太湖湾科创带的重要组成部分,大拈花湾项目是点睛之作。

整合太湖竺山圩区域自然生态人文资源,打造新时代文旅项目新传奇,灵山集团提出,通过"生态佳"到"生态+"的模式创新,进一步突破传统景区的发展瓶颈,积极回应游客消费升级新需求,同时助推本区域向绿色环保、高附加值的新经济产业全面转型,将大拈花湾项目打造一个集生态、文化、健康等于一体的世界级度假目的地、双碳的样板区。

(一)生态之湾:太湖治理的活态展示馆

竺山湖地处太湖西北角,湖区面积占太湖总面积的2.9%,是承接上游湖西洪水的主要湖区。大拈花湾项目选址此处,就是要突出"生态治理",探索太湖治理先进经验,做好保护"太湖绿心"这篇大文章,在全面启动竺山圩退圩还湖工程的同时,把竺山湖打造成为世界级的美丽湖区。

灵山集团提出,项目以保护为本,高举生态旗帜,再造生态基底,将整个项目打造成为一个无锡太湖治理的活态展示馆。在太湖的山间水色中,人们徜徉于此,与生态对话,感受天蓝水绿城美人和,感悟太湖文明润泽万芳,也让这里的百姓充分享受到太湖治理、绿色发展带来的硕果。

(二)休闲之湾:世界级心灵度假地

在全国休闲度假胜地同质化竞争异常激烈的当前,灵山集团如何再辟蹊径?灵山集团的回答异常明晰:建旅游精品,依托拈花湾的独特IP及当地得天独厚的人文禀赋,构建一个极具吸引力、感染力、震撼力的心灵度假目的地。

宜兴自古以来物华天宝、湖山毓秀,文人杰士灿若群星。灵山集团将秉承"打造当代精品、创造未来遗产"的理念,依托当地得天独厚的人文禀赋,以国际化视野,创造性实现对文化经典、历史神韵的审美化表达、生活化呈现、体验化落地;同时,在打造过程中将全方位应用世界领先的5G、物联网、云计算、人工智能、体感交互等技术,将科技创新和文旅体验产品作深度融合,构建具有国际化视野的高品位、高水准、优服务的旅游产品,打造无锡城市旅游新名片,中国文旅的新爆款、新经典。

在具体项目上,灵山集团设想,将构建拾心之境、生命方舟、五音乐歌、云水长街四大精品,依托拈花湾"好好生活"独特IP及品牌辐射力,以文旅匠心之作贯穿马山、周铁两岸,集聚人气,构建一个沉浸式的、美轮美奂的世界级心灵度假目的地。

(三) 健康之湾：生命产业新高地

大拈花湾项目将立足文旅＋大健康产业。灵山集团将以生命健康为线,以文旅＋大健康的产业融合理念,构建起十二维度生命保养服务体系,形成一个集心灵调养、生命保养、生活康养于一体,全时、全龄、全周期的大拈花湾健康产业链,引进整合国际国内一流医疗养生机构,打造独具特色的抗衰老中心、睡眠中心、精神减压中心、诊疗康养中心、银发怡养中心等十大中心,驱动本区域向绿色环保、高附加值的新经济产业全面转型,打造无锡太湖湾科创带新亮点。

大拈花湾项目从建设伊始,就按照"双碳"的总体要求,以科技软实力破解"双碳""硬指标",以"测量、减排、补偿"为实施指导,从文旅建筑、景区交通、康养社区、游客及景观的规模发展等部分,对碳排放进行碳汇估算,确定好规划内湾区各种碳汇林、草地与水面的碳汇系数,然后根据碳汇资源的数量与质量,确定树林植被、草地、湿地以及周边部分农田所能吸收与固定的二氧化碳量,在一定时空范围内确定碳汇总量。同时,按照项目分景区和非景区进行重点片区的低碳规划,重点关注高能耗住宿设施,以节能降耗为主要目标,对重点酒店进行低能耗规划设计,努力实现低碳目标。

一是着力打造绿色低碳建筑。在文旅重点工程以及康养示范社区等板块上,将学习借鉴北京动物园、世博零碳馆等"零碳排放"建筑方法,参考其采用的先进零能耗技术体系。

二是着力拥抱技术革新革命。充分考虑新能源布局,使用低碳清洁能源代替化石能源,实现低碳和碳补偿。在有条件的区域,推进公路、铁轨交通建设,努力实现无人驾驶。

三是着力塑造绿色生态景观。项目将充分考虑生态规划,深入落实林业碳汇理念,实现负碳和汇碳的功能。

执笔：贺遵冬　梅　钊

B.44 科产城人谱写绿色曲

——无锡锡山区宛山湖生态科技城

这里,生活惬意闲适。

"渺渺晴波似掌平,五年五度此经行。一角青山篷背落,数行疏柳渡头迎。"清代诗歌《过宛山荡联句》中描述的场景,在今天依然宁静优美。宛山荡,蜿蜒静卧于无锡东部的狭长水域,山湖相拥、通灵清秀。春天,湖畔音乐会响彻青春律动;秋日,宛山湖马拉松如约而至,田野里金色向日葵、粉紫色醉蝶花海一路逶迤,如梦似画美丽赛道。

这里,工作充满激情。

与湖畔微风相和的,是一片创业福地。如中科微至、蜂巢能源、德力佳、恩捷等"高精尖"领域的创新人才一样,无数满怀雄心的年轻创客,在这里凝神操作键盘或是摇动锥形瓶,潜心研究未来产业风光,将研发实验室的繁复图表、艰深数据,变成一件件让人惊喜的高科技产品和最新的人工智能生产线。

这里,城市充满未来感。

无锡锡山区宛山湖生态科技城,诠释沪宁产业创新带和太湖湾科创带战略性交汇的时空要义,成为锡山区提升城市创新发展能级、引领无锡东向融入长三角区域一体化的重要战略空间。

无锡学院来了,大学校园和宛山湖近在咫尺;天一中学宛山湖分校来了,学子们憧憬着未来世界。在这里工作、生活,既在"园"内又在"城"中,彼此融合,相互成就。宛山湖生态科技城,功能完善,城乡一体,生态优美,社会文明,将成为"锡东未来城"的重要组成部分,一曲产城融合的交响乐章正在奏响。

一、回头看：十年城，水人文

宛山湖历来河塘交织、水田星布，九里河、芙蓉塘、双泾河等水系与宛山湖连通，串接城市腹地，水质清澈，水岸可亲。隐于宛山林间的宛山石塔是江南文化的重要象征，也是江苏省内仅存的实心宝塔。大成路桥南侧湖堤处，屹立着千年古桥——大成桥。这座桥，历史上是联动宛山湖东西的必经之路，见证了宛山湖地区千年的发展历史。

数百年前，宛山湖是连通苏州、无锡的重要水道，舟楫往来，商贾繁华；随着近代水运往来的谢幕，这里日渐沉寂。历史兜兜转转，以公共交通为导向的新发展模式让位于无锡东部的这片"处女地"迎来了"化蝶"之旅。2010年，高铁无锡东站开工建设，作为无锡融入长三角区域一体化的最东门户，毗邻东站仅10分钟车程的宛山湖空间规划定位受到重视，而在没有最好的方案和发展思路之前，这里保持了长达十年的"战略预留"状态。

清风湖韵，是眼前的宛山湖动人的模样。在这片无锡东南角上最大的生态绿洲上，宛山湖在酝酿等待十年期间，逐步解决不同功能片区碎片化、空间割裂等问题，致力于打造新城功能骨架，以水网作为组织宛山湖生态科技城新城空间的重要纽带，有机叠合路网、绿网、公共服务，展开"依水塑城"的时代篇章。环湖腾退5.7平方千米用地，完成七通一平，建设完成100千米基础路网，将路网密度提高到2.1千米/平方千米，是2010年时的3倍。

土地整理、道路建设、景观塑造，在整个宛山湖生态科技城启动建设之前，这些工作就体现了先进、超前的绿色空间策略。围绕前瞻性规划推进宛山湖生态科技城建设，按照锡山区"高质量全面发展示范引领区"的高标准要求，国家级锡山经济技术开发区着眼于超前谋划城市整体战略发展空间，谋定"城市东进"步伐，以做优生态文章"开题"，打造区域生态名片，坚持绿色低碳发展的自然基底，铺陈最和谐的自然生态。

2010年，投资3.5亿元、面积311公顷的宛山湖湿地公园启动建设，历时数年精细打磨，2017年获评江苏省级湿地公园。该园凭借无锡城中难得一见的"原生态+明代古迹",打造亘古通今的"最美后花园"。2018年,宛山湖水环境改善工程高标准推进,成为锡山区迄今为止最大的水生态环境修复工程。2020年,宛山湖核心区景观方案深化设计。十年时间坚持"建设不入湖、用地不减田、开发不占生境空间"的总体思路,在保留原生态景观风貌的同时,全面提升生态品质,对历史人文底蕴的审慎和始终追随"争先进位"的高起点,换来这里永葆绿色的鲜亮生态底色。

这里,醉蝶花海如云似霞,唱响四季美丽芳华。这种原产美洲的美丽花卉是一种优良的蜜源植物,从2020年起引种到宛山湖畔,让这片名曰"宛心花田"的开放式公园不断刷屏朋友圈。超过5.5万平方米的大花田装点了亭台、草坡、白石和沙砾浅滩,植被苍翠,"裙边"错落有致。这片因颜值出众而屡次上江苏省媒、央媒、外媒封面的浪漫花田和拥湖建设的宛山湖湿地公园一起,组成立体生态长廊,成就"诗意栖居"的梦幻LOGO。

二、正当下:桥头堡,精彩跃

而今迈步从头越。宛山湖生态科技城作为无锡东部"桥头堡",正谋求全新一跃——城市建设步伐不断加快,路网不断织密完善,高铁、高速、高架汇集交织,快捷通达再加码。2020年底,投资38亿元的大成路快速化改造,形成了锡山至新吴、高铁TBD到机场的立体快速路网愈加通达便利。相应板块上的万科四季都会、宛西雅居等一批中高端社区也因此备受人们青睐。

2021年12月底,宛山湖大桥通车,这是中国内河首座独塔空间扭索面全漂浮体系斜拉桥,横跨锡东片区宛山湖南北两侧,犹如一个巨大的雕塑,与波光粼粼的宛山湖面交相辉映。该桥全长518米,宽38.5米,双向六车道,桥梁跨度仅次于江阴长江大桥,是一座集交通、观光为一体的地标性大桥。宛山湖大桥建成后,周围片区的骨架路网进一步密实,成为鹅湖、羊尖、厚桥三镇协同发展的全新紧密纽带,也拉开了宛山荡景区旅游开发的精彩序幕。

宛山湖生态科技城东向融入长三角一体化,这里是无锡距离上海最近最理想的创新创业舞台。依托国家级锡山经济技术开发区的高等级创新平台,近年来,中科微至、蜂巢能源、德力佳、恩捷等一批创新企业先后落户宛山湖生态科技城。依托这些行业细分龙头企业的产业链集聚优势,宛山湖生态科技城不断优化园区、科创载体和创新簇群布局,构建起产业科技社区的"15分钟服务圈";结合城市居住社区规划和百姓生活流线,建设起越来越多的一站式、功能复合的服务综合体或睦邻中心,构建起居住社区"15分钟生活圈"。

统筹经济社会发展和生态环境保护,是践行绿色优先和"双碳"发展的破题之举。在宛山湖片区,产业、交通、居住、公共服务等功能日益突显,市民在家附近就能宜业,在工作地附近就能宜居,通勤不再是生活成本,而是生活场景的一种切换和调节。

三、向未来:山水间,科创廊

2.3平方千米的狭长宛山湖,是一个中等规模的天然湖泊,也是一片优质生态空间。以宛山湖为中心的水系生活、产业圈已逐渐成形,产业生态呈现"刚柔并济"的风貌。经历第一个十年的水岸开发后,宛山湖片区聚焦区域能级提升,锚定人工智能、新能源、高端制造等绿色活力、"双碳"赋能的发展"重头戏",主动对接沪宁廊道的基础创新资源,在应用低碳技术、建设低碳设施,对标国际领先的低碳城市建设标准方面,处处以建成低碳发展先行区的高标准严要求持续发力。

根据中国城市规划设计研究院上海分院编制设计的《宛山湖生态科技城战略规划》,宛山湖生态科技城将构建以创新产业为引领,以新一代信息技术、生命健康、绿色能源三大新兴产业为主导,以探索未来产业发展布局为导向,兼顾商务商业、文旅休闲等配套现代服务业态的"3+X"产业框架。在空间结构上,形成"一湖一岛六客厅、四廊六群多单元"的框架:"一湖"指宛山湖,打造成为科技城的绿心与名片;"一岛"指智慧岛,打造成为科技要素最为集聚的活力核心区;"六客厅"指六个围绕湖区的创新簇群中心,"四廊"包含大成路科技门户走廊、锡沪路科创走廊、锡山大道科教风景廊、联福路产业协作走廊,"六群"即六个创新簇群,"多单元"即若干个根据目标设定的创新单元。

宛山湖生态科技城,有机串联城区、湖区、园区,聚合交通、功能、生态,天然绿色、自然低碳、人湖和谐。在这个总面积45平方千米的大地上,可建设面积达27平方千米,其中连片完整的核心区范围达14平方千米。这座科技城将与无锡锡东新城商务区联动发展,共同打造一个具有独特生态魅力、科技创新力、辐射服务长三角的"锡东未来城",形成总面积92平方千米,常住人口60万人的生态人文科创新城。

执笔:王宇峰

B.45 在孩子心田播撒绿色种子

——江苏省无锡连元街小学

江苏省无锡连元街小学,有一门因"绿"而"生"的特色课程——"慧学周"。这一周,学生们不用带书包,没有作业,没有班级、学科界限,而是指向真实问题的解决和高阶思维的发展;这一周,学生们聚焦环保,在现实问题的驱动下激发探究兴趣,进行绿色活动的自主研究、设计和实施,使成果在生活情境中得以转化和应用。低碳环保从娃娃抓起,"慧学周"不仅以绿色项目营造沉浸式体验,还通过多元、富有实效的方式创新传导绿色理念。十余年探索,绿色教育成为江苏省无锡连元街小学一道赏心悦目的和谐风景。

一、创新学习方式,打造绿色项目

"大家好,我是安博士,欢迎来到慧学基地,参观由我研发的污水处理装置。它的工作原理是利用麦饭石球、远红外线矿化球、除氯球、活性炭等材料制作一种净水系统,实现水循环、再利用……"2021年11月14日,校园毓琇楼五楼大厅,四年级的学生正向来宾介绍"慧学周"实践成果。

"慧学周"是活动性学习周,以"周"为学程围绕主题展开深度学习。为了促使江苏省无锡连元街小学的孩子们将绿色环保意识转化为解决现实问题的积极行动,学校在特色课程"慧学周"中采用项目化学习的理念进行创新实践,培养绿色环保的思维方式和行为习惯,从而强化学生建设绿色校园、绿色家乡的责任感和使命感。"慧学周"中,学校敞开大门,走向社会、走进自然,集学校、家庭和社会之力,共建儿童学习生态圈。

其一,实地参观,保卫母亲湖。水是生命之源。"慧学周"里,学生们一起实地走访慈济环保基地、江南大学厌氧生物技术实验室、中桥水厂等研究基地,深入探究"水"的奥妙,参观水的净化过程,了解污水处理发展历程,全方位感知水污染的危害,动手搭起母亲湖"太湖"的生态系统模型。

其二,创意设计,珍惜点滴水。四年级学生通过观察发现校园里忘关水龙头,打水仗等现象,拿起画笔,以卡通形象,宣传水资源的可贵,增强同学们的节水意识。他们还自行设计,改造水龙头。他们加工废弃的养乐多瓶、乒乓球、海洋球,将一股水流变两股。用这些卡通造型的节水龙头洗手,节水又开心。

其三,海绵校园,实现水循环。为有效利用自然界中的水进行循环使用,学生们尝试为新校区设计"海绵连小"的生态沙盘。墙体的水管连接屋顶的集水屋檐将雨水引入四角的收集箱,再通过动力泵用雨水冲厕所。经过滤后的雨水,还可用来浇屋顶花园。另外,孩子们还在校园中央,设计了一个人工湖以确保生态循环。路面的材质透水性强,通过集水管形成了接雨水管网,既防止了校园内涝,又实现雨水二次利用。整个模型体现了"海绵连小"建设生态优先等原则。

其四,"纸"为遇见你。纸在生活中随处可见,用过的纸流向何处?五年级学生就自己感兴趣的问题,设计了调查问卷,通过线上、线下相结合的方式进行调查,完成环保调查报告。针对调查中发现的节约用纸意识不是很高、用纸浪费现象较为严重等现象,孩子们提出建议:从自身做起,节约用纸;小手拉大手,小家带大家;积极宣传,保护纸张,保护树木。对废弃的纸张,学生们"变废为宝",进行创意制作,将废旧报纸变成实用性极高的小书架,变为可爱的工艺品……

其五,非"泥"不可。围绕"土壤",三年级同学进行"提出问题—目标设定—合作探索—交流分享"的实践探索。土壤与动物、土壤与植物、土壤与微生物、土壤与建筑……孩子们还从各地寻找来不同的土质,置于显微镜下,争先恐后地报告着、分享着、对比着各自的发现。通过亲近土壤、触摸土壤、试验土壤,孩子们惊喜地发现:不同土壤的酸碱性是不同的!有了这

"新大陆"的发现,一个守卫屋顶"开心菜园"的计划诞生了!孩子们火速行动,集结护卫队,自制营养液,忙得不亦乐乎。

精彩纷呈的慧学课程点亮了孩子们绿色校园生活,更成为"双碳"目标下学校绿色课程的新样态。

二、注重习惯养成,涵育绿色行动

江苏省无锡连元街小学坚信"少成若天性,习惯成自然"。培养儿童良好习惯,是厚植绿色发展理念,培育学子成为具有生态文明素养的现代小公民的必经之路。

(一)专题行动:优化教育细节

节约新"食"尚,光盘来致敬。"一粥一饭,当思来之不易;半丝半缕,恒念物力维艰。"广播里传来女教师的柔声提醒,江苏省无锡连元街小学师生的午餐时间到了。每到这时,学生们也会同步念叨着这句耳熟能详的名言,井然有序地排队取餐。餐后,餐盘、餐盖分离,整齐放入饭箱,并把自己的桌面整理干净……每天这个场景都会在校园中上演。

2020年9月,周一升旗仪式时间,老师们为连小娃们进行了以"节约粮食,光盘行动"为主题的国旗下讲话。四(6)中队的少先队员发起了"杜绝浪费,光盘行动"的倡议书,号召大家争做"光盘行动"的践行者、推广者和监督者。为了缅怀国之脊梁袁隆平院士,学校举行了以"如果天堂有模样,一定满是稻花香"为题的升旗仪式,学生们纷纷表示"做一粒好种子,养成爱惜粮食、厉行勤俭节约的良好习惯。"学生们体验农事,通过动手为稻子脱壳、把大米磨成粉……感受"粒粒皆辛苦"。在展示微课《做"食"尚界的追"光"少年》上,同学们通过搜集资料、调查研究、数据对比,整理汇编家庭及餐厅用餐浪费现状、山区和城市孩子用餐情况、粮食浪费的主要原因等发现,如果全国14亿人口,每天节约一粒米,一年可节约5 110亿粒米,也就是425万多吨,可以给10 000人吃1 400多顿。惊人的数字让同学们由衷感慨:厉行节约,必须从我做起,从现在做起。无锡慈济环保教育基地牵手江苏省无锡连元街小学,发起"小家带大家,光盘大接力"活动,向无锡近20所中小学幼儿园、超过32 000名学生、近20万名家长发出"光盘"倡议。江苏省无锡连元街小学的每一位师生还有一张"光盘记录卡",在21天中,每天记录晚餐剩余食物重量。21天,是孩子养成"节约粮食,努力光盘"好习惯的一个周期,是绿色习惯的开始……

(二)日常行动:内化每个习惯

江苏省无锡连元街小学位于市中心,学校无法开展大规模绿化建设。为整体规划校园建设,使植物群落布局合理,师生开辟屋顶花园、开心菜园、班级绿角,校园绿化覆盖率稳步提高;学校醒目位置都设有绿色教育宣传,让学生在耳濡目染中涵养文明举止,以浸润方式充分发挥环境育人的功能;垃圾实行袋装化分类管理,废旧电池统一回收,纸张装订反复使用。

江苏省无锡连元街小学充分利用"寻矿炼宝"活动激活学生自主评价的绿色新动能。学校引导学生发现身边的良好习惯,并将记录的"好习惯宝石小标签"贴入"好习惯矿藏图",形成班级的"好习惯宝库",为进一步养成勤俭节约、低碳环保的行为习惯奠定良好的基础;颁发学生"好习惯荣耀卡",这意味着要用21天培养一个好习惯,再用90天巩固这个习惯,进而点亮荣耀卡上的"好习惯钻石";在校园里设立"好习惯超市流动兑换点",学生们可凭荣耀卡上的钻石去自主兑换不同等级的奖品。

江苏省无锡连元街小学秉承"以生为本,构建开放的'深度学习场'"的教育主张,充分发挥学生的主观能动性,围绕习惯主题开展专项行动,为构建绿色学校创立了浸润式体验、富有成效的"连元样态"。

三、强化仪式教育,厚植绿色情怀

一是打造绿色教育阵地。在每周一的全校升旗仪式上,设置"我是环保小卫士"栏目,由学生轮流介绍所在班级的环保新举措;每周三的晨会课为各班"绿色"交流会,学生轮流介绍新获得的环境信息;每月的第三个周五队日为环境保护宣传日,各中队通过学生喜闻乐见的形式进一步了解"绿色"内涵;在每年的"群星争辉"校园艺术节中,设立诸如围绕废旧物品改造的"旧貌换新颜"比赛、"绿色"小论文比赛等。

二是丰富绿色教育形式。利用植树节、地球日、世界环境日、爱鸟周等重要纪念日组织形式多样的专题活动,师生参与度达100%;开展各类竞赛强化学生的"环保意识";定期评选"绿色小卫士""节能标兵"等激励学生;组织学生"环保实践",深入街道、社区,开展环保宣传、环保活动;通过废电池、废品回收、绿色家庭、学习小天地评比等形式开展小手拉大手的活动,带动家庭开展各类环保活动。

三是校外延伸教育情境化。每年寒暑假、国庆、劳动节都是江苏省无锡连元街小学学生们开展寻访的日子,学生们在寻访中学习绿色知识,寻找绿色榜样。如,每逢寒假,小学五(5)中队的红领巾假日小队就会到君和佳园垃圾分类站,开展垃圾分类的主题实践活动。队员们拿着宣传单,积极发放给居民,为城市文明建设出力。

学校利用春秋游和社会实践,鼓励学生用发现的眼睛做文明的"探照灯",用能干的双手守护绿色家园。春游活动中,学生们播种绿色,化身"植树小园丁",播种绿色的希望;游览动物园时,学生们担任"小小宣传员",向游客倡议爱护动物;外出游玩时,同学们争当"文明小卫士","一花一木皆是景,一言一行要文明",用行动诠释对环境真挚的守护。

四是绿色教育信息化。2019年新冠肺炎疫情暴发,学校在微信公众号上发出抗疫主题PBL"守护者联盟"招募令,"防疫战士""大自然精灵"等四个子项目迎来了146名同学的网上报名加盟。

"防疫战士"成员以口罩为突破口,一方面就"我知道的"关于新型冠状病毒肺炎的知识点多维度展开讨论,另一方面利用家中废弃物品自制口罩收纳盒、口罩自动消毒回收箱,为绿色防疫贡献着力量。

"大自然精灵"组成员用项目式学习的新方式,在老师的引导下,借画笔发声,叩问人与自然的关系!结合疫情实际,扣住"吃野味"关键词,走进"野生动物"世界,了解人类为满足口腹之欲对动物造成的危害,激发"小精灵们"一系列的疑问、研究,并将过程中的发现制作成思维导图、小报、绘本、模型等多种成果,深化对病毒、野生动物与人类之间关系的理解。

一个历经两个甲子风云的百年江苏省无锡连元街小学,在"双碳"背景下,将会为我们培养一代新人。

执笔:施　丽　曹红燕　书安翰

B.46　时尚低碳新市镇

——江阴市新桥镇

2019年,江阴第五届国际半程马拉松在新桥镇举行,8 000多名来自世界各地的专业运动员和马拉松爱好者,在赛道上竞技。除了运动的魅力,最令参赛者印象深刻的是新桥镇赛道沿途的风景。特别是一段生态绿道,从空中俯瞰,就像一条线,将周边绿色空间串联起来,仿佛一条美丽珍珠项链,因此深受赞誉,并在各媒体上大展风采。

"洁净、美丽、文明",是国际花园城市——新桥留给五湖四海选手们的第一印象。然而,在20世纪90年代,当地流传着一句话:"抬头小香港,低头黑龙江","小香港"是指20世纪八九十年代,新桥乡镇企业蓬勃发展,"黑龙江"则是被污染的母亲河蔡港河。改革开放初期,穷怕了的新桥人,在追求富的同时,不曾意识到环境保护的重要性。经济粗放式发展带来的后果,让新桥镇人在反省中开始了既创造金山银山,又守护绿水青山的征程。

一、绿色转型升级主导产业

新桥拥有"中国纺织服装名镇""江苏纺织服装千亿名镇"等称号。传统纺织服装业是高耗能、高耗水及高污染行业之一,要治理污染降能减碳,新桥镇必须从纺织服装行业入手。多年前,新桥镇党委政府创造性提出"研发在新桥,生产在外面;品牌在新桥,影响在外面;总部在新桥,服务在外面"的三外策略,通过技术引进、创新奖补等手段,不断优化主导纺织产业。

第一,龙头企业率先示范。海澜集团、阳光集团是新桥镇纺织服装业的两大龙头。海澜集团发展经历了粗纺起家,精纺发家,服装当家,再到品牌连锁经营的历程,"海澜之家"是其主要品牌之一。"海澜之家"运用产业链整合,紧抓微笑曲线两端——"设计"和"营销",将生产环节外包,把污染、耗能多的环节舍弃,实现商业模式平台化,驶入低碳高效绿色发展快车道。阳光集团则是用工艺革新实现绿色生产。在阳光集团的智能车间,自动化、智能化的纺织生产设备高速运行,整个车间仅几个员工负责,人工和能耗大大降低。过去纺织行业百米产品综合能耗是0.19—0.23吨标准煤,阳光集团却只有其四分之一的能耗水平。2021年阳光集团成为绿色制造企业。

第二,数字化赋能重塑产业生态。"1年可节约1万吨标煤",当华昌化工公司能源管理负责人第一次听到海澜智云技术团队承诺时,他持怀疑态度。然而,在项目运行的第一年,该公司循环水系统用电量就节省3 000万千瓦·时,折算成标煤1万吨左右,减少二氧化碳排放2.66万吨。海澜智云平台通过能耗监控系统持续监视电能消耗状态,以数字驱动和智能运营赋能传统制造业的转型升级,找到实现高效生产的最佳平衡点。截至2020年,海澜智云平台系统节能服务面向新桥镇其他企业,综合节能率达25%—40%,每年可为服务企业节约电量达7 000万千瓦·时,节约标煤达2.4万吨,减碳排量达6.3万吨。除了海澜智云项目,新桥镇其他企业也不约而同向智慧低碳产业进发。阳光集团多年前就进军农业和光伏领域,承包数千亩农用地发展林业。精亚集团与华为合作打造风机智慧管控平台,为客户提供环境除尘整体解决方案。鑫联、宝力、焱鑫、强力、凯华等为代表的高端制造企业,近年来一直致力于智能化技改和设备研发,有效减少人工成本和环境污染。

第三,加速高碳低效产业整治。新桥镇优化布局城市空间,推进工改行动,不间断对"散乱污"企业进行清理。利用工业绩效评价,加快淘汰落后产能,限制低效产能企业入园。2021年新桥镇出台工业园区提升改造三年行动方案,坚持园内园外同步走,推进园区升级改造,以"两整治两提升"为目标,对园区低效企业和整体环境进行整治提升,建立园区内外企业档案,先后启动振新新厂区、精亚产业园、圩里物流园、新艺彩印、南师大附属实验学校、民乐广场二期和停车楼等项目。全镇完成工改盘活存量土地491亩,腾退低效用地209.74亩,拆迁非工业用地22.44亩,新(扩、改)建标准厂房面积13.3万平方米。通过培育新兴产业、淘汰落后产能,新桥镇形成以纺织服装产业引领,机械装备、商贸流通、生态农林、新能源、低碳环保产业齐头并进的产业发展新格局。

二、绿色能源支撑减碳

一是工业能源调结构。2001年新桥镇实施"三集中"行动,其中加大清洁新能源结构是重点。目前,全镇工业用电从热电转向绿电。2014年新桥镇拆除海澜热电厂,阳光热电公司供电量也呈下降趋势。热力发电高成本、高价格倒逼企业寻求光伏、风力、氢能等新能源。强力化纤公司等企业启动百万绿电计划,与国家电网签订用电协议,工业生产优先使用电网绿电。精亚集团、京创纺织等企业均安装了光伏发电设备,其中精亚集团一年光伏发电量预计在一百万度左右,约占企业全年用电量的四分之一。此外,企业还通过自动化、智能化改造,实现能源的高效利用。"十三五"期间,新桥镇工业产业万元GDP综合能耗从高峰时的0.17吨标煤降到0.109吨标煤。2021年新桥全镇工业生产减少能耗34 700吨标准煤,万元GDP能耗有望降至0.08吨标煤。

二是生活清洁能源全覆盖。2016年起,新桥镇投入6 954万元开始在各居民区铺设天然气管网,总计铺设管网109.75千米,实现天然气硬件设施全覆盖。新桥镇政府还通过发放安装补贴,实行优惠价格等方式,鼓励居民安装使用天然气,让天然气替代煤柴、液化气等传统能源。

目前新桥镇11 839户家庭全部使用天然气,天然气使用率接近100%。同时,公共设施的完善促进能源节约。新桥镇在无锡范围内率先建成乡镇公共自行车系统,在公共区域设立新能源汽车充电桩,倡导低碳绿色出行方式,压降燃油车使用。全镇更新智慧节能照明设备,合理安排公共场所照明时间节约能源。

三、修复生态全域推进

第一,治理空气污染不含糊。多年来,新桥镇在生态修复上做"加法",

在污染源头上做"减法"。改善空气质量,关停热电厂,每年减少烟尘排放量51.27吨、二氧化硫排放量126.81吨、氮氧化物排放量87.98吨。阳光新桥热电有限公司先后投资1.2亿元对车间进行了脱硫脱硝除尘改造和超低排放改造,每年削减烟尘排放量100吨、二氧化硫排放量772吨、氮氧化物排放量831吨。2021年,全镇完成12家企业VOCs设施提升改造任务,新增餐饮油烟在线监控2家、扬尘在线监控2家、环保设备用电工况监控5家,智能化监管范围加大。有废气排放的企业,排放达标率100%,大气$PM_{2.5}$平均浓度不断下降,空气质量优良天数比例位列江阴市第一。

第二,治理水质有成效。新桥镇前后用三年时间,累计投入超2000万元,高标准打造零直排区。实现工业园区企业接管率100%,雨污分流率达到100%。新桥污水厂每日检测企业排污数量及污水指标,控制污水总量、稳定水质。社区排污同样严要求,先后完成新桥花园等18个居住点和新民路、文化路等区块雨污分流工程,全镇管网设施建设总长达113千米,生活污水接管率达97%,新桥污水厂日均处理工业污水5400吨、生活污水13600吨,排放水达到《城镇污水处理厂污染物排放标准》一级A标准。

第三,治理河道落实处。新桥镇着力开展河道整治,2021年开展叫化浜、雷下浜提升改造工程,清淤华塘河、双联河等3.5万立方米,专项治理河湖岸线违规行为,严格整治河湖违法圈圩和码头扬尘,关停取缔"散乱污"企业、小作坊17家,整治码头6家,全面提升河湖水域岸线生态环境、景观绿化。坚持源头控制,工业园区严格审核新批项目,从源头上最大限度地控制污染物产生量和排放量。环保部门对镇区污染物排放情况进行地毯式督查,完善生态设施,推进节能减排设施建设,规范处置固废危废,全面堵塞污染源头。2021年,新桥镇环境信访同比下降52.9%。

第四,网络平台监控有力。新桥镇"云上新桥、智慧小镇"平台,依托"网格化+智慧化",通过网格员定期巡查、智慧传感器线上收集数据等方式,实现数据实时查看、问题精准推送、结果快速反馈、问题持续跟进等功能。智慧小镇平台在线监测全镇水、气状况,加上"点位长制""路长制""河长制""断面长制"管理,对环境污染全方位无死角监管。

四、坚持建设小镇生态升级版

第一,一张绿色蓝图绘到底。新桥镇持续推进生态治理修复与建设。镇依托农业向规模经营集中优势,提升7平方千米生态林区的档次。目前全镇绿化面积达12 159亩,林木覆盖率达42%;镇区绿化面积达3 585亩,绿化覆盖率达45.1%;镇区公共绿地面积达1 612亩,人均公共绿地面积达44.8平方米。根据镇区已有"六纵六横"主干道路网络规划,新桥镇高标准推进道路绿化及配套基础设施建设,全面提升主要道路景观,其中陶新北路已建成江阴市唯一的樟林大道,形成一路一景、一步一景的绿色通道。打造的多个绿色公共空间如水景公园、龙庄等,成为受人欢迎的休闲地。

第二,绿色行动人人参与。新桥镇生态环境向好,镇居民是重要力量。新桥镇从垃圾分类、人居环境整治入手,提升全镇百姓素质。新桥镇从2016年起,在无锡率先开展垃圾分类收集,是无锡首批省级示范点。新桥镇现在推行升级版"三定一督",即定时、定点、定人督导,将原小区楼道及道路两旁的垃圾桶撤除,设置垃圾投放点(绿色小屋),投放点在固定时间开放,并有督导员及志愿者现场指导居民分类投放。"三定一督"垃圾分类模式,实现垃圾减量化、无害化和资源化,进一步优化小区人居环境。"绿色小屋"有最严格的清洗消毒措施,垃圾桶用洗洁精、热水冲洗,确保每次使用干净如新。社区通过安装声控节能灯、设置废旧衣物回收点、彩绘低碳环保宣传画等形式,逐步提高居民低碳绿色认识。镇里各乡村成立路长、河长、田长、巡查队、考核队等村民自治队伍,落实长效环境保护制度。

2021年新桥镇地区生产总值为245亿元,以19.6平方千米的土地,创造了全国五千分之一的地区生产总值。新桥是经济强镇,也是绿色美丽镇。今日新桥,蔡港河波光粼粼,樟林大道绿树成荫,镇在林中、路在绿中、房在园中、人在景中。

执笔:张晓波

B.47　绿色成就美丽幸福村

——江阴市周庄镇山泉村

江南岁末的清晨，江阴市周庄镇山泉村（以下简称"山泉村"）的溪水边，村党委领导手里拿着将要建设的"绿色生态智创园"建设图，与村委会成员边比画边说："下一步就是要建村里的产业绿岛，产业降碳、减碳是重点，我们村还是要坚持走绿色发展路，幸福村才可持续。"

坚持绿色发展，是山泉村人的信念。放眼这个 2 平方千米的小村庄，一湾碧波穿村而过，流水淙淙婉约雅致，曲径通幽处暗香浮动，生产区、生活区、生态区有序坐落，定位精准，功能明确，三位一体同步发展，山泉村展现的是充满水乡记忆的江南印象。2020 年，山泉村民人均可支配收入 8.16 万元，分别是江阴市、江苏省、全国的 2.12 倍、3.37 倍、4.77 倍。与 2009 年相比，村民人均收入增长 5.5 倍，年均增长 16%。家庭经营性和财产性收入占比超过 27%，比 2009 年提高 15 个百分点，高于无锡 13.5 个百分点。2021 年，山泉村完成工商开票销售 42 亿元，上缴国家税收超过 1 亿元，村级收入 7800 万多元，发放村民福利（含实物）2190 万元，农民人均可支配收入 9.1 万多元。"幸福山泉"流淌在村民心里，成为令人向往的江南福地。山泉村先后获得"江苏省生态村""江苏水美乡村""无锡市美丽乡村示范村"等荣誉。

把日历翻回十二年前，这里曾经是 7 个自然村、500 多亩粮田和几十个印染厂杂乱无章、犬牙交错的景象，工厂与民居交织占地，厂村不分界、厂田一墙隔，道路沟渠参差不齐，环境脏乱差，工业三废乱排放，生活垃圾随意堆放，村庄环境污染严重。山泉村发展失去动力，也无竞争力，村负债高达

4 700万元,村级考核全市垫底。

那么,如今的山泉村,是怎么一路走来的呢?

一、绿色村庄科学规划先行

2009年山泉村新一届村委会成立,"60后"企业家李全兴高票当选村委主任,他带领新班子成员开启"建成一个新农村"的征程。

第一,转观念建设新家园。要改旧貌、换新颜,首先要有新思想、新理念,才能走出新路子,拿出新办法,干出新模式。2010年起,山泉村能随处看到和听到许多新格言,它们内涵丰富,含义深邃,充满着智慧,给大家耳目一新的感觉,并成为山泉村干部群众治村建村的理念,融进山泉人日常生活。例如"美丽山泉村,幸福山泉人""民主促民生,幸福山泉人""共创共建,共享共荣""悠悠山泉,村民为大"等,涵盖了山泉村重建家园的新追求。透过这里面的主题词"美丽""民主""民生"和"幸福",我们可以看到山泉人憧憬打造自然美好生态环境,以充分的乡村民主,实现共同富裕的可持续发展。其中,山泉人把"美丽"放首位,更加彰显山泉村发展路径的时代感,村庄"换新颜"的底色便是绿色。从建设一个美丽村庄到建设美丽中国,其中蕴含诸多深刻内涵,"美丽"意味着青山绿水,意味着清新的空气、通透的阳光、美好愉悦的心情,意味着人与大自然的和谐共处……提出这样的理念,追求这样场景化的目标,无疑激发了山泉村民们巨大的热情和干劲。

第二,科学描绘生态宜居图。以"美丽山泉村、幸福山泉人"为目标,山泉村对全村山水、田地进行重新布局。山泉村坚持全村域布局、全形态建设、全体系保障、全要素配置、全生命周期关怀。山泉村以生产区、生活区、生态区同步为抓手,经济、政治、文化、社会、生态五位一体绘蓝图,科学系统谋划村域布局,制定山泉村专题规划(2009—2020年),重构与修复全村生态系统。

第三,大投入整治村庄环境。按规划蓝图,山泉村前后投入数亿元资金,大力实施自来水工程、道路硬化工程、村庄绿化工程、河道清理工程、污水处理工程、清洁能源工程、村民安置工程、社会公共设施工程等,以节能环保、生态减碳为宗旨,提升全村大环境水平,从硬件到软件,全方位提档升级,实现"农村,让城市更向往"。

二、产业升级换代促降碳

第一,产业转型破茧重生。山泉人明白要有美丽生态环境,降碳减少温室气体排放量是关键。有关资料显示,中国碳排放75%集中在产业领域,尤其是制造业。整治村里落后产能,实现产业转型升级,推动一二三产业融合发展成为山泉人的首选。一是加快产业集聚。山泉村将村域2862亩土地划为三大区块:生产区1900亩、生活区452亩、生态区510亩。各个区块精准定位、功能明确,村域范围内所有企业对号入座、集中入驻生产区,有效实现产业规模化、集约化。二是产业融合发展。生态区建设从传统的农产品种植业转型提升到有机蔬菜种植、果品苗木培育、农耕文化旅游业等生态高效产业形态。三是制造业加快升级。山泉村引导工业企业加快升级换代步伐,实施科技人才资本战略,主导产业由传统的纺织、印染、机械制造为主转变为汽车零配件、现代医疗器械、高端电子化工、精密机械制造等产业协同并进。全村现有上市公司1家,新三板挂牌企业2家。

第二,低碳制造要素集中供。山泉村采用"以奖代补"的方式推动全村印染企业统一安装废气净化装置,拆除小锅炉,引入天然气和高压蒸汽;投资近亿元改造建设污水处理厂,实现所有工业污水接管,工业污染源排放达标率始终保持100%。山泉村对1900亩生产区实现统一供电、供水、供气,配套网络通信,同时建设环保设施装置,按标准集中处理废水、废气、废渣、污泥等,不仅有效推动产业发展规模化、资源利用集约化,产出高效化,而且大幅减少碳排放量,杜绝乱排放现象。山泉村引入专业第三方服务团队,为村辖区内企业提供环保、"双碳"方面的咨询指导,建立"一企一档"强化企业专项环境治理和降碳减排能力;持续推进村庄环境综合整治,加强镇村联合管理,对出现的信访举报,凡查实核准,立刻关停整顿;受到上级主管部门处罚的,村级按不同的标准追加处罚,以铁腕治污降碳。

第三,产业增量项目严控碳。山泉村在产业降碳工作中,推行产业增量项目源头控碳措施。对已入驻的"双高"企业,实行严格监管和高效的"双控"机制,通过灵活调整工业企业收费标准,加大对落后产能的淘汰力度,倒逼企业产品技术升级换代。对新项目严把入驻关,凡新项目,对其资源、能源消耗、排放指标、行业环保标准逐一评估,达到环保低碳要求方可入驻。

三、乡村生活追求零碳化

第一,生活,目标绿色零碳化。山泉村居民生活区域面积共452亩,在规划新村区时,就按照绿色低碳发展理念,坚持在原有生态基底与空间结构外观风貌基础上,体现江南乡村特色符号和元素,以水为主题,将住宅组群沿水布局,形成线性临水、围合抱水的建筑环境组合,体现"依水聚居,抱水聚居"的居住环境特色。

第二,水,雨污分流循环用。山泉村将污水管网和雨水管网分开铺设,雨水经分流管道直接排入山泉湖,由此全线河湖相连,碧波荡漾,岸边水生作物茂盛,水中鱼虾天成有趣,每年能积聚200万吨天然水,既是美丽的观光风景,又是生态农业和全村工业的水源。生活污水接入污水管网后,统一由山泉污水厂进行处理,经过高标准处理变成清水后,由工厂使用。雨污分流便于雨水收集利用,自然生态净化,节约污水处理厂产能空间,提高产业排放污水处理效率。

第三,电,清洁能源全覆盖。山泉村积极推进天然气与太阳能热水器普及,已实现绿色能源入户率95%左右。2013年山泉村利用生活区居民10 000平方米屋顶闲置面积,安装分布式光伏发电系统,并网后每小时最大可发电1.02兆瓦,年均发电量80万千瓦·时以上,实现年营业收入80多万元,年均节约发电标煤371吨左右,减少二氧化碳排放1 100吨,成为江苏省首个兆瓦级分布式农村屋顶光伏建设项目。

第四,垃圾,统一收运处置利用。山泉村打造清洁卫生村貌,减少废弃物碳排放。全村合理配置村域垃圾收集设施,设置垃圾分类点108个,形成"村收集,镇转运,市处理"的垃圾收集处理体系,家家实行垃圾分类,针对可回收资源,及时分拣、加工和循环再利用。山泉村卫生厕所普及率100%,力争从更多细节上做到清洁绿色、低碳环保。

第五，村民，争做绿色达人。山泉村把提高村民低碳绿色认识水平、培养村民良好生活习惯作为建设低碳生态村庄的重要环节。他们编制《村规民约》，倡导低碳出行、节约资源、杜绝"舌尖上的浪费"、资源回收利用、绿色消费等低碳生活理念，引领广大村民在生活细节中实现低碳化；依托村内新时代文明实践站、道德讲堂、图书馆等平台，开展低碳主题教育宣传活动，科普环境保护知识，加强村民低碳环保素养。

四、生态区助力碳中和

第一，打造优质生态区。山泉村在产业集聚、居住集中的基础上，优化林田河道布局，重构全村生态系统，打造高颜值生态区。山泉村因山而名、依水而兴，为更好凸显背靠秀美青山、溪水绕村穿户的自然风貌，村里舍得花钱营造生态区。2012年投资2 200万元，强化村后砂山的综合整治，持续植树造林，完善生态体系北面的砂山林区，建造了防火护林通道；全村新增绿化面积2 000平方米，目前村庄绿化覆盖率达35%以上；投资120万元，修建石驳岸1 200余米，清淤8 250立方米；整治贯流全村的山泉河，打造清澈的800亩山泉湖，集聚的天然水，既是美丽的观光风景，又是生态农业和全村工业的水源；清理村里河道7条，实现全村河湖相连、水清河畅，形成美丽水景观。

第二，综合生态治理变化大。山泉村经过数年生态环境治理，村容村貌乃至经济发展都发生了翻天覆地的变化。一是村民生活环境变得更加优质。绿水青山，乡愁古韵，村里无论是多层住宅、联体住宅、单体住宅，还是小高层住宅，都优选环保材料，粉墙黛瓦、小桥流水、山水人文和谐美丽。二是产业发展更加生态化。全村水系统的整合，使得工业有了水循环利用体系，制造业由此节约成本，降碳减耗有支撑。此外，村农业生态区区域面积共有510亩，正在规划建设集山、水、湖、塘、丘、岸、坡一体的水生态田园综合体，推动单纯种殖生产向加工、流通、观光产业延伸，充分发挥现代农业的生态涵养功能、休闲文旅功能，促进生态农业综合效益倍增。三是山泉村的绿水青山变成金山银山。2020年村民人均可支配收入较2009年年均增长

16%左右,集体资产逐年长,村民福利金额年年刷新,村里社会文化设施更新快,成就富裕幸福山泉人。

五、拥抱双碳经济新未来

第一,建设新一代产业"绿岛"。"十四五"期间是中国实现碳达峰、碳中和的重要阶段,乡村振兴也将进入新时期。山泉人也早有坐标在前,他们按照"集约建设、共享治污、补齐短板"的总体思路,已启动建设智能化、绿色低碳化、服务化、高端化于一体的产业"绿岛",并称之为"绿色生态智创园"。园区通过引入高端制造业项目优化村内产业结构,实行一站式服务,提供标准厂房租赁服务,并进行园区电力系统数字化智能改造,集中供电、供水、供热、三废处理服务,系统性降低企业排放,节约能源、环保、管理运营等成本。

第二,探索绿色低碳运行闭环。绿色生态智创园将改造提升山泉污水处理设施,在预处理、污水处理的基础上,增投排放废水分层调质深度再处理设施,让废水处理和中水回用更具有可持续性。依托江阴泉能环境科技有限公司专有技术,对园区内(包括周边)污水厂等企业产生的难以处理的污泥及相关企业产生的工业固废进行无害化、资源化闭环处置。处理过程中产生的灰渣除深加工成脱硫脱硝剂外,也可供制砖企业使用;另外,产生的蒸汽可接入供热管网由企业使用,或泉能公司直接转换成电能使用。一期工程可处理污泥200吨/天,可供网蒸汽120吨;二期工程处理一般工业固废500吨/天,可供网蒸汽500吨/天。园区以科技创新助力制造业走向减碳—零碳—负碳,构筑绿色低碳产业发展体系。

山泉村十多年发展,秉持青山绿水就是金山银山的坚定信念,走的是低碳绿色可持续发展之路,成就"中国美丽乡村"。如今的山泉人将自觉融入国家"双碳经济"发展大局,人不负青山,青山定不负人。未来的山泉村,正如村委会提出的那样:一定要生态和经济协调发展、人与自然和谐共生,绘就一幅更美丽幸福的绿色画卷。

执笔:陈鸣珠　可　灿

B.48 蘸碧水书写新桃花源

——无锡市惠山区阳山镇桃源村

"土地平旷,屋舍俨然,有良田美池桑竹之属。阡陌交通,鸡犬相闻。"晋代大诗人陶渊明笔下描绘的"世外桃源",如今在"中国水蜜桃之乡"无锡阳山得以"还原"。1.4亿年前大阳山火山喷发,在阳山的周围堆积了一层火山灰土,土层深厚,养分元素齐全,是无锡地区最好的黄泥土种之一。桃源村地处阳山镇旅游度假区核心地带,气候温暖湿润,四季分明,区域面积4.1平方千米,拥有居民3 185人。每年盛夏,惠山区阳山镇桃源村(以下简称"桃源村"),空气里透着甜味,成熟丰盈的水蜜桃,将全村都沉浸在香甜美味之中。桃源村以桃子闻名,更以美丽乡村吸人眼球。桃源村建设以"生态·宜居·幸福"为主题的美丽乡村,先后荣获全国最有魅力休闲乡村、中国十佳小康村、全国文明村、中国美丽乡村百佳范例、全国生态文化村、全国乡村治理示范村等诸多荣誉称号。村级固定收入和人均收入实现翻番,桃甜,景美,生活乐。

一、理清思路,推动"两山"转化

(一)精准把脉开"方子"

桃源村地处太湖一级保护区,工业用地仅有38亩。如何打破"无工不富"的藩篱?建设一个什么样的桃源村?桃源村综合考虑,以青山绿水就是金山银山理念为指引,定位村庄功能、产业方向。他们聘请设计公司编制整村未来十年发展规划,将自然村划分成特色区、重点区、发展区三类,确保一区一品牌、一区一特色,形成"一轴一核四板块多节点"的空间结构。"一轴"

是以贯穿村庄主干道形成观光旅游主轴,"一核"是以"党群同行·幸福桃源"党建品牌为核心,分农享、农创、农聚、农养"四板块",打造前寺舍观光、山南头体验等节点,为美丽乡村建设打下基础。

(二) 因地制宜找"路子"

桃源村利用得天独厚的资源优势,积极探索"两山转化"路径模式。一方面忍痛搬迁11家企业,为绿色生态发展腾出空间;另一方面按照"一三产融合、多型并举"思路,培育壮大产业经济。桃源村立足种桃产业,通过村集体合作社和农户入股形式,建设高标准桃田2 800亩;与江苏省农科院结对共建,采购最新的农业机械,开展植保、土壤栽培等方面相关试验,解决水蜜桃种植生产实际问题;结合开展农业面源污染综合防控,整治渠道、田间道路,实行休耕轮作、桃树枝条统一收集;推广有机肥,使用迷向丝、石硫合剂等防控技术,推行无污染循环农业模式。

(三) 培植产业鼓"袋子"

一是延伸桃产品。围绕"水蜜桃",在"水蜜桃+"上做文章,以"桃"为媒,开发桃花酿、桃胶、桃花茶等延伸产品,设计商标、包装,创造"寺舍""周妈妈"等农副产品品牌。二是盘活农村闲置资源。昔日桃源村山南头环境破败,全村民居空置率高达80%,成了"空心村"。2009年村级固定收入不足40万元,村民人均收入仅1.4万元。在财政资金引导下,2017年,桃源村引入民间资本,成立山南头文旅投资有限公司,对整个村庄的宅基地进行统一规划,投资公司集中闲置宅基地,建设培训中心与区域性综合性服务配套设施,为村集体增收,整体打造以文化艺术为主题的新型村落。2020年,村级固定收入达489万元。桃源村采取"群众入股+合作社入股+社会资金入股+政府支持"的形式,以水蜜桃产业为核心,积极发展休闲观光农业。村民可以将土地、宅基地使用权进行流转获得资产性收入,也可以通过自己经营民宿、农家乐获得经营性收入,变单纯的"卖桃赚钱"为综合的"以桃兴业",在改善自己住房条件的同时打造农家乐、特色民宿,发展餐饮旅游业。

2021年底,桃源村已有15家民宿,每年接待游客超过30万人次,村民人均收入超6万元。三是丰富业态,创新模式。桃源村采取村集体牵头、公司综合运营、村民个性化联动的经营模式,成立村级合作社、山南头文旅投资有限公司,针对田园乡村、文化艺术、全域旅游三大方向,构建乡村驿站、初心学堂、新时代文明实践站、锡西革命陈列馆红色旅游路线,串联南山居、既见桑梓、君旅驿站、四合桃舍、桃陌、老刘家等民宿餐饮。村民可通过年底分红、自主创业、股份收益和本地就业等多种形式获得增收。目前,全村已盘活项目15个。

二、生态优先,绿色发展

(一)建好现代基础设施

一是天然气铺设。桃源村与无锡华润燃气通过党建共建,优势互补,资源共享,在全村铺设天然气管道,减少土灶燃烧废气排放。二是环卫长效管理。村内增设垃圾收集点,分类收集,日产日清,对桃枝进行资源化利用和有效处理。三是厕所革命。改善排污系统,生活污水接管,建成与前寺舍乡土风貌协调的公共厕所,山南头的公共厕所达Ⅰ类标准。四是创"最美河道"。桃源村立足村情,以全面构建"河畅、水清、堤固、岸绿、景美"水生态体系为总目标,对前寺舍河道进行清淤整治,将水系沟通,种植莲花、荷花等水生植物,打造沿河绿化。五是种"最美月季"。引进特有的树木品种和花卉,全村种植3 000株爬藤月季,由村民认养管理。六是建"最美庭院"。通过美丽家园评比活动,引导村民从点滴做起。三月看桃花,四月看兰花,五月看月季,六月看荷花,打造四季花开前寺舍,以小家带动大家美,营造共创共建共享的浓厚氛围。

(二)青山绿水留住乡愁

一是保持乡土本色。在乡村规划设计中保留村庄原本肌理,利用桃树枝搭造茅草亭,用本土废旧石料、砖瓦装饰爱莲墙、观莲台等特色景观,搭建磨盘、土灶传承民间习俗,富有乡土情怀的农村匠人将前寺舍打造出田园景观的格局。二是紧扣姓氏文化。为弘扬传统文化,桃源村改造老旧危房作为周氏名贤馆,挖掘先贤、乡贤和当地有作为有贡献之人的事迹列入馆内,利用周姓氏文化为乡村发展凝心聚力。三是展示红色历史文化,弘扬红色传统。四是桃源村设立新时代文明实践站、家庭教育指导服务站等,使之成为家风家规教育的"前沿阵地"。五是环境友好、资源节约理念融入村庄建设,内容涵盖社风民风、和美家园、平安建设、民主管理、奖励惩处等多个方面。

三、绿色振兴现代乡村

(一)建绿色低碳农村新环境

近年,桃源村抓住乡村建设机遇,村庄向绿色、低碳、生态、集约方向转型。桃源村因地制宜、因村施策,推动绿色建筑探索与实践。桃源村与国家电网无锡分公司通过支部共建方式,设立"智慧能源+绿色生态"项目,建造快速充电桩12个。桃源村联合无锡市建筑专家工作站以"保护环境、传承文化、提升质量"的原则,制定"农房变民宿"改造方案,建设"既见桑梓"民宿。该民宿以环境改善、建筑绿色性能提升和能源资源节约为目标,在保留建筑风貌的同时,调整功能布局,对建筑及周边环境进行改造提升;在保留原有空斗墙砌体构造的同时,对结构体系进行加固改造,并应用了外墙内保温、保温与装修一体化、绿色照明、全热回收新风和空气源热泵等技术;搭建建筑智能管理系统,实现室内外照明、空调、动力系统智能控制,并对电、水、燃气进行分项计量,对气温、湿度、污染物浓度开展监测,实时掌握能源消耗和室内环境参数。项目综合节能率达82.2%,年节能量达18吨标煤,折合碳减排量45吨,达到了低能耗建筑标准。

(二)传承文脉实行软开发

在村庄改造中,桃源村保留地形地貌和建筑风貌,避免大拆大建。通过对原有水生植物环境的整治提升、"阳山"文化的挖掘,对原有场地保留利用,对建筑屋檐、门窗构件和建筑技艺的传承,延续建筑文脉,留住乡愁记忆。桃源村尊重自然,实施软开发。民宿项目原址西北侧有两米多高土堆,通过修整和植物绿化,有效抵挡冬季的西北风,减少建筑热量损失;利用建筑原有的内天井穿堂风,保留建筑周边水域,带走夏季热量,提高舒适度。绿色化运维。针对气候特点和生活习惯,通过软件模拟和方案优化,制定绿色性能提升方案。项目保留原有坡屋面和墙体,敷设高效保温材料,建筑保温性能提高 4 倍;利用钢筋网加固原有墙体,大幅提升安全性能;选用平开三玻两腔玻璃窗,保温遮阳性能提升了 4—5 倍,局部天窗采用光电膜遮光玻璃窗,大幅提高自然采光效率,降低能源消耗。

(三)未来美丽村庄更低碳

"十四五"期间,桃源村将发展高效精品农业,水蜜桃生产、管理、销售全程规范化、绿色化,水蜜桃销售以网络销售为主,物流配送低碳化;整治田容田貌,全面治理消除"脏、乱、差、丑"现象,提升农田形象和生态效益;村级行政效能数字化,推进乡村治理能力现代化。

花是幸福花,果是致富果。桃源村以绿色生态建设美丽乡村,桃红柳绿描绘现代版"桃花源"。

执笔:葛炜露

B.49 引领高端潮流,担当低碳使命

——无锡恒隆广场

走过十多年,无锡恒隆广场凭借高端的消费品牌、优美的消费环境、周到的消费服务,成为苏南商业的标杆。"标杆"的内涵,不仅在商业价值,还有绿色低碳的垂范。节能、降耗、承担减碳社会责任、实现可持续增长,这是无锡恒隆广场践行"绿色商业"理念的关键词。

一、建立绿色发展理念制度

恒隆集团在2020年度可持续发展报告中重新阐明了集团的愿景、使命和核心价值:下一个60年,恒隆集团将以"缔造优享生活空间"为愿景,不仅涉及丰富物质层面,更期望个人福祉能获得全面的提升;将以"联系顾客、社群、伙伴,实现可持续增长"为使命,承诺在业务各层面推动可持续发展;将以"诚信、永续、卓越及开明"为核心价值,为员工指引决策和行动方向。

(一)培养绿色发展思维

恒隆集团致力缔造优享生活空间,以成为全球领先的可持续发展房地产公司为愿景。对于无锡恒隆广场来说,经营上的盈利不是唯一的目标:仅仅享受社会资源为企业带来的收益,却逃避在运营过程中为能源保护与开发应履行的责任,这不是一家有强烈社会责任感企业应有的作为。无锡恒隆广场要在经营的同时主动承担完善社会服务功能、强化社会责任、体现高度文明与进步性的工作。基于这样的认识,无锡恒隆广场的节能工作从一开始就建有强有力的保障与落实机制——公司管理层高度重视与决策部

署,使得公司的节能工作起步早;职能部门技术人员信心强,节能工作在探索实践中有了更多的成长与进步机会。

(二) 制定 25×25 可持续发展指标

恒隆集团于2020年12月订立了一系列2030年可持续发展目标,还制订了25个旨在于2025年底前达到的可持续发展指标(以下简称"25×25"可持续发展指标),为所有员工在未来四年进行与可持续发展相关的工作厘定清晰目标。

"25×25"可持续发展指标涵盖公司的四大优先议题,亦包含了应对各项可持续发展挑战的具体措施,确保恒隆能循序渐进实践长远目标。重点包括:第一,应对气候变化——与国家范围内1、2和3的温室气体排放、可再生能源和气候适应相关指标。第二,资源管理——与废物回收利用、用水和运往堆填区的废物管理相关的指标。第三,福祉——与员工参与度、性别薪酬比率、伤健人士、健康和保健、安全和青年相关的指标。第四,可持续交易——与供应商的环境、社会及管治(ESG)表现、市场营销活动、租赁、可持续金融和资产收购相关的指标。

为实现恒隆集团长远可持续发展抱负,恒隆集团于2021年增设了年度策略性ESG关键绩效指标:一是2025年和2030年减少温室气体排放目标,以及2022年减少温室气体排放计划,二是员工满意度调查指标,三是取得的可持续金融占债务和可用信贷额度总额30%,四是追踪公司可持续发展支出制定详细方法,五是识别16个可持续发展改进意见,以供新项目采用。

二、发展构建绿色建筑环境

无锡恒隆广场商场及办公楼一座由致力于推行技术可行性研究及可持续发展建筑的著名建筑事务所凯达环球设计,以流动、生生不息、调谐与环环紧扣等概念贯穿,活现中国书法的精妙。商场与办公楼一座、二座错落有致,展示出既充满动感,又富优美线条的"人"字形态组图。同时,无锡恒隆广场积极提供舒适、安全及绿色的购物环境。这包括：在商场屋面建设 39 千瓦峰太阳能光伏并网电站，该发电系统每年平均发电 18 000 千瓦·时；通过安装雨水、中水回收系统和节水洁具，有效减低水耗量及运行成本；在电梯及自动扶梯安装传感器，自动感应人流，在变频运行的状态下节约能源；安装 G4+F7 过滤器，高效率滤除 $PM_{2.5}$ 颗粒，并配备紫外线 UV 杀菌灯，有效杀灭空气中各种微生物，改善商场内空气质量，让每一位来购物的顾客都能呼吸到新鲜的空气。

办公楼二座由 LWK+PARTNERS 对原有裙楼进行改造。项目采用建筑体量交错设计，配合跳脱的立面翅板排序，令建筑物外形和立面拥有丰富的元素。为推动可持续建筑设计，项目立面布置大量翅板，不但强调立面线条，更有助阻隔阳光热力，节省空调所需能源。大楼不同楼层设公共庭园，鼓励绿化。

	商场	办公楼
可持续发展地块	11	10
用水效率	5	3
能源和环境	6	7
物料和资源	5	5
室内环境质量	8	10
创新和设计过程	5	5
预算可得分数	40	40
预计每年可节省(元)	3 862 000	2 917 000

图 49-1 无锡恒隆广场荣获能源与环境设计先锋金奖

无锡恒隆广场购物商场、办公楼 1 座、办公楼 2 座分别于 2014 年、2015 年、2016 年荣获美国绿色建筑协会颁发"能源及环境设计先锋奖——核心及外壳组别"金奖认证，肯定了项目在可持续性、用水效益、能源和气温、物料与资源以及室内环境素质等五个方面的成效。无锡恒隆广场成为目前无锡唯一获此殊荣的单位。同时，该项目在享誉国际的亚太房地产大奖中摘得"亚太区最佳混合用途建筑项目"和"中国区五星级最佳混合用途建筑项目"奖项。

秉承"只选好的只做对的"理念的恒隆集团,在给锡城提供时尚生活方式的同时,用建筑艺术、环保理念,向这座城市呈上绿色品质之美。

三、打造绿色智慧管理大脑

围绕关键问题,进行投资改造,无锡恒隆广场全力争取率先实现碳达峰目标。

一是强化商场能源分析管理。2021年,恒隆集团可持续发展组投资230万元,在无锡恒隆广场建设了施耐德PO+AR能耗管理系统。此系统是一款专门用于配电管理的软件平台,能通过先进的能源可视化和分析工具计算、建模、预测和追踪全能源(包含电、水、气)的绩效指标,时刻帮助用户确保用电更加安全、可靠和高效。此系统实时获取各系统监控点能耗数据,对能源供应、分配和消耗进行检测,了解能耗结构,计算和分析各种设备能耗标准,监管各个运营环节的能耗异常情况,评估各项节能设备和措施的相关影响,并通过WEB把各种能耗日报表、数据曲线以及整体能耗情况发布给相关管理和运营人员,完成对各能源系统的监控及电力负荷耗能状态的检测和管理,为进一步的节能工程改造提供坚实的数据支撑。

二是推动综合体智能化运维。无锡恒隆广场BIM运维平台项目,通过智能化信息集成平台对建筑各类系统信息进行统一、综合的应用,利用平台架构将系统、应用、管理优化组合为一体,使得建筑具有感知、传输、记忆、推理、判断和决策的综合智慧能力,形成以人、建筑、环境互为协调的整合体,为人们提供功能分区合理,交通便捷的智能化综合体建筑。该平台可对建筑内所消耗的电、水、气、冷/热、天然气等能源进行有效监管,通过能耗统计、分析、安全策略等手段确保建筑内能介的安全使用,消除潜在安全隐患,并确保所有子系统设备处于高效、节能、最佳运行状态。系统配置适度超前,适应商务综合体和社会信息化发展的需要。

三是优化空调运行系统。数据显示,无锡恒隆广场空调能耗占比总能耗过半,对空调系统的整体优化和运行控制管理,是重要节能措施。无锡恒隆广场准备(于2022年)通过改造制冷机房设备及末端空调设备,打造高效机房,提升空调系统运行经济性。主要改造项目:一是制冷机冷冻水温优化设置;二是水泵、冷却塔变频控制逻辑优化;三是冷机组合效率曲线优化;四是系统自动寻优计算;五是空调水管管道减阻改造,更换高效水泵并增加水泵变频器;六是空调末端定频风机改造为EC直流风机。通过改造,机房整体效能从0.861千瓦/冷吨提升为0.710千瓦/冷吨,可节能量约50万千瓦·时/年,定频风机改造为EC直流风机,节能量约300万千瓦·时/年,合计预估节能350万千瓦·时/年。通过冷却塔的控制优化、泵体的变频控制、控制BMS系统的优化、硬件系统的更新叠代,空调系统效能全方位提升,实现了国际先进值COP指标。

表49-1　　　　无锡恒隆广场冷冻站改造前后全年综合能效模拟

月　　份	改造前机房能效0.861千瓦/冷吨					
	5月	6月	7月	8月	9月	10月
主机运行总电量(kW·h)	91 090	224 460	359 650	598 399	283 020	83 973
冷冻一次泵运行总电量(kW·h)	11 160	22 500	33 480	50 220	27 000	11 160
冷冻二次泵运行总电量(kW·h)	43 636	56 528	70 094	61 003	49 196	30 501
冷却泵运行总电量(kW·h)	27 280	55 500	81 840	137 640	66 000	27 280
冷却塔运行总电量(kW·h)	18 600	27 000	50 220	66 960	40 500	18 600
冷冻站运行总电量(kW·h)	191 766	385 988	595 284	914 222	465 716	171 514
冷冻站运行总冷负荷(kW·h)	741 173	1 476 720	2 432 791	3 649 532	2 088 504	741 272
冷冻站全年运行总电量(kW·h)						2 724 489
冷冻站全年运行总冷负荷(kW·h)						11 129 992
冷冻机房全年运行能效(kW/kW)						4.085
冷冻机房全年运行能效(kW/RT)						0.861

续 表

改造后机房能效 0.710 千瓦/冷吨						
月 份	5月	6月	7月	8月	9月	10月
主机运行总电量(kW·h)	69 916	182 596	347 373	526 794	257 547	69 926
冷冻一次泵运行总电量(kW·h)	4 496	11 069	15 200	34 831	14 332	4 498
冷冻二次泵运行总电量(kW·h)	40 363	52 288	64 837	56 427	45 506	28 214
冷却泵运行总电量(kW·h)	13 140	32 340	47 189	91 025	43 124	13 143
冷却塔运行总电量(kW·h)	14 334	26 460	32 174	63 835	29 403	14 338
冷冻站运行总电量(kW·h)	142 250	304 753	506 774	772 912	389 913	130 119
冷冻站运行总冷负荷(kW·h)	741 173	1 476 720	2 432 791	3 649 532	2 088 504	741 272
冷冻站全年运行总电量(kW·h)						2 246 720
冷冻站全年运行总冷负荷(kW·h)						11 129 992
冷冻机房全年运行能效(kW/kW)						4.954
冷冻机房全年运行能效(kW/RT)						0.710

四、营造绿色低碳好氛围

一是引导办公场所节能。在日常运营管理中,恒隆每位员工都加入节能环保项目中(见表49-2)。

表49-2　　　　　　无锡恒隆广场办公场所节能项目

序号	管理类节能项目	年节能量(千瓦·时)
1	办公电脑夜间全部关机	79 168
2	办公楼过渡季节提升冷冻水供水温度	86 418
3	办公楼提前一小时停冷机节能	442 896

续表

序号	管理类节能项目	年节能量(千瓦·时)
4	商场提前一小时停冷机节能	239 112
5	商场过渡季节提升冷冻水供水温度节能	54 390
	合　　计	901 984

二是倡导绿色低碳消费。无锡恒隆广场积极举办形式多样环保活动，助力社会低碳环保建设。如组织百名员工及其家属，走进小学，开展以"传爱传承"为主题的义工活动，与学生们一起制作环保手工艺品，向学生们宣传有机种植、惜物减废、资源共享和废物升级等低碳环保知识，提升公众对可持续发展的关注等；尝试运用科技、互动的元素，传递绿色，展开主题为"恒久永续"的长期环保活动，在商场与办公楼设置单车发电、旧衣回收、化妆品空瓶回收等多个环保互动装置，并举办多场废弃物品回收再创造手工课堂活动，希望通过多种喜闻乐见的方式，引导消费者将环保意识融入日常生活，倡导低碳、可持续生活。

绿色、低碳、可持续发展的"恒隆模式"收获了成效。自2018年起，无锡恒隆广场各项能耗数据呈现递减趋势。

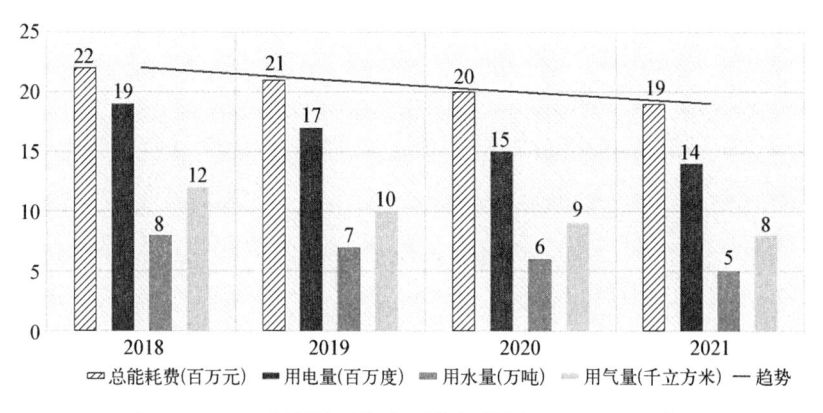

图49-2　无锡恒隆广场各项能耗数据(2018—2021年)

一是用电更加节省。自2016年，通过多次投资将照明替换成LED光源，每年节能100多万kW·h。2020年和2021年先后投资改造商场及办公楼冷却系统,提升换热效率,降低制冷能耗。每年节能近 25 万 kW·h。

二是用水更加节约。2021 年 7 月,投资 10 万元将商场消防改造排水进行回收利用,这一改造,每年可节水约 1 万吨。

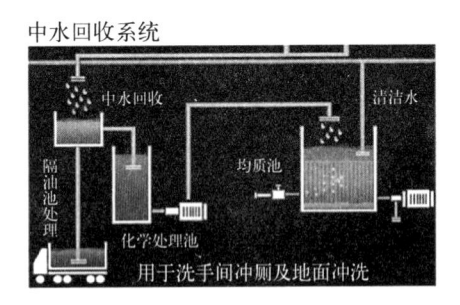

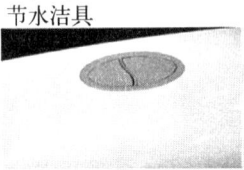

图 49-3 无锡恒隆广场节水系统

执笔:马 瑾 储 怡

后　　记

　　近年来,无锡市新产业研究会以助力无锡高质量发展为使命,聚焦战略性新兴产业发展、打造现代产业园区、推进城市数字化转型,已连续组织编撰出版了三本蓝皮书,形成了系列智库报告,为无锡深度贯彻实施产业强市和创新驱动战略,加快转型升级步伐,发挥了积极作用,得到各界的充分肯定,收获了良好反响。今年,无锡市新产业研究会根据中共无锡市第十四次党代会关于贯彻新发展理念、加强生态文明建设、大力推进绿色低碳发展要求,组织编撰了《无锡绿色低碳发展报告(2022)》,在各方的大力关心和支持下,经过4个多月的努力,书稿即将付梓。

　　本书在组织编撰的过程中,得到无锡市领导、各市(县)区领导、相关开发区、乡镇、街道、学校、产业园区,以及政府相关部门的大力支持,无锡市发展和改革委员会、无锡市科学技术局、无锡市工业和信息化局、无锡市统计局、无锡市生态环境局、无锡市住房和城乡建设局、无锡市交通运输局、无锡市农村农业局、无锡市机关事务管理局、人民银行无锡支行、国家电网无锡公司、江南大学、无锡市企业联合会/企业家协会、无锡新能源商会、无锡快递行业协会、无锡日联科技股份有限公司、无锡万华机械有限公司、凯龙高科技股份有限公司、江苏蓝创智能科技股份有限公司等许多单位和企业,为本书的编撰提供了宝贵的人力和物力支持。所有编撰人员克服题材新、时间紧、要求高、统计数据缺乏等困难,不辞辛苦,尽心尽责,反复修改,精益求精。在大家齐心协力的共同努力下,使稿件得以如期交付出版。在此,向所有关心和支持本书编撰工作的单位和个人深表感谢!

　　由于实现碳达峰碳中和是一项全新的工作,开展时间不长,许多工作仍在探索之中,完整的统计体系尚未建立,尽管全体编撰人员付出了很大努力,疏漏和不足之处在所难免,敬请读者谅解。希望本书的出版能引起全社会对碳达峰碳中和的关注和对加强生态文明建设的重视,为无锡加快绿色低碳发展、建设强富美高的现代化新无锡发挥积极的作用。

图书在版编目(CIP)数据

无锡绿色低碳发展报告.2022 / 无锡市新产业研究会组编.—上海：上海社会科学院出版社，2022
 ISBN 978-7-5520-3900-9

Ⅰ.①无… Ⅱ.①无… Ⅲ.①绿色经济—低碳经济—区域经济发展—研究报告—无锡—2022 Ⅳ.
①F127.533

中国版本图书馆 CIP 数据核字(2022)第 113103 号

无锡绿色低碳发展报告(2022)

| 组　　编：无锡市新产业研究会
| 责任编辑：应韶荃
| 封面设计：李　廉
| 出版发行：上海社会科学院出版社
| 上海顺昌路 622 号　邮编 200025
| 电话总机 021-63315947　销售热线 021-53063735
| http://www.sassp.cn　E-mail:sassp@sassp.cn
| 排　　版：南京展望文化发展有限公司
| 印　　刷：江阴市机关印刷服务有限公司
| 开　　本：710 毫米×1010 毫米　1/16
| 印　　张：28.25
| 字　　数：413 千
| 版　　次：2022 年 7 月第 1 版　2023 年 7 月第 2 次印刷

ISBN 978-7-5520-3900-9/F.701　　　　定价：138.00 元

版权所有　翻印必究